HITLER'S

**纳粹
德国的
形成**

*HOW
ORDINARY PEOPLE
BECAME NAZIS*
—
ROBERT GELLATELY

TRUE

BELIEVERS

[加] 罗伯特·格拉特利 著

姜去芜 译

上海人民出版社

献给玛丽和黛安娜

目录

导　言

忠实信徒沿着何种道路通向纳粹主义？他们为什么要参加这场起初位于德国政治边缘、规模较小但充斥着暴力与极端主义的运动？当该党开始竞选时，为什么在1929年以后的大萧条时期，会有越来越多的人为它投票，最终竟然使其成为本国最大的政党？即便如此，仍有数百万人不予支持，到了第三帝国也一如既往——虽然这时他们只能暗中反对。难道那些新成员仅仅是因为听了希特勒富有煽动性的演讲，便改变了信仰吗？抑或者他们自己主动找到了通往民族社会主义的道路？这一包罗万象的理论是如何应用到1933年之后的第三帝国，以及那灾难性的战争年代的？人们接受、内化或是拒斥这一教义到了何种地步？

在本书的前半部分，笔者考察了普通人是如何成为纳粹分子的，至少他们曾在1933年之前的选举中投票支持过它。我们还要记住，希特勒正是在那些想"永远"摆脱民主政体的掌权者的帮助下，才勉强获得了权力。笔者追溯了在第三帝国时期，纳粹政权如何将自己的教义施行于国内外的主要政治大事中，如何进行种族迫害，甚至是文化复兴与艺术建设。在此背景下，人们作何反应，如何行事？

故事以希特勒为中心展开。如同其他数百万经历了德国战败的人一样，他也遭遇了精神上的漂泊无依，开始找寻某种类似政治救赎之道的答案。他是怎么发现了德意志工人党（German Workers' Party，DAP）这个处于边缘的小型团体？此团体将在1920年由他和另外几人一起发展成气势磅礴的民族社会主义德意志工人党（National Socialist German Workers' Party，NSDAP），又称纳粹党。

就希特勒在1918年第一次世界大战结束时便已形成的观念来看，尽管当时疲于作战的起义水兵和叛变士兵四处诽谤，但民族主义已然如日中天。他的学说或意识形态中的某些方面正是源自当时流布于整个德国的思想、愤恨与激情之潮流。他和同伴所持的那些观点，也反映出德国已将大量平均主义融入了自己的政治文化中。纳粹总是无一例外地强调各种社会主义态度，但他们的社会主义已被"净化"得和国际马克思主义、共产主义毫无关系。事实也的确如此——1941年希特勒回顾过往时，曾这样说20世纪20年代的民族社会主义德意志工人党，"它的90%都由左翼分子组成"。[1]他还认为，自己在职业生涯的早期就认识到解决社会问题至关重要，这一想法深具"决定性"。他坚称，自己从小长大的地方封闭得令人痛恨，在那个世界里，一个人的社会出身决定了他此后一生的际遇。[2]

1918年后，民族主义和社会主义的吸引力持续存在，魏玛共和国许多新成立的政党和更换名字的政党——其中包含德意志天主教中央党（German Catholic Center Party）——都在它们或崭新或修改的头衔中，采用了社会主义、民族主义或种族主义某种形式上的能指符号。就连古板老派的保守党也不得不改头换面，摇身一变为冗笨的"德意志民族人民党"（German National

People's Party，DNVP）。[3] 左派在 1918 年和 1919 年迅速分裂为两个政党，分别是温和的德国社会民主党（Social Democratic Party，SPD）和从中独立出去的德国共产党（Communist Party of Germany，KPD）。值得注意的是，两个政党都觉得有必要保留"德国"的名号，哪怕只是继续向民族主义致敬。（更名后的）自由党和保守党依旧坚持自己的路线，并未改弦更张。

　　直到 1933 年 1 月希特勒就任总理的前夕，德国都沉浸在一种以社会主义为导向的政治文化里，这一点也可以在上一年 11 月魏玛共和国最后几次自由选举中得到证实——不少于 71.6% 的选票都流向了头衔中带有"社会主义"或"共产主义"的政党。这些党派有的是势不两立的死敌，然而互相又都带有当时普遍流传的社会主义态度和期望。除此以外，如果要对当时的德国民众做一次假设性的民意调查，结果将会显示出绝大多数人——超越所有政党的界限——都坚决反对 1919 年那份屈辱的《凡尔赛和约》。因为它把"一战"的责任全部归咎于德国，强迫德国支付赔款，限制德国的军事力量，还割让德国的领土。就算不是天才领袖，也能想到此时若将民族主义、社会主义和浓重的军国主义相结合，或许能缔造出一场动员全国的社会运动。

　　当希特勒在 1918 年末回到慕尼黑时，他不可能漠视弥漫于整座城市甚至全国大部分地区的反犹主义，这种风气在"一战"前便已存在。某种程度上，战前他置身维也纳时，必然也浸淫于敌视犹太人的社会氛围中。然而，并没有可靠的证据能够表明，在1919 年以前，他曾表露过任何种族仇恨，事实上他与周围的犹太人相处得十分融洽。他仍然记得，当母亲于弥留之际遭受痛苦的折磨，是爱德华·布洛赫（Eduard Bloch）医生——一位犹太人——尽力提供了帮助。几十年后，他特别关照给予这位医生通行证，放其安全出国。[4]这样一来，1919年之后，希特勒将激进的、"理性的"（并非出自纯粹的情绪化）反犹主义作为自己政治"哲学"的基础，便足以令人震惊。

不出所料，在1918年后寻觅政治信条的过程中，他接受了那些五花八门、四处传播的阴谋论，因为凭借它们，他可以合理解释自己所处世界的错综复杂，包括战败、"可耻的"《凡尔赛和约》，以及正横跨整片国土的红色革命。在此种信念的照拂下，国家外交政策上的受挫，社会生活中的失衡，种种事端都可以被解释成是看得见的、无所不能的国际操纵者在背后密谋造成的结果。这种阴谋论在纳粹党成立之初较为明显，希特勒甚至无须说服第一批忠实信徒相信"他的"思想——那些思想既不新颖、原创，也并非为纳粹主义所独有。

没过多久，希特勒就从民族主义、社会主义和反犹主义中拼凑出了一套更完整的政治理论。从1920年到1945年，他经常概述这个理论使德国社会发生了多么革命性的巨变。例如，在1933年9月的一次演讲中，他指出纳粹党已经"彻底接管了政治权力"。话锋一转，他又接着自豪地吹嘘道——如果将这样一场小胜视作宏图大计已经实现，那将会是严重的错误。因为民族社会主义绝不是以往那种传统的政治信仰，它是一种世界观（*Weltanschauung*）。夺权"不过是追求真正使命的先决条件"，而真正使命就是"一场种族（*völkisch*）世界的全方位大转变"。"思想复兴，种族净化"，同时推进心智和文化上的全面变革，德国将以此向世界证明其领导和统治的权威性。[5]我们要注意，"种族净化"是指找到解决犹太人问题的办法，以及通过严格的绝育计划整顿德国的优生制度。

民族社会主义试图动员的不仅仅是政治上无所归依的人，它旨在向所有"种族合适"的德国人提供一份"伟大理念"，来争取尽可能多的选民。对于忠实信徒而言，民族社会主义恰好解释了他们世界里的所有错误，同时给出了修正之道。新的秩序即将建立，一个和谐的"人民共同体"，或说"民族共同体"（Volksgemeinschaft）会取代那个各自为政、阶级分裂的社会。他们要团结一致，净化社会，复兴军国主义精神，重振希望，力争克服战败带来的士气低沉。这种对崛起和救赎的追寻将重新点燃德国的价值观，"狂喜"（Aufbruchsstimmung）——一种令人振奋的"觉醒"——必会席卷整个国家，而后溢出边境，摧枯拉朽，扫荡至广阔的欧洲地区。[6] 毋庸置疑，仍有数百万人对纳粹主义不感兴趣，希特勒似乎正是承认了这一点，才说，要创造出他的理想社会，还需要好几代人的努力。虽然忠实信徒在内部就某些重大问题有着激烈的争端，也未必接受民族社会主义的方方面面——比如推动纳粹党纲中的社会主义计划到何种程度、是快是慢？——但每个人都在以自己的方式狂热地践行这份信仰。

希特勒甫一上台，独裁政府便打击政敌，对犹太人等"种族敌人"公开使用暴力，让这个人口仅 6 500 多万的国家知晓了他接下来的议程。[7] 事实上，广义上的种族思想已成了主流意识形态的一部分，并迅速融入大众日常生活，其中一个例子就是 1933 年 4 月通过的那份听起来堂皇正当的《恢复职业官吏法》。该法主要针对的是犹太人和纳粹政敌，但要求所有的公务员都必须填写世系调查表，以此证明自己的雅利安血统。[8] 这项措施的影响范围如此之广，因为放眼整个规模庞大、体制臃肿的德国官僚系统，既有大学教授、高中老师、铁路员工这样的国家公务员，也有服

5

务于柏林不同部门以及各地区、各市镇的地方公务员。1939 年 5 月，公务员大军增长至 470 万众，迫使他们直面种族世系上的问题，当即给他们的家庭、朋友和邻里关系带来了轩然大波。[9]

这提醒了人们民族社会主义作为国家统治准则的存在意义。类似的种族"觉醒"也将出现在数百万参军者身上，他们同样需要证明自己的家族谱系中没有犹太分支。不言而喻，要加入党卫队（SS），证明还要更加详细。就连希望加入希特勒青年团的学童也要被问及父母或祖父母是否为雅利安人；想要利用婚姻贷款计划的新婚夫妇亦然。一个新成立的帝国谱系机构（Reich Genealogical Authority）负责在一份看起来十分官方的血统证书（*Ahnenpässe*）上盖章，而随着种族意识渗透到从出生到死亡的社会生活的各个领域，这种证书的销量竟高达数千万张。难怪谱系学研究能成为一项欣欣向荣的家族产业。[10]

一夜之间，民族社会主义开始从上而下地影响德国的社会、文化和政治生活，在"上"出现了纪念碑式的建筑风格，在"下"则有遍布乡间的"绿色"住宅区，后者暴露出了一定的社会与种族问题。这些主意绝非全都源自希特勒，它们反映的是德国在 1933 年之前便已存在的某种趋势。人们并不总是木然地受到"上层"操控，或是消极地接受总部下达的指令，他们也可以利用新教义来达成自己的目的：或是了结宿怨，或是将敌人——尤其是犹太人——污名化，尽情表达不同的爱憎。[11]

尽管理解这些思想和它们的吸引力非常重要，但这些年来，笔者在对第三帝国的研究中发现，即使是知名的历史学家往往也会把希特勒的意识形态贬斥为"一个多种主张的集合体，理念的混合物，思想的大杂烩"，这是马丁·布罗萨特（Martin Broszat）

6

的原话。[12] 虽然在过去的几十年里，这种情况发生了极大变化，但民族社会主义仍然没有受到足够的重视，有时还是被视为不合理的荒诞之物。[13]

倘若真的只是一堆"杂乱无章的话语"，又怎能吸引如此之多的忠实信徒为之前仆后继？直到 1939 年，加入纳粹党的人数已高达 531 万。[14] 毫无疑问，众多纳粹党徒、加入纳粹党旗下或是由纳粹党赞助的组织的人，其忠诚程度一定各不相同。这里略举几个规模较大的组织，在 1939 年之前，德意志劳工阵线（German Labor Front，DAF）的成员有 2 200 多万，纳粹福利组织（Nationalist Socialist Welfare Organization，NSV）超过了 1 400 万，希特勒青年团（Hitler Youth）有 870 万，而德意志妇女团（German Women's Enterprise，DFW）的队伍有 630 万。意识形态色彩更浓的党卫队，在第二次世界大战前夕则有 235 526 名成员。事实上，据估计，直到 1939 年 9 月 1 日，德国三分之二的"雅利安人"都加入了纳粹党的分支，大多数人一度堪称忠实信徒。而这些实体组织的"政治领袖"约有 50 万人，他们中的 98% 都为荣誉而战，不要求任何回报。[15] 总的来说，积极分子全都沉浸在纳粹主义的教义中，竭力完成组织的宣教使命。即使是那些为了追逐潮流而参与这场浩大运动的人，也开始投身于林林总总的动员大会，在政党活动、选举、教育、治安、社会工作、庆典、节日和游行示威中穿梭，所有这些都强化了"伟大理念"那铺天盖地的存在感和不可遏制的影响力。[16]

第一个将民族社会主义作为政治教义的德国研究出现在 1964 年，恩斯特·诺尔特（Ernst Nolte）是当时一位备受尊敬的思想史家，他向既定叙事发起挑战——既定叙事认为，如果非要找出一点意义的话,希特勒的意识形态仅仅起到了动员群众和行使权力的作用。在他那本广受赞誉的书中,诺尔特重点阐述了纳粹思想的历史根源,由此呈现出欧洲法西斯运动的比较史。但从他的书里几乎很难搜集到有关是谁组成了忠实信徒的大军的内容。他撇开许多"日耳曼人(又称雅利安人)的废话"——仿佛这一点从未被几百万人认真对待过一样——转而提出了一个相当简单的论点:希特勒意识形态的本质都包含在了 1920 年制定的纳粹党纲前四点中。这四点内容为:要求民族自决的权利;废除《凡尔赛和约》(1919 年);要求承载过量人口的国土和领土(殖民地);限定具有德意志民族血统的公民权利。在诺尔特和其他许多作家看来,1924 年,也就是希特勒写出《我的奋斗》(*Mein Kampf*)第一部分之后,他的教义几乎没有发生任何改变。诺尔特毫不费力地指出,民族社会主义准则在那之后的基本趋势便是"复兴民族,开拓生存空间,拯救世界"。事实上,他对希特勒执政时期的论述相对较少,对纳粹主义的重要组成部分也做了低调处理,比如他声称没有必要去探讨二十五点纲领中听起来像是社会主义的内容,它们"纯粹(只是希特勒)用来蛊惑人心"的借口,目标当然是为了夺权。[17]但笔者在重新审视这本书的论点后,却得出了与之完全不同的结论。[18]

诺尔特并非唯一一个否定民族社会主义中的"社会主义"成分的人,还有一些人直接将它定性为"假的",或是社会主义思想之敌。[19]德国作家通常喜欢把"真正的社会主义"等同于从那时起一直存在至今的左翼政党。然而,回顾起来,早在 19 世纪,社会主义的种类便已层出不穷。到了 20 世纪初,全球众多政党纷纷宣布他们才是"真正的"社会主义,同时痛斥其他的党派。

当代有一位奥地利作家坚持使用所谓的"纳粹社会主义"一语，此人即富有争议性的自由主义经济学家弗里德里希·哈耶克（F. A. Hayek）。20世纪20年代，流亡伦敦的哈耶克认为，民族社会主义是在欧洲多地广泛涌现的集体主义运动的一部分，这一现象也出现在了他所寄居的英国。他于1944年出版的著作《通往奴役之路》选择性地简短回顾了民族社会主义的思想起源，并未深入探讨它在1920年后的崛起以及在第三帝国中的表现。哈耶克把对"社会主义"的指控作为自由论者对抗纳粹主义的一纸诉状，并引申开来，驳斥所有形式的国家宏观调控。[20]

许多作家都对反犹主义的起源和发展做过研究，可以肯定的是，早在民族社会主义兴起之前，它就已经遍布德国。[21] 还有一些学者研究过纳粹主义的奥秘领域，比如它的神秘主义和超自然现象，但这些翻涌一时的浪花在希特勒的统治下从未成为主流的一部分。相比前面更重要的是，有几位学者试图从狭隘的思想史中抽离，转而追寻其他更有前景的研究方向。[22] 比如文化史学家约翰·查普特（Johann Chapoutot），着重强调在第三帝国时期，纳粹演讲对社会实践的影响力。然而，与类似的论述一样，他也没有考察社会可能对此做出的反应[23]，而是沿着前人对党卫队里的知识分子和专家的调查脉络，检视了中产阶级如律师、哲学家和科学家的参与情况。[24]

自1933年起，新政权已经不满足于精英阶层，而意在掀起一场更加广泛的革命，因为它所追求的是将整个民族都转换为忠实信徒。希特勒的独裁政府大张旗鼓地进行了一系列变革，笔者将结合这些变革的成败来审视他们的努力。尽管文化史学家和思想史学家也曾聚焦于这场变革的多个方面，但较少有人关注民众如

8

何接受或是消化那些具有吸引力的文化产品。[25]

　　研究德国外交政策的历史学家曾对希特勒的世界观做过许多探讨，有人声称希特勒制订了一个计划和方案，从 1920 年到 1945 年都在执行，只是中间进行过稍许战术调整。在至少五十年的时间里，这些研究一直受到谴责，因为它们将第三帝国的历史过度个人化，低估了德国整体的社会和文化，将"纳粹主义"和"希特勒主义"[26]混为一谈。布伦丹·西姆斯（Brendan Simms）无视针对上述研究堆积如山的批评声，重新回到明确"以希特勒为中心"（Hitler-centric）的学术路径上，并自豪地宣称自己的研究是"轻化语境"（context light）的。他最终追溯了希特勒对国际关系的思考，但奇怪的是，他坚持认为希特勒持之以恒的首要关注点是英美国家和全球资本主义。对这两国的忧虑据说起源于 1918 年 6 月的堑壕战，当时希特勒所处的筋疲力尽的军团遭遇了美军的攻击，节节败退。他们抓了几个俘虏，他还把其中两个送去了总司令部，但从当时的材料来看，他对整个事件几乎只字未提。[27]

9　　要找寻希特勒意识形态萌芽的蛛丝马迹，我们现存所能掌握的涉及他个人信念的第一份材料，就是臭名昭著的"给吉姆利希的回信"（letter to Gemlich）。这封信是他于 1919 年 9 月 16 日还在军队时写的，如今广为人知，可以很容易地从网上获取。[28]这是现存第一份能够证明他的反犹主义——此后将成为民族社会主义的核心要素，也是第三帝国的热点问题——的证据。

　　说希特勒将英美国家放在战略首位而引起质疑的地方在于，1919 年，美国已退回孤立主义，并在之后二十年都保持同一立场。从 1920 年到 1930 年，希特勒的脑海中的确偶尔闪现过一些灰暗的念头，比如美国的发展潜力、德国移民者的最终结局等等；而如何将大英帝国争取为"天然盟国"的看法也时好时坏。然而，在政治立场上，暂且不说要妥善应对国内普遍希望摆脱《凡尔赛和约》的期待，在夺权过程中就将英美威胁论兜售给选民，这显然不是他的首要任务。后者真正成为一个主要争端，还要到1939年战争爆发之际。

无论如何，关键的地方在于，民族社会主义并非铁板一块，不同地区存在局部多样性，在大城市里，甚至不同的街区都有各自的差异。另外，必须考虑到先前存在的政治文化、社会规范和纳粹党卫队等团体的集体意识形态，这些团体并没有机械地履行希特勒的命令和意志，而是同时也在追求自己的多重动机。[29] 激进分子、纳粹党徒与纳粹选民，甚至包括党卫队里的精英，往往在接触希特勒或他的著作之前，就已自发汲取了这种意识形态的大部分"真理"。1933年以前，民族社会主义运动尚处于形成阶段，是积极分子丰富并充实了运动的理论与信念，在希特勒的鼓励下，他们进入第三帝国后开始借助政党的东风实现自己形形色色的目的。当粗略地谈到"伟大理念"时，他们可并不认为它的根源仅仅出自领导人一人。

事实上，1933年希特勒就任总理后不久，德国军方和以知识分子为主导的官僚机构——他们中的大多数可能从未屈尊给纳粹党投过票——轻易便接受了他的教义，并加以补充，意图发挥出它的最大价值。[30] 第三帝国时期，希特勒在诸多重大问题上数次随机应变，但也许顽固的目的论者（intentionalist）仍会坚持说，大的战略并未变过，这些只是战术调整罢了。

在1918年和1919年，希特勒对所有协约国都抱有仇恨，然而落实到具体的政治层面上，1920年的纳粹党纲并未对英美两国

10

有任何指涉，除了对《凡尔赛和约》有明显的拒斥以外，也较少涉及外交政策。纲领起初要求殖民地，但之后又悄无声息地放弃了这个议题，在其他难以实现的条目上也同样如此。1922年9月，希特勒宣布要创建一个新的德国，在这个语焉不详的目标里，只有一件事情是确定的，那就是国家不会建立在"犹太人的基础上，只会是在日耳曼人的基础上"，后来这成了"雅利安人世界秩序"的基本理念。[31]

1926年12月，《我的奋斗》第二卷出版，希特勒在最后几章简短地谈到了外交政策，但并没有提出具体的计划。从根本上讲，与邻国和平共处是不可能的，主要原因据说是德国的人口总数太过庞大，而且他希望能继续增加。限制出生率，在国内人口稀疏的地区建立移居点，或者干脆将过剩的人口移置海外，这些方案不仅大错特错，而且还具有较大的危害性。与之相反，他要求在欧洲内部"攫取新土地"，而唯一能容纳其存在的地方正是广阔的苏联。[32]虽然德国需要生存空间这一理念可以追溯至18世纪，但对于希特勒来说，向东扩张主要依托于一种生物"法则"，即雅利安人天然有权扩张自己的生存空间。这一政策符合民族社会主义的社会理想——每一个健全的个体都有权获得最低限度的财产和空间——但据他说，德国的财产与空间太少了，不足以匹配所有人口。[33]

今日研究希特勒的教义，包括其忠实信徒所采纳的各种学说，仍然绕不开他的传记。但不幸的是，这些内容被他那无所不在的"个人魅力"（charisma）层层覆盖，弄得云里雾里。这个词语原本出自社会学家马克斯·韦伯（Max Weber），到了21世纪，越来越多地被希特勒的传记作家拿来解释他的号召力和统治。[34]现代维基百科概括了"个人魅力"的三种流行定义："个人的魅力或魔力"；在基督教中，"由圣灵赋予的权力"；"不需要运用逻辑就能施加影响力"。希特勒果真是利用"个人魅力"或者其他精神花招，便轻而易举、不合常理地驱策了这个有数百万人受过良好教育的国家吗？一旦我们过度放大希特勒的"个人魅力"，便会遮蔽掉其他问题：别的历史角色，比如普通民众，他们曾做过什么，相信什么？先不论"个人魅力"这个概念原本的作用，今天的人们说起它时，往往是为了宽泛地形容某个"有吸引力的"人或物，比如电影明星、动物、名胜风景，或者个人着装。这个词语被用到希特勒的教义和统治上后，几乎已变得毫无意义，甚至还带有很大的误导性。

如果要对希特勒进行严肃、批判性的分析，我们有理由相信，他已化身为众多思想、情感和目标的集合象征，背后是成千上万的忠实信徒、数百万志同道合的人与他同呼吸、共命运。即便如此，后来的许多重要领导人或是队伍里的其他人，早在见到他或是读到他的书之前，便已效忠于民族社会主义或其变体。他们将领袖的必备属性投射到他身上，把他作为一个带有军事风格、发号施令的人物，用他来动员民众、攻坚克难、夺取政权。而希特勒的首要任务便是将他们汇聚起来，为他们的精力和火力提供一个主攻点。20世纪20年代初期，他成了纳粹党的核心人物，并带领它从一众竞争者中脱颖而出。

我们要探索的是，在这样一个有着良好教育和文化底蕴的国家里，为什么数百万民众——不是所有人——最终会接受或迎合一个充满仇恨、杀意森然的极端主义信条？这一问题即使到了今日也仍然令人惊叹。

第1章
希特勒如何发现民族社会主义理念

13　　　人生前三十载，阿道夫·希特勒并未展现出丁点儿领导特质、从政倾向，抑或公众演说才能。1889 年，他出生在奥匈帝国因河河畔一个宁静的边境小城布劳瑙（Braunau）。他性格内向、害羞，家庭收入中等，对艺术的兴趣胜过一切。十二岁时，他去听了人生第一场理查德·瓦格纳的歌剧（《罗恩格林》，*Lohengrin*），硬生生熬了三个多小时，却心醉神迷，从此为瓦格纳的魅力所屈服。与后世的种种猜测相反，他在少年时期还算"正常"，颇高的绘画天分赋予了他一种艺术家气质，认识他的人都对此印象深刻。[1]

　　他读过一些艺术家的传记，虽然我们不知道具体是什么，但那似乎使他肯定了自己对美学这一存在的渴望。父亲为人严厉，于 1903 年去世之后，过分溺爱孩子的母亲不久便允许希特勒辍学，放任他将希望寄托在维也纳视觉艺术学院上。1907 年 9 月，他第一次提出入学申请，却以落榜告终。雪上加霜的是，他所深爱的母亲也于当年 12 月去世，给予他重重一击。希特勒后来说，他曾请求与艺术学院的院长进行面谈，询问为什么不录取他。后来的政治家在宣讲时也说起过这个故事。面谈中，当教授获悉这个年轻人竟然没有学过建筑时，不由得惊讶不已。因为比起绘画

天分，他的素描图明显表现出了更加高超的建筑学天分。[2]尽管
情绪低落，但他还是含糊其辞道，他决定未来要成为一名建筑师。
然而，1908 年 10 月，他再次申请了同一所学校，却再次被拒绝。
对此，他做了这样一番心理建设——那些他认为在绘画和建筑领
域有天分的人，也经历过类似的挫折，拒绝他，恰恰证明他和那
些"怀才不遇的天才"是一样的。

　　希特勒喜欢向别人诉说，他这一生皆是由命所定，比如偶然
出生在奥地利和德国的边境，这在某种程度上便注定了他将是两
国的统一者。上述说法出现在他 20 世纪 20 年代写的自传《我的
奋斗》中。在书中，他还声称，他来到维也纳绝非偶然，正是在
这里，他形成了自己的"世界形象和世界观"，这为他后来所做的
一切奠定了"坚实基础"。尽管每天都在苦苦挣扎，但根据他后来
的描述，维也纳竟成了他研究社会问题的最佳地点。[3]显然，我
们不能仅仅停留在他的叙述表面，尤其当涉及那些战胜逆境的情
节时——他描述自己生来便是领袖，集众神祝福于一身，从迷雾
中崛起，前来拯救德国。

　　他还告诉读者，自己在维也纳博览群书，但并没有提到具体
的书名或作者名。不过，他的确专注于艺术，曾对维也纳环城大
道上的宏伟建筑做过一番细致研究。[4]历史学家指出，他曾一度
沉浸在以卡尔·马克思学说为基础的社会民主党所办的红色日报
中。希特勒说，在十七岁以前，他从未听说过马克思主义，但正
是在探寻马克思主义"真正使命"的过程中，他发现了"一战"
前便已大为盛行的反犹主义。这股恐惧浪潮带着浓重的种族威胁
意味，自 19 世纪 80 年代以来在他的祖国奥地利局部及德国蓬勃
发展，催生出众多政治组织。然而，到了 1922 年，他轻蔑地认

14

为，1914 年以前的反犹组织者都是些"善意的"校长、教授和牧师，太过温和了，最后一事无成。[5] 尽管如此，时至今日我们依然没有找到可靠的证据，能够证明他在 1919 年之前就对犹太人抱有仇恨心理。

他在维也纳一直住到 1913 年，在多民族国家奥匈帝国这个最大的首都之城，民族主义激烈对抗，智识活动百家争鸣，人们很难错过大量衍生自查尔斯·达尔文的普及读物。达尔文所著的研究报告《物种起源》(*On the Origin of Species*，1859) 被简化为标语，融入到方兴未艾的种族讨论之中。许多作家从这位英国人的著作中圆圈摘取片段，宣传一种通俗化的"达尔文主义"。进化是"人道主义进步的动力"——达尔文的理论中既有如此乐观、和平的内容，亦有强调"生存竞争"的残酷一面。[6] 一些作家觉察到，现代文明中存在一个致命的威胁：社会对穷人和弱者的关怀，会摧毁我们自身遗传的种族根基，从而导向衰落。这些理念被各界的二三流知识分子广为传播，但它们的影响力逐渐扩大，也不仅仅是因为那些成为畅销书的普及读物。[7]

国际优生运动向前可以追溯至达尔文的表弟——弗朗西斯·高尔顿（Francis Galton），高尔顿在《遗传的天才》(*Hereditary Genius*，1869) 中提出假设，称社会的整体智力可以通过优生学——用更直白的话说，选择性繁育——加以提升。1895 年，医学博士阿尔弗雷德·普洛茨（Alfred Ploetz）出版了一本主题类似的著作，以"种族优生"为中心，奠定了德国优生学理念的基石。普洛茨沿袭以往的叙述模式，称种族在历史上时而兴旺，时而衰弱，而他想做的就是确保德国人的"种族卫生"(*Rassenhygiene*)。普洛茨并非一个纯粹的种族主义分子，因他曾在书中写道，他那个时代的反犹主义充其量只是一副"空架子"罢了，而种族混合并不一定会导致衰弱。在优生学上，他一贯的担忧是社会福利给了弱者太多的生存机会和繁殖通道，而"适者"却在战争和革命中惨遭淘汰，说到底，这才是种族退化（*Entartung*）的根源所在。[8]

　　从休斯顿·斯图尔特·张伯伦（Houston Stewart Chamberlain）的巨著《19世纪的基础》（*The Foundations of the Nineteenth Century*）一书中，我们也能发现同样的忧虑。该书于1899年在维也纳出版，随后引起文学界一阵轰动。张伯伦虽然是英国人，但取得了德国国籍，崇拜理查德·瓦格纳，为其写过鸿篇传记，甚至还在1908年成功迎娶了瓦格纳最小的女儿，伊娃。他认为选择性繁育正当合理，并从"种族视角"为当代"犹太人问题"提供了一种新的解释。他严厉警告道，解决这一问题对"我们的未来"至关重要。[9]

　　希特勒后来回忆说，他曾对种族理论（*Rassenkunde*）及其在军事领域的应用做过一番研究，但仍然没有提及任何作家的名字。[10]希特勒的私人图书馆里一共留存了大约1 200本书，其中许多是由作者专门题献的，但究竟哪些让他铭记在心，至今仍不确定，在推断这些书如何影响了他的人生时，我们必须谨慎为之。[11]众所周知，要从一个人的后期行为反向推导智识的化育痕迹，并非易事。希特勒承认，自己曾在某个时期读过张伯伦一本长篇大论的反犹著作，尽管满篇都是当时的流行语——"生存斗争""种族斗争"——但全书所采用的却是一种反达尔文的论调。除此以外，希特勒还对该世纪一些主要的种族理论学家提出了质疑。比如，那位经常被人挂在嘴边的阿蒂尔·德·戈比诺（Arthur de Gobineau）就受过他的评鉴，《人种不平等论》（*Essay on the*

16

Inequality of the Human Races，1853—1855）是其成名之作。但戈比诺未脱窠臼，仍是按黄种人、黑种人和白种人来搭建种族学的研究框架，而雅利安人则因语言的美妙，在白种人中高居上等。如果张伯伦赞同种族是文明兴衰的关键，那他肯定不会认同戈比诺所持的种族终将衰亡论。[12]这位冠冕堂皇的英国人曾为高等种族的繁殖与培育提出过自己的五条"法则"，尽管其中没有一条能在科学上得到验证。[13]

希特勒居留维也纳期间，正值世纪之交，铺天盖地都是关于种族、性别和天才的狂思奇想，这在张伯伦的作品和奥托·魏宁格（Otto Weininger）的《性与性格》(*Sex and Character*)中四处可见。《性与性格》1903 年出版于维也纳，作者魏宁格宣称，天才（无一例外都是男性）"无须学习便可洞悉万物"。[14]这一宣言恰恰符合希特勒对自身的认知：天赋异禀，无需正规教育便可自成通才，这就是他远超庸众的秘诀所在。魏宁格作为一名犹太人，尽管曾表示自己无意"慰安"反犹运动，但就像张伯伦拒绝粗暴地将犹太人当作替罪羔羊一样，他们仍然同众多知识分子一起，用某种看似合理的借口，为反犹偏见营造出了一定的名望。[15]

回到希特勒本身，不管他梦想成为哪种艺术家，也不管他已经吸收了多少当时种族主义的养分，此刻他都不得不以明信片画家的身份谋生于世俗之中。二十岁的他，双亲都已亡故，工作无着，无依无靠。1909 年年底，他彻底陷入人生低谷，住进了一个为流浪汉而设的收容所。翌年年初，生活有了些微的改善，他搬进了一个男子招待所。在接下来的三年里，他一边靠画画勉强维持菲薄的生计，一边埋头苦读那些"怀才不遇的天才"和建筑师的传记。他后来所说的"研究"，实际指的便是这种私人性阅读。[16]

这种处在社会边缘卑微生存的状态，一直持续到 1913 年 4 月 20 日——在他生日这一天，父亲的遗产资助刚好到账，于是他前往慕尼黑，注册成为一名"建筑画家"。作为声名赫赫的艺术中心，巴伐利亚首府给了他无限的诱引。就像在维也纳时一样，他又一次画起了明信片，同时研究更多的建筑物，或许还曾在柏林歌剧院的设计大赛中提交过自己的草稿。然而，并无一事成功，就安心做一个"怀才不遇的天才"吧——他执起这冰冷的安慰，对抗那一次又一次的残酷打击。[17]

艺术史学家比尔吉特·施瓦茨（Birgit Schwarz）曾给出过一个颇具信服力的论点，他认为希特勒并没有放弃艺术家的梦想，转而往政治家上使力，因为他早已认定——唯有艺术家方能成为伟大的政治家或战略家。他一定要成为艺术家，这样才能确保自己身上那种独具一格的天才禀赋不会消失。像腓特烈大帝和军事理论家卡尔·冯·克劳塞维茨那样的天纵奇才，正是他赞叹的对象。在这样的早期岁月里，他逐渐自信起来，相信未来有某种特殊使命正等待着他去完成。[18]

希特勒的人生，随着大部分欧洲国家一起，在 1914 年 8 月迎来了一场戏剧性转折——第一次世界大战爆发！种种不祥之兆都已表明，这将是一场史无前例的武装冲突，可惜无人愿意相信。[19]全球数百万人参军入伍，希特勒也是其中一员。从 1915 年 2 月他给慕尼黑的房东所写的一封信来看，他已经开始赋予这场战争特别的意义。与战友一起回国后，他恶狠狠地说，最好能"清除外国势力，使国家回归纯净"，"粉碎德国外部的敌人，同时也摧毁我们内部的国际主义——这将比任何领土上的收益都更有

18

价值"。[20] 他所说的"外国势力"究竟是指什么,现在还不清楚。从他在柏林前线度过的休假生活来看,他仍然是一个坚定的"艺术"型人物,并没有沉溺在首都肮脏阴暗的一面,而是参观了许多博物馆,兀自深化自己心中对艺术和建筑的热爱。[21]

1918 年 11 月 9 日,德国革命爆发,这为民族社会主义的出现造就了一个关键契机,但就此"觉醒"的并不只是希特勒一人。出人意料的是,新上台的社民党政府在两天之后签署了停战协定,该协定自此成为德国战败的标志。希特勒获知这一消息时,还在一家战地医院里休养,顿时感到无比愤慨,遂于 11 月 21 日返回慕尼黑。然而,此时的慕尼黑已在左翼革命的撕扯下,变得分崩离析。激进的独立社会民主党领袖库尔特·艾斯纳(Kurt Eisner),从 11 月 7 日开始领导着巴伐利亚政府,但艾斯纳的所作所为注定会与民族主义者离心离德。11 月 25 日,他启程前往柏林,强令德国民众接受战争的罪责。他希望国家能够忏悔罪行,但希特勒等一众士兵极力否认国家有罪,二者之间势如水火。[22]

不出所料,在 1919 年 1 月 12 日第一届巴伐利亚州的选举中,艾斯纳惨然落败,180 个席位,他的政党只赢得了 3 个。然而,2 月 3 日,他向瑞士的社会党国际(Socialist International)发表讲话,承认德国犯下了战争罪责,赢得了全场经久不息的掌声。[23] 2 月 21 日,他返回慕尼黑办理辞职事宜,就在路上,右翼激进分子暗杀了这个不幸的男人。随后,局势平静了一段时间,但接下来上台的是一个更为激进的巴伐利亚苏维埃共和国(4 月 7 日至 5 月 1 日),由古斯塔夫·兰道尔(Gustav Landauer)、恩斯特·托勒(Ernst Toller)和埃里希·穆赫桑(Erich Mühsam)领导。与艾斯纳一样,他们三人也是犹太人,种族主义者对这一点铭记在心。新成立的德国共产党（即柏林 KPD）向慕尼黑方面派去了欧根·莱文（Eugen Leviné），4 月 13 日，莱文与几名同志宣布已经拿下巴伐利亚，并将建立"无产阶级专政"。莱文出生于圣彼得堡，同样是一名犹太人，他效仿列宁在俄国的模式，制订了影响深远的政治议程，并在街头发动暴力，导致 21 名无辜市民因此被杀——他就这样与善良的公民背道而驰，越走越远。[24]

后面的结局更加恐怖。4 月 30 日，红军杀了十名人质，准军事组织自由军团（民兵）迅速展开报复，掀起了一场惨烈数倍的腥风血雨。[25]种族主义组织听闻苏维埃共和国的这些行为后，被吓得魂不附体，当即表示这种政治实验"证实"了犹太人和俄国布尔什维主义之间确实存在某种关联。[26]日记作家维克托·克伦佩雷尔（Victor Klemperer）曾亲历过现场，他记录说，慕尼黑十分之九的人都在为解放者欢呼，尽管其中许多人来自原本不被信任的柏林和普鲁士。[27]

在这动荡的几个月里，希特勒在做什么？相关的文献资料较为分散，但详细的地方性研究明确表示，他对当时控制慕尼黑的社会主义政权深怀同情，超出了人们通常认为的程度。[28]4 月 15 日，在风云激荡中的慕尼黑，希特勒当选为士兵委员会代表。严格说来，这时他是在红军的指挥下行事。[29]他对社会主义中的国际主义（international）因素从未动摇过态度，坦然接纳绝无可能。不过，即使这些"红色"经历与他后来的政治理论是一致的，但他对马克思社会主义者的青睐，很有可能会给他日后的事业造成极大的不便。5 月 9 日，当希特勒的兵团对曾经支持过慕尼黑叛乱的军队进行调查时，他猛然意识到——身处三人委员会中的自己，正对他之前效力过的政权进行审查。[30]在《我的奋斗》中，他回

19

忆道，审查红军的"罪行"，成为他"第一个或多或少在政治上活跃起来的任务"，不过他小心翼翼地略过了自己可能扮演过的任何角色。6月，巴伐利亚的新军队开始挑选士兵去进修课程，教导他们演说反共产主义。希特勒被分到了第三小组，"教导"从6月10日开始，一直持续到19日。他们乐在其中，还想创建一个古怪的"社会革命党"，这个党派的目标只有通过革命才能实现。听起来，他似乎是对自己的社会主义倾向深感荣耀，除他以外，整个小组都并未表示出此种倾向。[31]

在希特勒接受军方"教导"期间，戈特弗里德·费德尔（Gottfried Feder）作为教官之一，来给他们做过一次"打破利息奴役"的演说。他的理论简单粗暴：若想从隐蔽而庞大的货币魔力中解放生产性工作，废除利息，实行银行、证券交易所国有化，是唯一可行的办法。他表示，马克思社会主义最大的错误，是没能理解工业资本和借贷资本（Leihkapital）之间的区别，前者对经济来说不可或缺，后者却将整个人类桎梏其中。费德尔想要的，是一个符合德国国情的社会主义，在他看来，工人和雇主一体两面，都属于生产过程的一部分。若没有生产过程，生活、文化以及进步都将不复存在。[32]听众一下子便能意会到，费德尔想将"剥削性的高级金融"与国际上的犹太人画上等号。至少课上的另外一位学员——赫尔曼·埃塞尔（Hermann Esser）——就是这样以为的。[33]如此看来，有这种心理活动的不只希特勒一人。在《我的奋斗》中，他将费德尔的书尊称为民族社会主义运动的"教理问答"，此时他自己的学说刚刚萌芽，犹太人的阴谋是其中的重要论点，而费德尔则使他进一步充实了学说的内容——"与国际金融和借贷资本作战"将是德国"为经济独立和自由而斗争"的关键。[34]

在为期不久的训练中，他的激情、决心和口才给教官们留下了深刻印象，他们决定将他和别的宣传突击队"受教"成员一起，送到附近的莱希菲尔德（Lechfeld）营区上。8 月 20 日至 25 日期间，希特勒等人向营区上的人解释了《凡尔赛和约》里的"和平条件以及重建事宜"。1919 年 5 月 7 日，和约由战胜的协约国递交德国，6 月 28 日德国被迫签署，之后便在德国境内引发了一场无比激烈的民族主义抗议。对很多人而言，这份宣言本身，以及 6 月 9 日德国政府对这些令人骇然的和平条款的正式批准，不啻昭然公布：战败已成定局。这种承认在希特勒的政治转型中起到了非同一般的作用。[35] 事实上，1919 年初夏，新的右派开始强烈谴责签署和约的政府，以及那些在此过程中推波助澜的势力。[36]

正是在这种背景下，希特勒的直系上级——卡尔·迈尔（Karl Mayr）队长派他作为一名"教员"去查探城中星罗棋布的右翼分子和种族主义政党。[37] 9 月 12 日，希特勒和六名同志一起参加了德意志工人党的集会。与历史学家的一贯说法不同，他并非装扮成"间谍"混入其中，因为卡尔·迈尔队长对德意志工人党的情况早已了然于胸——该党前身为秘密组织图勒学会（Thule Society），以"打击资本主义和犹太人"为自身使命，组织里的两名成员，安东·德莱克斯勒（Anton Drexler）和卡尔·哈勒（Karl Harrer），后来联合创建了德意志工人党。用德莱克斯勒的话说，他们的小党就是"一个社会主义组织"，必须"由德国人领导"。[38] 它夸耀自己拥有一批实力雄厚的赞助人，知名公关、剧作家迪特里希·埃卡特（Dietrich Eckart）就是其中一位。埃卡特主办的刊物《简明德语》（*Auf gut Deutsch*）笼络了一群反犹、反布尔什维克的作家为其冲锋陷阵，他本人后来成了希特勒早期的资助人之一，

21

关系形同导师。[39] 夸张一点说，埃卡特作为一名传奇人物，甚至被称为纳粹党"最早的意识形态建立者"。[40]

当希特勒和他的战友初次参加这个小党的集会时，主讲人不是别人，正是此前曾令希特勒大为感佩的戈特弗里德·费德尔。费德尔这次的发言主题是："如何摧毁资本主义？何种方法行之有效？"慕尼黑的警方推断说，这是一个左翼小党，但不大可能与国际社会主义者有所关联。[41] 希特勒在会上的短暂露面，引起了德意志工人党联合创始人之一安东·德莱克斯勒的注意，他送来了一份自传式的小册子。希特勒后来在《我的奋斗》中提到，读完它之后，他想起自己曾为了厘清马克思主义带来的困惑，所进行的一番苦斗。[42] 德莱克斯勒意欲唤醒德国，创造"真正的社会主义"，而在此之前，必须先将国家从所谓的"非我族类（fremdvölkisch）和其自私自利的领导"中抢夺回来。[43]

希特勒从战场上回到德国后，政治版图上已经散布了不计其数的民族主义团体，1919 年 2 月 18 日，部分团体在班贝格合并为一。为了促成这场合并，斡旋其中、出力最多的几个领头组织，是泛日耳曼同盟（Pan German League）和由激进分子特奥多尔·弗里奇（Theodor Fritsch）长年领导的帝国铁锤联盟（Reich Hammer League）。弗里奇曾写过一本臭名昭著的《反犹教义》（*Anti-Semites Catechism*，1887），列出了众多历史名人对犹太人的负面评价，为无数忠实信徒指明了前进的方向。在解决"犹太人问题"上，他提议推翻犹太人的解放 ①，将他们驱置到为外国人特设

---

① 随着 17、18 世纪欧洲启蒙运动与法国大革命的进行，"自由、平等、博爱"思潮如火如荼，犹太人作为弱势群体，逐渐在社会与法律上获得自己的权利，这被称作犹太解放运动。——译者注

的法律之下，与社会完全隔绝，之后就可以拭目以待会发生什么了，话语中充满杀意。[44]

在弗里奇的其他著作中，还有一本1896年出版的《未来之城》(*The City of the Future*)，他在书中向民族主义乌托邦投去了短暂一瞥——未来，花园城市将取代罪恶的大城市，成为种族合适者的新型选择。他在字里行间暗示反犹主义、优生学和环保主义存在某种关联，而三者恰好都是民族社会主义的组成部分。[45] 对于弗里奇的观点，希特勒并未全盘接受——他甚至还要更加激进——但他认同了回归土地的重要性。民族社会主义非常重视为合适的"种族同志"提供绿色花园之家，使其远离现代大都市的腐化。1929年，当希特勒忆及过去十年的挣扎时，他对"我们先前的导师弗里奇"以及像他一样的先驱者表示由衷的感谢。不论真假，他宣称自己过完十八岁生日之后，便立刻意识到了"犹太人的危险"。那是1907年，之后，他就把所有的相关资料都读了一遍。但照他看来，那个年代的反犹文学大都建立在情绪发泄和宗教排挤上，"远不像今天是可以用科学解释的［原文如此！］"。[46] 1930年，适逢弗里奇的书第30次再版，他还送去了一张贺卡。[47]

在1919年的班贝格，弗里奇联合泛日耳曼同盟及其他组织，共同形成了日耳曼种族防御与反抗同盟（German-Racialist Defense and Defiance Association，DVSTB），该联盟以"卐"字符作为宣传符号，在战前的维也纳广为人知。"一战"期间，此类组织大肆猖獗，战败之后则愈发趋向极端。新联盟一贯喜欢的宣传口径是：一切并非偶然，犹太人和放高利贷者蒸蒸日上，而我们的内部却不断瓦解冰消，德国就是这样走向了衰败。[48] 1919年5月，日耳曼种族防御与反抗同盟的成员已达七万人，成千上万的地方性组织高高扬起它的旗帜。[49]

从现有的记录来看，希特勒的政治讲话最早应该发于 1919 年的 8 月至 9 月。8 月 23 日，就当时的热门话题"和平条款与重建事宜"，他做了一次精彩纷呈的演讲，但演讲稿已经亡佚。当月晚些时候，他在莱希菲尔德又做了一次演讲，材料同样湮灭不存。军方的一份报告称，在后一场演讲中，他曾提到资本主义，话里话外透露出明显的反犹主张，军方认定此次演讲具有强烈的煽动性。[50] 对于希特勒的政治亮相，现存的最早文件可以追溯至 1919 年 9 月 16 日，卡尔·迈尔队长要求他去回应一个名叫阿道夫·吉姆利希的士兵对反犹主义的质询。希特勒的回信表明，他从在维也纳时开始，就已怀有一颗种族憎恨之心。[51] 在信中，他对各种种族主义经典信手拈来，呼吁要采用一切法律手段"毫不妥协地清除"所有犹太人。[52]

无论是这封回信，还是他之前发表的言论，都没有泄露出对英美国家的敌意，但吉姆利希的记录却实实在在带有一种反资本主义的社会主义论调，这种论调在后面成了希特勒职业生涯的一个明显特征。在没有确凿证据的支持下，哪种恐惧症最先出现，仍有待商榷。但毋庸置疑的是，从 1919 年开始，反犹主义便占据了希特勒学说的核心，而他对英美两国的态度却始终游移不定。美国虽有威胁，但天高地远，又在一战后退回孤立主义，二十年来未曾翻搅欧洲。而英国则是德国的天然盟友，他对结盟寄予厚望。[53]

对犹太人的仇恨露出苗头后，希特勒再未宽忍过，但这并不是说大屠杀行动在 1920 年便开始启动。如果他在 20 世纪 20 年代初期有一个主要目标的话，那便是使德国强大到足以克服"一战"山崩地裂般的失败。在这一点上，他与德国数百万民众心心相印。[54]总而言之，他加入了德意志工人党，并且风头迅速上涨，压过联合主席卡尔·哈勒和安东·德莱克斯勒，成了这个小党里最为耀眼的人物。为了更好地宣传，德莱克斯勒和希特勒等党内高层在1920年2月24日提出了一个新的纲领。当希特勒在人潮汹涌的会场简要宣读《二十五点行动纲领》时，有人欢腾鼓掌，也有人轻蔑狂嘘。几日后，他们将党名更改为：民族社会主义工人党（NSDAP）。[55]

　　新党的意识形态除了偏激仇犹以外，还有更多内容。比如，它所标榜的社会主义其实是原始信条的众多变体之一，但要比以马克思主义为基础的社会主义更能吸引忠实信徒，在信徒眼中，变体有用多了。希特勒后来在一次会议上，对他的将领与军官直言不讳道，如果他回到1920年，告诉现在的政党，他们必须放弃所有基于阶级的矫饰和传统——他厌恨这些——来建立一个真正的人民共同体，那他一定会被当成"疯子和傻子"赶出去。[56]"人民共同体"的概念并非纳粹首创，早在"一战"之前和战争期间，包括社民党在内的一众政党便已对其大加利用。[57]

　　1920年的新党纲领里"没有任何原创思想"——虽然人们普遍这样认为，但其实这句话也适用于其他所有政党。[58]希特勒后来说，纲领的要点应成为普通人也能认同的"指导准则"，或说"政治信条"。废除《凡尔赛和约》，获得"国土和领土"——也就是足以养育民族的殖民地——除了这些意料之中的要求以外，纲领几乎没有涉及任何外交政策，对英美更是提也未提。贯穿纲领始终的，是一个强硬的干预主义政府对未来社会的展望，其中既

24

有对金融资本主义和犹太人的大力批驳，又有对泛日耳曼民族主义的热忱向往。纲领大兴审查制度，立法禁止文学艺术持有特定倾向，严厉镇压"损害公共利益"罪，没收战争横财，禁止侨民继续迁入，全面否定犹太人的公民身份。而另一方面，纲领中还有一些典型的社会主义要求，用一句口号概括，即"先公后私"。有条法令甚至呼吁，在进行土地改革时，为了公众利益，可以无代价没收土地。医疗保健普遍化、优秀子弟享受国家免费教育、设立养老保险、分享重工业的利润，这些都是纲领中的社会主义诉求。[59] 到了后来，希特勒也承认，原来的一些观点有重新表述的必要，但考虑到一旦更改，可能会打击人们为新理想战斗的积极性，最终还是作罢。要全面实现新理想，堪称任重而道远。[60]

1920 年 3 月 31 日，军队遣散了希特勒，原因或许是德国必须按照《凡尔赛和约》所要求的，将总军人数精简到十万以内。眨眼之间，五年半过去了，希特勒再次身复平民。但曾经那个内向孤僻的人，迅疾之间竟成了一名专业的政治家，并且显然还是该党当时唯一力捧的人物，真让世人大吃一惊。

在接下来的一周里，他去参加皇家宫廷啤酒屋的集会时，明确坦露了自己对犹太人的态度。当某人提到"雅利安人和犹太人"时，他立马揪住这个词大做文章。因为无须担心会受到质疑，他便恶语中伤犹太人，称在"一战"的战场上并未出现多少犹太人的身影。随后他正色道："我们不想情绪化地反犹，那只会催生集体迫害的风气。我们誓要与邪恶本源战斗到底，最终斩草除根。"[61] 同年 8 月，他在私底下说，为了使国族恢复健康，必须将犹太人当作"病菌"来处理。[62] 除了"病菌"，他还称他们为"种族结核"。可见，早在政治职业生涯的早期，他便开始用隐喻性的疾病指涉犹太人。[63]事实上，自19世纪80年代起，这种恶意诽谤的说法在反犹主义者中相当常见。[64]数十年后，希特勒得意地宣称自己早就"认清了犹太人"，他就是现世的路易·巴斯德（Louis Pasteur）、罗伯特·科赫（Robert Koch），引领了"一场同样的抗争"，把犹太人这"一切社会腐化"的根源性病菌彻底消灭掉。[65]他断然判定，德国1914年之所以陷入战争，原因只出在犹太人身上，是他们通过黑市计划性地倾覆了整个国家。1920年4月17日，在一场人声鼎沸的集会上，他在结束时高呼道："赶出犹太人！德国属于泛日耳曼！"[66]

8月13日，他在皇家宫廷啤酒屋发表了一场重要演讲。面对广大听众，他放肆致辞，谈论纳粹党为何接纳反犹主义。首先，站在社会主义的立场上，他发出指控——如果对比雅利安人和犹太人，"雅利安主义意味着工作中的道德观念，以及我们今天经常听到的社会主义、团体精神、先公后私。而犹太人则意味着工作中的自私自利、拜金主义和实利主义，都是社会主义的对立面"。他斥责犹太人是证券交易所的载体，提醒大众千万不要将其与生产性的工业资本主义混为一谈。若是按照犹太马克思主义者所要求的那样，和工业资本主义作斗争，终究为徒劳之举，因为它极容易死灰复燃。[67]但若只将各行各业社会主义化，也不会有任何结果，因为真正的敌人是借贷和金融资本，它们"凭借犹太人这一遍布全球的载体，真正做到了国际共通"。到这里，他那充满火药味的论点说到了最后一句：要想冲毁这些禁锢，唯有举全民族之力！这一说法迎来了全场山呼海啸般的响应。[68]

接着，希特勒大骂"犹太寄生虫"破坏了整个民族的种族纯粹性，将"血统的威力"侵蚀殆尽，一切荣耀皆溃于蚁穴。犹太

26

人使尽浑身解数，不断剥蚀着国族的健康，而当他们发现这还不够时，便转而摧毁生活资料，重复在苏俄时的所作所为。从绘画到文学、戏剧、音乐，犹太人旨在毁灭所有文化。后面他将针对这些指控展开详细论述。从中可以看出，他在早期已经对德国的"雅利安人"和"对立的"激进犹太人有了详细的对比。

在这次滔滔不绝的演讲结尾，他提出可以用几项原则将新近的运动串联起来："最好能在遵循工作道德的同时，将社会主义作为责任的终极概念，做到既利自身、亦惠同侪。谨记，先公后私高于一切。"这里的"社会主义"与民族主义密不可分，并且只存在于"雅利安种族"。"如果我们是社会主义者，"他假设道，"必定也是反犹主义者，因为我们与拜金主义和实利主义势不两立。"他一口咬定："社会主义只有在民族主义和反犹主义的加持下才会实现。到了那个时候，一切都将不言自明。"社会主义、民族主义、反犹主义，三者奠定了"我们纲领的基础，因此我们才将自己称为——民族社会主义者"。至于如何对付犹太人这个头号劲敌，他承诺说，到了"这个问题可以解决的时候，一定会肃清祸患的"。[69]这些充满仇恨的言辞，字字句句昭示着日后的恐怖浩劫。

集会一场接着一场，希特勒又增加了更多荒唐指控，比如他说，犹太人曾在历史上"蓄意"破坏文化和经济，四处散播"历史是由大多数人创造的，而非少数天才"，这简直一派胡言。犹太人"破坏艺术，以图摧毁民族"，还占领新闻阵地，利用马克思主义役使工人，使其陷入无穷无尽的内战之中。[70]事实上，这种陈词滥调是反犹圈层常年使用的话术。[71]希特勒习惯性地为犹太人贴上"瘟疫"的标签，辱骂他们"歪曲社会风气，毒害国家理念"，纳粹党必将"革除犹太人"。[72]他宣称，犹太人总是嘲讽种

27

族主义组织在政治上昏聩无能，无力解决社会问题，因而总也不能从社民党手中争取到广大工人。那么，他要反其道而行之，做出更加激进的抉择："今天的德意志种族不再做无谓的梦想，而要放开手革命；不再满足于科学知识，还要充满激情地将言辞付诸实践。"[73]

普通民众热切渴盼"非凡人物"降临德国，现在的他堪当此大任吗？1921年5月之前，他一直在私底下说，自己只是一个"煽动者"，而非政治家或独裁者，更非可以重振民族的"那个天才"。[74]然而，他在把持政党领导权一事上又分外炽热，当别的同类组织表示出联合的意向时，他顿时危机感大盛。因此，他傲慢地拒绝了持反犹主张的德意志社会主义党（German Socialist Party），虽然在众党之中，它的规模最大，但它实在太热衷于竞选了。德莱克斯勒和纳粹党内部的某些成员，倒是一直孜孜不倦地试图促成两党联合。除此以外，还有1921年3月在奥格斯堡创建了德国劳工协会（German Works Community，DWG）的奥托·迪克尔（Otto Dickel）博士，他也表示有兴趣与民族社会主义工人党联合。

尽管希特勒百般不愿，但同年6月他尚在柏林期间，德莱克斯勒还是邀请迪克尔做了一场演讲，收获满堂喝彩。奥斯瓦尔德·斯宾格勒那本《西方的没落》在当时极为畅销，为了反驳这本书，迪克尔回敬了一本《西方的复兴》(*The Resurrection of the West*)，出版以后得到高度评价。实际上，希特勒也不喜欢斯宾格勒的那部巨著，因为里面的宿命论太强了。两相对比之下，或许他还会公开表示自己更能接受迪克尔的书（他也的确读过），因为后者所表达的反犹与社会主义思想，现在已与他密不可分。[75]对

"犹太人问题"，迪克尔所采取的是一种截然不同的方式，其言辞放在今天足以令读者感到惶恐难安。[76] 但不论他们之间有什么差异，希特勒都选择将迪克尔这个威胁妖魔化。

1921 年 7 月 10 日，希特勒事先没有声张，突然在奥格斯堡一场三党合并的会议上现身，打了众人一个措手不及。三党分别是：民族社会主义工人党、德意志社会主义党以及迪克尔的德国劳工协会。迪克尔大胆（却相当现实地）建言，民族社会主义工人党的纲领只适合"短期"作战，还需加以扩大，纳入农民阶级的队伍——政党的名头里只有"社会主义者"和"工人"，早已惹得他们心中不快了。这样的提议使希特勒勃然大怒。但面对迪克尔这位学识、修养都更胜一筹的对手，他虽然焦躁不安，却也无能为力，最终只能大踏步离开会场。次日，他退了党。[77]

后来，他写了一份长篇说明交给民族社会主义工人党的委员会，表示他们就不该让迪克尔演讲。读完这份说明之后，安东·德莱克斯勒等人恳切请求他们的明星赶快回来。他们的软弱给了希特勒大提条件的机会。除开其他事项不谈，他要求再召开一次会议，在会上授予他"独裁主席"的头衔。带着点挑衅，他决然道（原文即有此强调）："德国的解放必不由议会，而只由革命一途。"[78] 他的权力小把戏换回了一场重大胜利，7 月 29 日，在慕尼黑的一次会议上，对于他的全面掌权，会议投票通过。[79]

1922 年 4 月 12 日，希特勒在慕尼黑为纳粹党宣讲基本理念，他一上来就问，1918 年革命真的如左派时常吹嘘的那样，是一番伟大的成就吗？抑或只是一次灾难性的溃败？[80] 同样的失败，谁还想再来一遭？只有犹太人想，但民众已经开始醒悟了。社会主义思想一直为左翼政党所垄断，但总有一天，他们将掀起一场雄浑壮阔的民族主义运动，拥抱社会主义思想，团结知识分子和工人阶级，让蓄意分裂国家的犹太人受到真正的惩罚。此外，希特勒对犹太人的不实指控还包括——他们剥离了大众的社会理想，刻意将其引向马克思国际主义，以求发生变革。"我们告诉自己，以'民族'为重，就意味着要无限宽容地爱所有人民。""以'社会'为重，则意味着在创建国家及人民共同体的过程中，每个个体的行为都要符合人民共同体的利益。"他对世界末日做过多次预言，有一次是这样说的："未来，要么雅利安人胜；要么，雅利安人毁灭，犹太人胜。"[81]

　　1922年夏季，他对自己设想出的宏大阴谋论加以扩充，于6月28日在贝格勃劳凯勒啤酒馆（Bürgerbräukeller）发表演说。面对台下乌泱泱的观众，他概述了"民族-种族意识与无法调和、无边无界的国际主义"——即犹太人——之间的斗争史。在他看来，斗争早在120年前就于英、俄、法等国开始了，犹太人取得公民身份后，启动了"灭绝我们人民和祖国的大工程"。[82]根据他的理论，犹太人竟成了资本主义和社会主义的首领，意图号令整个世界。工人组织起来抗议待遇糟糕，要求提高薪酬，这再自然不过了。"但这个高尚的概念［社会主义］，只会从雅利安人的心中生出，也只会在雅利安人的头脑中焕发出最饱满的思想光芒。犹太人对此是全然陌生的。"社会主义主张究竟在哪里出了问题？希特勒表示，具有民族主义倾向的知识分子是社会主义运动天生的领导者，而犹太人在发明马克思主义时，却将他们与工人阻隔开来。工人也被他们变成了国际主义者。这一进程深具破坏性，给许多国家埋下了分裂的恶种，俄国的悲剧便是前车之鉴。他声称，在俄国，有三千万人为此殉难。[83]

29

同年晚些时候，大规模通货膨胀爆发，金钱一夕之间沦为废纸。即便如此，他仍坚持必须改变的不只是经济，还有社会态度，因为只有半数不到的人在全力保护德意志民族，支持整个国家，多达40%的人都站在国际马克思主义一边。他肃然承认，最痛苦的地方在于，这些还是"国内最积极、最具能量的一批人"。因此，不能将目标仅仅放在赢得大多数选民或是掌权上，"因为两种世界观正在殊死搏斗"，结局"除了胜利，就是灭亡"。意大利的法西斯运动已经表明，只要有人愿意战斗，无论人数多少，都足以打破"犹太马克思主义者的恐怖"。[84]

事实的确如此。起初，贝尼托·墨索里尼的法西斯小党掌权时，欧洲各国不以为意，军队和警察亦无所作为。直到1922年10月，墨索里尼号召3万人"进军罗马"，震惊了整个欧洲。纳粹党内的同志很快发现，这位意大利首领的自称——"元首"（Duce），很容易让人联想到希特勒。1923年春季之后，许多人在谈话中提到他时，都会冠以"领袖"或是"元首"（Führer）的尊称。[85]希特勒听说后，惺惺作态地谦虚了一番，而后表示，他们的"使命不是寻找某个人"，而是将整个民族（Volk）锻造为剑，呈献给独裁者。为此，他不愿为自己加冕。[86]9月，在拜罗伊特发表演说时，他再次强调德国人民一直怀着殷殷之心，期待领袖——一位"威权人物"——降临。[87]

整个1923年，通货膨胀日益严重，他在演讲中也开始要求进行一场彻底的革命。演讲最后的结案陈词，总是那个冷酷的选择题——"要么德国沉沦，我们也因可悲的懦弱而跟着沉沦；要么我们与死亡和魔鬼斗争到底"，反抗"命运加诸我们的一切。较量看看，到底是犹太人、国际精神，还是德国的意志更厉害"。[88]

他斩钉截铁地说道，"德国只有先把自己从犹太人手中解放出来，才有可能取得外部胜利。在内部获得胜利之前"，他们不会和外面开战。[89] 他屡屡将德国的问题归咎于犹太人，但此时他的要求还只限于剥夺他们的公民权，驱逐所有 1914 年之后迁入德国的侨民。[90] 然而，从 1921 年开始，纳粹冲锋队（Stormtroopers，SA）持续给慕尼黑的犹太人带去威胁，到了 1923 年秋天，暴力冲突达到了荒诞不经的地步。[91]

1923 年 11 月 8 日是纳粹党对墨索里尼"进军罗马"的重演吗？当晚，巴伐利亚领导人在贝格勃劳凯勒啤酒馆举行集会，希特勒与其同伙发动政变，制住了全场政要人。随后，他签署了一则面向德国民众的布告，公然宣称"柏林十一月罪党政府"已被罢免。他将取而代之，领导"一个临时的德国国民政府"。"罪党们，"他控诉道——执政五年，"却在逃犯和越狱犯们可悲的嘶喊声中，给了英勇的德国人民一个背刺。"[92]

纳粹党人希望能通过这场革命集结盟友，一同进军柏林。然而，第二天，当希特勒带着他的杂牌军一路往慕尼黑的市中心音乐厅广场（Odeonsplatz）而去时，警察开枪杀了他的几名心腹。当局随即逮捕了这次运动的几位核心领导人，就这样，运动以失败告终，民族社会主义似乎也走到了末路。幸运的是，他们的领袖只受了点轻伤，一只上臂脱臼。监狱医生对希特勒做了初步检查，结果显示，他自出生起便患有隐睾症，即右侧睾丸缺失。但这并不是说他是个娘娘腔，或者完全丧失了生育能力，只是最近的一些新发现表明，人们总喜欢猜测这种病症给他造成了极大的心理影响。[93]

1924 年 2 月 26 日，对希特勒的审判正式开庭，他充分利用了

31

富有同情心的法官。判决程序非常漫长，几天下来，他编织了一个关于自己为何、如何参与德意志工人党的故事。该党之所以吸引他，是因为它认识到了德国若想拥有未来，"必须将马克思主义彻底摧毁。一旦这个种族毒菌得到扩散，结核将在民众中间逞凶肆虐，而德意志的结局，就是死于病肺。若它被切除，德意志还可再度昌盛；不除，一切都是痴人说梦"。他将马克思主义、种族主义及犹太人混为一谈，法庭却对此视若无睹。随后，他撰写了一篇短文，称"在马克思主义学说的帮助下，国际犹太人遍布各民族中间，结核病菌已悄然入侵种族与文化，我们民族赖以生存的基石就要被毁于一旦了"。他还宣布，从今以后，他不再是四处博取支持的政治煽动家，而是纳粹运动的元首（领袖）。他要让民众相信，和马克思主义世界观的缠斗将誓死不休，一切妥协、联盟、中庸都绝无可能。先前他们对此认识不足，这才导致了 1918 年革命那场灾难性的溃败。[94] 1924 年 4 月 1 日，法庭判处他五年监禁，但在受审期间，他成功将自己包装成了一个广受国民欢迎的政治人物。[95] 12 月 20 日，当局提前释放了他，整个刑期还未超过一年。毫无疑问，他将以"唤醒民族运动，团结德国大众"为目标，再次投身战斗。[96]

政变失败，出庭又轰动一时，接下来的时间里，他只能在莱希河畔的兰茨贝格监狱埋头著书。1924 年 6 月，他给自己的书起了一个冗赘的宣传标题——《四又二分之一年与谎言、愚蠢、怯懦的斗争 总账清算》。[97] 鉴于他此时在法律上的地位较为微妙，还是低调一些为好。1925 年 5 月，他和出版商一致同意将标题改成《我的奋斗》。[98] 6 月，第一卷作品面世。某些学者说，这本书是希特勒一边口述，一边让他后来的秘书鲁道夫·赫斯（Rudolf

Hess）记录而成的，但其实与之相反，他是自己打的字。1926 年夏季，他开始写作第二卷。12 月 11 日，第二卷印刷出版。[99]

　　审视这本书里有关政治主张的内容，读者将会发现，他并未将笔触集中在民族主义、社会主义、反犹主义这三个固定点上，就连种族生物学层面的生存斗争也只是点到为止，他的思绪在纸面上四处发散。第一卷主要围绕他的生平，对他如何卷入政治做了一番叙述。除了表示自己是"命定"的国家领导以外，他强调德国的战败可以归结为"内部的衰败"，而若想克服这种病弱，国家必须大范围实行优生政策，比如给绝症病人绝育、抑制性病，等等。他再三表示，但究其根本，是因为没有认识到"犹太人的威胁"这个种族问题。[100]

　　他还顺便提到了 1914 之前，那些反对犹太人的变革之所以失败的原因。比如维也纳市长、天主教社会党党魁卡尔·鲁格（Karl Lueger）博士，希特勒认为，他在发起变革时，虽然已经足够重视社会问题和宣传效果，可惜没有在民族主义上下功夫。这也无可厚非，毕竟他们想要挽救的是奥匈帝国，一个庞杂的多民族国家。他们敌视犹太人，仅仅是出于宗教信仰的缘故，这未免也太过温和了。[101]

　　还有格奥尔格·冯·舍纳勒（Georg von Schönerer）在维也纳开展的泛日耳曼运动，希特勒的评价是，此次运动"对社会问题概念模糊，只知在富人中寻求支持，却从不把目光转向普罗大众；虽然也反犹，有民族主义立场，但不够社会主义"。[102]不仅如此，它太拘泥于议会政治了，以致未能发展出一种全新的哲学，给追随者注入勇气。泛日耳曼运动树敌过多，甚至得罪了天主教，他们真是不理解宗教对民众的重要性。[103]上述两个奥地利政党

32

所缺乏的，是一个能帮他们将民众的目光聚焦到单个仇敌身上的"伟大的天才领袖"。[104]

随后，他谈论起奥托·冯·俾斯麦（Otto von Bismarck）在19世纪80年代曾实行过的社会主义立法。他认为，该项立法当时之所以没有成功，主要是因为这位铁血宰相未能深耕出一种反马克思主义的政治哲学。[105]俾斯麦责怪工人群体不脱离社民党，这一点大错特错。就希特勒看来，正是资本家及其政党对工人的社会性需求不够友好，才把他们推入了马克思主义者的怀抱。[106]

33　　为了民族复兴，必须赢得广大群众，在此过程中，任何社会性的牺牲都无足轻重，这是他反复论及的一点。胜利终将属于为美好理念执着奋斗的人，同样，运动也必会摧毁那些无谓的绊脚石。要在工人中间争取拥护者，最大的障碍不是工人对自身阶级利益的捍卫，而是他们的国际领导。纳粹运动既要将工人从国际领导的控制中分离出来，也要让雇主看到希望，以共同体的利益为重，不再将雇员视为敌人。但是就连希特勒也无可奈何地承认，要为工人争取平等，或许需要几代人来完成。[107]那么工会呢？——只要它们能防止不公，强化社会理想，就可以一直存在下去。但工会绝不能在马克思主义的阶级斗争模式下运作，雇员和雇主必须为了国家利益协同向前，两个群体归属于一个经济商会，在困境面前同心同德，罢工自然可以得到遏制。[108]至少他这样梦想着。

书中并未提到达尔文，以及达尔文在德国的拥趸恩斯特·海克尔。不过，他也未能免俗地认为，种族之间应该存在等级制度，自然法则和永恒的生存斗争同样也适配于人类社会。如果一个高等种族和一个低等种族结合，退化和衰落就是明摆着的结果。因此，当务之急便是"纯化种族"。无休无止的种族斗争，咄咄逼人的辞锋，无不使人觉得他就是一个社会达尔文主义者，但部分历史学家反对这种结论。[109] 他仿佛是从林林总总、错综复杂的思想家和普及读物中萃取了营养，而后自学成才，变革了内在世界。

当写到德国在有限的空间和持续增加的人口面前，能做出什么未来选择时，他否决了节育、内部殖民和增加贸易，理由是这些最终会弱化或是损耗种族，德国人向海外移民也不应推崇。唯一的出路只有扩张土地。这意味着总有一天，他们将为了生存，展开生死对决。德国在 1914 年之前便已认识到，自己需要在东部开拓土地，可惜"一战"出兵不利，铩羽而归。希特勒想扳回这场败绩的迫切心情跃然纸上，按照他的思维方式，德国的未来显然只有两条路：积极进取、广泛扩张，或者就地等死。[110]

1925 年 6 月，在一场演讲上，他言简意赅地表示，希望大学能引进一批种族卫生学的教授，像汉斯·K. F. 京特（Hans F. K. Günther）这样的人就很不错。他很少对某个种族主义理论家发出这样的赞许。[111] 京特作为一名训练有素的语言学家，通过自己的学习成功转型社会人类学家，其主张在种族主义圈子中影响深远。他根据头骨脸型、骨骼特征、遗传要素和历史材料，将古典种族主义依托于身体各要素的经典学说整合为一。但他实际并未走出前几个世纪种族思考者的藩篱，仍然只是停留在对外形的审美层面上，与客观的自然科学相距甚远。他提出了一个种族类型图式，称欧洲存在四种类型，日耳曼人最为优秀。其他作家所说的雅利安人的众多特征，日耳曼人全都拥有。除了长相赏心悦目以外，他们还勇敢、热爱自由、富有创造力，然而，可叹的是，他们明明血统高贵，却并不自知，每每受到非日耳曼人的攻

34

评。在他的类型图式中，有犹太人的一席之地吗？1922年，京特发表长篇研究，称犹太人"并非德国族类"（*Artfremd*，异种），和德国人通婚只会造成"种族污点"。在京特看来，要解决犹太人问题，一个颇值一提的方案，就是"将犹太人和非犹太人完全隔离（*Scheidung*）"。[112] 从希特勒发表的演讲和文章来看，他从京特这里汲取了不少灵感，京特的大部头著作版本众多，他明显全都收藏过，最早的1923年版还有出版商题献给他的"致德国种族主义思想最斐然者"。[113]

种族卫生学运动的一众先驱，如埃尔温·鲍尔（Erwin Baur）、欧根·费希尔（Eugen Fischer）、弗里茨·兰茨（Fritz Lenz），都受到了希特勒的支持。他们三位在1921年合著的一本教科书，统治了这个领域长达二十年。[114] 希特勒认为，德国政府未来一定会实施彻底的优生政策。果然，像兰茨、京特甚至年纪较大的普洛茨等人，虽然内心还有些许疑虑，但后来依然坚定地投入了第三帝国麾下。1933年5月，他们创立了一个商讨会，先筛选出内政部委员，而后从种族卫生学和遗传学的角度，评估相关立法的提案。[115] 他们为了第三帝国各尽其能，也对希特勒"天才是先天生成，而非后天塑就"的信仰拳拳服膺。在这之中，尤为突出的人物，当然还要属鲍尔、费希尔和兰茨。[116]

希特勒在《我的奋斗》中说，天才若要"觉醒"，往往需要某种特殊的刺激，有时甚至是无常的命运。这一法则同样适用于种族之间，历史上的雅利安人就是受到特殊环境的刺激后，才发挥出了自己的潜力。希特勒表示，雅利安人是举世无双的"文明缔造者"，世界上的绝大多数艺术、科学和技术"几乎都有雅利安人的独创"。[117] 但悲哀的是，德国的文化已经彻底崩坏，急需进行一次全面修整。"戏剧、艺术、文学、电影、新闻、海报、橱窗展示,这个腐败世界的所有表现形式都必须得到净化,以期为道德、政治和文化理念服务。"他说的这个理念或许就是民族社会主义。[118]

过去,雅利安人凭借纯正的血统,在战斗中征服各族,长盛不衰。但当他们破坏种族间的铁则,开始与败者杂交后,终于日渐陵夷,被新兴的文化帝国取而代之。"在整个世界历史上,无论好还是坏,所有事件都是种族生存本能的体现",这就是希特勒依据的道德准则。[119]他冷酷地说道:"想要生存,就必须战斗。不愿在这个充满斗争的世界里战斗的人,不配活下去。"[120]

在《我的奋斗》第二卷,他说,种族国家的首要职责就是给予"最优良的种族苗子"最好的关心、保护和发展。[121]在这场永无止境的种族斗争中,犹太人是雅利安人遭遇的最大挫败,一切灾难都源自这个敌人。还在兰茨贝格监狱里时,他就对来访者说过这样的话:写书期间,他发觉自己对犹太人的评论还是"太和蔼了"。从今以后,为了成功,"必须使用最尖锐的手段"。"我相信,这不仅对我族人民,甚至对全体人类来说,都是一个生死攸关的大问题。毕竟犹太人是一种世界性的瘟疫。"[122]这种夸张耸动的说法,在那一时期的反犹主义者当中相当常见,因为他们都对那本声名狼藉的伪书《锡安长老会纪要》深信不疑。该书以俄文写成后,1919年风行德国。纳粹党里的早期同志,如埃卡特和埃塞尔,都认为里面所写的荒唐故事曾真实发生过。[123]

1921年8月,希特勒首次提到《纪要》,从里面单独挑出了犹太人将要统治世界的观点加以评说。[124]两年以后,德国通胀完全失控,他再次引用《纪要》,表示犹太人想以饥饿为武器来征服

36

大众。在希特勒眼里，这恰好解释了苏俄新政府的所作所为，犹太人想以同样的方式，将德国纳入他们的统治之下。[125]

虽然没有明说，但在犹太人问题上，他深思熟虑后，得出了这样的结论：在这个"种族遭到毒化的时代"，民族社会主义是唯一一个以雅利安人的胜利为最高宗旨的政治运动。任何反对纳粹主义的人，无论有意无意，都要被打上为"犹太人利益"服务的标签。[126]他承认，并非所有的犹太人都有意统治世界，但（含糊一点来说）这个目标深深刻在"所有犹太人的本性和行为"里。他回顾了犹太人的百年历史——从崛起，到去除伪装，公开追求权力，最后在俄国掀起狂风暴雨——现在，轮到德国面临"犹太人的威胁"了。[127]

"种族问题不仅是世界历史的关键，也是人类文化的关键。"他在书中这样说道。[128]在艺术和音乐的种族差异上，希特勒很可能受到了理查德·瓦格纳的影响，因为他一向热爱瓦格纳的歌剧。瓦格纳鄙视犹太人，看不起他们的创造力，希特勒也是如此。[129]翻过另一页，他说，"一战"期间，马克思主义者那群恶棍抢走了工人，这才导致德国战败。要扭转这种情况，最好是"将一万两千到一万五千个腐败的希伯来人置于毒气之中，让他们也经历一番我们德国万千优秀工人（在战争的荒野上）所遭遇的一切"。消灭这些恶棍，"也许可以挽救一百万纯正日耳曼人的性命，造福未来"。[130]

格奥尔格·肖特（Georg Schott）作为早期的希特勒传记作家之一，与他观点相近，惺惺相惜。1924年，两人单独聊过一次。肖特将这次交谈写入了传记中，证明希特勒一直将物理消灭犹太人记在日程上。肖特担心，一些读者看了他的"披露"以后，可

37

能会觉得犹太人过于强大，与他们对抗徒劳无功。希特勒宽慰他道："我们要敢想敢做。"肖特透露说，杀几千名犹太人并不能真正"解决问题"，他回忆希特勒说过的话——如果有一天，要对全体人民实施大"清洗"，"'我们也会硬着心肠去做'，冷酷出击，让事情得到合情合理的解决"。[131] 20世纪20年代初，希特勒曾在某些场合私下承认过，一旦掌权，他"要做的第一件事就是消灭犹太人"，反犹之心异常强烈。[132] 这些声明究竟是他的希望还是计划，并不确定，但肖特的传记在第三帝国数次重版，至少说明希特勒不可能对此持反对态度。然而，我们最好保持谨慎，不要将这种言论与大屠杀直接挂钩，因为希特勒也曾对共产党等人发出过险恶威胁，但从未落实过。

《我的奋斗》对民族社会主义运动及其组织也表示出了一定的关注，并在第二卷的最后一章，简明扼要地谈起了外交政策。没有具体的计划或时间表，但他制订了大量关键目标，按照逻辑顺序，井然排列。纳粹党早期的一些高层领导不同意他的观点，反而更青睐苏联，在他们眼中，苏联才是社会主义和反资本主义的灵魂伴侣。他们觉得德国人和苏联人之间存在某种"互补性"，再加上两个国家都被犹太人背刺过。然而，希特勒通过与阿图尔·罗森贝格（Arthur Rosenberg）、马克斯·埃尔温·冯·朔伊勃纳-里希特（Max Erwin von Scheubner-Richter）和其他白俄难民的交谈，坚持站在反苏立场上。1923年发动政变失败后，他试图削弱东方的苏联、争夺生存空间（Lebensraum）的行为也变得愈发强硬。[133]

如果不"开疆扩土，一个伟大的国家注定要走向灭亡"，他反复强调，一切外交政策的目标，必须是保障德国人民获取新的空间。1914 年之前，德国在外交方面重视西方与南方，他若上台，一定将重心转向东方。新的东部空间既可以安置不断扩大的人口，也能成为国家粮仓。不能将外交政策的目标仅仅局限在推翻《凡尔赛和约》上，他认为这个偶然促成的和约并不具备约束力，而一旦德国继续扩张，疆界必定远远超出 1914 年之前。他表示，1917 年犹太人发动布尔什维克革命攻陷传统俄国以后，德国就是"布尔什维主义的下一个重大目标"，目前的形势万分火急。[134]

既然民族主义圈子的同志不赞成反苏，那么他想知道，一旦德国与苏联建交，他们还怎么让工人相信，布尔什维主义是"一种可恨的反人类罪行"？如果要阻止"犹太世界的布尔什维克化"入侵德国，只有倾尽全力，"用新思想传教般地"动员全国，"将民众从国际巨蟒的紧缚中解救出来，阻止他们继续污染我们的内部血统。同时提振士气，举国捍卫我们的民族。唯有如此，以往的灾难才不会重现"。[135]

1928 年夏天，纳粹党参加竞选失败，希特勒抽出时间继续写书，这一次他把重心更多地放在了外交政策上。出于某种未知原因，他放弃了二十五点纲领。直到 1945 年之后，历史学家格哈特·L. 温伯格（Gerhard L. Weinberg）才发现了他的手稿，以"希特勒的第二本书"为名出版。[136] 比起第一本书，这本书里四处充塞着社会达尔文主义。"生存斗争"被他刻意引申为——德国政府必须获得足够的生存空间，才能为不断增长的人口提供必需的粮食。理想的生存空间就在苏联境内，因此他拒绝与"犹太-资本主义-布尔什维克"所控制的国家结盟。在这些术语的背后，隐藏着他附会出来的那个国际阴谋，即资本主义和共产主义一直有所勾结。英国也有这些阴谋诡计，已经被他勘破了。尽管他想与这个"天然盟国"达成协议，但他担心"世界犹太人"也对英国施加了某种"操控"。[137]

1927年8月，纽伦堡举办集会时，希特勒可能还未完成他的第二本书。他在集会上发表讲话，称德国俊杰不足，无法在世界竞争中取得胜利。[138] 那年11月，面向民族社会主义德意志大学生联盟（NSDStB），他在演讲时得出结论，一切错误的根源就在三个"恶癖"身上——民主、和平主义和国际主义——它们都与马克思主义学说有关。他判定，"我们能看到国际犹太人在其中所起的作用，正是他们让这些国家变得任人摆布、衰弱无力，最后陷入崩溃"。[139]

1928年7月，在柏林举行的一次大型会议上，他自信宣称，民族社会主义有一个"清晰的*世界观*"，以及特定的目标，这与其他政党不同。他总结道，未来更加显著的是，一个国家的外交政策必然和国内政策相互影响。我们一定要有一个健全的国内基础，才能在境外进行活动。如果"不将自己清理干净，逼出体内的毒素，就永远无法挣脱异族的枷锁"。历史往往为生存斗争所驱动，"每个人的命运都取决于它所依附的空间大小"。他以一贯夸张，充满戏剧性的言辞说道，德国正濒临灭绝，为不断扩大的人口获取足够的空间是接下来的重中之重。一旦完成内部净化，国家将开始为解放而斗争，届时最好能与英国和意大利结成联盟。如此一来，《凡尔赛和约》的限制不复存在，"德国未来可期"。[140]

完成《我的奋斗》后，他的主义或说意识形态有了四个固定的支柱，残酷阴狠的反犹主义是一切的基础。在他"发现"犹太人阴谋的几年里，反犹的恶念苗壮滋长，以至于只要德国在世界上任何地方——包括国内——有了敌人，他都觉得那是犹太人在

39

作祟。20世纪20年代，成千上万的德国人都吸纳了类似的反犹信仰，大学生群体尤为明显，民族社会主义在本国的高等学府中找到了肥沃的土壤，正是在那里，下一代人的思想开始结晶。[141]

希特勒和这些学生一样，有着亢奋的民族主义情绪，以及一种独特的德国社会主义情怀，二者结合在一起，就是一个和谐的"人民共同体"。除此以外，他还补充了一条，德国若想拥有未来，就要在东部取得生存空间。无独有偶，相信历史前进的动力是由种族斗争所驱动、只有强者方能生存的人不在少数。他下定决心，要让德意志帝国再次辉煌，这就意味着下一场战争将在某个时刻不期而至，而他在国内制造一些先决条件时，显然对此心中有数。

尽管希特勒虚张声势、盛气凌人，但他早期的活动却显示了他有几个基本的思维弱点。首先是他对阴谋论的偏好，在这种倾向下，外人眼中的对立力量（如资本主义和共产主义），他偏偏觉得背后是同一派人在操纵。其次就是他对非此即彼这一命题的依赖，比如"我们要么赢，要么死"，这明显是一个谬论，因为还有第三种选择，即达成共识。这两种思维习惯影响了他余后的职业生涯。出狱后，他想要再次参加政党活动，但这时将纳粹党组织起来的难度已经变得相当大，因为国内支持极端主义政治的紧急状况和各种条件都已渐次消隐。尽管如此，正如他发现了自己的民族社会主义信仰一样，其他人也已悄然走上了和他相似的道路。

第2章
早期领导人的民族社会主义之路

纳粹党最初的领导人团体，和希特勒后来最重要的29个大区长官（Gauleiter，地方党魁）有着极为相似的社会背景。这些人中，只有6人不曾参加"一战"，战后，将近一半人都投身于自由军团等准军事组织。在纳粹主义之前，他们大多数人都参与过民族主义运动。[1]1918—1919年革命、马克思社会主义、魏玛共和国、《凡尔赛和约》，这些都是他们憎恨的对象。与这些消极情绪交织缠绕的，往往是反犹主义、民族主义和对社会主义的痴迷。事实上，自1881年建立福利国家，再加上战争对社会产生的强烈影响，社会主义已在德国根深蒂固，并被庄严载入魏玛共和国的宪法。[2]然而，民众对社会主义的态度却较为分裂，其中最为深刻的，便是民族主义倾向和在传统上与马克思主义社民党（SPD）、共产党（KPD）密不可分的国际主义信条之间的分歧。

被我们宽泛地称为"民族社会主义"的理念与情绪，尽管其根源可以追溯到很久以前，但它们背后的深层驱动力，实际却始于1918和1919年。1918年11月至12月，德国军官在率军回国的途中，遭遇了身着红色绳边队服的杂牌军，他们一边公然发出嘲笑声，一边动手动脚，试图阻拦行军。对那场令人震惊的战败所产生的怨恨情绪，霎时被点燃了。1919年1月，弗朗茨·菲佛·冯·所罗门（Franz Pfeffer von Salomon）等人迅速成立自由军团，此后一直持续与德国境内的红军或是东部边境的进攻者作战。这些组织松散的自由军团有120多个，最终人数在25万至40万之间。民族主义、反共主义、反犹主义构成了这一类人基本的人生观，东部的边境冲突甚至成为某些人磨炼自己男子气概的一种手段。[3] 其中一人写道，他们被西线的崩溃向东轰赶，似乎是受到了某种秘密信号的吸引才群聚于此。[4] 他们不知道自己想要什么，但绝对不该是现在这样的处境，也不是重返德意志帝国。尽管自由军团中加入纳粹党的人比例相对较小，但这些强盗对德国悲惨的现状和左翼的威胁表现出了强烈的愤怒与绝望。[5] 1920年，政府强制解散了这些兵团，之后大约有100多名士兵转投纳粹，成为党内高层。[6]

对于战败和新成立的魏玛共和国，另一种形式的反弹以*种族主义运动*的方式，汹汹而至。一位运动领导人列出了1920年至1922年间此类组织的数目，大致在120到125之间。[7] 这些协会彼此的界限并不固定，通常情况下，一个人可以同时加入两到三个协会。[8] 这样的团体遍布全国各地，为后来的纳粹运动奠定了坚实基础。[9]

不仅如此，自19世纪80年代以来，还有许多激进的反犹运动领导人，混迹于更加广泛的种族主义运动中，密切盯视着能将自己的理念付诸实践的方法。[10] 在发现纳粹党的存在之前，他们一直在各个组织间随意跳换。然而，纳粹党有一些方面——尤其是希特勒声称自己是毋庸置疑的领袖这一点——让一些人觉得难以接受。[11] 日耳曼种族防御与反抗同盟是最著名的意识形态阵地之一，也是早期种族主义团体中规模最大、活跃度最高的一个。1920 年底，它吸纳的成员达到了 11 万。虽然它的存在昙花一现，极为短暂，但在某个时间点上，曾有 20 多万人隶属于它。在"组织和激励"战后运动这方面，它发挥了重要作用。同盟里的 16 名成员后来成了纳粹的地方党魁，另有 8 名成员在第三帝国身居要职。[12]不同于战前那些规模较小、不成气候的运动，日耳曼种族防御与反抗同盟真正做到了覆盖全国。[13]1922 年 6 月，外交部部长瓦尔特·拉特瑙（Walther Rathenau）不幸遇刺，凶手给出的理由是，他从战争中牟取暴利，但更为重要的一点是——他是个犹太人。政府当即宣布取缔日耳曼种族防御与反抗同盟的合法地位。

43

除纳粹党以外，这种极端民族主义、种族主义和暴力情绪也在其他政党中有所反映。1918 年 11 月，战前的保守派合并成了一个新的德意志民族人民党，坚决反对革命、议会民主制度和一切形式的社会主义，还带有严重的反犹偏见。[14]另外还有泛日耳曼同盟，一个从德意志帝国时期残存下来的右翼施压集团，曾在德国北部领导过一场反犹太的种族主义运动，他们甚至还在魏玛共和国早期试图招募希特勒。[15]早期信奉天主教的巴伐利亚人民党（BVP）强烈反对将柏林作为共和国之乡，也不愿它成为"犹太人和柏油①人"之城。巴伐利亚人民党曾夸耀过一位发起了天主教种族主义运动的领导人，他在 1919 年称犹太人为"毒药"，并呼吁"灭绝"（*Vernichtung*）他们。[16]

在战后的几年里，反犹活动逐渐蔓延全国，但此时还停留在

---

① Asphalt，纳粹为城市文化贴的标签，认为犹太人是始作俑者，将"柏油文化"等同于犹太作品。——译者注

市一级，并没有形成全国性的伞状组织。各地策略不尽相同，比如，柏林的一些激进分子往往喜欢对个别犹太人进行暴力袭击。镇压过 1918 年革命的士兵也加入了袭击者的行列，他们冲向首都的粮仓区（Scheunen quarter），公然搜查"东方犹太人"的财产。另外，在科尔贝格（波美拉尼亚）、巴特萨尔茨布龙（Bad Salzbrunn，下西里西亚）、克兰茨（Cranz，东普鲁士），士兵肆无忌惮地骚扰犹太旅客。在马尔堡（Marburg）和吉森（Giessen），零星出现了几例学生暴力侵害犹太同学的新闻。据犹太中央协会报道，德国部分地区正在上演"仇恨运动"，1919 年 3 月柏林发生了一起，其他地方则更多。综上所述，一场空前的反犹浪潮正涌入大街小巷，公开占据大众视野。[17]

至于农村地区，在巴伐利亚等州，战争即将结束时，人们开始相信是"犹太人"想要停止战争。一些反犹主义者称，个别犹太人在 1918—1919 年革命中发挥了关键作用，他们是从战争中获得经济利益最多的那批人。[18] 很快，通货膨胀的时代接踵而至，物价攀升的速度简直匪夷所思，反犹偏见犹如火焰般越烧越广，贪婪的犹太奸商的故事也随之升温。1921 年 8 月，梅明根（Memmingen）的一群暴徒因对价格飙升感到愤慨，动手殴打了一名犹太奶酪商人，并将之拖拽到警察局。普通的农村居民大都认为，社会主义和共产主义运动的领导人与"大资本家"相互勾结，沆瀣一气。既不需要农民群体的谴责，也不需要任何外人的煽动，德国对犹太人的怨恨早就积习已久，这也成为战后政治的一个显著特征。[19] 现在只缺一个全国性的协调组织，将这股狂涛骇浪聚拢起来。就是在这样的背景下，民族社会主义工人党里的人物开始崭露头角。

44

纳粹党自 1920 年成立以来，一直未能突破人数规模和地域范围的限制。1922 年底，该党人数仅有 2.2 万名。在接下来的一年里，即使经济急剧恶化，通货膨胀率完全失控，经过 11 月的纳粹政变后，党员人数也只增加到 55 287 名。[20] 考虑到大多数政党和团体给出的数字都有夸大的成分，相比之下，那年德国共产党共有 294 230 名党员，社民党则有 1 261 072 名。[21] 与社民党结盟的新工会组织（ADGB）当年甚至有 582 万缴纳会费的成员。[22]

1924 年 2 月，对希特勒的审判仍在进行之中，纳粹党组织遭到取缔。在社民党人的帮助下，黑红金国旗团（Reichsbanner）成立，这是一个忠于共和国的退伍军人联盟，成员皆配备制服。该联盟大约拥有 60 万成员，分布在 5 000 多个地方分支机构中。[23] 1924 年中期，由于自身原因，德国共产党和红色老兵同盟（Rotfrontkämpferbund, RFB）一起联合组建了一支准军事队伍。次年年底，红色老兵同盟号称拥有十万大军。[24] 此外，两个"红色"政党在 1924 年 5 月的大选中，成功动员到了 970 多万选民。这个庞大的左翼集团，即使自身分歧严重、冲突不断，但对旨在"赢回"工人、摧毁马克思主义、推翻共和国的纳粹党来说，依然是一个不可逾越的挑战。除非发生大萧条这种神鬼莫测的社会性灾难，再使"红党"内部产生巨大分裂，否则纳粹党根本不可能取得成功。这就是为什么政党早期不想循规蹈矩，只想用革命推翻整个制度的原因所在。

恩斯特·罗姆（Ernst Röhm）上尉，早期的一名激进分子，也是纳粹党未来的领导人，他于 1887 年出生于慕尼黑，1914 年之前是巴伐利亚皇家陆军中尉。他原本可以获得一个备受尊敬的职业，过上舒适的生活，但在战争期间，他受创严重，惨遭毁容。

45

尽管获得了勋章和晋升，但他的未来在 1918 年战败和革命之后，突然变得渺茫不定。他的同时代人也是如此。在战争面前，无论军官还是士兵，都没有高低之分。这改变了罗姆，从此他最不希望的就是回到僵化的阶级社会。任何一个人阅读他的回忆录，都会对他那反马克思主义的社会主义论调感到震惊，但他坚持认为，是战后的革命败坏了社会主义的名声。当他回到慕尼黑时，库尔特·艾斯纳正在发动起义。每一起事件都强化了他的信念，于是，他也开始相信是"犹太人的毁灭性阴谋"促成了 1918 年革命。[25]

恩斯特·罗姆自称"政治战士"，他想将反共和、反红色和反犹太的力量整合起来，竭尽全力争取工人。1919 年年初，他还在军队服役期间，便加入了埃普旗下的自由军团。军团主要负责镇压慕尼黑地区的共产主义革命，像它这样的右翼组织还有很多。1920 年，罗姆参与了对鲁尔地区左翼叛乱的血腥镇压。[26]除此以外，他还支持激进的民族主义志愿军（民兵），军队人数高达 36.1 万。但是，迫于协约国的压力，德国政府最终解散了民兵和自由军团。[27]作为埃普的勤务官，罗姆管理着大型军火库，但此时《凡尔赛和约》对武器和军备的限制还在实行中，为了躲避协约国的审查，他小心翼翼地将装备隐藏起来。即使许多准军事部队都被解散，但罗姆仍然坚持不懈地向各种志愿部队输送弹药和武器。

根据罗姆的回忆录，这些年里，他在狂热的民族主义的驱策下，四处奔走，但同时也为德国的分崩离析深感担忧。他与各类右翼民族主义团体都有联系，还领导了帝国国旗团下面一个种族主义准军事组织。1919 年 10 月，他参加了德意志工人党的一次集会，在希特勒之后入了党。两人一拍即合，很快发展成密友。罗姆从中牵线，帮助希特勒与慕尼黑方面的权势人物取得了

46

联系。1923 年 11 月，他也参加了那场失败的希特勒政变（Hitler-Putsch）。狱中候审期间，他写了一篇长文，为他们所做的一切发起辩护。这篇名为"祖国的救世主"的文章，被他收录进了初版回忆录（1928 年）中，但在后来重版时，又被他删除了。

文章到处充斥着对犹太人的仇恨。他将当时的苦难与饥饿，全都归咎于犹太人控制的证券交易所，又抱怨政府太过无能，以致将工人阶级"推到了马克思主义者和犹太领导人的手中"。他声称，除了那些敲诈勒索者、投机者、囤积者以外，"主要是来自世界各地的犹太人，狂笑着攫取了德国的财产"。1918 年革命之后，"犹太人及其帮凶有了一个牢不可破的权力基础，德国人民已经快被他们吸干了"。巴伐利亚政府曾威胁要将所有的东方犹太人驱逐出界，但罗姆并不满足于此，"各地犹太人都很危险，不仅仅是巴伐利亚的东方犹太人！"犹太人是传播"国际主义、和平主义污染物"的罪魁祸首，他凶狠地警告道，"如果我们不将这个疾病根除，德国永远无法再次崛起"。某种程度上，他所展望的社会愿景已经无限接近一个人民共同体，因为在他心中，任何社会阶层、教育水平、财富多寡都无法决定一个人真正的荣誉，唯一重要的只在于，"你是否愿意为祖国而生、为祖国而死，做一个全心全意的德国人"。[28]

因此，在反犹主义等问题上，希特勒几乎没有什么可以教给罗姆上尉的了。因参与 1923 年政变，罗姆被判处了 15 个月的监禁。1924 年 4 月 1 日，罗姆被释放出狱，缓刑察看。1924 年 5 月，他带领着已遭取缔的纳粹党参加了全国选举，甚至还赢得了一个席位，但这并不是希特勒愿意看到的。[29]纳粹内部的一位知情人士后来回忆说，在那个时代，罗姆既是"士兵、社会主义者，也

47　是一个具有非凡智慧的人",在重振国家和军备上,他倾尽了自己的所有。[30]

　　罗姆曾表示,早在他出狱之前,为了重建已被列为非法的纳粹准军事组织,希特勒给了他"上不封顶的权力"。5 月 17 日至 18 日,在奥地利的几场集会上,他作为冲锋队(SA)的首脑大放异彩,还受到了冲锋队后来的正式领导人——流亡者赫尔曼·戈林(Hermann Göring)的赞许。罗姆仍然妄想着可以通过对当局发动军事攻击来完成夺权,因此建立了"前线联盟"(Frontbann)这个基于民族社会主义理念的新组织。前线联盟作为一个全国性的准军事组织,权力更加集中化,为了使其变成纳粹党旗下的一个独立实体,罗姆想将之并入冲锋队,由他自己担任领导人。不出所料,希特勒听到后拂然变色,立即拒绝了这个不切实际的计划。两人一番抵牾后,1925 年 5 月 1 日,罗姆辞去所有职务,退出政坛。直到 1931 年 1 月 5 日,希特勒才终于将他从玻利维亚的自我流放中召回,重新担任冲锋队首领。[31]

　　另一位前任军官赫尔曼·戈林,是后来更加出名的纳粹党魁之一。他因放浪形骸而经常沦为众人的笑柄,因此也很容易受到低估,在第三帝国时期,他成了党内的政要。1893 年,他出生于一个军人世家,后来就读于柏林利希特费尔德(Lichterfelde)的一所著名军校。"一战"期间,他加入了初创不久的空军战队,以优异的飞行战绩赢得了国家级最高荣誉,包括一级铁十字勋章和别人梦寐以求的功勋勋章(*Pour le Mérite*)。对于他这样的人来说,战败不仅仅意味着职业生涯的结束,更是整个世界的坍塌。战后,他失意地流亡国外,寻求慰藉。

　　戈林在遇见希特勒之前,也有一套自己的固定理念,比如他党得，为了振兴国家，应该想办法将民族主义和社会主义融为一体。他认为希特勒就是那个有希望将人民团结起来的人。[32]1945年对他进行战后审判时，他声称自己加入纳粹党，只是"因为他是一名革命家"，为了洗脱重罪，他淡化了自己对纳粹党那些"意识形态废话"的迷恋。人们对他的这些辩词往往只停留在表面，但仔细研究之后，就会发现更多信息。[33]据他所说，第一次见到希特勒是在1922年的10月或11月，后来他们私下又见了几次面。戈林回忆道，当希特勒解释说自己的意识形态融合了当时最强大的两种理念，即民族主义和社会主义时，他瞬间被打动了。同样令他深受触动的是，对于他们这个世界的一切乱序，这个人都给出了一番令人信服的分析。1923年3月，希特勒终于将这位有名的飞行员招入麾下，来领导他的冲锋队。按照他对戈林的解释，他认为冲锋队的那些领导人都太年轻了，经验不足。[34]毫无疑问，他们一致赞同，如果有一位战争英雄来领导冲锋队，更能吸引新的战士加入。[35]事实上，就连罗姆也说，戈林接管冲锋队之后，带来了一种新的精神气象和热情劲头。[36]

如果说戈林热情洋溢、魅力十足、放浪形骸，那么在内部人士看来，阿尔弗雷德·罗森贝格（Alfred Rosenberg）则更像是一个冷酷、禁欲的思想家，而非实干家。1893年，罗森贝格出生在遥远的里瓦尔（今天的爱沙尼亚塔林），当时还是俄罗斯帝国的一部分。这种成长经历，使他通向民族社会主义的道路无比曲折。十五六岁时，他发现了休斯顿·斯图尔特·张伯伦的那本《19世纪的基础》。如饥似渴地读完后，他表示这本书对他的人生产生了"无与伦比的影响"，从此打开了他"开眼看向自由世界的第一扇窗"。[37]他和张伯伦一样，坚信是"日耳曼种族"缔造出了全球

48

最重要的文化，而"亚洲的犹太逆种"（Asiatic counter-race）却一直给它造成威胁。不仅如此，犹太人所散播的人人平等和民主至上理念也十分危险。[38]

俄国革命发生时，罗森贝格正在莫斯科学习建筑，他表示，自己鄙视布尔什维主义的方方面面。1918 年年底，他回到家乡后，首次发表公开演讲，主题为"马克思主义与犹太人"。此题反映出他也认为这两种力量之间存在某种不可分割的关联，这种关联将摧毁他心目中的一切美好之物。随后，他立刻动身去往德国。在这里，他既无国籍，也无职业，只能靠画画勉强维持生计。

罗森贝格不喜欢启蒙运动的那些"过时"理论，也不接受国际马克思主义者的平等主义，以及一切"犹太布尔什维主义"。他对犹太人所抱持的仇恨，成为他后来汩汩不绝的激情来源。罗森贝格在慕尼黑与迪特里希·埃卡特取得联系后，开始为他创办的政治周刊《良言》（Auf gut Deutsch）撰稿。该周刊一贯的立场是，犹太人是资本主义和布尔什维主义的幕后黑手，民族社会主义和国际社会主义之间势不两立。罗森贝格为该周刊撰写的第一篇文章《俄国犹太革命》，一上来便对犹太人展开了长篇大论的抨击，称犹太人以摧毁道德和文化为目的，对古老的俄罗斯施以无情的践踏。[39]不久，他加入了图勒学会，学会的常客还有未来的纳粹领导人鲁道夫·赫斯以及汉斯·弗兰克（Hans Frank）。这个（最多 200 人的）种族主义小团体也使用卐字符作为标志，它不仅反对当前居于主流的社民党，还提出了自己的社会主义与反犹主义主张。1920 年，罗森贝格出版了人生的第一本书——《历代犹太人的踪迹》（Traces of the Jewish through the Age），试图通过寻根溯源来直面"犹太威胁"。他愿意授予犹太人人权，只要他们不参与德国的政治生活或文化活动。理想情况下，他希望德国能在世界上找到一个地方，把所有犹太人都赶过去，只在这一点上，他支持犹太复国主义。[40]

更重要的是，他还对声名狼藉的《锡安长老会纪要》做了浓墨重彩的介绍，据说这本由沙俄伪造的小册子，揭露了犹太"幕后推手"如何密谋统治世界。1920 年年初，德国右翼报纸在头版头条上刊登了这些"披露"。罗森贝格表示，二十五年前撰写的这份《纪要》，无论其中揭露的国际阴谋是否属实，实际上一直都是犹太人的行事指南。他还对他们取得的所谓"成功"做了一番概述。[41]认为众多迥然不同的事件之间必定存在某种隐秘的联系，并且可以追溯到全球各地的犹太人身上——这是典型的阴谋论。希特勒已经接受了这样的理论，1921 年 8 月 12 日发表讲话时，他还提到了《纪要》的大致内容。[42]

在莫斯科的激发下，布尔什维克共产主义逐渐向外扩散，引起了整个欧洲的恐慌。那些逃离东方的人心中也隐藏着这份恐惧，比如罗森贝格，还有另一位波罗的海德意志人——马克斯·埃尔温·冯·朔伊勃纳-里希特。后者出生于 1884 年，长年在东部对抗布尔什维克，作为一名经验丰富的老兵，他得到了俄国流亡人士和慕尼黑权势人物的注意，其中就包括埃里希·鲁登道夫（Erich Ludendorff）。[43]1920 年 11 月 22 日，朔伊勃纳-里希特在听到希特勒贬斥说俄国革命是由犹太人领导的，所以注定会失败之后，他立即加入了刚成立不久的纳粹党。和其他人一样，朔伊勃纳-里希特在入党之前便已皈依，他自身的观点与民族社会主义所倡导的大致相似。在纳粹事业的孵化期，他做出的主要贡献是通过"重建"（Aufbau）为其筹集资金。"重建"，一个由富人组成

50

的秘密团体，成员皆具有强烈的反共与反犹态度。[44]

比较而言，还是罗森贝格更为突出，他发表了不少作品揭露俄国革命的凶恶性，在德国右翼中广受欢迎。但他的叙述有时非常奇怪，比如他说，"无论过去还是现在，布尔什维克都是犹太证券交易所的使者"。列夫·托洛茨基和他的亲信将"纽约犹太区的200个弟兄"带去了俄国。罗森贝格极力想要证明俄国革命就是"犹太布尔什维主义"的胜利，因为在莫斯科380名人民委员中，有300人是犹太人（他夸大了这一数字）。不仅如此，他还言过其实道，苏俄中央委员会其实是由3名俄国人、2名亚美尼亚人和17名犹太人组成的。尽管人数有时上下浮动，但罗森贝格认为，不言而喻，"资本家和全国犹太人的代表"——通过俄国革命——"用布尔什维主义公然胁迫［煽动］出一场犹太世界的革命"。[45]

如同一名狂热的忠实信徒一样，罗森贝格声称犹太人在俄国建立了一个史无前例的暴力政权。尽管美国曾帮助该国度过1921年的大饥荒，但他说，食物都给了犹太人。他认为，阻止东部的犹太人来到德国固然重要，但业已身在德国的西部犹太人更加危险。"任何人若要帮助德国人民，必须与犹太人作斗争，务必将其从一切职位、办公室、公共机构、主要经济部门及文化部门中彻底驱逐。"作为纳粹党报的编辑，他在党报上发表了一系列与此相关的文章，内容充满仇恨。虽然他写的并不是那种以犹太人的性犯罪为特征的淫秽读物，但这些接连不断的阴谋奇谈，仍然助长了民族社会主义理念关于反犹主义的恶意。罗森贝格还将苏俄内战中的伤亡也归咎于犹太人，然而，犹太人同样也是该国史上最惨无人性的大屠杀的受害者，虽然这个事实对他而言微不足道。[46]

罗森贝格警告说，一旦"犹太财阀"敞开大门，将瘟疫从俄国"传染"出去，后果将不可设想。犹太人建立了一支"马克思主义操纵下的亚洲部落"，先征服了俄国，现在正将目光转向欧洲。未来终有一战，而无论德国和欧洲是衰落还是重生，都必须高举种族主义思想的大旗。"一边是国际犹太人所领导的亚洲地中海精神，我们所有人的死敌；另一边则是德国人所领导的、我们的古老欧洲。"对于罗森贝格来说，世界一分为二，一个是由雅利安人或日耳曼人构成的"文化载体"，一个是由犹太人构成的"文化破坏者"。[47]

罗森贝格在民族社会主义学说上最有影响力的著作之一，或许是他对党纲的简要概述，1922年首次出版，1943年第25次重版。在希特勒上台前的重版中，罗森贝格解释说，纳粹党已经充分认识到，"除非摧毁犹太人，以及生来带有犹太精神并在德国阵营中找到了追随者的人——这些都是毒害我们血液和灵魂的病菌"，否则党将无法达成目的。"马克思主义，"他十分确信地说道，"并非社会主义，也非共同体精神，只是一种刻意为之的、隐秘的歪曲。马克思主义本身就是拜金主义发展到极致的表现，它并不是向那个时代的物质主义宣战的结果。"马克思主义之所以犯下累累罪行，"是因为剥削性资本主义的领导权和马克思主义一样，都掌握在同一个民族的代表手中：犹太人。因此，从根本上说，无论过去还是现在，和马克思主义之间都是一场种族斗争"。[48]

罗森贝格还有一本主要著作，名为《20世纪的迷思》(*The Myth of the Twentieth Century*)，很难说希特勒和民族社会主义学说能从中取得何种收获。戈林后来说，他读过很多哲学家的书，其中还有H. S. 张伯伦的，但对于罗森贝格的这本大部头，他连第一章

52 都读不下去，总是昏昏欲睡。[49]希特勒也说，他只扫了一眼，就觉得它的风格太过艰涩了，根本卖不出去，除非天主教把它列入禁书索引。他表示，任何人，在任何情况下，都不应将这本书视为党的官方思想的代表。[50]

尽管如此，罗森贝格的这本鸿篇巨制仍不失为民族社会主义学说的一种表达。它出版于1930年，时间远晚于《我的奋斗》，但丝毫没有提及它。他承认希特勒（这个名字只在书中出现了几次）非常巧妙地说明了"真正的民族主义和真正的社会主义"是不可分割的。即便如此，这并不是他想要探讨的观点。他广泛阅读了种族主义理论家、哲学家、宗教历史学家、新异教主义作家和神话学家的作品后，集萃出自己的一套理念。《20世纪的迷思》这本书的主要难点在于，里面充斥着大量的伪科学主张，许多概念如"血的法则"等都较为可疑。而且，他还在古代文明、近东、亚洲和各种消失已久的部落及其神话历史之间来回跳跃。有时，他会举一些具体的例子来说明自己的种族主义理论，比如当一笔带过地谈到美国时，他说，在所有人的眼中，这在未来都是一片伟大之地。为了恢复秩序，美国必须重振种族思想，驱逐或者重新安置非裔和亚裔美国人，并将犹太人集中赶至某地。[51]

罗森贝格的政论著作总是以一种奇怪的方式结束行文，例如他攻讦德国1918年革命的罪魁祸首时，深入挖掘了诸多细节，但结论仍然草草了之。因此，当他写到伍德罗·威尔逊总统在"十四点计划"中所说的话，有悖于他对《凡尔赛和约》的实际行动时，罗森贝格觉得这一定与犹太人有着某种神秘联系。[52]他试图让民族社会主义理论看起来严肃庄重，表现为科学研究成果，而非仇恨的产物，但他又欣然得意于自己是党内反犹主义的先驱之一。希特勒在接触罗森贝格及其作品之前，已经就自己为什么会成为反犹主义者，给出了一番自白，但这并不重要。[53] 在 1933年之前，即使罗森贝格没有提出"最终解决方案"，他的言论也一贯血腥残忍，比如他将犹太人比作必须被控制的细菌。[54] 除了希特勒之外，他是唯一一位著有大量书面作品的纳粹领袖，而这些作品在今天读来就像庸医的咆哮。

53

下面两位纳粹未来的领导人——海因里希·希姆莱（Heinrich Himmler）、马丁·鲍曼（Martin Bormann）——则是与罗森贝格截然不同的类型。他们同样生于 1900 年，怀有强烈的民族主义情绪，接受过军事训练，却没有参加"一战"。鲍曼住在遥远的梅克伦堡，战后为了谋生，去当了房地产经理，同时与右翼准军事组织和种族主义团体保持联系，坚决抵制犹太人。[55] 1923 年中期，他因涉嫌谋杀一名所谓的警察卧底而被捕入狱。该案件主犯鲁道夫·霍斯（Rudolf Höss），后来成为奥斯维辛集中营臭名昭著的指挥官。[56] 鲍曼提前获释后，于 1926 年结识希特勒，翌年年初入党。由于极度不擅长公共演讲，他转战幕后，逐渐成为一名老辣无双的内部行政人员。无论他对希特勒的学说做出的贡献有多微小，他本身都已强大到令人生畏——战争期间，即使是最高级别的官员也不得不将鲍曼的备忘录视为希特勒的直接指令，这位"元首秘书"实际上掌握着滔天之权。[57]

另一边，海因里希·希姆莱的最大希望是成为一名军人。当革命党人在 1918—1919 年掌权时，他感到无比震惊。12 月 18 日复员后，他回到了家乡兰茨胡特，但参军的渴望如此炽盛，以至于在 1919 年 4 月，他加入了由图勒学会的鲁道夫·冯·塞博腾多夫（Rudolf von Sebottendorf）创办的一个自由军团的地方分支。

不久，慕尼黑被这些激进分子拉入一场反革命的暴力浪潮中，希姆莱在这其中却并未表现过多。10月18日，他被慕尼黑工业大学录取。在日记中，他忠实地记录了11月23日恶名远扬的日耳曼种族防御与反抗同盟所举办的一场游行，但当时他由于到得太早了，没有留下来观看。[58]在政治立场上，他同情信奉天主教的巴伐利亚人民党，该党这时已经染上反犹主义色彩。1919年，他开始在日记中稍稍提到犹太人，但直到1922年，他才吐露了更多信息。他并非从一开始就发自内心地仇恨所有犹太人，这一年的7月3日，他写到自己对一位之前见过的犹太舞蹈演员英格·布兰科（Inge Branco）印象颇好。他很欣赏她对男友的忠贞不贰，认为她值得尊重。[59]这样的观点，对几年以后的他而言是不可想象的。作为学生兄弟会的一员，比起政治，他似乎更关心击剑，但对于战后慕尼黑广为流传的种族主义文学，他还是做了深入的了解。在他看来，反对魏玛共和国和《凡尔赛和约》是理所当然的，正如他支持民族主义事业，希望德意志帝国的旗帜再次升起一样。在这种心态的驱使下，他无比顺滑地融入了战后渗透进慕尼黑和巴伐利亚其他地区的种族主义兼民族主义氛围。

1922年1月26日，希姆莱的日记中记录了自己在慕尼黑一家步枪俱乐部与恩斯特·罗姆上尉的会面经历。这个年轻人被深深地迷住了，在后面6月的日记中，他剖白道，尽管正在慕尼黑工业大学修农业系课程，但"在内心深处，我始终是一名军人"。[60]次月，他加入了右翼准军事组织"巴伐利亚和帝国"（Bayern und Reich），该组织拥有2万名成员。[61]在这年7月到翌年11月的某个时间点上，他加入了罗姆的帝国旗组织。由此可见，希姆莱是通过自己的个人经历、对此类组织的执着，以及和罗姆等领导

人长期保持的友好关系，才走上民族社会主义道路的。1923 年 8
月 1 日，希姆莱加入纳粹党，虽然他一定对希特勒早有耳闻，但
假使他这时真的有一位偶像，也更像是恩斯特·罗姆，而非希
特勒。

希姆莱的日记读起来与约瑟夫·戈培尔（Joseph Goebbels）的
全然不同，戈培尔会定期记录自己的政治规划与思想进程，而希姆
莱则更喜欢描述日常生活，从起床、刮胡子、洗澡，到痴迷击剑训
练、学习舞蹈、与女青年来一次老套的邂逅等，巨细靡遗，书卷
气满满。他也在自己的阅读清单上写过书评，比如，1920 年 4 月，
他援引了阿图尔·丁特尔（Artur Dinter）那本名誉扫地的《血罪》
（The Sins against the Blood, 1918），说自己不相信这本书，因为这是一
位作家"被对犹太人的仇恨蒙蔽了双眼"的产物。[62] 希姆莱觉得，
这本书所依据的种族科学并不牢靠，尚需验证。[63] 不过，丁特尔
其他书籍中所表现出的带有明显社会主义倾向的反犹主义，后来出
现在了民族社会主义中，但由于丁特尔坚持保留自己对新教的坚定
信仰，这使他不可避免地与纳粹运动发生了决裂。[64]

还是休斯顿·斯图尔特·张伯伦的作品更符合希姆莱的品位，
顺带一提，丁特尔曾将自己最为畅销的书题献给了这位作家。年
轻的希姆莱极力想要避开低俗的"暴民式反犹主义"，当阅读张伯
伦的小册子《种族与民族》（Race and Nation）时，他兴高采烈地宣
布，这部作品"相当客观，没有布满仇恨"。[65] 在希姆莱的笔下，
看不出对领袖的神化与崇拜。他第一次提到"那个人"，是在 1924
年 1 月 16 日的阅读清单上，当时他刚刚翻阅完一本已出版的希特
勒演讲集，演讲都是他没有听过的。读完之后，他从中得出结论：
希特勒是"一个真正伟大的人。既真诚又真实。他的演讲堪称日

55

耳曼人与雅利安人之典范"。[66] 在之后的 2 月 19 日，希姆莱的日记中首次出现了一则关于希特勒的简短记录，内容是说他给朋友们读了一本关于希特勒生平的小册子。[67] 这时的希姆莱一头扎进浩瀚广博的书籍之海，继续钻研种族主义、条顿主义，甚至包括神秘学，他还深入研究了特奥多尔·弗里奇这位 1914 年以前的德国反犹主义旗手。[68]

毫不奇怪，希姆莱并未为希特勒的个人魅力所折服，也没有太喜欢他在 1925 年至 1927 年读过的《我的奋斗》。他对这本书的最大感想是，"里面写了很多事实"，最使他感兴趣的是种族健康与种族歧视那部分内容。他划出了这一段："制止有缺陷的人继续产育出其他有缺陷的人，这是一种相当合理的要求，在所有计划的实施中，此种行为最具人道。"这句话可能是从 1914 年之前支持优生学的某本书中抄来的。希姆莱着重强调了《我的奋斗》中所提到的民族社会主义的一个侧面，即对"血统的认同"，表示这是"广义上的种族基础"，更是一种"种族归属"。他也同意，教育的目的应是让所有德国年轻人都保有优越感。1927 年 12 月，在仔细读完《我的奋斗》第二卷后，他强调，这本书支持强制绝育、"区分血统"，以及根据"种族出身"重新估量"民族共同体中的单个成员"。在页边的空白处，他潦草地写道："我们能从中得到什么启示？"[69]

通过一些广为流传的叙述，希姆莱对这位领导人的立场有了更多了解。1924 年，迪特里希·埃卡特想象了一场与希特勒的对话，并将对话内容发表在油印纸上。埃卡特曾是希特勒的导师兼赞助人，参加过纳粹政变，1923 年年底，他于病重之际写下了这本小书，之后便于 12 月 26 日去世。读者若想从他们这场稀奇古怪

56

的"对话"中看出意义——着迷就不要谈了——必须先接受一个基本前提，即历史的决定者并不是抽象的非人化力量，也不是经济水平或阶级斗争，而是像书中所说的，是希特勒个人认为的"超级力量"——犹太人。他们从人类开初便已存在，努力以一己之私颠覆整个历史的自然进程。表面上，他们往来于世界各地，各自为营，实际却"在地下盘根错节，互相缠绕"，而"犹太长老会"则负责在背后发出关键性指令，将各国推入互相残杀的泥沼。[70]

在这本小书中，埃卡特率先抛出一些引导性的问题，接着希特勒用长篇大论追溯犹太人在几个世纪以来投入的"秘密力量"。对话并未遵循一个严整的时间脉络，反而四处发散，竭力展现希特勒如何在两千年历史的每一个拐点上，发现国际犹太人的阴谋。比如，他武断地说道，"犹太高层领导"在1903年的第六届世界犹太复国主义大会上，做出了发动第一次世界大战的决定。显然，希特勒根本无法证明这个荒谬指控真实性，但这是他的一贯作风。两位主角的纸上表演仍在继续，当埃卡特问到犹太人更具有民族主义倾向还是国际主义倾向时，希特勒说，这没法定义。"它［犹太人或犹太人的影响］是一种全球范围内的增生（*Wucherung*），时而缓慢，时而暴涨。它贪得无厌，到处吸血，将一切丰饶都榨取得一干二净。"

"我们想要德意志精神、法律与秩序、真正的基督教永远长存，子孙后代无法撼动分毫。"当埃卡特如此表示时，希特勒回答道，"他们"——大概是犹太人，或许还包括那些不参与纳粹运动的人——"认为这是不可能的，我们的党纲不过一纸空文"。他反驳道，但就算不是现在，总有一天，他们的目标必将实现。接着，他转而用社会主义的口吻说道："真正的社会国家从未存在

57

过。就连上层阶级也一直遵循着这样一套原则——'你的就是我的，我的却不是你的'。"不用说，对希特勒而言，只有"犹太人能同时从老板和奴隶身上占到便宜"。"两个我们都要反对，"他说，"富人和奴隶都要终结。这就是雅利安人，也是基督教世界观。"为什么德国工人没能从苏联的经验中吸取教训？根据希特勒的说法，这是因为他们太过渴望翻身做主，以致迷失其中，被人牵着鼻子走。他们理应知道，"一切重大的社会不公，都能从中找寻到犹太人的隐秘影响"。

在这场对话的最后，希特勒庄严宣布："只有当窥破了犹太人的终极目标之后，才有可能理解他们。他们的目标已经超越了统治世界，而要灭绝世界。"不知何故，犹太人"相信，为了筹备一个人间天堂，必须削弱人类"。他们"表面上装作要提升人性，实际却将人们折磨得疯狂绝望、堕落不堪。如果再不加以阻止，他们将灭绝"全人类。虽然犹太人自己也知道这是在自我毁灭，但他们已经停不下来了，希特勒将这称为"路西法的悲剧"。[71]

希特勒与埃卡特之间的谈话，使人悚然洞察到民族社会主义的核心理念，整个故事几乎以末日般的方式结尾。如果这真的是希特勒或希姆莱在 1923 年或 1924 年对犹太人的看法，那么显然，在全面掌权之前，他们一直在克制自己的凶猛欲望。奇怪的是，希姆莱竟会对这样一本书产生兴趣。希特勒倒是从未否认过这本书的存在，不仅如此，在埃卡特去世后，希特勒还表示，他再也找不到如此一位与他情感相通、智力相当的人了。[72]他甚至将《我的奋斗》第二卷献给了埃卡特。希姆莱在 1924 年 1 月 16 日的阅读清单上写道，埃卡特与希特勒的这本书是"两人之间一次比较务实的对话，准确映射出了他们的本真思想，深具启发性。里

58

面的观点跨越了几个世纪，能让你对许多东西大开眼界。我希望每个人都能读一读这本书"。[73]

德国一些怀有种族主义倾向的政治思想家，主张耶稣是雅利安人，而非犹太人，埃卡特也是其中之一。[74]1923 年 4 月，在一次演讲中，希特勒挺身呼吁，要唤醒德意志精神，打击反德情绪，统一基督教，弃绝怜悯。[75]希姆莱当然也不会崇拜一个犹太基督。后来他明确表示，暗示耶稣是犹太人——"毫无价值，已被历史证伪"，这是对基督本人的攻击。[76]

1920 年 2 月，纳粹党在原始党纲的第 24 点加入了宗教自由的内容，表示本党支持"积极的基督教"，并且，它的地位超乎所有教派之上。此点还主张要反对"我们内部与外部的犹太思想"。另外，它宣称，"本党深信只有以'先公后私'为原则，才能致力于我民族的永久昌盛"。由此可见，该党同时接受了某种形式的基督教和反犹主义，兼及强调自己的社会主义使命。在年轻的激进分子中，希姆莱并非唯一一个欢迎"积极的基督教"的人，但后来他又逐渐疏远了它。而党内最大的反教权主义者，是罗森贝格，连希特勒等人都不得不对他加以约束，以免失去德国宗教人士的支持。

1924 年中期，希姆莱在给朋友的一封信中透露，当其他人都在为前一年政变的失败而裹足不前时，他决心一定要将政治斗争持续下去。"因为扪心自问，如果我们不去做这项必须为之的**工作——播撒德国的理念**［此处他做了强调］，那么没有人会去做。等到几年以后，时机终于成熟了，我们却颗粒无收，因为当初什么都没有播下。去做吧，这是对伟大理念与伟大事业的无私奉献。"[77]

1924 年的这个夏天，纳粹浪潮似乎已经退却。埃卡特死了，希特勒在狱中服刑，希姆莱也低调起来，开始给兰茨胡特的纳粹党魁格雷戈尔·施特拉塞尔（Gregor Strasser）担任副手。1924 年 10 月，希姆莱以一名党务工作者的身份撰写了第一篇文章，解释他对犹太人的仇恨是如何产生的。这篇名为"犹太人与科学"的短文声称，德国的整个文化都紧紧攥在犹太人手中，"完全为犹太人统治世界而服务"。[78] 希姆莱的上司施特拉塞尔更热衷于社会主义，或许在他的指导下，希姆莱也逐渐产生了反资本主义倾向，以及将反犹主义与社会主义相结合。1927 年 4 月，希姆莱在一次演讲中说，犹太人已经学会了如何利用资本主义，还打着国际主义的旗号挑拨各国关系。要想避免这种互相倾轧的命运，就必须"在民族主义的基础上，团结所有德国工人，建立一个社会主义政权"。[79]

在这一年，希姆莱还阅读了汉斯·F. K. 京特的作品，这位作家后来成了日耳曼人的捍卫者。在 1920 年出版的《骑士、死亡与魔鬼：英雄思想》（*Knight, Death, and Devil: Heroic Thought*）一书中，京特将神话与种族观念相互杂糅，称日耳曼"血统"在几代人的变迁中，正经历着明显的衰落。但英勇的德国人决不屈服，他们要为复兴坚持奋斗。"要说我们的处境有什么独特之处，"他表示，"无非是我们认识到了血统纯正的价值，而我们的日耳曼人必将为此壮举感激不尽。"在如今这个种族通婚的时代，谈论种族纯正性不是为时已晚吗？但在京特看来，他们的使命正是扭转这种形势。[80] 希姆莱表示，这本书里的许多东西改变了他的思维方式，一年之内他读了两遍。[81]

京特的结论与当时正在形成的民族社会主义学说完全一致。

正如他在 1925 年所说，"当今时代，两个种族正在争夺地球的统治权"，"上等日耳曼种族"所领导的一方必须集结一切力量，与犹太这个"前亚洲"种族展开战斗。后者不是资本家，就是共产党。京特给出的解决之道是将犹太人与非犹太人彻底隔离。[82] 这与纳粹精英们的看法恰好不谋而合，不只希姆莱一人认同他的理念。

1929 年 1 月，希特勒任命希姆莱为党卫队首领。这支队伍在当时规模甚小，人数最低约在 260 至 300 多之间。希特勒于 1925 年下令组建"党卫队"（Schutz Staffel，简称 SS），立志拯救行将倾颓的德国，为下一代奠定坚实的基础。[83] 1933 年，希特勒上任前夕，党卫队规模达到 5.2 万人，其中许多人是从冲锋队中征募而来。尽管希姆莱想要打造一支精锐部队，但在魏玛共和国的最后几年，党卫队和冲锋队的职责范围仍然大致重合。为此，他和几位可靠的同志开始为党卫队制订一套与众不同的意识形态。[84]

早期的另一位忠实信徒，尤利乌斯·施特赖歇尔（Julius Streicher），又是一位与众不同的人物。虽然许多党员认为他在领导人队伍中最面目可憎、最粗俗，但希特勒对他的评价非常之高。他出生于 1885 年，在"一战"中凭借军功晋升中尉，并被授予铁十字勋章。后来，施特赖歇尔在纽伦堡当过一段时间的小学教师。1919 年以后，他加入过各种右翼政党，包括那个为人所不齿的日耳曼种族防御与反抗同盟。从他一贯的性格来看，最后他离开这个组织的原因，是它还不够反犹。在他心目中，犹太人是这个世界上所有邪恶的幕后黑手，这个极度夸张的信念压倒了其他一切观点。

在某种意义上，施特赖歇尔也是一名社会主义者，他于 1920

60

年加入德意志社会主义党（DSP），该党由规模虽小但影响力巨大
的图勒学会赞助成立。很快，他当上了地方分党负责人，随后又
成为全国执行委员会的一员，并担任党报《德意志社会主义者》
（*Der Deutsche Sozialist*）的编辑。此报经常对犹太人发出莫名其妙的
指控。他想要拉拢社民党和共产党的成员，因此（抢在希特勒之
前）提出主张，建议工人反对"犹太金融资本"，不要只盯着一般
意义上的资本主义。人人都说他是个令人信服的演说家，也是个
精明的宣传者，显然，就连施特赖歇尔自己也曾一度认为他有可
能成为国民期待的那个强人领导。在最后的政治遗嘱中，他谈到
自己在纽伦堡发起了一场社会运动，为了事业能够成功，呕心沥
血地投入其中。[85]

61　　尽管施特赖歇尔后来退出了德意志社会主义党，又加入了一
个类似的组织，但经过反复的试炼，1922 年 10 月 20 日，他带着
数千名党员在纽伦堡成立了一个纳粹地方党。紧接着，他发布一
则声明，明确显露自己的态度和意识形态取向："民族社会主义的
目标在于彻底改造德国，完成一场实打实的革命。""对于我们来
说，这是一场不死不休的战斗。然而，这场斗争的核心仍然是犹
太人问题。"[86] 传播信息最有效的方式是公开集会，有时甚至能
吸引 1 000 人参与。施特赖歇尔从未想过要彻底臣服在希特勒的权
威之下，一直到 1923 年，经过内部琐屑不断的争吵，这位弗兰肯
地区的领导人最终还是保住了自己在纽伦堡的独裁地位。那场失
败的 11 月政变，他和几个心腹的同志都参加了，但他们当天并未
对弗兰肯中北部地区——自己的地盘拟定任何计划。[87]

当上巴伐利亚州的议员之后，施特赖歇尔在议会上毫不保留
地对犹太人做了一番虚假指控，他叱骂他们不参加"一战"，只顾

缔造自己的"世界帝国，图谋征服世上所有国家"。[88] 1927 年，在纽伦堡集会上，他号称民族社会主义是"我们的祖国德国复兴的福音"，它刺破时代的黑暗，给绝望中的人们带来了希望之光。民族社会主义学说明确指出，自由之日即将到来，到了那一天，"卐字旗将盖在马克思主义的棺材上"。[89] 或许就是因为施特赖歇尔狂热的反犹主义，以及他愿意为这场事业做出任何艰苦斗争，所以希特勒才一直容忍零星从他身上传出的丑闻。[90]

性格天真的鲁道夫·赫斯，出生于 1894 年，参加了"一战"，受伤后被授予铁十字勋章（二等）。1918 年，接受完飞行员训练后，赫斯短暂地上了战场，很快便以中尉的军衔退役。和许多德国人一样，他也对德国战败深感震惊，但他总觉得这一切都是独立社会民主党（USPD）造成的，它就是俄国的布尔什维克党。翌年年初，他回到慕尼黑，进入慕尼黑大学学习，还结识了地缘政治理论家卡尔·豪斯霍费尔（Karl Haushofer）教授。凭借战友从中引介，他又认识了迪特里希·埃卡特，后者鼓励他去参加一次图勒学会的会议，该组织一向以支持种族主义反革命事业而闻名。同样心存此志的赫斯加入了图勒学会。另外，他还投入了埃普旗下的自由军团，并于 1919 年春天参与慕尼黑的解放行动，与共产主义革命者作战。[91] 然而，到了 1920 年，他却转而支持与苏俄新政府达成谅解，因为他听说，德国可以在苏俄获得无穷无尽的原材料，但这其中的暴行被他刻意淡化了。他对苏俄军纪恢复井然感到欣喜，甚至开始推测，未来有一天德国将和苏俄结成联盟，挣脱《凡尔赛和约》的束缚。但当 1921 年苏俄发生大规模饥荒时，他又改变了主意，开始担心会有大规模犹太人逃离苏俄，涌入德国，同时也担心共产主义的阴影正悄然逼近他的国家。[92]

62

在赫斯就读的慕尼黑大学，1920 年 1 月，校长发布演讲，要求对暗杀者库尔特·艾斯纳实施减刑，连同赫斯在内的数千名学生欢呼雀跃。随后，政府将刑罚改判为终身监禁，学生群体闻此欣喜若狂。[93] 就这样，在民族主义的强烈影响下，赫斯不出所料地成了一个坚定的反犹主义者，与某些德国民众一起期盼伟人降临，"他将以独裁者的姿态重建秩序，反抗犹太经济、人口贩运与高利贷"。对于工人中的犹太领导人，赫斯及其朋友都大为反感。[94] 1920 年 5 月 19 日，他第一次参加纳粹党集会，听了一场迪特里希·埃卡特关于"国际社会主义还是民族社会主义"的演讲。中途，希特勒也做了几次简短发言，给赫斯留下了深刻印象，当希特勒提出要清理政府时，那句威严的命令——清理"猪圈"，"把犹太人驱逐出去"——简直叫他心神震颤。在雷鸣般的掌声中，希特勒顺便补充道，如今的巴伐利亚，仍然是犹太人操控着政府。[95]

尽管一些历史学家喜欢将赫斯讽刺夸大为漫画人物，称他完全拜倒在希特勒的个人魅力之下，但其实他并非如此浅薄。参加完集会后，他没有立即加入纳粹党，而是在几个月后的 1920 年 7 月，才成为第 1 600 名党员。[96] 在情感上，他也没有狂热到只知一味地敬服希特勒，而丧失自我个性，事实上，他们之所以相处得那么好，只是因为他们站在同一个政治立场上。[97]

赫斯也参加了那场失败的 1923 年政变，在出狱后的几年里，他担任希特勒的"私人秘书"，一手掌管着元首的行程计划，还会安排他的演讲活动。赫斯的办公室与慕尼黑的党中央总部是分开的，这为党员和官员给他写信提供了可能性。除此以外，这间办公室还起到了过滤的作用，它使希特勒在内部琐碎的阴谋与争吵中，能够夷然置身事外。[98] 对于纳粹党的成功，赫斯自有一番功

63

劳在，但如果要说他在 20 世纪 20 年代末成了党内仅次于希特勒的重要决策者，那就未免言过其实了。[99]

　　通过考察一些主要的政治领导人如何找到自己通向民族社会主义的道路，我们可以发现，他们都与时代格格不入，许多人曾参加过战争，或是想要参加，而对于那场灾难性的结果，所有人都报以强烈的排斥。随着原本的生活与职业受到质疑，他们对新共和国的民主秩序油然感到不安，于是纷纷投身于全国广泛涌起的种族-民族主义兼反犹主义的狂潮中。事实上，激进的反犹主义在很大程度上影响了他们的整个世界观。通常情况下，他们不会用死亡威胁犹太人，但他们的一言一行却充满了致命的暗示。他们认同"净化社会"是必要的，如此一来，多元化的包容时代宣告完结，法律与秩序也灰飞烟灭。在外交政策上，他们议论纷纭，莫衷一是，但全都热切希望打破《凡尔赛和约》的限制，恢复军备，夺回德国失地。

　　在遇到希特勒之前，他们心中所有的执念几乎都已成型。遵循着自己的执念，他们为寻找真正的德国社会主义上下求索，孜孜不倦，最后终于认定——所谓的社会主义，便是一个没有冲突的人民共同体。共同体的概念并不新颖，且拥有极强的可塑性，党内早期领导人灵活发挥，对其中的社会主义维度做了五花八门的解读。即便如此，历史学家仍然不认同纳粹声称自己是社会主义者的说法，理由是他们坚持私有财产制，并且只在有限的范围内实施国有化。但实际上，德国大多数社会主义政党直到今天也还在坚持这些原则。[100] 就在 1925 年纳粹党试图再次东山再起之时，内部一场关于民族社会主义的"左派"（或社会主义）之争正蓄势待发。

第3章
民族社会主义中的"左派"

65 1923 年 11 月，政变失败后，纳粹党的合法地位被取缔，运动四零八落，内部既有分歧骤然扩大，分裂团体也逐一冒头。即使在 1925 年初重整旗鼓，政党也依然面临着很大的阻碍。一方面，巴伐利亚当局一直密切关注希特勒，并于 1925 年 3 月 9 日强行禁止他发表演讲。而在德国最大的普鲁士州，这一禁令甚至被无限延期。[1] 在这种情况下，身居巴伐利亚、一直撰写《我的奋斗》的希特勒，于 3 月 11 日委派手下一位值得信赖的大区长官，在德国北部组织运动。这个人就是出生于巴伐利亚州的格雷戈尔·施特拉塞尔。一切都很顺利，但积极进取的施特拉塞尔及其幕僚很快意识到，在巴伐利亚的农业区以及更偏民族主义倾向的地区，他们发出的政治呼吁很有用，但在城市化程度更深的北部工业区，他们的声音却总被置若罔闻。若想逆转这一局面，除非纳粹党拿出社会主义的一面来争取工人。所有对这条路线感兴趣的领导人，事后都在党内被称为"左派"。

当务之急是解决内部一切分歧。早在 1924 年，能够刺激新成员加入的混乱时局就已平息。当社会与经济恢复正常时，普通民众并不会看重纳粹党这样一个极端主义政党。当此之时，该党如何在巴伐利亚州以外的政治版图上，既占据一席之地，又不至于自我分裂呢？

1925 年 2 月 27 日，在慕尼黑的贝格勃劳凯勒啤酒馆里，纳粹党举行重建大会，到场群众拥挤不堪。希特勒毅然决然地宣布自己就是唯一的领导人，希望能以此弥合所有分歧。他提醒各位成员，1920 年的纲领就是大家的"指路明星"，但在谈及民族社会主义的定义时，他仍然含糊其辞地说它是"最活跃的民族力量与最纯粹的社会福利之间的纽带"。对于那些企图在他们重整旗鼓之时制造分裂的人，他表示，在他入狱期间，他们已经用九个月的时间证明了做什么都无济于事。现在，他请求大家团结。[2]

他相信，如果党要抵抗马克思主义，就必须要有"毫不妥协的战士（Kämpfer），为理想做出义无反顾的斗争"。这样的运动必须根植于广大群众。1923 年之前，纳粹党的目标很明确："对抗使德国陷入如此悲惨境地的魔鬼之力；对抗马克思主义，对抗这个精神载体背后的世界性瘟疫及传染病——犹太人。不要按照中产阶级富人的模式去战斗，'谨慎些'，以免造成痛苦。再也不要陷入痛苦，再也不！"无论在议会中取得几个席位，都对抵抗"世界性瘟疫"毫无意义。只有当卐字旗飘扬在最后一个车间和最后一个工厂，而最后一颗苏联之星——不管升起与否——也消失不见，"胜利"才是"稳当可靠的"。正如犹太人"为了他们的马克思主义力量"与资产阶级和资本主义做斗争一样，纳粹党也将与犹太人和马克思主义作战。他提醒听众："古往今来，一切伟大的人民领袖，都能将群众的注意力集中在一个敌人身上。"他认为眼前最大的危险就是"国族中间的异族毒药"。虽然有可能会打破《凡尔赛和约》，但他表示，"一旦血统中毒，后果将不可逆转"。[3]

　　如此含糊的信息，纳粹"左派"要如何向工人转述？许多工人自幼便在马克思社会主义或共产主义的哺育中长大，理论结构精细老练，足以解释一切问题。在纳粹"左派"领导人中间，施特拉塞尔兄弟是公认最具影响力的。[4]格雷戈尔年长一些，生于1892年，在战争中表现优异。其父具有强烈的"德国社会主义"倾向，甚至在1914年之前，他就试图融合社会主义、民族主义和基督教精神。他既反对世袭君主制，也反对不受限制的资本主义。格雷戈尔身材魁梧，说话带着巴伐利亚口音，一身军服，作战勇猛。作为一名军人，他获得了众多至高荣誉，包括一等、二等铁十字勋章，1916年1月，又荣升中尉。和许多人一样，他也从未克服前线经历的影响，喜欢身处一支目标明确的队伍中。

　　回国后，他发现1918年的11月革命实在令人厌恶。第二年，他与弟弟一起联合埃普自由军团，粉碎了慕尼黑的苏维埃共和国。格雷戈尔还曾一度领导过一个地方准军事组织，部分任务是防范"共产主义威胁"。奇怪的是，关于加入纳粹党的时间，他给出的说法总是互相矛盾。但据推测，很有可能是在1922年的秋天，与他加入冲锋队大展锋芒的时间相同。到1923年11月，虽然他对希特勒政变充满了热忱，但在这场失败的努力中，他并没有起到任何积极作用。尽管如此，他仍在法庭上被控犯下叛国罪，到兰茨贝格短期服刑。[5]

　　后来，在反思自己为何转向民族社会主义时，施特拉塞尔表示，他希望按照"种族主义社会国家"的路线来重塑德国。为了祖国，他亟欲说服工人相信国际马克思主义实为谬论，从而重新赢得他们的支持。在他看来，将工人引入歧途的，第一个就是犹太人和马克思主义者。1924年8月，他在巴伐利亚议会上说，未来的决战不是德国和法国，而是"日耳曼道德世界观和犹太布尔什维主义"。[6]

奥托·施特拉塞尔虽然生于 1897 年，但也成了一名志愿兵，在战场上一路晋升为军官，获得了数枚勋章。协助哥哥推翻慕尼黑的苏维埃政权后，他的世界观仍为民族主义、根深蒂固的反犹主义以及对布尔什维主义的怀疑所笼罩。尽管如此，1919 年，他却加入了社民党，这一举动表明他内心的信念并不明朗。重新进入柏林的大学后，他与具有社会主义兼民族主义倾向的同学合作创建了一个与纳粹党有关的退伍军人协会。1920 年 3 月，柏林一个以沃尔夫冈·卡普（Wolfgang Kapp）为核心的反共和组织企图发动一场政变，却遭到奥托·施特拉塞尔的反对，奥托决定组织一场旨在推翻政变的大罢工。随后，社民党领导下的联邦政府向鲁尔派遣军队，残暴镇压了现场的罢工者。在施特拉塞尔眼中，社民党的这一行为不啻一种背叛，于是他愤而离党，回到家乡巴伐利亚。1920 年 10 月，他哥哥安排了一次与希特勒和著名的"一战"领导人埃里希·鲁登道夫将军的会面，地点就在巴伐利亚。[7]

在回忆录中，奥托·施特拉塞尔绘声绘色地讲述了这件事，但他好像搞错了时间，还往里面加入了一两个反希特勒的情节。[8]首先，他声称鲁登道夫比希特勒更令人敬佩。希特勒察觉到了他态度寡淡，因此发言攻击道，他不理解施特拉塞尔作为一名前军官，怎么会去反抗卡普政变。希特勒说，他想做的是吸引民众，激发他们的民族主义意气，好赢得下一场战争。而施特拉塞尔则反驳道，他不想要这些，他所追求的是德国的新秩序。这时他哥哥格雷戈尔插嘴道，"从右翼上说，我们要采取民族主义策略，但糟糕的是，它与资本主义捆绑在了一起；从左翼上说，我们要采

68

取社会主义策略，但它又不幸与国际主义结盟"。奥托随之建议道，党名应该依照正确的德语语法来拼写，将国家（national）的"n"小写，社会主义（Socialism）的"S"大写，强调后一个单词。希特勒对此不以为然，年轻的施特拉塞尔表示，他暂时拒绝加入纳粹党。[9]

除了施特拉塞尔兄弟，生于1897年的约瑟夫·戈培尔也是一位旗帜鲜明的社会主义者。通过他在日记中所讲述的自己的故事，我们可以了解到他是如何走上民族社会主义之路的。这本洋洋洒洒的日记，几乎每一天都在记录他政治觉醒的线索。如果说随着战败一起到来的，是人心的幻灭与政治氛围的迷失，那么戈培尔就是这样一个"典型产物"。早在听说希特勒之前，他就已经是"大德意志帝国的拥护者，国际主义的反对者"了。

虽然很难确定戈培尔在政治思想上具体受过什么影响，但在1922年，他发现了休斯顿·斯图尔特·张伯伦和奥托·魏宁格——这两位恰好都是希特勒的最爱——以及奥斯瓦尔德·斯宾格勒的《西方的没落》。[10]同年10月，戈培尔说，斯宾格勒所预言的没落，其实可以通过消灭犹太人来避免。和希特勒一样，他也拒绝接受斯宾格勒的宿命论。[11]

1923年10月22日，他第一次在日记中提到"犹太人问题"。此时他注意到种族问题正越来越多地进入公共生活，这似乎令他颇感惊讶。11月，他观看了柯特·格茨（Curt Goetz）出演的一部犹太人喜剧片，觉得非常有趣，但转头就在日记中写道："犹太人是一种毒药，会给民族肌体［Volkskörper］带来灭亡。""犹太人的腐化精神已经严重危害了德国的艺术、科学、戏剧、音乐、文学、大学和新闻媒体。"德国人变得既软弱、又懒惰，他真想重新唤醒民众的思考力。[12]现实更复杂的地方在于，他当时的女朋友还具有一半犹太血统，挣扎良久后，最终他还是和那女孩分了手。

戈培尔在阅读上如饥似渴，偶然之间，他又发现了亨利·福特（Henry Ford）那本骇人听闻的《国际犹太人》(*The International Jew*)。尽管内心半信半疑，但他对这本书里揭露的东西仍然惊讶万分。他宣布，犹太人问题已是当今亟待解决的热门议题。很快，他去读了《锡安长老会纪要》，并认定这是一本伪书，因为他觉得犹太人不会草率到将自己的计划明晃晃地记录在案。1924年春天，他对犹太人的反感似乎变得更加激进。4月1日，他起草了一份资产负债表，说："有一件事对我而言，诚为不容更改的真理：犹太人实乃浮士德，是'腐烂中的塑料魔鬼''分解中的发酵物'。"[13]德国人必须自我拯救，如果不，那就活该受罪。站在种族主义一边，他说自己从灵魂深处憎恨"犹太人，并完全出自本能与理性"。[14]

这种观点与希特勒等人的思想不谋而合。1924年3月，和海因里希·希姆莱一样，在读完希特勒的一篇演讲稿后，戈培尔在心目中塑造出这样一位未来领导人的形象：一个激情四射的理想主义者，兼具民族主义与社会主义意识，他将为德国人重建信仰，指明得救之途。[15]戈培尔心目中的"伟人"，类似铁血宰相奥托·冯·俾斯麦那样的人物。他祈求上帝赐予奇迹，因为德国"正如夏旱久盼甘霖一般，急切盼望至尊降临"。[16]不过，他又平静地坚称："社会主义才是终极目的，在德国社会主义领袖希特勒的带领下，世界将是我们的。"[17]

1925年7月14日，戈培尔第一次在现场听到希特勒演讲，他的声音、手势、热情，无一不令他感到痴迷。希特勒似乎成了戈

70

培尔的心理投射，他的梦想实现了，因为那个人"正如我所希望的那样"。但事情比他想象的还要美妙百倍，演讲结束后，他站在外面，哭得像个孩子。[18]一会儿潸然落泪，一会儿百感交集，这是他特有的表演风格，这种自我戏剧化在日记中随处可见，仿佛他是一边预设自己的潜在观众、预设出版，一边在书写。但当时，希特勒毫无疑问就是他的希望。读完《我的奋斗》第一卷后，他对作者仍有一些疑问，但都是些半崇拜式的问题："这个人是谁？半人半神！这真的是基督吧？还是施洗约翰？"[19]读完第二卷，他说自己从中发现了真正的希特勒，大喜若狂，想痛哭一场。[20]

让戈培尔如此心服口服的那场演讲，稿件现已亡佚，但从他的日记内容来看，那与希特勒在 1925 年 6 月至 7 月向不同观众发表的几场演讲极为相似。那段时间，希特勒正专注于意识形态、组织架构及他的领导地位之间的关系。他对听众说，"当一个新的理念首次公之于众"，它就被全权托付给了"传道者"。信仰（*Glauben*）和哲理的区别在于，后者适用于所有人，并可以有各种解读，而信仰却要有一个准则，一场统一的运动。永远不要忘记，如果不能落地，再好的理念也一无是处，而实现理念落地则需要政治的力量。"凡是拥护新理念的人，都必须成为它的战士。"虽然不是人人都能成为领袖，但总可以成为"新世界观的战士"！他时常宣称，"组织本身并不是目的所在，而只是传播理念的手段"。"理想情况下，将运动统一起来的关键在于理念；但实际上，是权力中心"，换句话说，在于领导人。

为什么将党命名为"民族的"（national），而非"*种族的*"（*völkisch*）？希特勒反问道——那是因为后者还无法定义，而"民族社会主义"却已经阐明了具体的信仰。这场运动应该产生何种效力？党之所以参与斗争，完全是"为了救赎我们的德国人民，而不是在议会中占得几个席位、获得几张免费旅行券等"。虽然传播新世界观尚需时间，但一定要鼓动出真正的民族热情。[21]

博览群书的戈培尔博士虽然对这场夸夸其谈的演讲印象深刻，但其中就民族社会主义的表述如此缺乏条理，令他也不由得深感不安。他承认，如果希特勒站在党员面前，一切疑问都会迎刃而解，可一旦他出了什么事，他们一定会迷失方向。即使"那个理念"刻印在他们的本能中，可如果没有他，任何思绪都是灵光乍现、无法宣之于口。戈培尔承认，"希特勒就是理念，理念就是希特勒本身"。这句话并不代表他已降服在希特勒的个人魅力中，相反，这是他对希特勒能力的承认——唯有希特勒能提出这一学说，而他暂时就只会重弹诸如解放奴隶、带给德国一个更好的未来之类的陈词滥调。[22]不过，相比之下，他对包含了俄国变体在内的马克思主义了如指掌，而它足以解答一切疑问，是所有理论中集政治之大成者，民族社会主义永远无法与之匹敌。

对希特勒有了更多了解后，他变得更加喜欢他了。1925年11月，戈培尔（和其他许多人一样）观察到，希特勒的演讲并不是像我们在短片中看到的那样只会肤浅地呐喊，他幽默、戏谑、讽刺、严肃、热情——所有这些都充满了激情。"这个人绝对可以称王。他是天生的保民官。未来的独裁者。"[23]然而，1926年的戈培尔对希特勒还称不上熟稔，他所列的这些理想品质更多只是自己的主观臆测。党内的主要成员总是喜欢将自己心中全能型元首应该具备的所有特征，都投射到这个有血有肉的人身上。[24]

尽管年轻的政党带着充沛的热情想要东山再起，但当他们在不同地区招募新成员时，巨大的社会差异注定了他们会在政

治与理论上产生分歧。格雷戈尔·施特拉塞尔在北部地区尽显
组织才能，以他为首的领导人越来越关注运动的意识形态和政
治方向。1925 年 9 月 10 日，他们在威斯特法伦州的哈根举行
会议，将北德与西德的纳粹党联合起来，成立了一个松散的工
作组（*Arbeitsgemeinschaft*）。他们哀叹《民族观察家报》（*Völkischer Beobachter*）作为党的主要报刊，真是"水平低劣"。该报由阿尔弗
雷德·罗森贝格主编，在慕尼黑出版发行。[25]虽然施特拉塞尔和
戈培尔并未明确挑战希特勒的领导权，但他们都希望能重新调整
原初（1920 年）的党纲，使其更具社会主义色彩。奥托·施特拉
塞尔也加入了他们的行列。

　　这一时期，小施特拉塞尔已经见过了阿瑟·默勒·范登布鲁
克（Arthur Moeller van den Bruck），还与他一同共事。范登布鲁
克是一位种族主义者、民族主义者，也是德国社会主义的倡导者，
更是《第三帝国》（*Das Dritte Reich*, 1923）的创作者。戈培尔读完这
本书后，觉得非同凡响，一切"清晰又沉着，内在却震荡着巨大
的激情，他所写的完全是我们这一代年轻人很久以来凭感觉和本
能抓住的东西"。[26]范登布鲁克说服了奥托·施特拉塞尔，唯有
民族社会主义理念才能复兴德国，意志不坚的奥托很快便加入了
纳粹党。尽管如此，他和兄长仍然认为，党纲并不足以在巴伐利
亚以外赢得追随者，于是他们提出了一个更加详细的政治纲领。[27]
他们的纲领明确多了，也没有出现像布尔什维克模式那样激进的
东西。[28]但就戈培尔而言，首要问题在于，民族主义和社会主义
孰先孰后？"对我们（德国）西部来说，毋庸置疑，首先得是社会
主义的救赎，其次才是激烈的民族解放。"[29]

　　1925 年 11 月，施特拉塞尔兄弟与戈培尔共同起草了"施特拉

塞尔纲领",它与原初的党纲相比,并没有人们想象的那么天差地别。在新纲领的设想中,民族社会主义是一种国家构建的民族主义和支持并保护个人的社会主义的综合体。[30]国家将对工业政策做出更多干预,实施一定程度的工业国有化,亦即所谓的将所有权"广泛转移"给普罗大众。除了工人雇主联合委员会将获得公司10%的股份以外,纲领基本没提到工人。而小型企业受到保护,农民必须加入当地的合作社,又隐约透露出一点意大利法西斯以商会为基础的经济组织的影子。还有其中明显的反犹主义,一切都与原初的纳粹党纲极为相似。[31]正如当月格雷戈尔·施特拉塞尔在柏林的一次议会辩论中所说,他们追求的"德国社会主义",是一种新的"集体主义经济秩序",它将取代剥削型资本主义制度,引入"一种真正的社会主义,在背后维系它的,不是死气沉沉的犹太实利主义,而是信仰、牺牲,以及从古老的德意志共同体中继承来的观念、目标与情感。我们希望通过社会革命来引发民族革命"。[32]

73

　　很快,随着另一场争议初露端倪,"工作组"内部的紧张关系也变得具体化了。问题是:如果魏玛共和国没收了德意志王公贵族的财产,后者是否应该得到赔偿?施特拉塞尔兄弟和戈培尔等人认为,王公贵族什么都不该得到。然而,党内其他一些大区长官,例如弗朗茨·菲佛·冯·萨洛蒙,却支持私有财产神圣不可侵犯,要对王公贵族进行补偿。这场党内争议表明当时的纳粹党内部存在着不同的意识形态结构,甚至在巴伐利亚以外也是如此。

　　菲佛·冯·萨洛蒙,1888年出生于莱茵河下游的一个贵族家庭,他的观点表明,某些差异是根深蒂固的。1911年,已经是陆军中尉的他自愿参战,荣升上尉后,在著名的总参谋部任职,被授予了极高的荣誉。战败归国后，这一切都化为乌有。在他带领军队前往明斯特基地的路上，正要渡过莱茵河时，遇到了革命军的阻挠。根据他自己散布的传说——他当机立断，当场拿出了两挺重机枪开路。此后，他成了一个民族主义强盗和狂热的反革命分子。很快，他组织了威斯特法伦-菲佛自由军团，在波罗的海、上西里西亚和鲁尔流动作战，还参加了 1920 年柏林那场右翼军官企图夺权的卡普政变。[33]

菲佛最初支持鲁登道夫将军，因为他能将右翼团结起来。但到了 1924 年中期（纳粹党被取缔，希特勒锒铛入狱），菲佛开始自称民族社会主义者，认同了它的大部分教义，反对"大资本"，但不反对私有财产。他宣称，民族社会主义的最高目标是创建一个新的人民共同体。他赞成"立法保护纯正血统"，而且与戈特弗里德·费德尔的思想一致，他也希望将国家从利益奴役的束缚中解放出来。和其他纳粹党人一样，他极力反对犹太人在报刊、写作、舞台、银幕、艺术等方面施加"有害影响"。[34]

74　菲佛一定觉得自己在北部党区或说"左翼"派系中有点格格不入，因为他的意识形态基础与众不同，而且他还不赞成"施特拉塞尔纲领"。作为回应，1925 年圣诞节，他用化名发表了一篇备忘录，标题起得令人不安——《繁育。对我们纲领的要求》。这份长达 31 页的稀有文件揭露了纳粹党徒普遍受到的影响，特别是 H. S. 张伯伦，以及《锡安长老会纪要》。

菲佛想要的人民共同体，肯定不会是施特拉塞尔兄弟和戈培尔所青睐的平等主义。尽管他同意国家有必要干预社会生活，但他依然支持他所谓的"不平等铁律"——个人"价值的不平等"有以下四种衡量标准：个人的"工作效率""由种族特征与健康状况所决定的身体素质"精神–道德–文化特质"以及"父母、祖父母等遗传的基因（Erbanlagen）"，这些造就了"不平等"这一铁的事实。国家的使命在于培育"高价值"人类，减少"低价值"。"用通俗的德语来说，就是繁育。人类的繁育。改善一个种族的品种。"他采用典型的社会达尔文主义术语大胆坚称，"在生存斗争中，自然本身"就支持"物竞天择，优胜劣汰"。[35]

在财富再分配这方面，菲佛信奉社会主义。国家根据每个社会成员的价值，用这种方式出面干预，将价值相同的人群置于同等梯队。对那些位于梯队最顶端、占据人口三分之二的"高价值"人群，国家将发放奖励，使其拥有人世间的一切权力、财产、金钱，可恣意发展个性、生产力、文化等。他所支持的"人民共同体"即涵盖了这一群体，同时排除任何有瑕疵的次品。被拒绝的群体有："跛子、癫痫患者、盲人、疯人、聋子、酒鬼的孩子及福利机构的孩子、孤儿（非婚生弃儿）、罪犯、娼妓、性障碍者，等等。"他还补充道，那些"蠢人、弱鬼、老人、懒汉、遗传上的累赘或说病夫"，他们的退化"并无罪责"，但圣经中说，"你被称在天平里，显出你的亏欠。凡不结好果子的树，就砍下来丢在火里"。[36]

他提出的这个反平等的世界，若想要实现，可能还需要好几十年。有人称他为"精英贵族"，他觉得很有趣，并且也不完全错。[37]他想为军队挑选种族精英，"用最优秀的适者来发动一场生存斗争"。他声称自己志在"推翻金钱的统治"，为"个性价值"加冕，但他描画的更像是一个社会达尔文主义式的乌托邦。[38]

我们并不知道希特勒对这份"纲领"作何反应，尽管它牵强无比，却揭示出了正在萌芽中的民族社会主义运动四处弥漫的纷

75

杂理念，某些甚至已经预示了第三帝国的反人道行为。戈培尔用外交辞令委婉说道，他同意菲佛为了国家的未来所做的斗争。然而，尽管菲佛已经战胜了旧世界，但还没有发现新世界，仍然"徘徊于两个世界之间"。到了1926年初，戈培尔仍然坚信，未来将走向社会主义，而社会主义只有通过组织工人才能实现。[39]

早在1925年1月第一次会面之前，希特勒的大名已经通过那场政变和法庭审判，传到了菲佛耳中。[40]同时代的一个人曾对菲佛的智慧与领导能力赞不绝口，说他的过人之处就在于看人眼光毒辣，三言两语便能将一个人说透，虽然这种才能并不怎么讨喜。[41]1925年2月，菲佛在威斯特法伦州创建了纳粹大区（Gau），并于3月27日收到希特勒的正式批准。不久，他加入纳粹党，此时政党规模仍不算大，他宣布自己是第16 101个成员。一年后，他和戈培尔、卡尔·考夫曼（Karl Kaufmann）一起在鲁尔成立了一个规模更大的纳粹大区，拥有113个地方分支机构。[42]

这些"北方人"和施特拉塞尔兄弟之间的关系仍然有些紧张，而当奥托表示自己和兄长既反对资本主义，也抵制马克思主义，反而想实现某种"国家封建主义"时，原先的紧张关系更变成了一团乱麻。[43]这种主义的策略是将重工业国有化，并将大地产分配给从事其职的人。这可能会赢得一些支持，但他接下来又建议道，在混合经济体中，国家应接管所有财产，个人无权拥有，只能租赁。这一条势必要触怒全国各行各业。奥托所提出的方案既不切实际，也不具政治吸引力，只在社会主义政党内部有兜售的空间，一些历史学家甚至怀疑这是不是"真正的社会主义"。[44]事实上，经历了一代又一代梦想家与空想家之后，社会主义千变万化，衍生了无数种形式，我们最好不要对这种表述视而不见。

到 1926 年初，党内怨声四起，物议沸腾，希特勒不得不召集 60 多名巴伐利亚北部的党领导一同开会。他特意将与会地点设在了南方代表聚集的班贝格。2 月 14 日，两方人马到齐后，他做了一场大约两到五个小时的演讲。这场演讲只保留了部分记录，主要内容是他在《我的奋斗》中曾提到的外交政策的变化。[45] "北方派"希望将边界线恢复到 1914 年，重新拥有殖民地，并与苏联建交，但希特勒斩钉截铁、舌战各方——德国必须克服对旧有边界的执着，放弃殖民地，与英国、意大利结盟。他坚决反对亲近苏联，因为有布尔什维主义在，若不将该国视为仇敌，则与"自杀"无异。"我们民族社会主义者，"他说，"只想让德国人民摆脱经济重负与社会不公，因此我们必须确保获得足够的国土和土地，以使每个种族的同志都能有自己的粮食。"从这个角度来看，德国必须"进军东方，像中世纪一样殖民东方"。与北方阵营相反，希特勒挺身支持德国王公贵族，后者正为国家将把他们的土地国有化而惶惶不可终日。希特勒表示，他还不想动私人财产，至少暂时不想。[46]

希特勒的声明让北方阵营感到失望。4 月，当希特勒把戈培尔叫到慕尼黑时，这位年轻人还没有为"希特勒神话"所蛊惑，只是对这个人的理念钦佩不已。[47] 仔细阅读戈培尔的日记就能发现，他对希特勒在这次会面中提出的新见解给出了肯定的态度。——"他的理想：集体主义和个人主义相混合。土地：上上下下都属于人民。生产：创造性、个人主义。工厂、信托、制造业、通讯等，全都社会主义化。"[48] 总而言之，希特勒折中式的社会主义以及不与资本主义正面交锋的战略决定，说服了戈培尔，两人都没有放弃对社会主义本身的拥护。

77　　　如果说希特勒赢下了那场辩论，也是因为他的论据更加高妙，深知如何最好地呈现民族社会主义。他没有用自己的个人魅力去压制所谓的北方派，包括施特拉塞尔兄弟和戈培尔。[49] 在班贝格，希特勒再三强调自己独裁般的权力和在党内的特殊地位，戈培尔由此成了他最忠实的信徒之一。正如他在 1926 年 7 月的一篇报道中所说："在这个团结的时代，领袖原则（Führerprinzip）的明确性，作为运动最鲜明的特征，必须时刻得到彰显。"[50] 他说，只有从最初一路追随至此的人才知道，在过去的几年里，阿道夫·希特勒的个性为运动的团结起到了何种作用。1923 年以后，"希特勒万岁！"这句不常出现的问候语，随着时间的推移变得越来越常见。格雷戈尔·施特拉塞尔建议，在迎接 1927 年的新年晚会上，就用它来做党内贺语。[51] 领袖原则和希特勒问候语的意义原本只局限在纳粹党以内，但 1930 年的选举给政党带来了惊人的突破，二者的影响力也开始向外辐射。

格雷戈尔·施特拉塞尔虽然屈从于希特勒的权威（或说他的政治能力）之下，但仍然主张采取更加社会主义的路线。而后，阿尔弗雷德·罗森贝格作为自封的党内意识形态专家和顽固的反布尔什维主义者，在 1927 年初的一篇报道中向格雷戈尔做出了回击。他说，最纯粹的民族主义和摘除一切国际主义元素的社会主义结合在一起，就代表了民族解放的精神。在党名上大做文章，强调社会主义（正如施特拉塞尔等同志所希望的那样）是错误的，因为党一切活动的目的只在于拯救国家。施特拉塞尔很快回应道，社会主义不仅仅像罗森贝格所说的，是利用国家保护人民免遭资本主义的侵害，相反，它旨在创造另一种形式的经济生活，使工人在所有权、利润和管理上都能有更多参与。这种社会主义承认私有财产是一切文化的基础，但资本主义窃取国家财富，本质是一种道德败坏的制度，所以国家必须介入以恢复公平。最后他表示："准确地说，我们不只是重视社会主义的'民族社会主义者'（national Socialists），'还是反犹主义者'———一言以蔽之，我们是'国家–社会主义者'（National Socialists）。"在接下来的几年里，关于社会主义在党内的意识形态地位，一直争锋不断，没有定论。[52]

希特勒为什么在 1926 年决定选择菲佛·冯·萨洛蒙担任冲锋队的新领导人？具体情况难以探寻，但至少北方派没有主动派他去慕尼黑。那年夏天，希特勒前往威斯特法伦州，与菲佛谈论冲锋队的组织工作，和他们一家相处了一个星期左右。[53]在 1926年 11 月出版的《我的奋斗》第二卷中，希特勒明确指出，冲锋队未来不能成为军事单位，或是战斗联盟，更不能成为秘密组织。它必须被规训为一支政治保卫队，"指导并强化为种族主义理念所进行的斗争运动"。[54]

菲佛曾在总参谋部任职，同时也是自由军团的资深领导人，这份履历足以使他成为领导冲锋队的最佳人选，也只有他才能打造出希特勒心目中的政治工具。1926 年 11 月 1 日，他正式上任。这一时期，党的领导者强调，党员不应举行军事演习，而应通过体育运动锻炼身体。强健的身体素质既能巩固他们的优越性，使其免遭非议，还能提高自身保卫运动的能力。冲锋队要做的，是组织一场"针对马克思主义、其组织架构以及幕后操纵者的意识形态灭绝战。我们需要的不是一两百个敢想敢拼的阴谋家，而是能为我们的世界观奋勇作战的十万甚至数十万狂热战士"。[55]

菲佛也同意说，冲锋队不应像之前恩斯特·罗姆规划的那样，成为一支准军事部队。菲佛后来说，他为冲锋队制订了详细的组

78

织计划，他是计划里唯一的领导人，独立于希特勒之外。希特勒不喜欢这个想法，但因为想不出更好的，只好勉强同意。[56] 菲佛和格雷戈尔·施特拉塞尔（和菲佛一样，他也是前陆军军官）过去常常开玩笑说，不需要太高的军衔，希特勒要是能在战争期间晋升到中尉就足够了，这样他也能对组织军队有一些概念。无论如何，菲佛取代了罗姆的位置，还领导着党卫队、希特勒青年团以及民族社会主义大学生联盟。[57] 在此之前，冲锋队由各自的党魁分开控制，而现在，在菲佛的领导下，最终裁决权统一归慕尼黑冲锋队总部。[58]

79　　　　为了达成与戈培尔的协议，希特勒授给他一个颇具威望的职位——柏林大区长官。诚然，鉴于首都一向被誉为"红党"的中心，这将是德国最艰难的工作。1926 年 11 月 9 日，戈培尔离家赴任。之后，他抓住时机，竟领导柏林纳粹党取得了巨大成功。在此过程中，这个地方性的党支部因行动暴烈，又始终坚持社会主义立场而声名远扬。[59] 事实上，对于那些抨击他通敌投靠希特勒的人，戈培尔回答道，革命本身并无任何内在价值，只应将其视为"通向社会主义道路的实际步骤"。[60]

　　戈培尔还曾在 1926 年写过一本比较有名的小册子，书名《纳粹-索粹》(The Nazi-Sozi) 是纳粹社会主义者的缩写，煽动性十足。书中记录了他与一位持怀疑态度的党外人士的对话，在回答对方的问题时，他阐述了自己对社会主义的理解——"我们想要的，"他说，"是上天赐予的一切，以及我们用拳头和大脑挣来的东西。这就是社会主义！"工人不是已经为社会主义奋斗了几十年吗？不，恰恰相反，他们一直为马克思主义而战，"与现实中的社会主义完全相悖"。那民族主义呢？戈培尔接着回答道，民族主义已不再是那套"针对资产阶级财产和资本主义利润给出虚妄安慰的道德神学","新民族主义是种族主义最激烈的自卫方式"。此外，党的反犹主义是社会主义里不可或缺的一部分。所有政党都有纲领，但在戈培尔看来，纳粹党不论使用何种手段都是正当的，因为他们纲领的目的只在于"解放富有生产力的德国人民"。"为了民族自由，我们不会在社会革命面前退缩一步。"这本小册子的结尾，照旧是戈培尔喜欢预设的世界末日场景，他在纸上振臂高呼："未来将属于我们，否则就没有未来。自由主义湮灭，社会主义得生。马克思主义沉沦，民族主义高升。我们将建立新的德意志，一个属于民族主义者、社会主义者的第三帝国。"[61]

　　这本薄薄的小书清楚地表明，戈培尔对自己的定义是：一个激进的社会主义者、民族主义者和狂热的反犹主义者。去往柏林几个月后，他创办了报纸《攻击》(*Der Angriff*)，在创刊号上公布了自己政治学说的本质。"我们是犹太人之敌，"他写道，"是捍卫德国人民自由的战士。追根究底，我们之所以受到奴役与剥削，全都因为犹太人。他们滥用社会大众普遍绝望的社会处境，加深了国内左右派别之间不幸的分裂，将德国一分为二，战争因此失败，革命就这样受到篡改。"戈培尔对犹太人极尽污名化，动辄称其为寄生虫，"典型的知识分子""堕落的魔鬼""我们种族的破坏者""马克思主义世界阴谋与国际金融资本的幕后操控者"。[62]

　　事实上，戈培尔的早期著作显示出，他认定了"犹太人"就是困扰德国一切的罪魁祸首。1927年，他声称自己是社会主义者，反对犹太人这个"资本主义的化身"。作为一名民族主义者，戈培尔信奉血统与种族主义学说，强烈排斥犹太人成为"统一血统的破坏者"。[63]1929年年初，他写道，与犹太人正面对抗是不可能

80

的，这种负面因素必须"从德国体系［*Rechnung*］中彻底抹去，否则他们将永远葬送德国"。这是否意味着要引发恐怖活动？他自问自答道，"绝不是！这是社会卫生。我们将这些人从循环系统中摘除，就像医生将细菌从循环系统中清除一样。"[64]

20世纪20年代末，戈培尔心目中的社会主义是这样的："我们是社会主义者，因为对我们来说，社会问题即必需品和正义问题，这攸关国家生死存亡，而不是什么廉价的怜悯或侮辱性的感情用事。"社会主义比争取八小时工作制要复杂得多，而且"只有在一个对内团结、对外自由的国家才能实现"。[65]马克思主义是一种带有国际主义性质的"犹太教义"，它斩断了国家与土地之间的有机联系。与苏联社会主义不同，德国民族社会主义"相信财产权，但不滥用；相信资本主义，但不妄用"。[66]此外，社会不能没有阶级，人群仍会有高低、上下之分，但工作本身的价值将取决于"它对国家、对培养和需要它的整个民族有多大益处"。为什么民族社会主义者称自己为工人党？那是因为他们"想将工作从资本主义和马克思主义的枷锁中解放出来"。[67]同时，私有财产是"所有人类文化之根基"，任何试图否定私有财产的社会制度都大错特错。在戈培尔眼中的未来，"财产所有者全都自由且负责，这就是德国社会主义的目标"。简而言之，一切"各得其所"。[68]

为了缓和意识形态上的剑拔弩张，1927年，希特勒两次邀请格雷戈尔·施特拉塞尔前往慕尼黑担任纳粹宣传部门的负责人。施特拉塞尔接受了这项任务，于1928年初开始工作，他希望并相信自己仍能赢得领导人的心，劝其走上更偏社会主义的道路。[69]在此期间，希特勒向聚集在海德堡的大批听众做了一场演讲，当谈到教义时，他又一次老调重弹，说党纲清楚记录了"民族社会主义是社会主义的最高形式"，也是"民族主义的最高形式。正是基于这种认识，民族社会主义世界观才应运而生"。他强调，这个学说并不是什么微不足道的理论问题，因为它将被应用到"四面八方的实际斗争中。它教导一个民族，无论是面对境内之敌还是境外强权，都不要像懦夫一样屈服"。[70]

为了表示团结，1927 年年末，希特勒于慕尼黑会见了格雷戈尔·施特拉塞尔和约瑟夫·戈培尔，给了他们一个发言的机会，同时也不露锋芒地肯定了自己身为至高领导人的权威。[71] 1928 年 1 月 2 日，施特拉塞尔接任帝国组织部部长这一响亮的新头衔，这表明希特勒并不反对他的立场。利用这个职位，施特拉塞尔统一了之前派系林立的政党，并对整个组织重新洗牌。如此一来，当 1929 年大萧条来临之时，该党地位稳固，成功得势。[72]

回到 1928 年，此时他们正期待着 5 月 20 日的国会选举。在某些选区，纳粹党训练工人用演讲去扰乱左翼集会，宣传员大张声势地强调社会主义主题，如"反资本主义的斗争——当前时势所趋"。[73] 但这些呼吁全部落空了，事实证明，他们对获得工人支持过于乐观，尽管做出了百般努力，但纳粹党最终只赢得 2.6% 的全国选票。大城市和工业中心的结果更加糟糕，农业地区则稍好一些。很快，党默默放宽了城市计划，不再全力以赴地从马克思主义政党手中争取工人。

作为向农村战略转移的一部分，希特勒澄清了"不可变更"的党纲第 17 点："我们要求进行一场满足国家需求的土地改革，通过一项为了公共利益而可以无代价没收土地的法令，废除地租，禁止一切土地投机活动。" 1928 年 4 月 13 日，他们做出如下修

82

改——鉴于纳粹党信奉私有财产，"无代价没收"指的是寻求合法手段没收"那些非法获得的或在管理上不符合公共利益的土地"。因此，这项要求"主要针对的是从事土地投机的犹太公司"。[74]

仅有农民的支持还远远不够，一直以来，希特勒千方百计想要争取到怀有民族主义倾向的工业巨头——这使党内的意识形态论辩变得愈为复杂。早些时候，他成功吸引了鲁尔地区的一位大人物，八十多岁的埃米尔·基尔多夫（Emil Kirdorf），他是自由企业的一座活纪念碑，怀有强烈的反工会情绪。他和纳粹党一样，持民族主义立场，对战败感到失望，并对随后发生的革命憎恶无比。基尔多夫于1927年加入纳粹党之后，也想将党引介给同圈层的财阀阶级，应他的要求，希特勒制作了几份小册子，概述自己对大企业的想法。在小册子里，他再次重复那句口号——民族主义和社会主义在最高形式上殊途同归。并且，他还对所有既往之错与纠错之方做了一番老套的分析，同时强调国际马克思主义的有害影响。[75]

1927年4月27日，希特勒在埃森向200至400名商界精英发表讲话。他试图传达的主要观点是：那些世代在马克思主义环境中长大的人，思想异常封闭，唯有纳粹党的新思想——民族主义与社会主义相结合——才能打动他们。[76]鲁道夫·赫斯当时也在场，他说这场演讲得到了"震耳欲聋的掌声"。[77]尽管如此，在入党一年后，基尔多夫还是退出了，因为纳粹党的那套社会主义言论，对于商界来说仍然是一个不小的阻碍。党对犹太人的敌意也太过狂热，时常游荡在违法的边缘，极易引起街头骚乱。[78]

尽管从1929年春天开始，地方、区及州议会（Landtag）的选举结果都印证了党必须制订出一份更详细的农业计划，但纳粹党仍没有完全放弃争取工人。[79]奥托·施特拉塞尔焦躁不安地想：纳粹党真的是一个工人党吗？它真的打算实现德国社会主义吗？更有甚者，它准备与马克思主义者结成联盟吗？还是说，这场运动更偏民族主义与种族主义性质，与右翼的反动派合作起来会更加自然？[80]

这场困局给希特勒带来了一次小型危机，戈培尔是其中的主要推动人。辩论的部分背景发生于1930年5月，当时阿尔弗雷德·罗森贝格发表了一篇文章，称元首希特勒就是民族社会主义理念的化身，对理念的忠诚即为对元首的忠诚。这个坚如磐石的理念万万不能被后来者玩弄于股掌之间，任凭如何奔走，他们也无法跃居为领导人。[81]这是针对施特拉塞尔兄弟发出的威胁吗？当月，希特勒与争强好胜的奥托·施特拉塞尔进行了长达数小时的激烈交锋。第二天他们还要继续辩论，希特勒邀请了格雷戈尔·施特拉塞尔和鲁道夫·赫斯一同到场。奥托希望党能像攻击马克思主义那样猛烈反对资本主义，但希特勒拒绝这样做，因为经济将毁于一旦。当然，如果某个行业违反了国家利益，国家或许会以强权没收它。他既不同意管理层必须时时与工人协商，也不会同意工人有分享利润的权利。据施特拉塞尔说——只有他留存有这份会议的记录——希特勒坚称自己是社会主义者，而他是马克思主义者，甚至更坏。施特拉塞尔引用希特勒的原话说，"广大工人阶级除了面包和娱乐之外，什么都不想要。他们永远不会明白理想的意义，我们也不能指望争取他们支持理想"。施特拉塞尔认为，希特勒在研究了过去的革命后得出一个结论：从根本上来说，所有革命都是种族主义性质的。斗争"亘古不变。低等阶级和低等种族永远在向掌权的高等种族发起斗争。若有一天高等

84

种族忘记了这一法则，它将死无葬身之地"。随后，他引用了张伯伦的《19 世纪的基础》和罗森贝格的新书《20 世纪的迷思》来佐证这一点。[82]

尽管菲佛·冯·萨洛蒙没有参加这次会议，但他后来表示，他从未试图将社会主义带入党内，因为希特勒的态度是不愿直接处理社会问题。他说，希特勒希望将工人收归国有，是因为这有利于民族复兴，也能增加他们的优势。[83]

希特勒在 1930 年 6 月底谈论到，这些人"打着为社会主义而战的幌子"，"奉行与我们的'犹太-自由主义-马克思主义'敌人相似的政策"。[84]他与奥托·施特拉塞尔的冲突一直持续到 7 月 1 日，后者随即退党，并大张旗鼓地宣布"社民党人退出纳粹党"。奥托呼吁重新组建一个政党。后来，他无意中对一名卧底的警察线人说，纳粹党"失去了革命性"，希特勒背叛了党的社会主义。不过施特拉塞尔认为，希特勒的反犹主义是"真诚的"，他在政治上对这种主义的使用也"极为奏效"。[85]

就连格雷戈尔也和兄弟决裂了，他在 1930 年 7 月 22 日给朋友的信中解释道，奥托"完全疯了"。他认为奥托的问题是过于理论化——他从不离开办公桌，从不出席党会，也从不参加任何年度集会，对他而言，"人民的灵魂完全是陌生的"。尽管纳粹党必须在与保守派维持关系的情况下，谋求掌权的合法途径，而不能站在共产主义者一边，去追求一场前途未卜的革命，但格雷戈尔仍然希望党能保留社会主义原则。有人写信指控他背叛了党在 1920 年制定的二十五点纲领，他申辩道[86]——"阿道夫·希特勒等同志，从未隐瞒过他们对国家大权的渴望，唯有大权在握，方能推进他们自 1919 年以来所宣称的民族社会主义。没有人说夺权只能用自下而上发动革命这一种方式。"事实上,施特拉塞尔坚持认为,元首有权选择他认为正确的方法去夺权。[87] 或许施特拉塞尔是迫于形势,才勉强顺应了潮流,支持在选举中以农村为导向,但他仍继续发表带有明显社会主义色彩的演讲。[88]

85

随着大萧条的来袭与失业率的上升,对于 1930 年 9 月 14 日的选举,统一后的纳粹党看起来前景甚佳,胜利在望。然而,另一场党内冲突却又骤然爆发——柏林冲锋队的一位领导人瓦尔特·施滕尼斯(Walther Stennes)罔顾大义,竟只想获得国会议员的席位,满足个人野心。冲锋队的首领菲佛对施滕尼斯的观点颇以为然,但希特勒不觉得,他认为诸如此类的要求无一不是对他领导能力的质疑。8 月 29 日,菲佛选择辞职,但施滕尼斯及其同党仍然坚持己见。第二天,他们冲进了柏林党总部,希望能得到公平对待,同时也希望党能更加关注他们的社会主义意识形态。此时正值党将要取得重大突破的前夕——上一轮选举纳粹党只获得了 12 个席位,而这次竟飙升至 107 席!希特勒分身乏术,只能仓促弥合这场冲突。1931 年 1 月,他召回恩斯特·罗姆,命其担任冲锋队的首领;到 3 月 31 日,又设法罢免了施滕尼斯。尽管如此,桀骜不驯的施滕尼斯还是短暂地组织了一部分冲锋队员另立门户,声称要以革命而非议会运动的形式,回归纳粹最初的纲领。他试图拟定一个听起来更偏社会主义的纲领,但在关键问题上,他手下的小团体同样聚讼纷纷,各不相让。无论如何,当他们还在浪费时间时,纳粹党已经赢下一场巨大的选举胜利,成功跻身德国国会第二大政党。[89]

取得这一重大突破后不久,希特勒在反思意识形态问题时,向奥托·瓦格纳透露,世界已经到了一个转折点,"社会主义"世界观正在取代"个人主义"世界观。"持续千年之久的生活态度，正为全新的观念所代替。"尽管社会焦点仍停留在个人、私有财产等方面，但这些只是旧制度残存的蝉蜕。希特勒表示，他们的使命是"将国家转向社会主义，但不消灭旧有的个人主义者，不破坏财产与价值观，不灭绝使欧洲人区别于亚洲等种族的文化、道德及伦理"。在这一点上，他将自己的立场与苏联的马克思主义者断然分离，因为后者走得太远了，不仅消灭个人剩余的一切，还将所有财产国有化。

希特勒深信，他的计划将解放工人，使其拥有更多的自由时间，去从事文化活动或发展业余爱好。在某种程度上，德国社会主义的多样性将催生出一种新的个性，解决列宁主义和斯大林主义在实践中暴露出来的问题。"我们的综合体绝非妥协——我拒绝任何妥协——相反，它能从根本上消除工业化和无节制的经济自由主义带来的一切恶果。"在共产主义体制下，他们最终得到的是一个平均生活水平不断下降的福利国家，他想要的，却是一种可以促进个性自由发展的竞争体制，而"在为共同体服务的过程中，生活水平将不断提升"。不过话说回来，每当他说起自己的终极使命是"让人民满载重生的信仰，心悦上帝的世界观，因他曾是人们于危难之际最需要的救世主"时，听起来就像是一个基督教社会主义者。在希特勒看来，大多数人都思想腐朽，只有年轻人可堪托付，他将和年轻人一起，"为了人民和全人类的福祉，征服真正的天国！"[90]

国家什么时候才能迎接德国社会主义？希特勒告诉瓦格纳，只有赢得三分之二民众的支持，才能真正撼动建制派，而这大概需要十到十五年的时间。在此期间，年轻人必须学会用新的眼光看待事物。只有当下一代克服了对社会主义的种种疑虑，它才有可能真正实现。"全体人民都想要**建立新秩序**"，唯有那时，自由资本主义统治下的残余势力才会荡然无存。[91]

社会主义真的在纳粹党内走投无路了吗？历史学家普遍接受了奥托·施特拉塞尔的退党声明，以及施滕尼斯的起义结果，认为"左翼"或社会主义派已在该党不复存在。事实上，在纳粹主义和整个德国社会仍然回荡着一种明晰的社会主义论调，这种旋律一直延续到第三帝国时期。阿尔弗雷德·罗森贝格从 1932 年起便着手编写一本通俗指南，逐条解释纲领内容。社会主义迹象，对马克思主义、财阀尤其是犹太人的排斥，都在这本书中一览无余。他虔诚地宣颂道："拯救德国，即意味着摧毁马克思主义民主制下的财阀偶像。"[92]罗森贝格在书的扉页上，充满赞许地引用了奥托·冯·俾斯麦的一句题词："民族社会主义正在奋勇前进。"他的意思似乎是，"国家本身有义务尽一切努力满足所有公民的需求"。[93]

87

结果证明，当奥托·施特拉塞尔和所谓的"左翼"退出时，跟随他们一同出走的重要成员寥寥无几，里面没有任何大区长官或国会议员。这群"左派分子"几乎不为党员所知，因为大部分人都不关心理论问题。[94]不过，分裂对希特勒来说也有好处，因为这加固了他作为元首驱逐反对派的权力，而反对派很快也将变得无足轻重。

希特勒必然会拒绝"施特拉塞尔派"最初提出的要求，因为从 1920 年以来，他的内在思想已经发生了变化。但是，他真的改变过对社会主义的看法吗？ 1928 年夏天，在口述而成的《希特勒的第二本书》里，他重申自己是一名社会主义者，对他而言，"没有阶级或等级，只有一个血缘联结、语言团结、受同等命运支配的人民共同体"。[95] 他新近最喜欢的主题是"民族社会主义者不是马克思主义者，而是社会主义者，他们不是为某个产业、职业或宗教而战，而是为整个德国民族而战"；民族社会主义是"一场新的民族运动（*Volksbewegung*）"。[96]

尽管他用崇高的言语膜拜社会主义者的人性，但仍然坚定地主张犹太人是他们的劲敌。德国尚且有可能与苏联的布尔什维克达成和解，但绝不可能向犹太布尔什维主义妥协，因为"那就等于签署我们自己的死刑令"。因此，施特拉塞尔兄弟的亲苏愿望只是执迷不悟罢了。在希特勒看来，苏联必须被消灭，但现下最好不要对德国犹太人采取任何行动，以免激怒世界其他地区的犹太人。这种谨慎并不意味着要放弃社会主义目标，更不是背叛。"**目标依然坚定，不可动摇。但是，手段必须理性、务实。**"[97]

88　　党内狂热分子、基层积极分子、普通忠实信徒，他们对这一切有什么反应？他们最初是如何走上民族社会主义之路的？甚至，他们真的具有某种教义或意识形态吗？他们认同民族社会主义到了何种程度？

第4章
激进分子

为什么普通人加入极端主义政党时，往往要做出巨大的个人牺牲？历史学家在研究纳粹党、冲锋队或党卫队里的普通积极分子时，一般采用的方法是分析他们的社会背景。[1]尽管很少有人论及他们入党的动机，但人们普遍认为，是希特勒利用他那高明的政治技巧逆转了早期信众，这种影响力后来又逐渐波及德国大部。事实上，一些历史学家非常赞成这种观点，即纳粹党的崛起要完全归功于希特勒的雄辩口才及个人魅力。[2]然而，早期的领导人几乎不需要逆转，因为在看到或听到这个人之前，他们早已有了相同的理念。有几个人读过他的演讲稿，但并没有兴奋到战栗，最多只是从理性上证实了自己的信仰。问题是，如果早期的普通积极分子真的"狂热地"相信这一理念，那么是什么将他们引至此途？

希特勒在《我的奋斗》中表示，运动必须由最忠诚的战士组成，各地区——而不是他个人——都要利用意识形态来驱策当地的积极分子成为自己的"生殖细胞"。"每一个强大的组织在推广理念时，其伟大之处，"他写道，"就在于宗教狂热与毫不容情，既狂热地相信自己的权利，同时又将意志强加给所有人。如果一种理念本身就健全有力，那么在全副武装之后，它将坚不可摧，勇斗俗世。每一次迫害，都只会增加它的内在力量。"[3] 有了这些对意识形态坚贞不屈的生殖细胞，一场恢宏的民族/人民运动将浩浩荡荡，势不可挡。[4] 至少他这样梦想着。

"冲锋队"（Sturmabtilung, SA）早期只是一群不成气候的街头斗士，后来逐渐发展成德意志工人党的"会堂保卫"队，又于 1921 年 8 月 2 日改称"体操与运动部"（Gymnastics and Sports Section）。当年 10 月，工人党发布了一则通告，呼吁地方领导人为冲锋队招募新兵——这个名字从此将成为他们荣耀的标志。[5] 新共和国在政治方面实施广泛的军事化，冲锋队的成立是其中一个体现。它的任务既在于维护党的会堂，同时也要以身作则，为忠诚于民族社会主义意识形态做出表率。9 月 21 日，冲锋队在慕尼黑遭遇了第一场重大冲突，希特勒及其追随者也因在狮酿啤酒馆（Löwenbräukeller）引起巨大骚动而受到短期拘留。然而，暴乱并没有结束，一直持续到 11 月 4 日，不到 50 名冲锋队成员——大概是纳粹自己传说的数字——与大约 400 名"马克思主义者和犹太人"展开了激烈交战。希特勒对这场胜利予以高度赞扬，称战士们为事业经受住了烈火般的考验。[6] 冲锋队缔造了这样一种神话：即使是在井隅中决一死战，他们也在所不惜，因为人人都深知民族社会主义的真谛。[7] 将士兵作为自我形象的投射，他们随时准备好要为新理念牺牲一切，因为那是"真正的自由"，即使付出生命也决不吝惜。[8]

1922 年 8 月，冲锋队首次举办公开游行。游行作为一种新的政治风尚，在 1923 年 1 月——希特勒为四个"百人"队授旗，而这些人宣誓效忠领袖时——臻至高潮。夏天的那场游行规模不大，激进分子们只找来了两辆卡车和两辆汽车，大多数人甚至还骑上了自行车。尽管许多人身配武器，但因为制服不够正式，他们看起来并不像军人，即使在 1926 年引入了标准化的褐色制服后也仍然不像。最初几年里，这个志愿性质的组织纪律稍显涣散，成员应卯报到，连立正的军姿都做得相当不规范，有时甚至公然缺勤。[9] 到了 1931 年 12 月，据冲锋队的总监察官估计，仍有三分之一的士兵没有褐色制服，而无钱置齐整套装束的人则更多，行头困窘者不得不遥遥缀在每一场游行的最后。[10]

无论制服是否整齐划一，冲锋队从成立之初就将矛头对准了犹太社会名流与政治家，同时大举破坏犹太人的店铺与咖啡馆。他们指控业主是投机者，并随意殴打那些他们觉得"看起来像犹太人"的人。[11] 此种暴力并不仅仅局限于慕尼黑，施暴者也不单单是无业人士或社会游民——经巴伐利亚内政部多次介入后，当地记录显示，"在某些地区，大量年轻教师参与了反犹宣传"。[12] 与此同时，1923 年的这个秋天，通货膨胀发展到令人惊异的地步。柏林一位妇女在写给最近刚移民到巴勒斯坦的儿子的信中说，三天时间，1 美元的价值从 100 亿马克跃升至 180 多亿，接着又狂飙至 400 亿。今天买一条面包花去 9 亿，两天后就是 60 亿。这种经济大乱局为纳粹袭击埋下了铺垫，11 月 5 日，他们走入柏林的犹太人聚居地——粮仓区，对里面的 200 家犹太商店打砸抢烧。[13]

冲锋队的第一任领导人汉斯·乌尔里希·克林泽希（Hans Ulrich Klintzsch），曾是赫尔曼·埃尔哈特（Hermann Ehrhardt）上尉旗下自由军团旅的一员，参与策划过几次高调的暗杀行动。1923 年 3 月，希特勒希望找一位名声显赫的战争英雄，鼓动征兵士气，于是用赫尔曼·戈林取代了他。但他知道，如果不拿出

91

一个更好的意识形态方案，就不可能从民众中间夺走"民族之神"——大概指的是马克思社会主义。[14] 10月，希特勒在对冲锋队的讲话中重申，为了摧毁德国的敌人，尤其是马克思主义，德国需要建立起"人民专政"（*völkisch* dictatorship）。[15]

冲锋队所吸引的积极分子还包括霍斯特·韦塞尔（Horst Wessel），他出生于1907年，因年纪太小，没能报名参军。1929年，韦塞尔写下了自己政治觉醒的记录，自述14岁至18岁之间，他曾加入过一个中产阶级青年团体，成了一名青年运动分子（*Bündischer*），生活的日常就是游荡与运动。事实上，到了1933年，冲锋队几乎所有成员都加入过这样一个青年团体。[16]与此同时，韦塞尔还加入了地下团体黑色国防军，每日练习射击，甚至随身佩带手枪。在他的世界观里，存在着泾渭分明的"我们"与"他们"，"我们"是同志、祖国、种族与德意志，而"他们"则是共产党人、社民党人以及犹太人。[17]

在1926年12月7日加入柏林纳粹党和冲锋队之前，这种情绪贯穿在韦塞尔的生活之中。他表示，纳粹拥有"一个理念，而其他准军事团体从没有往这方面想过"。一旦他向前迈出这一大步，必定要"重新学习政治，重新认识社会主义问题"。在当时，纳粹党常常被视为一个激进的民族主义右翼团体，韦塞尔认为这荒谬至极，因为"他们应该被称为民族社会主义者，社会主义者才是重点"。之后，就像戈培尔生动记述的那样，韦塞尔也随同整个柏林冲锋队一起，卷入了这场社会暴乱之中。[18]

作为中产阶级的一员，韦塞尔也去了解了工人阶级的赤贫与悲惨，但他成为"一个社会主义者，并不像某些中产阶级那样是出于情感，而是主要出于理性"。[19]考虑到柏林准军事组织之间的火拼程度，霍斯特·韦塞尔遭到政敌（共产党人）枪杀——其实是被追踪暗杀——这件事并不稀奇。他死在 1930 年 2 月 23 日，终年二十二岁。他此前创作过的歌曲《旗帜高扬》(*Die Fahne hoch!*)成了纳粹党的赞歌，在纳粹成功夺权后，又上升为第二国歌。霍斯特·韦塞尔并不是后来被纳粹吹捧而成的英雄，他为这项事业献出了宝贵的生命，的确堪称"烈士"。[20]

历史学家经常提到，如果说这些积极分子存在社会主义倾向，那么这些倾向既"未经过反思"，也"非意识形态"。不过，也很难说，比如赖因哈德·穆霍（Reinhard Muchow）那份幸存的传记碎片就不符合这个说法。穆霍为人激进好斗，是柏林新克尔恩（Neukölln）的纳粹领导人，这个以工人阶级为主的地区一向由德国共产党控制。穆霍出生于 1905 年，还是一个年轻的中产职员时，就被民族主义社会运动深深吸引住了。据记载，他在 15 岁时便加入了以反犹主义和社会主义著称的德意志社会主义党（Deutschsoziale Partei）。自 1926 年 6 月开始，穆霍先生矢志不移，毛遂自荐，成了柏林纳粹党中一个小部门（约有 40 名成员）的领导人，每月撰写"情况报告"呈交党部。耐人寻味的是，他的第一份报告开场白是这样的："让我们用德语大白话来说吧：柏林真是既'红'又'犹'。每一场政治事件，每一次选举，都证明了这一点。柏林是犹太人的天下，怎能不'红'？马克思主义和证券交易所，两者简直相辅相成。"[21] 他还经常提到使用暴力，但直到 1927 年 5 月报告骤停之前，他每次都会谈及意识形态问题，尤其会对犹太人和共产主义发散敌意。穆霍最终变成了向施特拉塞尔看齐的德国社会主义的代表性人物，却意外地在 1933 年 9 月死于枪杀。[22]

93

在不远处的柏林夏洛滕堡，1928 年上半年，21 岁的银行职员弗里德里希·欧根·哈恩（Friedrich Eugen Hahn）开始领导冲锋队。哈恩十几岁时便加入了一个民族主义青年团体，和许多早期纳粹分子一样，他也是日耳曼种族防御与反抗同盟的一员，该同盟极度反犹。按照霍斯特·韦塞尔的模式，他也与准军事组织有所往来，1926 年正式加入冲锋队后，还对几名政治敌人痛下过杀手。1931 年 4 月，他在狱中给叔叔寄了一封信，里面写道："在为我的理念斗争的过程中，我已彻底服膺。"[23]

最晚从 1928 年开始，冲锋队在大城市的策略变成了从共产主义或社会主义社区中选取一家酒馆作为总部，向外展开街道争夺战。在柏林，德国共产党也将酒吧作为自己的基地，一旦受到冲锋队的挑衅，他们便会毫不犹豫地开枪扫射。冲锋队在不同阶层混住的"社会混合区"独占胜场，有时从这里突袭敌方领地，往往会带来一场不小的死伤。德国共产党更喜欢将中枢设在与之同仇敌忾的工人社区，比如 1933 年 3 月，德共就在无产阶级汇聚的克罗伊茨贝格东部抵抗住了冲锋队的进攻。[24] 在柏林的新克尔恩，左派发起反攻，袭击了冲锋队的几处酒馆据点。[25] 在穆霍的激进行动下，当然还有柏林冲锋队领导人库尔特·达吕格（Kurt Daluege）及大区长官约瑟夫·戈培尔的指挥下，纳粹在选举中稳步得胜。到了 1933 年，柏林三分之一的纳粹选民都来自工人阶级。[26]

对于犹太人，柏林冲锋队同样紧咬不放。1931 年 9 月 12 日，正值犹太新年，选帝侯大街（Kurfürstendamm）上熙熙攘攘的犹太人和"看起来像犹太人"的人，忽然大难临头。500 到 1 000 个袭击者从市内 18 个不同的冲锋队分支中一齐出动，在咖啡馆和餐

94

馆中横行霸道。他们一边高喊着污秽的口号,"干死犹太人!""射死犹太人",一边用家具砸碎窗户,殴打顾客,实施了一场形同屠杀的大暴乱。[27]

柏林残暴之风非比寻常,但除此以外,纳粹党还布控了其他的政治措施。比如在宁静的奥伊廷——石勒苏益格-荷尔斯泰因(Schleswig-Holstein)的一个市镇,当地律师约翰·海因里希·伯姆克(Johann Heinrich Böhmcker)说,战败回国之后,他一度辗转于各类右翼组织与反犹团体之间,1926年加入纳粹党不过是顺理成章的事。两年后,他受命将这一片区松散的冲锋小队集合起来,此事做成以后,1932年,他被擢升为冲锋队里的二把手,担任亲卫队上级领袖(Oberführer)。奥伊廷当地的纳粹党魁——沃尔夫冈·扎尔费尔德(Wolfgang Saalfeldt)博士年纪稍长,曾一时兴起,与民族主义团体有过短暂的接触,后来在1928年"被希特勒的理念打动",遂转投纳粹阵营。扎尔费尔德和伯姆克作为意见领袖,四处宣讲,成功使奥伊廷在1932年的总统选举中,成为少数为希特勒投出多数票的地区之一。随后7月的国会选举,此地投票盛况依然。[28]

魏玛共和国晚期有一句这样的战斗口号——"让开,你这个老家伙!"在这背后,一场跨越党派界限的青年反抗运动正在崛起。一本1929年的冲锋队宣传手册告诫众位领导人,要以民族社会主义为基底,向他们的手下灌输一种更加崇高的生活观念。[29]冲锋队的规模以惊人的速度向外扩张,1931年1月,它的成员尚且只有8.8万名,一年后,竟骤增至29万。1932年8月,人数达到峰值45.5万,年底稍稍回降至42.7万。[30]成员加入的动机千差万别,许多人给出的理由是:他们想让国家恢复正轨,别动辄失业，而加入冲锋队就能有组织地打击"敌人"。在柏林这样的城市，他们或许还能住进某些冲锋队成员的家里，这无疑吸引了一些人。另外，反犹主义、社会主义等也是其中的动机，而反马克思主义作为时代的潜流，也正欲奔腾而出。[31]

1934年，美国学者特奥多雷·阿贝尔（Theodore Abel）收集了数百本冲锋队成员的自传，并询问作者，是什么吸引他们走向了民族社会主义。这些作者的叙述在统计学上并不具有代表性，因为他们努力向美国教授展示民族社会主义最好的一面。尽管如此，他们仍为自己的亲身经历提供了有力的证词，也描摹出了政治信仰的相关面向，文本本身不容忽视。[32]

彼得·默克尔（Peter Merkl）教授后来量化了阿贝尔收集来的文本，试图从每个人的故事中找出最重的那颗砝码。他得出的结论是，三分之一的人似乎主要致力于建立一个新的人民共同体，而这些人几乎都是希特勒的崇拜者；三分之二的人反马克思主义。显然，这里面存在着重复计算和类重叠，因为某人既可以一边狂热地信奉纳粹主义的社会诉求，一边反对犹太人与马克思主义者。虽然只有七分之一的故事以反犹主义为主题，但不同程度的种族仇恨仍然弥漫在三分之二的样本中。[33]

这些文本如此混杂，量化只会使它们失去多重意义。一个人读完《我的奋斗》后，产生了政治觉醒，如何对这种经历进行分类？又有一个人说，他和身边的一群学生、工人、商人、公司职员无数次相聚探讨运动的理念，直到希特勒出版了那本巨著。之后，他们再见面时，会大声朗读部分章节，进行热烈的讨论。他们没有说自己最喜欢其中的哪些内容，大多数人虽然从未见过希特勒，却依然觉得他的文字充满了吸引力。[34]或者说，这本书只

95

是帮助他们确认了自身早已存在的信念?

鲁尔地区的一名职员起初因对战争结果感到失望,于是愤而投奔共产党。尽管生于 1901 年,但直到 1926 年他才听说纳粹党的存在,并对它在宣传中侮辱左派颇为不满。然而,从兄弟们那里获知更多信息后,他开始对犹太人问题着迷不已。一名纳粹党员向他解释说,民族主义和社会主义并非相互排斥,而是两位一体。他听后,彻底对纳粹主义敞开心扉,痛快入党。随后,他攒钱买了一套制服,积极融入同志圈子,与之热切讨论纳粹的意识形态。[35] 另有一位出生于 1900 年的失业者,自称政治中立人士,他在 1929 年听了约瑟夫·戈培尔的一场演讲后,在自传中称其为天降神启。"理念的光辉照醒我的那一刻,我猛然间明白了自己一直在寻找什么:正义,进步。正义就在纲领对社会主义的要求中,我已能理解工人的苦楚……而进步,就是人格与种族这自然禀赋的觉醒。"[36]

一个出生于 1910 的少年人,在游历了形形色色的政党与集会后,有一天从纳粹的一个演说家那里听到,德国人民痛苦的根源就在于内部支离破碎。一时之间,他对纳粹党心悦诚服。为了使国家摆脱不幸,他制订了切合实际的计划,第一步废除政党,第二步消灭社会阶级,第三步创建一个真正的人民共同体。这就是这位新党员在觉察到自己的追求后,对未来所产生的期许。[37]

由于资金短缺,纳粹党不得不自筹经费。高升的失业率下,负担往往落在了妻子身上。一名男子说,他的配偶为了能养活他和家人,辛勤缝补,省吃俭用,这才有了给他交党费的钱。每每黉夜之时,他刚开完党会或是从别的党务活动中回家,就见她"埋头工作,而后欣喜地看着我毫发无损地进入家门。此情此景持续了数周、数月甚至数年之久"。[38]

参与纳粹运动的女性很少有人写自传，即便写，年龄大多也都在五十岁以上。这些作者走向纳粹党的原因各不相同。比如，有一个寡妇，她的两个儿子都在冲锋队，红党杀了一个，打伤了另一个，悲痛欲绝之下她加入了纳粹党。还有一个狂热爱国的女人，她谈到自己曾在"一战"后为德意志灵魂进行过不懈斗争，加入纳粹党之前，她也尝试过参加其他政党，然而最能吸引她的还是"种族问题！！！！"（她自己加的标点和强调）另一位探索者同样参加过各种各样的政党集会，但一到共产主义者这里，她就觉得痛恨，甚至勾连出内心对犹太人蛰伏的敌意。1924 年，因为那场隆重的审判，她这才知道希特勒的存在。搬去和姐姐、姐夫一起住后，《我的奋斗》等纳粹文学在她面前打开了一个新的天地。她很喜欢参加戈培尔组织的大型集会，尤其是在红党的选区，因为一定会有大乱子发生，她很乐意看那种场面。1928 年，她迈出人生关键的一步，加入了纳粹党。有趣的是，那是在大萧条来临之前。[39]

一位老年护士，同时也是社会工作者，在 1927 年退休后，她表示自己现在有更多的时间去了解希特勒，研究他曾做过哪些斗争。在她看来，1918 年革命全是犹太人、反社会分子和卖国贼的错。另一位出身富裕的护士称，她从十七岁开始，就在内心认同自己是民族社会主义者。民族主义、反犹敌意，甚至社会主义，全都与她的成长背景相契合，但父母一直限制她与工人往来。直到丈夫去世后，她才加入纳粹党，并鼓励儿子也加入希特勒青年团和党卫队。与她有着相似背景的另一位女性，不慎在"一战"中染上了恶疾，二十七岁康复那年，过往对犹太人的憎恨刹那间涌上心头。她挂出卐字旗耀武扬威，却与邻居爆发了强烈冲突，她的那种极端主义观点彻底激怒了隔壁的工人邻居。后来她将儿子培养成一名忠实的纳粹党徒，把仇恨尽情地泼向上层阶级、共产党、犹太人与反德文化产物。[40]

这些女性全是通过自我动员的方式走上了纳粹之路，尽管她们经常提到希特勒对运动有多么重要，但似乎很少有人经历过那个经典的桥段——听了这位领导人的演讲后，瞬间皈依纳粹。一些妇女跟随配偶，从战后的自由军团和对慕尼黑苏维埃共和国的镇压中一路走来，有一个女人就是这样从阿尔萨斯同胞那里认识了纳粹党。入党之后，她每天入睡前都要反思自己为党做了什么，是否能做的更多。她深入农村，鼓励更多门户封闭的女性参与运动。一位 1917 年出生的年轻女子，回忆自己在叔叔的农场度假时，曾经历过一场政治觉醒。她的叔叔是一名"地下纳粹"，当她想要了解更多关于希特勒的信息时，他便拿出一些文学作品给她读。随后她联合其他女孩，在学校成立了自己的纳粹青年团体，吸引了大约 40 名成员加入。她提到与几名犹太学生发生过争执，但没有谈论自己成为党徒的具体原因。[41]

说起那些被民族社会主义吸引的年轻人，值得注意的是，纳粹青年团的全称是：德意志工人党青年协会（同盟），亦称希特勒青年团。在 1933 年之前的几年里，它主要从工人阶级中招募新人，而非受过良好教育的中产阶级。[42] 在库尔特·格鲁伯（Kurt Gruber）的领导下，他们宣布自己的立场是"作为社会主义预备校，所欲达成的目标，所要执行的任务，全从社会主义本身生发"。它"前进的立场，完全是作为一个全国统一的社会主义协会"。[43] 1933 年之前，它的嘹亮口号个个呼应着这一原则："要自

98

由和面包！""从社会主义通向国家"，还有党纲中的那条"先公后私"。纳粹青年团体欣然接受了人民共同体这一理念，在德国社会主义构筑的共同体中，社会处处公正、阶级无不平等。如此一来，与国际马克思主义作斗争，战胜阶级严重分裂的资本主义，就成了神圣的职责。大萧条时期，这种理念诱使着越来越多的人蜂拥而至。

甚至在这之前，某些地区就已经出现了一个规模较小的民族社会主义学生联盟（National Socialist School Children's League），吸引了像阿图尔·阿克斯曼（Artur Axmann）这样的人。阿图尔1913年出生于柏林的一个工人社区，一家兄弟姊妹连他在内共有五人，1915年父亲去世后，全家陷入了举步维艰的境况，靠着母亲一人苦苦支撑。他之所以成为纳粹，就是因为听了那些克服阶级斗争、建立人民共同体的口号后，不禁心向往之。他对希特勒或其作品知之甚少，只记得有个人给他看过希特勒的照片。1928年之后，他先是成了希特勒青年团的成员，而后担任该组织的领导人。他想要实现的是一种戈培尔模式的社会主义，但说到底，他对这个满载多重涵义的概念作何理解呢？当阿克斯曼回首往事时，他认为，毋宁说党所要求的"先公后私"就是他全部的倾向与态度，用他自己的话来说，"'我们'在前，'我'在后"。他心目中的社会主义是反金融的资本主义，他的乌托邦只接纳自己的人民，所以他说，只有"德国社会主义"符合他们的教义。1933年之前，他的回忆录对犹太人只字未提，1933年之后，他笔尖一转，敌意森严。[44]

在1933年之前这场通过口耳相传渐趋扩大化的纳粹征程中，阿克斯曼只是冰山一角，他断定，参与运动的一定远远不止那些有钱缴纳会费、置办制服的入党成员。失业率的上升为运动再增激流，1907年出生的巴尔杜尔·冯·席拉赫（Baldur von Schirach）没有历练太多，就在1931年10月当上了领导者。席拉赫并不如他的前任那样热爱社会主义，但在读完亨利·福特那本诽谤造谣的《国际犹太人》后，他就此成了一名反犹主义者，于1925年加入纳粹党，并很快成为民族社会主义德意志大学生联盟的头领。[45] 两年之后，他得意扬扬地说自己吸引了十多万人参加在波茨坦举行的全国性集会。[46]

莉迪娅·戈特谢弗斯基（Lydia Gottschewski），十几岁时便加入了青年团体"候鸟"（Wandervogel），1929年成为纳粹党员时，年仅二十三岁的她还只是一名大学生。1932年，她一度跃居为民族社会主义少女联盟（Bund Deutscher Mädel, BDM）的负责人，该联盟是希特勒青年团的女性对应组织。她对女性自由运动不以为然，觉得它太过强调个性、解放天性。对她来说，民族社会主义关于女性的意识形态，并非仅仅着眼于提倡母性。相反，她们应该带着"新社会主义"的视角去思考所有人的幸福，以创建人民共同体为自身使命。年轻女性对种族与血统漠视良久，必须重新连接她们和这二者之间的关系，换句话说，必须遵循希特勒排斥"异族"的铁则，与一切腐败迹象和外国影响斗争到底，清除所有国民"毒素"。[47]

还有一位出生于1908年的女大学生，父亲参加过种族运动，而她则对汉斯·F. K. 京特的种族主义理论印象深刻，接连又去读了阿尔弗雷德·罗森贝格的书。她加入民族社会主义德意志大学生联盟后，在大学校园里积极传教，然而人们的冷漠令她极度震惊。她对学生选举翘首以盼，期望到时能旗开得胜。而事实上，

99

纳粹确实在 1931 年赢得了对全国学生团体的主导权。[48]

艾玛·亨切尔（Emma Hentschel），1881 年出生于普鲁士的波森省，有着实实在在的工人阶级背景，她也通过自己的方式加入了纳粹运动。年轻时，她曾听说过阿道夫·施托克尔（Adolf Stöcker）将反犹主义与社会保守主义融为一体的学说。艾玛的丈夫是一名火车司机，在他们的原住地变成波兰领土后，迫不得已之下，他们带着三个孩子搬去了德绍。她认为是柏林"叛国贼——马克思主义政府"出卖了她的家园，致使她不得不背井离乡，她与他们有着"不共戴天之仇"。1923 年，这家人在通货膨胀中失去了剩下的积蓄，艾玛的丈夫又因一次工作事故不幸遇难。种种因果之下，她完成了自我动员，开始阅读纳粹主义书籍，并于 1925 年正式成为第 6 992 名党员。她一边当女裁缝工作养家，一边将孩子们推向党的各种附属组织，比如希特勒青年团。驱使着她不断向前的，是纳粹应许的人民共同体。艾玛从未在党内担任过任何要职，即便如此，如果认为她对该组织最终的成功毫无贡献，那就大错特错。尽管内部偶尔也会有一些冲突，但正是因为有她这样的人存在，她们愿意牺牲，决意团结，这才使运动得以"薪火相传"。[49]

另一位更著名、更年轻的纳粹积极分子，是格特鲁德·朔尔茨-克林克（Gertrude Scholtz-Klink），1900 年出生，她追随着丈夫的脚步，一同加入了纳粹党。她说那是 1929 年，但很有可能是一年后，当时他们住在奥芬堡附近的阿尔滕海姆。她丈夫是当地的积极分子，却在参加冲锋队的游行中因心脏病突发而亡，她发誓要代替他献身。事实上，她也的确做到了，在巴登和黑森州的纳粹党区一带，她成就斐然，名噪一时。1932 年，她嫁给了埃门丁根区的纳粹领导人兼医学博士——金特·朔尔茨（Günther Scholtz），因此当第三帝国到来时，她的地位迅速攀升。此后，她在描述自己的工作时，"和谐""人民""责任"成了高频词汇。她认为女性不应参与政策制定，而应遵循政权的要求，当一个贤内助，支持自己的男人履行好职责。[50] 和纳粹党一样，她赞成按照性别进行分工，让女性扮演男性的好妻子。[51] 尽管纳粹党成功吸引了许多女性，但在 1933 年 1 月，女性仅占全体成员的 7.8%。[52]

利珀州内有一个信奉新教的工业小镇贝恩堡（Bernberg），针对此地所做的一项微观研究表明，吸引人们加入纳粹党的原因并不能一概而论。1929 年至 1931 年，纳粹取得了重大突破，在这一时期加入的新成员之所以被纳粹的意识形态打动，要么是先前已对种族主义有所倾斜，要么就是对青年运动大为青睐，有的还恐慌自己将要失去原有的阶级地位。在这诸多考虑背后，环绕着一系列复杂幽深的动机。[53] 有一位不具名的男性忠实信徒，传记内容显示他作为白领，既没有失业，也不存在经济危机，但他却从青少年时期便开始参与右翼运动。1930 年 1 月 1 日，二十一岁的他加入了纳粹党，翌年又加入了党卫队。这个年轻人认同民族主义意识形态，而他觉得民族社会主义理念将这一点发挥到了极致。[54]

大学生群体对纳粹运动尤为热衷，民族社会主义德意志大学生联盟在 1926 年刚刚起步，便击败了所有竞争对手。该同盟锐意消除大学里的"外国"影响，将矛头直指犹太学生和教授。自 1930 年起，这个纳粹联盟在学生选举中的支持率不断上升，到了 1931 年夏天，希特勒尚未接管柏林，它就已完全掌控了德国的大学。联盟里的部分成员有时还会跟随冲锋队一起，在街头展开激战。党卫队未来的十几个高层领导人，最初都是同盟里的积极分

101

子，大多数人就算这时还没有沉浸在日渐鄙陋的学风中，也已经受到了同化——一些纳粹激进分子在左翼教授和犹太教授的课上总是突然发难，肆意扰乱课堂秩序，攻击一切胆敢发表或是写下反民族社会主义话语的人——他们对这些激进分子往往睁只眼闭只眼，或者干脆暗中相助。在魏玛共和国最后的这几年，世风陵夷无序，暴力如影随形，几乎已经成为一种常态。[55]

　　一定程度上，纳粹党党区的历史也为民族社会主义的出现提供了线索，但它们在文献上却较少受到关注。1932年6月，格雷戈尔·施特拉塞尔排除万难，推动纳粹党在全国范围内整顿重组，在县一级引入新的分区领袖（Kreisleiter）制度。截至1933年，共有855人位居该职。分区领袖处于大区长官（Gauleiter）和下辖1 500户居民的分部（Ortsgruppen）领袖之间，往下一级又被划分为不同的单元（cells）和小组（blocks）。追溯新成员为何加入很难做到，但目前已知的是，威斯特法伦州和利珀州内的142名分区领袖相对都比较年轻，平均出生在1899年。大多数人（69%）是新教徒，在教育背景确定的人里面（142人中的126人），59%上过"高等学校"，大概是指高中或高中以上。[56]两州共有57名分区领袖参加过"一战"，几乎都是出生于1901年至1910年之间的年轻一代。人人都经历过那些危机岁月——战败、革命、经济动荡、迫在眉睫的共产主义"威胁"，最后一点在德国已经不是遥不可及的幻想。和整个纳粹党一样，工人在分区领袖中也不具备代表性，至少在这些地区（别处也有），领袖大多来自中产和中下阶级。[57]尽管许多人此前曾参与过右翼政治，但对大部分人来说，加入纳粹党仍是他们第一次在政治上被组织起来。[58]

　　海尔布隆县的分区领袖理查德·德劳茨（Richard Drauz）出

102

生于 1894 年，他曾自豪地指出，是行伍经历催生了他的政治思想，因为在战壕之中，一切阶级分歧都消失了。[59] 还有一些领导人虽然没赶上战争年代，却穿行于各类组织中间，先是自由军团，再是其他纳粹联盟，在暴力中接受了激进政治和反犹主义的教育，就这样为民族社会主义做好了准备。[60]

1933 年之前，各分部通常都是由当地的积极分子主动创建，水平参差不齐。[61] 弗里茨·基恩（Fritz Kiehn）是其中的一个典型案例，他加入纳粹党的动机异常复杂。基恩出生于 1885 年，自愿参加"一战"，负伤后被授予勋章，回到了距离斯图加特不远的小镇特罗辛根（位于符腾堡州）。他创办了一家卷烟厂，惨淡经营，远离政治，直到 1930 年才签署入党表格。入党的部分原因是他的意识形态信仰早已成形，其中既有浓烈的民族主义、反犹主义，也有对格雷戈尔·施特拉塞尔版社会主义的认同。尽管大萧条对工厂造成了危重的影响，迫使他不得不裁员，但他仍坚持共同体这一意识形态。正如他所说的，"在民族社会主义德意志工人党中，只有同志，只有党员！阶级毫无意义！我们的队伍，人人平等。在我的工厂中，我的眼里只有同事，只有工人；而我只是其中一份子"。[62] 当地的纳粹党员人数较少，基恩作为分部领袖，竭力动员选民——有时不用他，选民自己就能完成自我动员——成功助力纳粹党在全国选举中大获全胜，为希特勒升任总理铺平了道路。

前陆军上尉乌尔里希·冯·博特梅尔（Ulrich Freiherr von Bothmer）男爵，出生于世纪之交的前一年①，"一战"中曾任职于

---

① 此处疑原文有误，博特梅尔生于 1889 年。——译者注

总参谋部。一开始，他被吸引进了德意志民族人民党，后又加入自由军团。随着大萧条的到来，他的家乡贝恩堡开始对民族社会主义敞开怀抱。但纳粹党排斥没落的霍亨索伦家族，这一点使他颇为反感。最终他之所以抛去顾忌，是人民共同体这个理念，以及那句"先公后私"的口号打动了他。他和投身运动的其他人没有两样，都认为纳粹党最有可能击败马克思主义和共产主义，将受苦受难的工人阶级"从马克思主义的毒牙之下"解救出来。1930年4月1日，他正式加入纳粹党，并担任冲锋队的地方领导人。回首往事时，他写道，"在内心深处，我早就是一名民族社会主义者了"。[63]

早期另一位积极分子卡尔·弗里德里希·科尔博（Karl Friedrich Kolbow），生于1899年，1933年成为威斯特法伦州的政党领袖（Landeshauptmann）。"一战"结束后，他从东方前线退役，到耶拿大学学习。1921年初，他转学到了慕尼黑，此时他的政治思想已在战争和兄弟会的社交生活中磨炼成形，之后他又往里面加入了"雄伟的"民族主义、反共和主义、种族主义和反犹主义。他抵达慕尼黑之际，正值协约国宣布《巴黎和约》的桩桩条款，德国民族主义舆论哗然，为此他指责"那群该死的犹太人就是整个国家的荡妇，他们根本不理解这个时代的伟大"。就在他写下这篇日记后不久，2月3日，他生平第一次听到希特勒演讲，2月12日他又一次前往演讲现场。尽管科尔博承认，他加入纳粹党的直接驱动力是2月18日那天听到的希特勒演讲，但和许多人一样，在此之前他的心灵早已受到启发，希特勒只是间接证实了他存在已久的信念。[64]

到了1926年的5月和7月，纳粹大区长官制度正式确立，自此以后，慕尼黑在指挥德国各部势力上，得以高居中枢。[65]然而，最早一批大区长官大多自立为王，享有高度的自治权。希特勒将此视为一种优势，因为正如他在1926年5月的一次党员会议上所说，重要的是每个人都朝着同一目标齐头并进，"最后使人民成功皈依民族社会主义政治信条"。[66]在实际层面，每个大区往往能够反映出其领导人的意识形态、个人习性、社会背景、当前思虑，以及这一地区的政治和经济文化。

较为出名的大区长官，有约瑟夫·戈培尔和尤利乌斯·施特赖歇尔，但帮助我们了解这些人因何走向纳粹之路的，却是一些不太知名的人物。奥托·特尔朔（Otto Telschow），1905年加入持反犹主义立场的德国社会党，从"一战"退役后，为汉堡警察局工作。出生于1876年的他，一直在各种政治体中进行尝试，到1925年才发现纳粹党的存在。该党于是成了他表达对犹太人和现代主义强烈反感的最佳载体。[67]1928年，他创建"东汉诺威大区"，以大区长官的身份自封"奥托国王"，用他规定的民族社会主义意识形态的"改良"变体统治属地。[68]

与他形成对比的，是另一位大区长官卡尔·瓦尔（Karl Wahl），1892年出生在以天主教徒为主的施瓦本（Swabia）地区，从小由严父教导而成，家中另有12个兄弟姊妹。他接受过金属加工师的培训，于1910年开始在军队（医疗队伍）服役，之后参加"一战"。1921年退伍后，他来到奥格斯堡的行政部门担任初级职务。他在1920年读过希特勒的一些书，但直到1922年秋天才在当地创建纳粹组织，同年，他加入冲锋队。他说，他的主要动机是重建"被奴役的祖国"，使其恢复昔日荣光。1923年初，他第一次听到希特勒演讲，1925年党重整旗鼓，力图东山再起时，他热血沸腾，开始为党和冲锋队全心全意，竭尽所能。尽管从未与希特勒有过密切接触，但他逐渐相信这位领导人是运动的中流砥柱，同时也真诚地相信民族社会主义运动肩负着艰巨的社会使命。[69]

显然，对于唤醒党的乌托邦愿景，激励"社会主义行为"和一些难以界定的"社会主义情感"，瓦尔深以为豪。1928 年，他接到了走马上任施瓦本大区长官的通知，虽然形式并不是他所期待的由希特勒亲自任命，而是党报公示。此后，他的行动没有发生太大变化，照旧是领着菲薄的预算四处经营，有时甚至连工资都没有。[70] 1933 年之前，他招募的成员中大约三分之一是工人，这为投票贡献了一些数据，但仍然没有逆转纳粹党在最后几轮选举中，落后于巴伐利亚人民党和德国社民党的结局。[71] 在第三帝国时期，他专注于从农村向城市转移，试图重新安置荒废村庄，并在奥格斯堡及其附近建立住宅区。[72]

上弗兰肯地区对民族社会主义更加友好。此地约有 60% 的人口信奉新教，放眼望去，四处点缀着如理查德·瓦格纳所居的拜罗伊特（Bayreuth）那样风景如画的乡村。然而，使这片地区在运动中真正拥有自己独特的个性和吸引力的，是汉斯·舍曼（Hans Schemm），是他用不知疲倦的热情改变了一切。舍曼生于 1891 年，是鞋匠之子。"一战"期间，他曾在检疫部队服役，1919 年在自由军团短暂地待过一段时间，对民族主义和社会主义大为拥护。早在民族社会主义出现之前，他便已背弃了魏玛共和国。作为一名教师，他以演讲嘉宾的身份出现在纳粹运动中，带着生物学的专业知识参加他们在当地的集会。1923 年政变失败前不久，他见识过一场希特勒的演讲，但听完后并未立刻入党，而是回去继续为拜罗伊特的种族主义运动添砖加瓦。直到 1924 年底，帝国宣传部部长赫尔曼·埃塞尔专程从慕尼黑前来拜访，他才于 1925 年 2 月 27 日在当地成立了纳粹分支。[73] 他往运动的套路中加入了激进的民族主义和反犹主义言论，这一举动卓有成效，但他不想做的比邻近的尤利乌斯·施特赖歇尔更加过火。[74] 在巡视上弗兰肯时，他谈到了保持种族纯粹的必要性，尤其是要远离"闪米特"血统。[75]

直到 1928 年 10 月 1 日，舍曼才成为上弗兰肯的大区长官，这时弗兰肯被细分成了三个区，每区都有自己的特点。1929 年 9 月 30 日，施奈（Schney）举行了一次纳粹集会，社民党人企图破坏秩序，而他就是众人心目中可以平息骚乱的那个人。[76] 舍曼的远足演讲、挑衅以及特有的组织技巧，都在 1932 年的国会选举中得到了回报——上弗兰肯的得票率在巴伐利亚州排名第二，仅次于施特赖歇尔的中弗兰肯，而两者皆超过了全国平均水平。作为大区长官，他对希特勒的态度一向不远也不近，到了第三帝国，他仍然更倾向于维护当地的经济和社会利益。[77]

除了在当地取得的成功外，积极主动的舍曼还自发成立了一个教师工会，以对抗社民党和其他党派赞助的那些。在他的努力下，民族社会主义教师联盟（National Socialist Teachers' League, NSLB）于 1929 年 4 月 2 日在霍夫诞生。三年后，联盟已能气势昂扬地在柏林体育宫庆祝自己的事业。令人尤为惊讶的是，舍曼坚称联盟并没有在专业问题上投入太多，"它的意志，"他说，"始终集中在对德国教育进行意识形态渗透，为国家争夺政治权力，以及从我们的文化生活中清除一切具有毁灭倾向的马克思主义。"[78]

1925 年至 1926 年加入冲锋队的 36 名高层领导人，大多出身于自由军团这样的组织，曾经也参加过种族主义运动。在政变

106

发生（失败）之前，三分之二的人要么加入了冲锋队，要么加入了纳粹党，抑或两者皆有。如同许多纳粹先驱一样，他们作为忠实信徒，早早便投身于这项事业。虽然冲锋队的领导人经常从一个组织跳到另一个，但如果将此视为一种不明就里的政治梦游，那就错了，因为他们身上那股强烈的意识形态信念醒目到不容忽视。[79]

在 1933 年 1 月之前的文献中，我们能看到大多数积极分子都是自我动员，很少因聆听或目睹希特勒的演讲而皈依。但阿尔贝特·施佩尔（Albert Speer）所经历的觉醒方式却是后者。施佩尔出生于 1905 年，作为一名年轻学者，于 1930 年 12 月 4 日参加了柏林的一场集会。他在战后的回忆录中提到这次演讲时，对希特勒那近乎神奇的力量做了详细的阐述，他将希特勒视为神奇的煽动者和充满魅力的领导人，这种反应与当时正在兴起的叙事模式恰好形成了某种呼应。[80]

如果仔细审视察希特勒当天晚上的演讲内容（施佩尔基本没有提及），就会发现他在迎合学生的精英主义道德观，他说"亚人类"——大概是指马克思社会主义者——正在引着"劣等人"从社会阶级的角度思考问题。希特勒强调，为了克服德国社会的分裂，吸引农民踏出耕地，引导学生走出课堂，带领工人离开工厂，改革"我们血液中共通的永恒纽带"，他们需要一种理想主义。听众很难曲解他的意图，因为他说得明明白白：历史"最终是由刀剑决定的"，而在锻造这样一把剑的同时，他还打算治愈"国族创伤"。他的政党最近在票选中取得了重大进展，但完全被媒体误导了——"这必须叫德国的胜利。"他辩解道，同时恳求年轻人立下志向，尽力去弥补上一代人毁掉的东西，并找到通往德国工人

107

的道路。这次的胜利并不属于某一个政党，而是"德国权力重建法则"的充分体现。[81] 我们现在知道，在听到希特勒的这场演讲之前，施佩尔已经接触了纳粹党，大多数学生有的和他一样跃跃欲试，有的则早已入党，而他的一些朋友与戈培尔和希特勒都有重要联系。1931 年 3 月，施佩尔同时加入纳粹党和冲锋队，翌年加入党卫队。[82]

党卫队的领导人为什么会卷入民族社会主义？像海因里希·希姆莱一样，这一代人中有许多都是 1900 年至 1910 年出生的战时青年。1929 年，党卫队成立满四年，希姆莱正式接管后，开始着手将其转变为精英组织。从 1931 年 6 月他所发表的"党卫队的意图和目标"上，我们得以窥见他对这个新职位赋予的政治和种族理论。通过阅读历史，希姆莱得出结论，古时候的领导人，比如拿破仑和腓特烈大帝，在最后关头依靠的都是近卫军。他说，希特勒命令他"从一群千挑万选的人当中"组建这样一支坚韧不拔的队伍，由"血缘共同体"紧密维系。希姆莱已经预见到，下一代人将面临一场世界末日般的斗争：

> 我们必须努力解决的最大问题在于：能否通过甄选当今种族的血统价值，再次繁育、教化出一个规模宏大的日耳曼种族［Volk，种族或民族］？又能否再次将这个日耳曼种族转化为农民，安布于德国四周，而后以这个苗床为基础，培育出一个 2 亿人口的种族？到那时，地球将属于我们！然而，如果布尔什维主义获胜，日耳曼人将受到灭顶之灾，最后一点宝贵的日耳曼血统也将不复存在，一切全毁了，地球末日就在眼前。[83]

他说，尽管理想的党卫队成员应该"金发碧眼，一派日耳曼"精英风范，身材高大，"比例匀称"，但如果不假思索地认为蓝眼睛的德国人比黑发黑眼的德国人高人一等，那就大错特错，因为那一定会导致社会分裂。根据希姆莱的说法，社会阶级就算不能彻底消除，也应加以克服，他不想再挑起一场"种族间的阶级斗争"，因此他侧重强调大家都有相同的日耳曼血统。[84] 1931 年12 月 31 日，一则"婚姻令"颁布：党卫队内的男女若要组成夫妻，必须同意产育后代。他们及其家人需要通过层层遴选，只有在准新娘通过种族和医学测试，检查完体内是否存在遗传疾病、是否具备生育条件后，他们才能结婚。1932 年 1 月 1 日，一个新的"党卫队人种办公室"成立，专门负责审查结婚申请，1935 年，该机构更名为"党卫队人种与移居部"(Race- and Settlement Head Office SS, RuSHA)。[85]

除此以外，党卫队领导人还有另一个特殊属性，即意识形态精英理应拥有的"精神"要素。正如希姆莱在 1931 年所说，每个成员都必须成为"运动最坚定、最优秀的宣传者"，党卫队将为民族社会主义构筑起一道坚实的"意识形态堡垒"。他期望各级领导人都能打破自身固有的旧观念，通过学习，更加熟悉党卫队的意识形态使命，觉醒血统意识。和只会依靠笔杆子的官僚机构不同，队员将在实践中将这种理论牢记在心，产生一种独特的身份认同。以这种世界观为中心，一幅全球范围内的种族划分图景正徐徐展开，在其中占据主导地位的日耳曼人——有时也被称为雅利安人——是所有创造力的源泉，他们将与犹太人引领的国际主义势力斗争到底。党卫队必须向希特勒，也就是后来的"元首和德意志帝国总理"宣誓效忠，也要向他任命的所有领导人"至死不渝地效忠"。"吾之荣耀即忠诚"（"*Unsere Ehre heisst Treue*"），党卫队的座右铭对这一誓言进行了简洁有力的总结。[86]

出生于 1904 年的赖因哈德·海德里希（Reinhard Heydrich）常常被视为党卫队中一位典型的"雅利安人"领袖，他的伴侣莉娜·冯·奥斯滕（Lina von Osten），在意识形态上和他完美匹配吗？早在 20 世纪 20 年代，莉娜便认为来自东欧的正统派犹太难民是"入侵者、不受欢迎的客人"。后来她说，被迫与这些人在同一个国家生活，就好比"被迫结婚，一方完全无法忍受另一方的气味"。[87] 她于 1929 年加入纳粹党，次年 12 月遇见赖因哈德。出生于 1911 年的她，当时还只是一个高中生，但她惊讶地发现，自己未来的配偶"在政治上一窍不通"，甚至还自命不凡地认为从政有失身份。[88] 他既没有听说过党卫队，也没有读过《我的奋斗》，这令她震惊无比。然而，海德里希声称，他在 20 年代早期加入过种族主义组织日耳曼种族防御与反抗同盟的青年支部。最终还是莉娜和她的家人向冷漠的他介绍了民族社会主义。1931 年，他加入了党卫队，也是在这一年，两人正式结婚。从此，他发现了一个自己能够认同的新兴思想体系，在这个世界里，敌友关系有着明确的界定。[89] 海德里希的权力和威望与日俱增，"二战"到来时，他在党卫队中的地位仅次于希姆莱。

算上半工半读和全日制两种方式，党卫队的军官团普遍接受过良好的教育，有 30.1% 的人读完了大学，其中法学专业的毕业生人数最为庞大。希姆莱费尽心思想要确保党卫队的精英属性，所用的方法之一就是招募社会地位显赫的人，尤其是贵族。尽管如此，在 1939 年之前，除了必须满足种族标准以外，党卫队的军官团对所有精英都是开放的，也就是说，理论上所有社会阶层都可以进入。[90]如此一来，党卫队的大规模扩张开始了，据统计数据显示，1929 年 1 月它还只是 290 人左右，到了 1932 年 12 月增加到了 52 048 人，再到 1935 年 1 月，猛然暴涨至 20 万左右，最终到 1938 年之前，人数一直保持在这一水平。[91]

军团应该读过特奥多尔·弗里奇、H. S. 张伯伦以及汉斯·F. K. 京特的书，尤其是京特的那本巨著《骑士、死亡与魔鬼：英雄思想》，其中提到了"日耳曼人英勇的战斗"将扭转日耳曼"血统共同体"的衰落。[92]尽管京特指出农民在种族问题上相当重要，但他并未成功推广自己的想法。1930 年，第一次见到希特勒后，纳粹党还帮他在耶拿评得了一个正教授职位，但两年过后他才入党。[93]

维尔纳·贝斯特（Werner Best）在 1930 年 11 月入党之前，从未参加过一场民族社会主义的集会。他出生于 1903 年，父亲死于"一战"后，全家陷入了窘境。1918 年，国家又在军事和政治上受挫，接二连三的灾难使他生出一种"宁肯粉身碎骨，也要复兴德国"的责任感。[94]他自诩为"民族主义革命家"，梦想"携手帝国总统、军队和民族主义知识分子，进行一场自上而下的革命"。20世纪 20 年代初，他四处奔走，在当地创建了一个日耳曼种族防御与反抗同盟的分支，许多纳粹高层都加入了这个组织。[95]1929年，贝斯特放弃了德意志民族人民党，觉得它理解不了社会问题，反而是纳粹党里的施特拉塞尔派比较吸引他，因为他们为失业问题提出了实打实的解决方案。他承认，1930 年，随着希特勒的政党取得重大突破，成功的可能性极大，他这才开始对它刮目相看。他完全可以接受纳粹党纲，因为它并未脱离民族主义兼种族主义运动的大致框架。在 1939 年的 11 月和 12 月，他与希特勒私下见过两次面，但直到 1932 年他才第一次听到希特勒的公开讲话。最令他印象深刻的，是希特勒"近乎信神一般，相信自己的'理念'和个人使命绝对正确。暗示的力量喷薄而出，任何听众都无法从中逃脱。这种激情和道德的严肃性给他的演讲洒上了一层福音和启示的光辉"。[96]

1933 年夏天，贝斯特已经是党卫队里的荣誉成员，初次见到希姆莱后，他注意到对方身上有一种"教师式的"气质。贝斯特希望看到的日耳曼精英，是接受过核心价值观的训练，"对元首和同志忠诚以待，为人民和理念英勇战斗、无私奉献，对职责和使命认真负责，维护荣誉，敬重队友，照顾家庭，尊重财产"。党卫队是"上帝的信徒"，不是无神论者，也不能从属于任何一个有组织的宗教。[97] 贝斯特之后成了盖世太保最重要的领导人之一。

里夏德·瓦尔特·达雷（Richard Walther Darré），1895 年出生于遥远的阿根廷，他经历了一条辗转崎岖的道路才走向民族社会主义和党卫队。父亲是德国人，母亲则是瑞典混血儿，达雷一开始被送往父亲的祖国，随后又被转送到英国接受全面教育。1914 年 8 月，他中断学业，自愿去德国服兵役。在战壕与枪弹之中，他一路晋升，广受勋章，但磨难也令他元气大伤。1919 年至 1930 年间，他努力完成学业，做过农场工人，也读过 H. S. 张伯伦和汉斯·F. K. 京特等作家的书。不论是在哈雷大学求学期间，还是后来到了农场，他都对动物育种及相关的种族卫生学十分感兴趣，而这一学科更为人知的名字是——优生学。奇怪的是，他明明不是学生中最优秀的那一个，却在 1928 年出版了一本《农民为日耳曼人生命之起源》（*The Peasantry as the Source of Life of the Nordic Race*）

111

的大部头著作，两年后又出版续集《血与土的新贵族》(*The New Aristocracy of Blood and Soil*)。在这些书中，他概述了一个成熟的理论——农民是日耳曼人的生物根基、种族支柱，也是日耳曼人复兴的源泉。他构建了一个乌托邦式的社会理论，巨细靡遗地描摹出农民从出生到择偶、婚配的一生。他在方案中甚至规定了日耳曼农民的建筑样式。[98]

20 世纪 20 年代的大部分时间里，达雷都对政治恨恨的，但他也逐渐开始相信，德国正面临着社会和人口危机，唯有革命方能彻底解决这一基本问题。他关于日耳曼人的理论全是基于自己作为动物饲养员的训练、教育和经验。[99] 达雷从农民的民间智慧中看出，日耳曼人在潜意识里一直清楚，只有血统纯正者才能结婚，生来带有缺陷的都应该被淘汰。正因为现代德国忘记了这些教训，日耳曼人才会不断衰落，国家必须扶持农民人口，呵护"血统再生的源泉"，使这个种族再次崛起。[100]

他提出的部分解决方案是创建 "*Hegehöfe*"，即世袭土地，农民可以借此重返农场，而这些土地既不能被抢夺，也不能被变卖。[101] 他言之凿凿地说道，正是这样的土地将家庭世代团结在一起，新鲜血液源源涌入，国族人口充盈，种族生机勃勃。[102] 由于"城市化、工业化、西方思想和国际经济等严重偏离发展路线"，国家必须主动介入。[103] 达雷一度声称，当民族终于在 19 世纪重新发现了农民的存在时，"犹太人"却"大耍花招，让他们沦为笑柄"。[104]

控制婚姻和生育至关重要，因此他建议用一个词来代替"优生学"，并创建一种新的职业，即 *Zuchtwarte*——字面意思为"育种观察员"。他们会像法官一样，评估关于"民族遗传物质"的一切，

112

并协同医生一起调查每个人的家庭血统（*Ahnentafel*）。[105] 他承认，这些建议可能会触怒现代女性，但她们着实应为能生下血液中含有珍贵的日耳曼生殖细胞的孩子感到骄傲。[106] 尽管提出"血与土"口号的人不是他，但在他看来，"血"指的是日耳曼人，"土"则是他们繁衍生息所需的土地。农村人口的减少正使日耳曼人濒临灭绝，当务之急是重新规划土地，为农民安置合适的家园。[107]

1930 年，纳粹党宣布了一项极为详尽的农业政策，此时达雷正需要一个平台来实施自己的想法，因此他立刻对纳粹党产生了兴趣。[108] 他要求他的右翼出版商尤利乌斯·莱曼（Julius F. Lehmann）和建筑师保罗·舒尔策-瑙姆堡（Paul Schultze-Naumburg），为他在 5 月 11 日安排跟希特勒见一面。达雷的农业思想显然给党的领导人留下了深刻印象，后者向他寄予了极大的期待——或许他具备足够的领导力，可以动员农民支持民族社会主义。7 月，他加入纳粹党，出版商莱曼全权出资，为他在慕尼黑总部谋得了一份全职工作。8 月 1 日起，他将统率党内新设的农业部。

除了利用希特勒和纳粹党来实施自己的想法以外，达雷还在党卫队身上看到了机会——同样对农业有所专攻的希姆莱，试图将他推举为种族与繁育领域的权威。[109] 1931 年，达雷加入党卫队，顺势成为"党卫队人种办公室"领导人，不久便负责排查党卫队成员及其准新娘的种族背景。在他的第二本书中，他阐述了种族应该如何在婚姻和择偶上下功夫，具体方法就在办公室所经手的实际案例中。[110] 他的最终目标是将符合条件的党卫队家庭安置在不太远的东部，使其充当一面抑制亚洲潮流的种族隔离之墙。从一开始，他就对民族社会主义理论产生了难以估量的深远影响。1933 年秋，他加入希特勒内阁，承诺要将"血与土"的意识形态催化成一部新的德国农民法，倒逼某些农场退出自由市场，如此一来，农场所有者就不会因负债而将农场抵押出售。[111]

1933 年初，希特勒甚至在一次专家会议上说，"种族政治思想通过民族社会主义，迎来了重新觉醒，又经由'血与土'被充分表达，这将是有史以来最根本的一场变革"。他隐晦地暗示道，一旦他们对人民完成了"清洗"和"再生"，一个焕然一新、更具侵略性的德国将强势登场。[112]

1933 年之后，希姆莱下令对党卫队进行再教育，立志要将其改造为一道"意识形态堡垒"。每个成员都对民族社会主义深信不疑，自觉担负着人民共同体的理想，积极防御敌人。[113]早在 1935 年，党卫队就为文化水平中等的成员建造了大学队舍，提供意识形态导向的课程。那一年的课程中心共有五大主题，第一个是"我们世界观的基础：种族"，接着是"血与土""德国社会主义"等，最后是"世界观之敌：犹太人、政治教会、共济会、自由主义、资本主义和布尔什维主义"。[114]一切的首要目标都是加强反犹主义，为了达此目的，对于（据说是）犹太教默许的非人做派——比如打着"统治全球和灭绝日耳曼人"的名义，与儿童发生性关系——等诸如此类的可怕细节，纳粹文学都毫不避讳地大书特书。[115]

回想起来，希特勒在将纳粹积极分子团结在一起，使政党在众多民族主义团体之争中脱颖而出这方面，的确发挥了关键作用，但他在运动之初并不是主要的吸引力。广大普通民众之所以成为纳粹，并不只是靠他的个人魅力，更多的还是民族社会主义理论有足够的灵活性，不同地区的领导人可以根据情况的需要和个人的意愿择取其中某个方面，大加发挥。至少在 1933 年之前，大多数纳粹激进分子已经粗略形成了自己基本的世界观，而且往往与希特勒所采用的意识形态较为接近，但又并不完全相同。事实上，正如一名党卫队成员在 1934 年所写的那样："今天我才知道，我成为民族社会主义者的时间，要早于这个理念被赋予此名。"[116]

114

　　与希特勒一样，这些新兵的启发之源来自一个广博又复杂的思想体系，远大于历史学家通常的设想。思想来源之广，信徒之众，执念之深——甚至不是所有信徒都入了党——这一切都足以发人深省。表面温顺的中层领导人瓦尔特·达雷，早在见到希特勒之前就已持有与民族社会主义一致的深邃观点。1930 年之前，达雷从未在作品中提及《我的奋斗》，1933 年之后，他终究还是变成了一个信仰坚定的积极分子，不时从希特勒、希姆莱等人那里挑选一些意识形态的碎片，拿去自我塑造——虽然他自身的灵感已足以自洽。

　　年轻的律师维尔纳·贝斯特，则是将希特勒和民族社会主义视作实现自己的种族主义等右翼思想的工具。作为盖世太保领导人之一，他加入了帝国保安总局（RSHA）。该局自 1939 年成立之初，便由受教育程度较高的领导人管理，他们大多都极其年轻，超过三分之二的人上过大学，近一半人拥有博士学位。他们立志要以革命家的身份建成人民共同体，带给德国一个威风凛凛的未来，若有必要，他们也会使用一些"雷霆"手段。尽管党卫队后来越发沉湎于种族幻想和特殊仪式，但军官团始终以自己冷静的理性而自豪，正如贝斯特所说，他们可是"党的政治意识形态斗争联盟［der weltanschauliche Kampfbund］"。[117] 当然，人人都知道，夺权的唯一可行道路不是暴力革命，而是选举。接下来，他们将在选举中一决胜负。

第5章
纳粹选民

　　从 1925 年开始，政变失败的纳粹党再次合法化，但目标依然极端，言辞极具煽动性，凡事都喜欢诉诸暴力。若要夺权，唯一的希望就是放弃革命，参加竞选，但民众为什么会将票投给民族社会主义？是看中了这个将民族主义、社会主义和反犹主义融为一体的政治学说本身吗？还是仅仅为希特勒的迷人魅力所折服？忠实信徒为了赢得选票殚精竭虑，劳碌奔忙，但德国的政治版图上政党林立，竞争激烈，即使有 1929 年突然来袭的大萧条，纳粹党能够动员的选民数量显然也十分有限。在魏玛共和国的最后一次选举中，纳粹党推翻以往的动机重新塑造，这引发了许多重大问题，以至于希特勒直到 1933 年才勉强掌权。

　　1930 年 5 月，再过 4 个月就是纳粹党将要取得重大突破的 9 月选举，普鲁士内政部在这一时期对选民做了一番全面分析。在一份长达 49 页的备忘录中，柏林内政部部长表示，"经济上的绝望"是吸引观众参加纳粹党集会的最大原因。拿农民来说，他们被迫要为巨额信贷偿还债务，与大生产商的竞争也犹如蚍蜉撼大树，最后还要为"无偿充公"战战兢兢——他们的土地随时会被收税人或债主夺走。1927 年的一场歉收使农业问题深陷泥潭，之后的两年里，一些农产品的价格开始滑落，到了 1929 年，所有农作物的价格都加速下跌。除了农民，"*Mittelstand*"（字面意思为中产阶级），或者说中下阶层的工匠和商店老板，都眼睁睁地看着顾客流失到百货公司这样的大企业，他们疑心这背后大约是"犹太人在捣鬼"。普鲁士的报告称，纳粹试图吸引的正是这些满腹牢骚的选民，现场甚至就连一些左翼听众也会为演讲者鼓掌喝彩。换言之，纳粹的沃土上既有农村居民为其施肥，也有城市居民，甚至还包括社会主义者为其浇水灌溉。报告在最后发出警示："民族社会主义理念"终有一天会突破右翼与中产阶级，攫取更多的支持者，而放任民族社会主义运动的危险蔓延——从国家的角度来看——可能会带来更多的激进主义，比如现在的普鲁士东部地区就是一个鲜活例子。[1]

　　为了将触角延伸至广大的农村地区，纳粹于 1928 年 4 月修改了与农民有关的第 17 点纲领。纲领最初的那条法令——"为了公益无代价没收土地"——一直使农民忧心忡忡，但现在，其中的关键性辞令被改成了所涉土地为"非法获得或不符合公共利益管理的"。党向正在观望的选民保证，这一要求"主要针对从事土地投机的犹太公司"。[2] 从中可以看出，为了吸引农村选民，党降低了纲领对农民的威胁性，调整了其中过度偏向社会主义的字眼，加入了明确的反犹主义，希望此举能赢得更多选票。此外，1930年，党专门为农民制订了新的计划，旨在解决大萧条之前就已出现的农业危机。[3]

　　纳粹党采取这些措施的部分原因是，自 1927 年以来，不知何故，它在农村地区的各种选举都收获颇丰。1930 年 5 月，希特勒会见了农业专家瓦尔特·达雷，后者从 6 月开始担任纳粹党

116

的顾问，将"血与土"的意识形态带入党内。达雷联合慕尼黑的其他几个人，一起着手成立了一个新的党支部，试图直接接触农民。这个新成立的农业政治机构四处动员专家和有文化的农民，从他们那里聆听每个地区的情况分析。[4] 年轻的赫伯特·巴克（Herbert Backe）就是这样一位既专业、又经验丰富的人，从俄国逃离之前，他就走上了通往纳粹的道路。20 世纪 20 年代，他将反犹主义纳入了自己的农业意识形态。达雷将在 1933 年任命他为帝国粮食及农业部的国务秘书，两人志同道合，期待未来携手大展宏图。[5]

无论如何，到了 1932 年中期，纳粹党可以召集到大约一万名"训练有素"的专家，地方上的潜在信众无论有何动向，皆能入其彀中。[6] 国家和大区总部向地方一级传递信息，为演说者提供材料，详细阐述在农村应该采取何种手段促使人们投票。反过来，地方也必须向总部呈递相关报告。[7]

一些地区经济上民怨沸腾，意识形态千疮百孔，在下萨克森州，纳粹党公开反对犹太人，抨击自由主义，说它让人民失望——自由主义是该州大部分地区从前的信仰。接着，纳粹便顺势提起自己的人民共同体概念，表示他们将重建正在消失的传统的共同体世界。党激进的作风以及意识形态的普遍性，给当地人留下了这样一种印象：它将给我们带来一个更美好的明天。[8]

最近一批在选举集会上公开发表演说的人，并不是二流的业余爱好者，而是经过培训的专家，他们在弗里茨·赖因哈特（Fritz Reinhardt）自主创办的一所新型演讲学校里专门学习过。希特勒在 1929 年 4 月正式承认了这所学校，希姆莱当时任职于宣传部，是他联合赖因哈特利用这所学校来控制演讲者的演说内容。受训者只需完成为期一年的函授课程，并在现场观众面前通过试训，就能获得在当地集会上发言的许可。他们的任务是在八个月内至少公开演讲三十次。每演讲一次，就能有五马克的报酬，另加公费旅游与免费食物；如果表现出色，吸引到更多的观众，最多能得十马克。[9]地方党部为了支付这笔钱，只能收取入场费，因此他们尽力邀请那些能吸引到更多观众的演说者。除了入场费，还有入党费，通过这些方式，党在顺利融资的同时，也会根据付费客人的意愿，自动调整在当地的诉求。通过持续不断的演讲、游行、乐队演出甚至挨家挨户地上门宣传等，纳粹势如破竹，令人相信他们真的会取代现有的社会与政治秩序，重建一个更加积极的未来。[10]

118

　　选民的反应和纳粹的努力也存在地区差异，比如，慕尼黑-上巴伐利亚州就受到了重点关照，1931年，全国巡回的演说家和一批擅长经济学、文化、青年、外交政策等问题的中级专家专程来访，而地区演说家则主要负责论述犹太人、马克思主义、种族、农民、历史、新闻等。[11]演说者的方针是强调四个核心主题：第一次世界大战、主流大党社民党的敝窦百出、营养问题以及反犹主义。[12]尽管最后一个因素并不那么突出，但宣传者要做的，就是按照指示，尽可能地将社会现有的问题挂靠到犹太人或国际犹太人的阴谋上去，指控其代理人从中作梗。同样，在总统选举中，宣传海报也巧妙地暗示出1932年支持兴登堡的人许多都是犹太著名人士，而善良的"雅利安人"都应该将票投给希特勒。[13]

　　对于那些想要成为演说家的人，函授课程要求他们付出真正的努力：要有书面作业，还要在课程快结束时，主动到公共场合发表演说。一名学生后来坚称，整个过程之所以奏效，与其归功于赖因哈特杰出的教学能力，毋宁说课程吸引的本来就是那些深受民族社会主义激励的人，他们是特地来到这里接受培训、丰富信息的。1932 年第一轮总统选举开始的前两周，纳粹党举办了不下 5 万次的集会，如此疯狂的节奏一直保持到次年的两场联邦选举。[14]

纳粹当地领导人习惯从民族社会主义的宽泛教义中截取不同侧面，来迎合地区的需求，演说者也如法炮制，成功在 1930 年博得了信奉天主教的黑森林地区的好感。尽管远离重工业、大城市和激进好战的共产党，此地却带有显著的反马克思主义和反布尔什维主义特征。在当地居民的眼中，纳粹主义的所有诉求与共产主义的威胁相比，简直小巫见大巫。可以肯定的是，相对于冲锋队的粗暴与喧嚣，村庄和小镇普遍更喜欢柔和、低调的路线。而在当地选民中占据大多数的工人和工匠却都很喜欢纳粹意识形态里的社会主义内容，在农村地区则乏人问津。[15]

在信奉新教的中弗兰肯，纳粹揪住农村居民的社会焦虑大做文章。农民们不会明白，一落千丈的市场状况就意味着，不论他们如何辛勤劳动，谷物如何丰收茂盛，繁荣都将每况愈下。对于民族社会主义者而言，这个抽象的经济问题只要用犹太人来解释就通俗易懂多了，这一招在弗兰肯的贡岑豪森（Gunzenhausen）屡试不爽。1932 年 7 月，联邦大选，纳粹党在贡岑豪森的得票率为 66.2%；同年第二轮选举，罗滕堡地区的得票率达到 87.5%，两者均远高于全国平均水平。[16] 这一年的早些时候举行了两轮总统大选，在附近的小城魏森堡，希特勒轻而易举便击败了所有候选人。[17] 贡岑豪森流传起这样的谣言——如果希特勒当选，他将迫使犹太人免除所有赊出去的债务。除此以外，在纽伦堡、科堡、霍夫等城市，以及贡岑豪森与安斯巴赫周边地区，据说纳粹组织对犹太人进行了人身攻击，吓得他们纷纷远走他乡。[18]

同样是信奉新教的黑森州和马尔堡周围，1929 年 11 月 3 日，一位著名的纳粹积极分子，来自卡塞尔的律师罗兰·弗赖斯勒（Roland Freisler）博士，试图驱逐一名前来参加申克伦斯费尔德集会的犹太人。还是在这个小镇，一名高级司法官一边殴打当地的一名教师，一边对他吼道："你是对的，但我也没错！只有把所有的犹太人都赶到卡塞尔的弗里德里希广场（Friedrichsplatz），用机关枪通通扫射干净，我们才能让德国重新崛起。"[19]反犹行动在1930 年大选时初露苗头，但不知为何，旋起旋又灭。然而，在那里做巡回演讲的人依然毫不避讳地发出血腥威胁，说犹太人"是人民的头等剥削者，必须把他们吊死在路灯上"。[20]警方指出，一般情况下，演讲者都遵循着党的路线，但有时他们也会即兴发挥，比如有人曾暗示纳粹党会把所有银行收归国有；有人坚持认为，党要的是"人民共同体，而不是阶级斗争"；还有人宣称，马克思主义是"人民的瘟疫"，"马克思主义就是犹太教，犹太教就是马克思主义"。[21]

令人惊讶的是，不管说什么，煽动者通常都会把犹太人拖进去。在黑森州的弗兰肯贝格，他们指责犹太人把控高级金融，剥削平凡大众，与国际主义者沆瀣一气，掠夺了德国人的理想主义，四处伤风败俗。还有一些煽风点火的人，将犹太人比作"德国病菌"。一名警察在做会议报告时提到，"纳粹党的所有演说者，无一不猛烈攻击犹太人，称他们为国民害虫"。蛊惑人心的末流政客警告道，"国际上的犹太资本意图效仿苏联集体主义经济，对德国农业下手，将农民变成无产阶级工人"。[22]对于纳粹党来说，这

120

种宣传立竿见影，希特勒虽然在第二轮总统竞选中落败，但是弗兰肯贝格却成为他在北黑森州和上黑森州 20 个区中，得票率最高的地区。[23]

1931 年 9 月 13 日，星期天，纳粹党在黑森州以新教徒为主的齐根海恩地区举行狂欢集会。纳粹放出消息，集会将从一点钟开始。到点之后，合唱团迎来了大约 2 000 名观众。在当地的大区长官介绍第一位贵宾前，两支乐队热火朝天地将现场气氛炒到了高潮。贵宾阐述了自己的主要观点，说党纲旨在创建一个与现行制度相反的人民共同体。乐队接着上场，演奏了两首曲子。随后，卡塞尔的大区长官介绍了另一位来宾，他发言称，德国内部被分成了两个世界，一方是纳粹党，另一方就是纳粹党以外的所有人。"今时今日，德国人民是在为犹太人工作，"他说，"但人民想要自由！"在他之后，乐队又唱了两首歌，其中就包括那首已被神化的《霍斯特·韦塞尔之歌》(*Horst Wessel Song*)。前奏表演完后，一人上台宣讲"党的理念"。他没有说太多，乐队又插入了两首曲子，随即一位外地教师接替致辞，大谈失业问题。他并未给出实际的建议，只是把问题拐到了反犹主义和银行诈骗上，称某位犹太名人肯定参与了骗局，最后他简要提到了对布尔什维主义的恐惧。下午 6 点 30 分集会结束时，剩下那些精力充沛的人都以军人的姿态阔步离开了会场。

除了两位大区长官以外，纳粹党这次一共请来四名演说者、三支乐队、一个合唱团，还举办了一场小型游行。这场集会生动形象地展示出纳粹党在地方一级动员群众时的狂热劲头，如有必要，他们十分乐意为这些深居简出的农村人提供娱乐活动。演说者几乎没有做出任何老套的竞选承诺，反而大部分时间都在宣讲

121

民族社会主义教义。[24] 这个讯息无论是否模棱两可，都在民众中间引起了共鸣。举例来说，1932年的两次全国大选，纳粹党分别在齐根海恩获得了69%和68%的票数，超过全国平均水平。[25] 1932年4月，希特勒行将访问齐根海恩附近的马尔堡大学城，竟吸引了那里及周边农村地区的两万人前来围观。之所以能有这么多观众，一方面要归功于纳粹党在当地的声望，另一方面则是希特勒对大众的吸引力。但如果纳粹主义没有侵入日常社会生活，他的影响力也不会如此之大。[26]

从下萨克森州当地几个居民的日记中，我们能从另一个视角清楚地看到，农村地区的普通人是如何响应民族社会主义讯息的。派讷镇有一位名叫卡尔·迪克法尔登（Karl Dürkefälden）的技工，虽然他并未将票投给纳粹党，但他的家人投了。从1931年开始，这个出生于1902年的年轻人一直徘徊在失业的边缘，只能做零工度日。9月，他和妻子不得不搬入父母家。他一向忠于社民党，而父亲作为一名退休的农场主，则支持自由党。1932年3月举行的那场总统大选，他父亲一直举棋不定，而他和妻子在收音机里听到兴登堡的演讲后，都觉得印象深刻。1933年1月希特勒上台，一切幡然而变。3月，他的父母改为支持纳粹党，也对纳粹派遣冲锋队围捕当地支持社会主义的人、接管工会总部这些措施毫无异议。他父亲直截了当地说了一句："要有秩序。"于是他也开始考虑入党，但一想到费用问题，还是临门放弃了。据卡尔说，4月希特勒过生日那天，他的父亲、母亲和妹妹都成了"狂热的追随者"。5月，卡尔的哥哥迫不及待地加入了党卫队，因为"大家都跑去参加冲锋队了"，他说。[27]

希特勒距离他们的小镇最近的一次，是访问邻近的"自由州"

布伦瑞克——从派讷乘火车，大约 20 分钟便能到达——1925 年政党恢复合法地位后，他去做了几次访问。1931 年 10 月，冲锋队、党卫队以及希特勒青年团从全国各地集结十万人，在此地举办了一场规模盛大的游行。场面之壮观胜过了希特勒的千言万语。[28]城中的一些上流人士，面对此情此景不禁激动万分，比如高贵端庄的伊丽莎白·格本斯利本·冯·阿尔滕（Elisabeth Gebensleben von Alten），她注视着游行，连呼吸都仿佛变得更加自由了，她再次为自己生是德国人而感到自豪。这群制服规整的人整整游行了六个小时，她心中震动，在给女儿的信中写道："德国真的在觉醒。"她和家人一致认为，要是没有冲锋队站出来约束纪律，一定会发生一场全面内战，"绝不是小打小闹的程度"。她们投票，是希望希特勒能将她们从共产党人——某种程度上，还有社民党人——的暴力中拯救出来。[29]然而，打动这些选民的不只是爱国主义或对红党的恐惧，更是因为他们目睹了太多社会苦难，寄希望于希特勒能解决这一切。在 1932 年 7 月的国会选举中，纳粹党在布伦瑞克获得了 47.98% 的选票，而在下萨克森州的众多地区——其中包括卡尔·迪克法尔登的家乡——得票数有 45.2%，两者均高于全国平均水平 37.3%。

相比之下，在离苏联更近的东普鲁士，纳粹党选择将反马克思主义作为主要诉求。当地的纳粹领导人声称，虽然党在 1930 年至 1931 年推动中产阶级选民远离保守派和自由派方面，取得了较大进展，但必须承认"（内部的）马克思主义城堡依然坚不可摧。它仍然是我们的民族敌人犹太人的避难所和希望所在"。纳粹党试图摘取苏联报刊上的内容，宣扬该国的社会充满灾难，政治局势专横残暴。[30]1933 年 3 月，最后一次自由选举，纳粹党在遥远的东普鲁士取得奇效，赢得了 56.5% 的多数选票。[31]

在东萨克森州，从 1929 年开始，纳粹党举办了无数场公开集会，数量加起来超过社民党、共产党和其他竞争对手的总和。[32]虽然纳粹党行动积极，但据 1930 年对东萨克森州的一项调查显示，还是有一些村民对希特勒闻所未闻。[33]而且直到 1932 年底，纳粹党在党员人数和分支规模上都落后于比它更大的社民党。然而，在萨克森这片工业化程度较高的土地上，约有 50% 的人口属于工人阶级，纳粹从中吸纳了 40% 的成员。[34]在 1932 年 7 月的国会选举中，纳粹党在萨克森州获得了 41.31% 的选票，成为萨克森迄今为止最大的政党。11 月，得票数下降至 36.63%，但到了 1933 年 3 月的选举，当地 91.62% 的居民走出家门，前往投票站，又将投票拉回至 44.96%。[35]

萨克森州以深远的反犹传统远近闻名，大区长官马丁·穆奇曼（Martin Mutschmann）早年曾加入过反犹组织日耳曼种族防御与反抗同盟，他的竞争对手马丁·冯·基林格（Martin von Killinger）稍微年轻一些，但也在各种右翼准军事组织中有着可疑的过去，两人都从未避讳过自己的主张。[36]尽管如此，一项关于施瓦岑贝格（人数一万出头）——1928 年至 1932 年间，这里是纳粹主义的选举堡垒——的调查显示，在总共 711 场公开集会上，反犹主题仅出现了五次。然而，对犹太人的敌意却四处渗透，几乎已成为一种家常便饭。"11 月革命 / 德国的苦难"这一类宽泛概念最吸引眼球，产生了 195 场讨论集会；"反马克思主义"有 75 场；简单标记为"纳粹党 / 希特勒"的有 161 场。这些集会都曾穿插提及反犹话题。[37]但总的来说，萨克森州的工人和工人以外的选民似乎是被一系列朝气蓬勃的前景给迷住了，尤其是创建一个新的

123

人民共同体，在这个地区，这一概念就相当于社会主义、民族主义、威权主义以及反对阶级斗争和左翼国际主义政党的一句战斗口号。[38]

我们有一份 1930 年波罗的海度假小镇——波美拉尼亚的阿尔贝克（Pomeranian Ahlbeck）的数据快照，上面显示，"靠海"的人大都倾向于将票投给民族主义者，而"村落里的人"则更支持社会主义者。那年 9 月过后，纳粹党成了村落里势头最盛的党派，人们不禁猜想，投给它的那 700 张选票究竟从何而来？附近更大一点的斯维内明德也出现了类似的情况，还有奥斯特维内（Ostswine）和黑灵斯多夫（Heringsdorf）——两年前希特勒的政党只在那里获得了一票。投票者也许是年轻选民，也许是不愿操心这些事的人。记者卡罗拉·施特恩（Carola Stern）曾写过一部以阿尔贝克为背景的自传体小说，里面虚构了一个人物汉斯·施旺特，他提醒自己的嫂子艾拉·阿斯穆斯，说他已经预测到了选举的最终结果。毕竟只有希特勒"解释了经济危机的来龙去脉，还给出了应对之道"。艾拉经历过"一战"，无论是 1918 年的德国革命、《凡尔赛和约》，还是大萧条时期满街游荡的失业者，都让她心头烦闷。她在这个度假小镇上经营着一家小招待所，大城市的客人会不会不再来了？破产的阴影始终萦绕心间。根据汉斯的说法，"犹太人肯定策划着什么阴谋，他们在经济上翻云覆雨，就连西方财阀政府也能玩弄于股掌之间。在莫斯科，犹太人还是世界布尔什维主义的领导者，德国将要被榨干血汗。一个没有犹太人的国家政治和经济，就是阿道夫·希特勒想要的"。艾拉听完这个故事后困惑不已，但有一件事情她很清楚：真的不能再这样下去了。[39]

124

对比之下，在更信奉天主教的美因茨-科布伦茨-特里尔地区，以及莱茵河下游的科隆和杜塞尔多夫，1932 年，两次选举前后，纳粹党都没有赢得多数选票。中等城市科布伦茨（1933 年人口达到 65 257 人）大多人是天主教徒（51 200 人），但仍有 12 855 名新教徒和 669 名犹太人。[40] 至少从 1926 年开始，当地的纳粹党就清晰无疑地表明了自己的反犹主义立场，并配合着抵制镇上的犹太百货公司。当年 12 月，政党举行了一次宣传游行，反复播放车上的口号，大声疾呼："德国人，不要在犹太人那里买圣诞礼物！""德国人只在基督徒那里买！""避开犹太人的百货公司！"

1928 年 8 月，大区长官罗伯特·莱伊（Robert Ley）博士发表讲话时，提到了党的社会主义主张。[41] 在新领导人古斯塔夫·西蒙（Gustav Simon）的帮助下，科布伦茨也成为纳粹党的堡垒之一，尽管这一重大转变后来才发生。1931 年 4 月 21 日，希特勒闪电式来访，分别到达巴特克罗伊茨纳赫（Bad Kreuznach，引来观众 1.5 万至 2 万人）、科布伦茨（观众 1.2 万人）和特里尔（大约 1 万人）。他的演说要旨是，敌人正在四处抹黑他的政治纲领——在这个葡萄酒产区，敌人声称他想引入禁酒令；在天主教地区，他们说他不信罗马教宗，反向奥丁①祈祷；在新教地区，又污蔑他想让国家臣服于罗马；在工人阶级地区，他们造谣他是大资本家的朋友；对着工厂老板，又诽谤他是布尔什维克；在大城市，他们说希特勒是农民的奴隶；在乡村，又传他想把土地收归国有。一切都是谎言，他说。他真正能承诺的是什么呢？他只想要一个人民共同体，一个统一的德国，而这只有纳粹党才能实现，其他政

---

① Odin，日耳曼异教中的神，在古英语中称为"Wöden"。——译者注

党全都无法指望。[42]不管这一主张多么诱人，天主教徒仍顽强地忠实于自己的政党。到了1933年3月，科布伦茨-特里尔和杜塞尔多夫东部的另一个天主教地区，仍然是全德国仅有的两个天主教中央党占据主导的地区，纳粹党完全不敌。但以科布伦茨整体而计，希特勒的政党获得了41.2%的选票，而天主教中央党只有31.4%。[43]

在巴伐利亚州的下弗兰肯，82.5%的居民是天主教徒。1930年8月，希特勒来到这里的主要城市维尔茨堡访问，人们可能会想当然地以为，他不会吸引到太多观众。然而，在一个座席收费一马克、一个站席收费半马克的情况下，他最后拢共收到五六千之多，人们从全区各地潮水般涌来。演讲开始前，由乐队开道，冲锋队、党卫队和希特勒青年团紧缀其后，气宇轩昂地展开游行。接着，地方党魁兼大区长官奥托·赫尔穆特（Otto Hellmuth）简短致辞，介绍希特勒隆重登场。甫一登台，希特勒张口便道，他不会对任何特定组织轻易许下承诺，因为民族社会主义纲领"完全是意识形态的自白"（*rein weltanschauliches Bekenntnis*）。他们的斗争并非只为赢得多数席位，而是要去争取"整个世界观的全新转向"。政治兹事体大，不只关乎个人，更关乎政体，但自"一战"以来，政体已严重溃败。犹太人这个"异族"和"国民害虫"，国家必须清理干净。纳粹党将在几年后"通过合法手段征服整个德国人民"，并为其"解放"开辟一条康庄大道。警方指出，现场观众闻言"掌声雷动"。从当晚的热烈气氛来看，该党肯定能在即将到来的选举中满载而归——但是没有，因为这一次，天主教发出了强硬的反对声。[44]

天主教徒大体上都遵循着神职人员的警告。比如1931年初，美因茨、弗莱堡和罗滕堡的主教曾共同发声，指出民族社会主义"不符合天主教教义"。[45]然而，到了魏玛共和国末期，社会上强烈的右倾趋势也使一些笃信教义的天主教徒偏离了正轨。他们背弃民主，希望克服国内分歧，建立一个新的德国。因此，尽管天主教教义和纳粹主义之间存在着种种差异，但在俗众眼中二者仍有共同之处，这一群体到了第三帝国时期开始发展壮大。[46]

为了赢得选举，希特勒的政党必须获得大城市的支持，冲锋队在柏林和汉堡等中心城市展开了激烈的斗争。柏林的一名职员弗朗茨·高尔（Franz Göll）在日记中写道，选民们都相信了部分宣传说辞。多亏历史学家彼得·弗里切（Peter Fritzsche）在考古研究中发现了这批档案，让我们得以追踪到此人的一些政治动机。高尔出生于 1899 年，曾在 20 世纪 20 年代初一时兴起，参与过种族主义运动，又儿戏般地转向左翼，之后便在两者之间反复横跳。1921 年，他试图发表自己的宣言"救赎之路"，但没有成功。他想通过宣言来表达，或许只有天降伟人才能拯救德国。十年后，尽管他的境况还算过得去，但他掉转枪头，将写作的笔锋对准了反犹主义，视犹太人为掠夺者。1932 年 9 月，纳粹党得到了迄今为止最满意的一次选举得票，之后不久，高尔第一次在日记中提到民族社会主义者。作为他们的选民，高尔认为纳粹党引领了"德国人民的复兴运动"，他期望能跟犹太人来一场"彻底的对抗"。但仅仅几年之后，他的日记就对第三帝国产生了反感，因为他痛恨该政权入侵他的私人领域，不过，此时再改变想法已为时过晚。说来也怪，他的日记在 1945 年之后还保留着民族社会主义遗风，并证实了希特勒在 20 世纪 30 年代的确制定过反犹法。[47]

纳粹党并未放弃从左翼政党手中争取工人的努力。1931

年 1 月，它正式承认了一个致力于帮助社会特定群体的专门组织，即新成立的民族社会主义工厂组织（Nationalsozialistische Betriebszellenorganisation, NSBO），又称工厂细胞组织。希特勒的意图是让它"在工厂里充当冲锋队这样的角色"，在争取工人方面成为"纳粹党的意识形态战斗部队"。[48]谣言甚嚣尘上，说希特勒的政党一直在接受大企业的贿赂。为了使谣言不攻自破，民族社会主义工厂组织定下了反资本主义的基调。在宣传社会主义时，它承诺会将工人纳入和谐统一的人民共同体，阶级斗争永不再有，工人也会享受到纲领现今只对富人开放的福利。通过打破所谓国际犹太金融对经济的把控，并尽可能地节省资金，新政体将以极低的成本造福大众，能够创造劳动价值的工程和义务劳工服务都将得到回报。柏林总部告诉民族社会主义工厂组织成员，如果他们之前是工会成员，就先按兵不动，努力从内部破坏工会，然后伺机等待同盟者规模壮大，组建一个纳粹自己的分会。[49]1932 年底，民族社会主义工厂组织的成员增加到 30 万人，但与社民党下属的自由工会百万大军相比，仍然相形见绌。失业率上升后，后者的规模有所缩减，但民族社会主义工厂组织的人数也并未高升。不过，到了魏玛共和国末期，工人群体终于开始转向民族社会主义。[50]

1932 年 7 月 31 日，联邦大选期间，本就高度政治化的社会氛围越发如同烈火烹油。运转顺畅的纳粹宣传机器将希特勒的学说带到大街小巷，背后又有冲锋队的暴力作为后盾。4 月 13 日，冲锋队在全国范围内遭到禁止，但新总理弗朗茨·冯·巴本（Franz von Papen）上台后，于 6 月 14 日解除了禁令，时间正好赶上大选。纳粹党以 230 个席位从大选中脱颖而出，遥遥领先于拥有 133

个席位的社民党，成为国会中最大的政党。共产党的席位从 12 增加到 89，地主们为此提心吊胆。保守的德意志民族人民党的支持人数虽然大不如前，但仍然有 37 个席位，它联合纳粹党和共产党，以国会 608 个席位的多数派姿态，拒不接受魏玛共和国及其宪法的有效性。[51] 虽然互有重叠，有时甚至相互倾轧，但每个政党都提出了自己反民主的意识形态，不过，只有民族社会主义者有效运用了这种论调，在其他竞争对手中一骑绝尘。[52]

在柏林，某种程度上汉堡也算，纳粹党能够取得何种进展完全取决于社民党和共产党的分裂程度，它们是工人票仓的两个主要竞争对手。[53] 即便如此，希特勒的政党在大城市里仍然犹如一个政治局外人，尤其是在天主教徒密布的杜塞尔多夫和科隆等城市，纳粹党的得票数都低于全国平均水平。尽管总部就在慕尼黑，和当地的大人物也多有来往，但在这个信奉天主教的城市，纳粹的得票数仅仅只是过得去而已。

冲锋队有时会在游行中侵入敌方领地，引发街头混战，造成众多死伤。1932 年 7 月 17 日，在汉堡市的阿尔托纳区（Altona）就发生过一次这样的事件。当时冲锋队从周边地区集结了 7 000 人左右，聚在火车站，他们的敌人共产党人也是如此。在游行中，狙击手开了第一枪，火拼就此点燃。虽然警方后来有过介入，但这场白热化的激战一直持续到深夜，造成 100 人受伤，18 人死亡。这一事件被称为"阿尔托纳的血色星期天"，臭名昭著。[54]

大萧条引发的政治暴力日益升级，这还只是其中一个比较离奇的案例，暴力愈发加剧了失业，社会绝望带来的危机感铺天盖地。据冲锋队自己的保险公司说，成员的重伤人数从 1930 年的 2 506 例增加到 1932 年的 14 005 人。[55] 1930 年至 1932 年间，各

128

种准军事部队之间冲突频发，一共导致 143 名冲锋队成员、171 名身穿制服的共产党人和 32 名社民党人丧生。1931 年，死伤者总数增至 8 248 人，其中包括 4 699 名民族社会主义者、1 228 名共产党人、1 696 名社会主义准军事组织成员以及 625 名"钢盔团"（Stahlhelm，最初是一个退伍军人协会）成员。[56] 1930 年 4 月，纳粹冲锋队的保险金增加到了 30 芬尼，组织将其捐给了一个新成立的"救济基金"，这笔钱大部分都用到了冲锋队的伤员身上。为了支持这些街头斗士，党制定了一套较为实用的社会主义准则，人人都要出手相助，可以是金钱、实物，也可以是时间，或是购买冲锋队牌子的香烟。在那些觉得自己被魏玛"体制"抛弃的人看来，这里真是另一个社会。[57]

民主党国会议员哈里·凯斯勒伯爵（Harry Graf Kessler）是一位高尚的知识分子，崇尚和平，他在 1932 年 6 月底认为国家正在分崩离析。发表国会演讲时，他说，"这场（共产党和纳粹之间的）激进斗争与十六七世纪的宗教战争有某种相似之处"，当前"意识形态之间激烈的武装争端"绝不会互相妥协，"因此痛苦与仇恨将永不停歇"。[58]

在 11 月 6 日的另一场联邦选举中，民族社会主义势头稍减，从 230 席跌至 196 席。而对纳粹支持者而言，这一惊人的下降非常糟糕，因为共产党的席位已经从 89 上升到了 100。在工业发达的莱茵-鲁尔区，纳粹党更注重鼓吹"民族"，而非"国际社会主义"——重点在后一个词上——他们承诺会带来一个由"武力和智慧组成的人民共同体"，其中混杂着大量的反犹主义。在大萧条来临后，该地区的党员人数呈稳步增长态势，但选民却依然反响平平。[59]

129

　　大资本家的立场是什么？纳粹在1930年初取得的选举成绩震惊了整个商界，尤其是在新国会上，纳粹提出了一系列带有明显社会主义色彩的法案，包括将大银行国有化、没收纳粹眼中的不义之财、取缔股票市场。一家亲商界报纸在社论中总结道，1930年与1931年交替之际，该党之所以声名鹊起，是因为其意识形态囊括了"反和平的民族主义、'野蛮的'反犹主义和'问题重重的社会主义'"。[60] 1930年9月，普鲁士内政部的一篇长文分析了纳粹对私有财产的态度，指出演说者对城市选民采用一套话术，对农民、大农场主和工业领袖又是另一套话术。[61]

　　若想掌权，至少要获得德国商业大亨的容忍，早些时候，希特勒多次尝试赚取他们的信任。他曾一度对亨利·福特的商业成就大表钦佩，还推荐了这位美国人的《国际犹太人》，这本可耻之作于1921年被译为德文。然而，不知什么原因，十年后，《我的奋斗》甚至连福特的名字都删去了。[62] 1930年初，希特勒断然否认他曾要求任何人去联系亨利·福特提供资金支持。[63]

　　1932年1月26日，在杜塞尔多夫的一家工业俱乐部，他面向七八百个德国经济精英发表了那场相当著名的演讲。有人指控他对权贵和普通人摆出两套主张，他觉得自己必须要对此做出驳斥。[64] 当然，他一定不能提到任何社会主义话语。[65] 一开场，他就做了简单的辩护——传言说他的党派以反对商业而出名，这是造谣，因为他完全支持私有财产。接着，他沉吟片刻，开始大谈"理念"在历史上起到的作用。当时德国正遭受着有史以来最严重的经济危机——大萧条，但他没有提出任何建议，也没有轻易许诺，对他而言，一切问题的根源都是国家在两种世界观之间的分裂。正如他喜欢宣扬的那样，布尔什维主义"占领了欧洲和

130

亚洲的大部分地区", 再加上"欧洲白人在思想上乱象丛生", 如此一来, 共产主义一定会占领整个欧洲大陆。在德国, 一半的国民已经追随共产主义而去, 如果民族社会主义运动无法生成一股强大的反制力量, 那么共产主义将横扫整个德国。最后的结局就是他那典型的非此即彼论——德国正处于一个转折点: "要么我们努力从党派、协会、组织、世界观、傲慢的等级和疯狂的阶级中塑造出一个坚如磐石的政体, 要么德国将因缺乏这种内在的团结而彻底灭亡。"[66]

他不是来筹款的, "不, 我来这里是想提出一个展望。我相信, 只有这一展望取得了胜利, 德国经济才有可能开始复苏"。物质本身并不能像理念一样推动历史, 诸君如果回顾历史, 就会意识到"理念的巨大力量"。他的政党不是为了外交政策在斗争, 而是为了建立"一个完全自内部重生的德国政体 [Volkskörper]", 同时对"任何试图摧毁或覆灭"新社会的人毫不留情、绝无宽仁。只有在政体重建之后, 才有可能考虑德国有限的生存空间问题, 但他并没有暗示要采取任何冒险的外交政策, 对犹太人也只字未提。

他的政府是否会为缓解经济萧条制订任何政策或计划, 他没有说起, 因此, 他没能赢得大企业的支持也许并不令人意外。更糟糕的是, 就连纳粹的忠实信徒都对这场演说文稿的印刷版本表现出了反感, 纳粹党总部不得不赶紧发布免责声明, 颂扬工会主义的美德, 谴责资本家的减薪提议, 并抨击现任政府削减社会保险和养老金的计划。无论希特勒在一开始与商界接触后获得了多少支持, 这些声明都使它们大打折扣。[67] 尽管如此, 他向德国的经济精英们所展示的无愧于心的姿态, 还是增加了他的声望,

131

也令他的"同路人"大为自满，比如实业家弗里茨·蒂森（Fritz Thyssen）多少还提供了一些经济援助。从好的方面来说，希特勒对大企业所做的努力使该党看起来更加可敬了，这也为他们未来的再次接触铺平了道路。[68]

1932年，希特勒全身心投入到动员选民的工作中。这一年除了选举，还是选举。2月22日，戈培尔当众宣布他们的领导人将竞选总统一职，一切便都紧锣密鼓地开始了。这位军衔寒微的步兵将与现任国家元首——备受尊敬的陆军元帅保罗·冯·兴登堡（Paul von Hindenburg）竞争，后者当时已年过八旬。竞选日期为2月27日至3月11日，在此期间，纳粹并没有提出新的理念，反而第一次把重点放在了将"德国年轻的元首"塑造成"伟人"上面，宣称他能够完成"老总统"无法完成的使命。[69]希特勒小心谨慎，避免践踏到兴登堡神圣的形象，他在发出挑战宣言时这样说道："老人家，您太值得我们赞美了，因此我们不能容忍您的身后站着我们想要消灭的人。很遗憾，您必须靠边站，因为他们正要大动干戈，而我们也要亮出武器了。"[70]3月13日，选举结果出炉，希特勒排在兴登堡之后，但两位候选人都没有赢得多数票，于是他们进入第二轮决选。

在第二轮投票开始前的一天，希特勒发表了一份简短的宣言，名为"我的纲领"。他将多年来四处宣讲的要旨浓缩进了这份宣言里，但有两点是例外，里面既没有提到"犹太人问题"，也没有涉及对生存空间的需求——社会正在四分五裂，"未来德国领导人的最大使命，是将我们人民现有的社会主义和民族主义元素糅合起来，重建一个新的德国人民共同体"。他承认自己是一个社会主义者，因为他实在无法理解，"怎么一台机器能被小心对待、温柔呵护，反而劳动最高贵的代表——人自己，却任其毁灭"！另一方面，民主和议会制漏洞百出，它们必须让位给一个强有力的领导体制，"克服并消灭"马克思主义的每一个迹象，尤其是"毒害和破坏国族的文化布尔什维克主义"。尽管他一如既往地反对"借贷资本主义"，因为它"正缓慢而凶狠地扼杀着经济"，但他给选民开出的都是些含糊其辞的承诺。[71]

132　　在谈到女性问题时，他赞成女人成为男人的同志，但更重要的是，她们最好成为母亲。这引来了媒体的狂轰滥炸，指控他万一当选，女性将丧失权利。他的回答是，党绝对不会将女性从工作岗位上赶走，那样做太愚蠢了，毕竟她们还是男人的同志。他重视家庭，称结婚生子永远不应成为负担。尽管他时不时就反口，但此时此刻，他说男女两性都拥有同样的权利和义务。[72]

　　事实上，早在 1931 年 10 月，党就成立了民族社会主义妇女联盟（NS-Frauenschaft, NSF），尝试动员女性。为了吸引种族主义信众、保守派，甚至是基督教里的积极分子，妇女联盟在一定程度上放弃了倡导女性做传统角色。它在 1932 年初的一份小册子中指出，民族社会主义已经认识到过去五十年社会发生的巨大变化，因此在不越过婚姻、家庭和母亲三个女性天职的雷池下，他们完全可以教育并融合所有妇女。妇女联盟如今支持女性"为整个民族服务"，用她们某位领导人的话来说——女性要创造一个"以民族社会主义为基础的人民共同体"。[73]

　　在与兴登堡的竞选中，希特勒首次创新性地利用飞机来最大限度地扩散他的影响力，每天他可以做到在三四个城市发表演讲。[74]第三帝国时期的选举和公民投票一向有预演的惯例，1932年初，各地总部向下面发出详细指令，要求他们在那个重大日子到来时仔细遵守。[75] 兴登堡则是利用全国广播来拉票，他的竞选活动——相比希特勒，投入的资金更多——非常复杂，但最终也奏效了。[76] 在这次选举中，希特勒闭口不提犹太人，因为他认为，如果此时推动反犹，很可能会流失许多支持率。4 月 10 日，他赢得 13 418 547 张选票，比第一轮多了 200 多万，但仍未能如愿——因为兴登堡赢得了绝对的多数票。

　　1930 年至 1931 年间，希特勒经常谈到或是写到对生存空间的需求。然而，在 1932 年这个选举大年，他提之甚少，只在 1 月份简短阐述了人口规模和空间之间的关系，而且主要指向经济意义。[77] 除此以外，他对这个问题全程保持沉默。4 月，他发表"纲领"公告，完全跳过生存空间问题，6 月、7 月，试探性地一笔带过。[78] 直到 10 月他才多谈了一些，并相当概略地说了一番它对生活水平的影响。[79]

　　1932 年的政治竞选，全国和州级选举加起来不下 15 次，希特勒不断强调那个最重要的意识形态观点，即将全国人民团结起来，凝聚成一个人民共同体。在 4 月发表的"纲领"中，他指出，未来德国政治家的最大使命，就是将国内现有的社会主义和民族主义元素"合并成一个新的人民共同体"。当月下旬，他谈到要领导一场全国性的复兴运动，建立一个由武力和智慧组成的工人团体，让工人与农民共筑内部团结。他向反对派也伸出了橄榄枝，期盼有一天共产党人和社民党人能够找到通往人民共同体的道路。6 月，他认为，现在有数百万人相信民族社会主义是民族主义和社会主义的结合体，这简直是一个奇迹。阶级斗争和党派纷争终于可以结束了。他声称，只要民族主义和社会主义还在分裂，一旦敌人联合起来，它们就将溃不成军，但若有一天两者"融为一体，它

133

们将无往不胜".[80]

7月选举过后，10月他又一次旧话重提。在11月的竞选活动中，"人民共同体"这一话题被推至巅峰，希特勒的论点是，已经有1 400万人——纳粹的积极分子和选民——隶属于这个共同体，其他人还在等什么呢? [81]据他说，最大的拦路虎就是马克思主义，这种世界观必须被击溃，然后由人民共同体这个更优越的新理念取而代之。如果这种意识形态成功了，则德国复兴有望; 如果没有，那么从长远来看，拯救德国一片渺茫。[82]未来，实现社会阶层和各行各业的和谐是最伟大的任务。[83]

10月底，距离大选只有一周的时间，希特勒谈到了即将到来的第三帝国，称其超越了阶级。[84]他说，帝国将由工人、农民、工匠等广大群众组成，届时国家内部的一切社会分歧与宗教之争都将化为乌有。[85]帝国新闻部部长奥托·迪特里希（Otto Dietrich）于1931年秋天站到了希特勒的队伍里，他在回忆录中表示，绝大多数选民都对人民共同体将消灭阶级斗争并"解决犹太人问题"深信不疑。民族社会主义创造的新世界将以社会主义的效率原则为基础，机会均等——特别是在教育方面——"打破借贷利息之奴役"，这就是希特勒想要实现的社会正义与和谐。[86]

"人民共同体"这一概念成为纳粹党在农村地区的一块金字招牌，在农民心中，它意蕴深远，既能弥补农村和城市之间的差距，又能保护他们的利益。纳粹党还成功拉拢了农村的意见领袖，如新教牧师、教师，以及一些地主贵族。[87]

党内一直悬而未决的问题这时也到了紧要关头，主要体现在思想更偏社会主义的格雷戈尔·施特拉塞尔身上，他认为民族社会主义理念比什么领导人都重要。1932年底，新上台的总理库尔

134

特·冯·施莱谢尔（Kurt von Schleicher）组建了一个社会派别混乱、政治成分复杂的新内阁，试图越过希特勒，将施特拉塞尔纳入麾下。冲突由此爆发。纳粹党的选举势头这时稍有回落，财政问题又浮出水面，形势不容小觑。正如戈培尔在日记中所言，所有这些问题都让他和同志们感到万分沮丧。[88]希特勒劝说纳粹国会议员站在他这一边，坚持"宁为玉碎，不为瓦全"的方针，不做任何妥协，争取总理职位。12月8日，随着事态的发展，施特拉塞尔辞去党内所有职务，一场针对领导层的信任危机悄然酝酿。[89]新闻界抓住痛点，大肆宣扬，各种耸人听闻的标题一拥而上——"一场反对希特勒的宫廷革命""纳粹党的一次领导危机""反叛：施特拉塞尔宣战希特勒"，诸如此类。[90]

在施特拉塞尔发布的辞职信中，他暗示说，希特勒想要放任社会混乱持续下去，好借此登上权力顶峰，但他不同意这一策略。除了希特勒之外，没有人能像他（施特拉塞尔）那样把意识形态问题放在首要位置，"纳粹党所发动的不仅只是一场向宗教靠拢的意识形态运动，也是一个必须抓住一切机会夺权的武装运动，只有这样，才能完成民族社会主义的使命，在方方面面实现德国社会主义"。——他有资格说这番话。[91]

这一切都为希特勒在1932年12月15日发布备忘录提供了条件，他对如何扩大当前的成功做了一番分析。文件再次强调，要服从他的领导，并提醒支持者，他们的目标是"民族社会主义**理念的胜利**"。因此，必须要记住，党组织的存在是为了巩固这份理念，而不是反向压制。"为了传播新的世界观，我们需要的不是全职员工，而是狂热信徒。"[92]

希特勒在1933年的新年宣言中重申，自原初神话般的七人开

135

展运动以来，党已取得了长足的进步。"民族社会主义的运动形式不是由议会政党，而是由一个承载着新型世界观的政党组成。中产阶级的自由主义和国际马克思主义，无论过去还是现在，都是我们的敌人。只有战胜并消灭它们，我们的人民才会重获力量。"他坚持认为，"人性自由主义"已经走到了尽头，"由国际犹太人充当知识的启蒙者"所领导的布尔什维克蕴藏着巨大的危险。为了防止人们忘记他的反犹主义有多么强烈，他继续指责犹太人，说他们引着全球的"劣等种族"对抗文化上更胜一筹的"高等种族"。"掀起世界革命的犹太知识分子领袖"已经占领了苏联，将其变成了"布尔什维主义的分支点和控制中心"，并向外部呈网状辐射，毒害世界其他地区。他声称，德国人的一切文明——文化、道德、爱情、荣誉等——都将被彻底摧毁，而后迎来无尽的混乱。只有意大利人，因为墨索里尼和法西斯主义的胜利，才避开了这种噩运。[93]

136 　　希特勒之所以描摹出这些世界末日般的景象，大概是为了激励政党继续与意识形态上的政敌不懈作战。[94] 为了强化这一点，他细数了 1919 年以来共产主义运动在德国取得的胜利，并表示纳粹队伍中的任何背叛都不会被原谅，政治上的灭亡是他们唯一的下场——施特拉塞尔就是前车之鉴。带着重拾的团结——或者说想象的团结，他们步入新的一年。

　　1933 年 1 月 15 日，利珀州的选举结果出来了，这个新教徒人数呈压倒之势的地区终于给了纳粹党更多反响，此次得票数为39.5%，远超之前的 3.4%。人们是接受了希特勒的领导地位，还是相信了民族社会主义学说？在利珀的某些地方，意识形态只有符合当地的利益才会得到重视。乡村里的穷苦百姓便是举起纳粹党宣扬的"人民共同体"理念，作为手中的武器，与当地的大人物进行政治斗争。[95]因此，纳粹党的成功背后，是多方微观政治结构互相博弈的结果，这些都与希特勒毫无关系。假如该党没有在利珀赢得多数票，它还能继续向前，但反观大多数其他政党，尤其是纳粹的竞争对手德意志民族人民党，却已优势尽失。不过，共产党的选票几乎翻了一番，这刺痛了"善良的公民们"，感到"红党"的威胁正节节逼近。[96]

利珀州的胜利正好给了希特勒一个发挥的机会。1 月 15 日，在魏玛的城市广场上，他聚集了 4 500 名冲锋队、党卫队和希特勒青年团的成员，对他们咆哮道，有些人说我们的运动正在衰落，这些结果就是最好的反驳！"我们为了权力而斗争，无论以何种方式，都要坚持到底。"下午晚些时候，他在魏玛大厅向图林根州的党魁们继续诉说这一主题，劝他们保持耐心，并暗示他将很快采取措施。他再次表示，他们的意识形态决定了用什么来代替民主。德国越是成为"腐烂分解"的牺牲品——一种针对犹太人影响的隐晦暗语——他们的使命就越是艰巨。目标快要实现了，忠诚的信徒绝不能在此时弃党而去。当他怒吼着说出自己永远不会放弃时，现场三千多人当即起立，报以响彻云霄的掌声。[97]

五天之后，希特勒不知疲倦地在柏林一万多名纳粹党、冲锋队和党卫队的领导人面前，继续这场宣传战役。他说，他们只想要一个人民共同体，一个种族"净化"、社会和谐的共同体，而不是一个在社会、经济和宗教上四分五裂的国家。有人可能会问："这真的有意义吗？你们能达到这个目标吗？时间会不会太少了？"他的回答是，几个世纪以来，先贤与我辈前仆后继，"不管怎样，我们都将战斗到最后一天"。他们要播下理念的种子，等待其发芽

137

生长。"通往天堂的路不是一蹴而就的,我们必须为之奋斗。自由之门也不会自动敞开,我们必须自己打开。我们在为一个新的国度而战!坚韧是领导者的使命!"[98]无论发生什么,他都会高声大喊:"我们的船从未偏离最初的航线。如果有人问,要是船沉了呢?——那就沉吧!作为舵手,我将最后一个离开,决不会弃船而去!"全场响起热烈的掌声。[99]忠实信徒们完全追随着他的脚步,党一旦掌握大权,它的意识形态性质将展露得更加明显。[100]

普通民众为什么会选择民族社会主义党,原因不一而足,但每一个迈出这一步的人,都知道它代表着什么。纳粹党在所有社会阶层中都获得了支持,有 40% 的选票来自工人阶级,但这个数字比起工人在总人口中所占的比例,仍然略显不足——这真是令人失望,因为党已经拼了命地去争取工人远离那两个马克思主义政党。另外 60% 的选票来自定义混乱的"中产阶级",这一部分人群则远远高于它在人口中所占的比例。失业是将选民推向希特勒的一个间接原因。失业者最初投奔的是共产党,但随着该党的壮大,失业办公室前的队伍越排越长,有头有脸的人深为忧虑,因此大多数人都转向了纳粹党。[101]

宗教是另一个关键因素,在纳粹选民中,天主教徒不具备代表性,新教徒的比例却很高。党在农村地区的收获也远胜大城市。[102]在一些农村地区,纳粹党的选票更多来自中农,大地主和贫农的支持率则不如前者。[103]瓦尔特·达雷所领导的农业政治机构在"血与土"的意识形态指导下,将农民描绘成国家的主要阶级,因为他们可以为种族的复兴提供"血液来源"。在纳粹党的推动下,农民相信,这场激进的民族主义运动完全值得他们投入。纳粹党一旦当选,将会站在农村人民的立场上,支持粮食自

138

给自足。[104]

　　1933 年初，希特勒上任在即，他的议程上摆满了问题。比如他将采取什么措施来巩固民族社会主义？他对"犹太人问题"和反犹主义如此热切，这会引发什么？在社会主义和资本主义并存的情况下，新政权如何让经济恢复运转？纳粹选民沉迷于人民共同体的美好前景，但国家能负担得起那些种类繁多的社会项目吗？他曾承诺要撕毁《凡尔赛和约》，争取"生存空间"，后续会如何发展？怎么给这些宏伟的议程排出优先级？如何应对大城市里数量众多的反对派？是否要用全面镇压来恐吓对手屈服？面对日新月异的变化，国家会坐井观天吗，还是通变达权？种种棘手要命的难题堆积在新一届希特勒政府的台面上，而这个分裂的国家对未来的展望显然喜忧参半。

第6章
民族社会主义掌权

1933 年 1 月 30 日，希特勒终于被任命为总理，前方等待着忠实信徒的是什么？尽管他没有做出一系列承诺——在这方面他并不是一个典型的政客——但从他多年喋喋不休的演讲来看，国家复苏的前景就在不远，一个新的社会正旭日东升。另一方面，对于自己的社会主义和反犹主义，他从未阐明任何细节，有时甚至还刻意淡化。新闻零星透露过他的计划片段，普通民众对此作何解读？接下来将发生什么？

事实上，当希特勒谈到 1918—1919 年的德国革命因何失败时，他已经在《我的奋斗》中制订了一份详尽的政治策略。剧变摧毁了国家的权威，若要重建，则应该着眼于三个支柱：民意、强权与传统。而对于 1932 年至 1933 年的革命形势，这套机制是否合用？毋庸置疑，他已经是德国最受民众欢迎的政治家，但他说，民意若不与武力相结合，则无法长久，而武力在必要时可以"赢回"政敌，但不用像俄国革命那样将其彻底歼灭。他知道要对冯·兴登堡总统以及军队保持信心，这一点不用别人提醒，因为两者象征着国家的传统。[1]

他是如何将民意、强权与传统结合起来，构筑他渴望已久、不可撼动的政治权威的？在《我的奋斗》最长的一章，希特勒给他所谓的种族国家拟定了大量教育任务，其中最为突出的就是种族保护。尽管他对国家的形式和结构缄口不提，但它一定比1933年初更加集权、更具侵略性。[2]当他在20世纪20年代中期勾勒自己的希望时，他坚称"革命的意义和目的不在于推倒整座大厦，而是要把那些坏的或者说不合适的东西拆除掉"。[3]为此，国家必须按照他的意志来，但他保证这绝不是极权主义。

1月30日上午，希特勒与前总理弗朗茨·冯·巴本、德意志民族人民党领袖阿尔弗雷德·胡根贝格（Alfred Hugenberg）达成协议，几分钟后，他去会见了兴登堡总统。总统最后任命他为总理。[4]下午5点钟，内阁开会讨论《授权法》，即如何能使政府在未经立法机关（国会）批准的情况下通过法律。[5]奇怪的是，希特勒内阁中的许多助手几乎都不是纳粹，而是保守派，但他们却愿意帮他一起摧毁民主的残躯。新任副总理弗朗茨·冯·巴本在第一次内阁会议上实事求是地指出，"永远都不要再回归到议会制"。[6]

从当晚7点到凌晨1点，冲锋队、党卫队和纳粹党的数千名成员在总理府门前游行，为大获全胜的领导人和年迈的老总统庆祝。[7]这是忠实信徒的荣耀时刻，无数卐字旗和传统的黑白红旗迎风飘扬，浩荡如海，象征着兴登堡和希特勒为1871年建立的德意志帝国，做出了不懈奋斗。据估计，游行规模接近一百万人。狂热的"*Aufbruchstimmung*"（觉醒）运动席卷了社会大部，认真算起来，甚至远不止一百万人。[8]

2月1日，新总理通过广播宣读了一则公告，概述国家正在面临的问题，而后表示他希望采取相对保守的措施。他说，战争之

140

后，国家接连丧失团结、荣誉与自由，为纷繁的政治观点、经济利益以及混乱的世界观所搅扰。历史已经表明，国内若四分五裂，国际地位也会随之下降。他坚定地宣布，新政府将以基督教为道德基础，以家庭为国族之生殖细胞，希望能够唤醒所有阶层和团体的种族与民族意识。最后，他庄严宣告："德国绝无可能陷入无政府的共产主义。"[9]

除此以外，他雄心勃勃地呼吁对经济进行重组，拯救农民于破产之中，解决失业问题，为整个经济体的复兴与繁荣奠定前提条件。他既不会推行疯狂的国有化计划，也不会触及私有财产。随着秩序的恢复和"阶级斗争之乱象"的消除，国家将腾出手履行国际责任。在外交政策方面，他希望德国能恢复自由，重新拥有处理国际事务的平等权利。他还表示："如果做重建工作也要得到那群破坏者的许可，就太愚蠢了。马克思主义政党及其走狗花了十四年的时间大展身手，结果呢？就是这一堆废墟。"[10]

2月2日，内阁通过了一项全面"保护德国人民"的紧急法令，由前巴本政府制定。两天后法令正式通过，赋予了警察大量权力。希特勒数度想取缔共产党的合法地位，但他克制住了自己，对内阁也加以约束，不准他们对蠢蠢欲动的罢工者采取激进措施。[11]即便如此，根据2月4日的这项法令，违法者仍要被关押"不少于"三个月的时间。社民党旗下的报刊充满讥讽地反问道：希特勒政府上台后，启动的第一条紧急措施，是"反对《凡尔赛和约》吗？还是反对银行？反对借贷利息的奴役？争取工作和面包？不！他反对的是新闻自由和集会自由"。[12]

纳粹党报在2月份刊登了许多有关"柏林血腥恐怖"的报道，控告共产党人在有组织地枪杀冲锋队。[13]一篇文章称，共产党和冲锋队在柏林发生冲突，造成三人死伤。[14]与此同时，当地的纳粹党、冲锋队和党卫队也开始以其人之道，还治其人之身——2月3日至4日晚，柏林冲锋队开枪杀死了一名共产党人；2月5日，一个信仰民族社会主义的高中生杀害了社民党的施塔斯富特市（Stassfurt）市长；一周后，在艾斯莱本（Eisleben），冲锋队又与共产党发生枪战，造成1人死亡，12人重伤。社民党党报发表"艾斯莱本血腥星期天"后，被柏林警察局局长抓住口实，再次关停。对于一些社民党的政客而言，公开露面恐惹杀身之危，已经有人开始悄悄离开德国。[15]

2月5日，在柏林-夏洛滕堡（Charlottenburg）那个有着深厚文化底蕴的福音教堂，希特勒出席了汉斯·埃伯哈德·迈科夫斯基（Hans Eberhard Maikowski）的葬礼，身边簇拥着大批普通民众。[16]大约有60万人聚在一起观看了这场仪式。[17]1月30日，举党同庆的那天，迈科夫斯基从人群中转身回家，却在路上被共产党人射杀，连带着还有一名警察遇害。迈科夫斯基作为冲锋队成员，多年来一直活跃在政治前线——他出生于1908年，十六岁时被准军事组织和军队吸引，1926年加入纳粹冲锋队，成为夏洛滕堡"第33号杀人小队"的领导人之一，恶贯满盈。[18]新政府提议为他举行国葬，社民党人愤愤不平，殊觉可耻。[19]

利用2月4日的紧急法令，新政权暂时关停了共产党和社民党的许多家报纸，这标志着公民权利开始受到剧烈侵蚀。[20]赫尔曼·戈林作为帝国的不管部部长兼普鲁士内政部部长，选择性地撤换掉了一批不合时宜的官员和政务官，甚至包括普鲁士的警察局局长，但他没有用纳粹中坚分子取代，反而启用了一批受过训练、合他心意的老兵。[21]支持者普遍认为，戈林这是用了一把

142

"铁扫帚"来清理地方政府和政敌，但这次扫荡并不彻底。[22]

2月7日，戈林在向柏林警方讲话时，告诫他们说，"在与罪犯和国际乌合之众的战斗中"，必要时不要避讳使用武器。[23]普鲁士是德国最大的州，十天后，他向普鲁士警方下达了一份令人震惊的命令，让他们"用最尖锐的手段打击敌对组织"。如果警察必须要开枪，他本人"会掩护他们的"。党报还在头版刊登了这件事，标题为"毫不留情地用武器打击赤色恐怖分子"。[24]戈林警告道，如果有警察胆敢"虚假执法"，不重拳出击，小心遭到起诉。于是，一场伪合法的"自下而上的恐怖"开始了。[25]

希特勒深思熟虑后，坚持执行他的法律政策，兴登堡总统还允许他可以与国家军方领导人私下交谈。[26]2月3日，库尔特·冯·哈默施泰因（Kurt von Hammerstein）将军邀请新总理前往他位于班德勒大街的住所共进晚餐。[27]一同赴席的还有新任国防部部长维尔纳·冯·勃洛姆堡（Werner von Blomberg）将军，兴登堡认为他能牵制住这位年轻的总理。勃洛姆堡又任命了他的参谋长——值得信赖的职业军官瓦尔特·冯·赖歇瑙（Walther von Reichenau）上校——执掌"军政联络办公室"（Ministerial Office），后者随同30多位军方要人一起出席了晚宴。[28]普通民众或许很喜欢听希特勒无所顾忌地畅谈他的军事计划，但审慎而言，在这种场合，他最好还是不要公开自己的修正主义目标为好。

希特勒当晚的发言留下了两份历史档案，一份来自苏联的间谍报告，另一份则由库尔特·利伯曼（Kurt Liebmann）将军速写而成。尽管两者口吻不同，但在本质上却毫无二致。[29]为了赢得军方的支持，希特勒简要介绍了他的世界观，以及他将如何解决所谓的"德国危机"。他提到最关键的一点是，布尔什维主义正在社会动荡和贫困艰苦中蓬勃发展，给整个欧洲都带来了威胁。[30]

为什么不能再回到民主制？因为它使德国一分为二，一半的人积极拥护民族社会主义，另一半则想方设法压制它；一半的人痛恨叛国行为，另一半则认为叛国是职责所在。因此，希特勒表示，他的首要任务就是夺权，然后"严厉打压"一切腐蚀性的意见。马克思主义必须被"消灭"，据他估计，这需要六到八年的时间。而只有扩大生存空间，制定迁居政策，才能解决德国的深重问题。为了使军队有能力捍卫外交政策，最好招募新兵，因为"扩大德国人民的生存空间，也需要武装力量来保障"。国家所需的空间"可能在东方"，他不怀好意地指出，"吞并另一块土地后，要对被征服的人民实行日耳曼化是不可能的，只能将土地日耳曼化。就像波兰人和法国人在上次战争后所做的那样，我们也将残酷地驱逐数百万人"。这样做之后，五六十年内，他们将拥有一个"焕然一新的健全国家"。而实现这一目标的先决条件是巩固好新秩序，回归传统的国家观。[31]

另一位记录者利伯曼将军，对希特勒的讲话这样总结道："一旦赢得政权，我们该做什么，现在还很难说。也许是争取新的出口选择，也许更好一点——向东征服新的生存空间，并实行残酷的日耳曼化。"国内局势急需扭转，和平主义等态度绝对无法容忍，"谁要是不转向，就强行掰转"。政权将加强青年人的斗争意识，彻底消灭马克思主义，对所有叛国行为一律处以死刑，并"建立最严密的专制主义国家领导体系"。外交政策上，坚决反对《凡尔赛和约》，必须要加强人民的战斗意识，否则一切都是徒劳。经济方面，希特勒将拯救农民，并为不断增长的德国人口规划东部住宅区。军队不必担心会与冲锋队合并；征兵制将再次启动，

144

重整军备势在必行。在年轻人入伍之前，必须把他们头脑中的错误想法清理干净。简而言之，以军队为导向应当成为整个国家的社会价值观。[32]

希特勒在这里透露的信息，要远远多于他在公开场合试探着说出的那些。他明显没有提到任何反犹主义，因为军方自己的反犹态度早就人所共知。[33]他大胆表示，他要建立一个"合法的独裁政权"，军官们应该予以支持。[34]赖歇瑙在向军方下达指令时说："我们必须认识到自己正处于一场革命之中。消除国家的腐败，只能通过恐怖手段。党将对马克思主义采取毫无保留的攻击。武装部队要随时待命。"[35]与别的将军不同，赖歇瑙要求建立的是一支"民族社会主义武装部队"，并要求士兵们"在行动时，以**世界观作为内在动力**"。[36]

145　　不过，当前摆在党面前的一个更加世俗的问题是，如何赢得下一场选举？新政府提出了这样的竞选口号：保卫国家，反对共产主义。1932年11月最后一次联邦大选，共产党收获惊人，得票数590万，一举成为全国第三大政党。共产主义大幅跃升的支持率，让关心自己财产的普通人诚惶诚恐，红党轻而易举便成为新政权拉取选票的靶子。1月底，一些工人阶级聚集的地区抗议四起，其中包括柏林以及莱茵-鲁尔工业区的六个城市，冲锋队于2月初在当地杀掉了一批共产党人。然而，失业大军如此之多，反对派多少也有些士气低落、听天由命了。相比之下，纳粹冲锋队在1932年中期便有了超过50万的积极分子，并且仍在不断壮大，一路高歌猛进。他们出奇制胜，成功让警察将共产党人、社民党人及其他政敌视为挑衅者，如此一来，有组织的反纳粹运动往往无从下手。[37]据社民党新闻部报道，从1933年1月底到2月初，警方不仅驱散游行队伍，还动辄使用暴力。他们叙述了各种冲突，其中尤为明显的是纳粹与共产党人之间的争端。[38]

赫尔曼·戈林从近日的事态发展中，一眼就看出了关键。2月22日，他任命冲锋队、党卫队以及一些"钢盔团"成员为临时警察（Hilfspolizei），这一举措给3月5日按期举行的选举引来了不小的骚乱。柏林警方突袭了共产党总部卡尔·李卜克内西（Karl Liebknecht）大楼，以及他们的许多集会场所。柏林警察局新任政治情报局局长——鲁道夫·迪尔斯（Rudolf Diels）报告说，没有发现什么轰动性的东西，但戈林依然在报刊头条大书特书他们取得了何等重大的成功。[39]一位天主教政治家写信给希特勒，抱怨这些暴行，但只得到了一封讽刺性的回复：作为总理，他也心感不安，并时时警告政党要提防自己队伍中的敌人。他认为这很有可能是马克思主义的卧底，披上了纳粹的制服来诋毁政党。[40]

与2月27日晚发生的柏林国会纵火案相比，所有这些事件都显得微不足道了。当晚，警察局局长鲁道夫·迪尔斯正在著名的克兰茨勒咖啡馆（Kaffee Kranzler）和一位同事见面，突然接到一通报警电话（此前，迪尔斯一直在调查共产党预谋在首都发动叛乱的事，有这种怀疑的不只他一个）。到达现场后，迪尔斯看见警察正在审问纵火嫌疑人——来自荷兰的马里纳斯·范德吕伯（Marinus van der Lubbe），后者公开宣称是他点燃了国会大厦，并承认之前还曾烧毁过首都的其他场所。[41]

这天晚上，希特勒正在戈培尔家吃饭。九点钟电话铃声响起时，戈培尔起身去接，那边告诉他发生了什么。他听后大为震惊，简直难以置信，勉强组织好语言后，他告诉了希特勒。[42]希特勒同样大惊失色，他脱口而出的第一句话是"一定是共产党人"，继

146

而愤怒地大吼道，"我们要反击！"[43] 接着，他和戈培尔飞快动身，前往现场查看。到了国会大楼，迪尔斯、戈林等人正在原地守候。一见面，戈林张口便道："共产主义革命开始了。"希特勒闻言怒不可遏。迪尔斯描述道，"他的脸被怒火和激动烧得紫涨着"，看起来"离爆发不远了；下一秒他尖叫起来，完全失控，我从没见过他这副样子"。迪尔斯转述希特勒的咆哮说："从此再无仁慈可言；凡挡路者，一律杀死。德国人民不会再宽宏大量了。每发现一个共产党官员，立刻就地处决。国会里的共产党员，今晚必须绞死。跟共产党有关的一切都要解决掉。还有社民党和帝国国旗团，不会再手下留情了。"戈林遵照希特勒的命令，低声对迪尔斯说，要确保"不放过任何一个共产党员和社民党叛徒"。然而警方悄无声息地"忘了"追捕那些社民党人，至少暂时还无人行动，因为人人都觉得这似乎有些过了。[44] 2 月 28 日，迪尔斯转交给普鲁士内政部和柏林冲锋队负责人一份文件，上面显示他认为共产党人正计划四处作乱。[45]

28 日上午 11 点，希特勒在会见内阁成员时表示："对抗（共产党）的最佳时机已经到来。再等下去毫无意义。"戈林立刻关停了共产党和社民党的报刊，并命令警方逮捕国会里的所有共产党议员，以及共产党的各级领导人。[46] 据说他们"发现"了共产党的种种计划，比如暗中密谋要在饮用水中下毒，干扰公共交通，炸毁重要的公共建筑等。[47] 尽管历史学家仍在争论究竟谁才是真正的纵火犯——毫无疑问，希特勒、戈林和其他纳粹分子肯定没有这个嫌疑——但希特勒他们知道该如何利用这起事件。[48] 果不其然，广大市民一听到这场纵火案，不假思索便道："共产主义革命开始了。"[49]

希特勒去往兴登堡总统那里诉说内情。总统亲临火灾现场后，眼见火势如此猛烈，他相信这一定非一人之力所能完成，共产党很可能就是幕后黑手。因此，面对新总理提出的愿望——他要求总统根据宪法第48条，动用紧急权力，签署一则"保护国家和人民免遭共产主义暴行的法令"——国家元首毫无保留地答应了他。[50] 这则命令（Verordnung）或许是第三帝国历史上最重要的法律文件。它"无限期地"暂停了宪法赋予公民的众多权利，限制人身自由、人身保护、言论、集会和新闻自由，并允许私自查看信件、搜查民宅。[51]

如果说大萧条让数百万普通民众从纳粹主义中看到了出路与希望，那么最近的紧急情况则催逼着他们自愿接受自己基本的法律权利受到剥夺，以避免所谓的共产主义革命。接踵而至的3月选举是到那时为止德国投票史上参与人数最多的一次，纳粹党共获得1 720万张票，占总人口的43.9%，创下了魏玛共和国时期政党投票率的新高。虽然希特勒的政党仍未能获得绝对的多数席，但除了科隆-亚琛（Cologne-Aachen）和科布伦茨-特里尔（Koblenz-Trier）这两个被天主教中央党牢牢把控的地区，它在德国35个选区中是最强的。647个议席中，纳粹获得288席，他们的盟友国家人民党获得52席，二者合计起来占据了多数席。虽然正面临着恐怖袭击，但共产党仍设法拉到了480万张票和81个席位；社民党则有750万张票和125个席位。[52] 毫无疑问，只要召开国会，便会当堂通过《授权法》，总统签署之后，民主顷刻间就要灰飞烟灭。这下，连遮饰纳粹革命的那层脆弱的法律外衣也要被撕扯殆尽了。[53]

3月7日，一份备忘录被送到帝国总理府，上面概述了"国

148

民教育与宣传部"(Reich Ministry for Popular Enlightenment and Propaganda)的设立与启动。这个前无古人、后无来者的新部门影响范围颇为广大,可以辖制新闻、广播、电影和剧院。现有的文化机构,无论主流还是边缘,都要听凭这个部门的指示合并或解散。今时今日的所有努力都是为了完成未来的艰巨任务,一如法律所要求的那样,"让广大群众认识我们的新国家"。[54]

国家中央集权也开始加速向前,希特勒和戈林当机立断,推行"一体化"(Gleichschaltung)进程。根据《国会纵火法令》,柏林可以"在恢复公共安全和秩序所需的范围内"暂时接管各州权力。德国将采用一种精心策划的战略实现集权,先使地方纳粹组织挑起与地方当局的矛盾,接着内政部部长弗里克派遣帝国专员前去行使警察权力。3月7日,希特勒在与内阁谈话时,不带丝毫讽刺意味地说道:"如果不这样做,国家将在秩序和安全上受到巨大威胁。现如今,这些州县的当权派与人民没有任何共鸣;帝国(柏林政府)要是不干预,警察的纪律似乎正岌岌可危。"[55]随后几天,帝国专员被分批派往全国各州,但受到的待遇却并不怎么友好。[56]

3月9日,巴登地区的前纳粹领导人罗伯特·瓦格纳(Robert Wagner)抵达卡尔斯鲁厄(Karlsruhe),他只是在内政部面前向大约3 000名冲锋队和党卫队成员发表了一通讲话,就取得了控制权。他和其他新领导人都表现出,反对共产党和社民党是一场合法的革命。[57]演说完毕,瓦格纳立刻下令逮捕政敌,搜查社民党领导人。警方抓获犯人后,起初将他们关在当地监狱里,但允许探视、就餐,甚至可以短期"休假"。被囚者当中有一位律师,名叫路德维希·马鲁姆(Ludwig Marum),他既是社民党的高层领导，也是国会议员，同时还是犹太人。当记者问及他的待遇时，他回答说，看守"得体又守礼"，他"没什么可抱怨的"。他甚至还申请了休假，以便去参加即将在 5 月 17 日举行的国会会议。然而，卡尔斯鲁厄的报纸却在 5 月 15 日刊登了一篇报道，称马鲁姆和其他六名社民党领导人将被公开转移到基思劳的集中营里。第二天上午 11 点，数千人云集而来，观看这场可耻的闹剧。警察羁押着他们上了一辆敞篷卡车，驱车慢悠悠地从城镇和村庄中穿行而过。人群笑骂着，向这些不幸的人发出戏弄的口哨声。三周后，有人来集中营采访，马鲁姆告诉来访记者，他不想移居国外。可悲的是，将近一年以后，集中营的指挥官伙同四名帮凶将他勒死在营中，而官方给出的死因是：自杀。1945 年之后，军事法庭为其翻案，证明是谋杀。[58]

3 月 8 日到 9 日，戈培尔得意扬扬地欢呼，革命障碍已全部扫除。他满意地说："帝国已经掌握在我们手中，重建大业可以开始了"。[59]月底，继《帝国联邦—体化预备法》(Preliminary Law for the Co-Ordination of the [Federal] States with the Reich) 颁布后的七天，又有一部中央集权法出台。到 1933 年中期，州议会被完全废止。[60]与此同时，希特勒任命帝国总督（Reichsstaathalter）——通常是纳粹的大区长官——负责在党和各州之间传递消息，并驱逐非纳粹党人。[61]

新政权打出这张处处反映希特勒意识形态的"法律与秩序"牌后，赢得了普遍的认可。[62]报纸开始造势，称马克思主义者迟迟不下台，帝国担心会有"动乱爆发"，这才不得不接管警局。[63]专制政权在两个地方建立了一套新的警察体系，一个是由赫尔曼·戈林掌管的普鲁士，另一个是巴伐利亚。戈林作为普鲁士内政部部长，对柏林警察情报局尤为上心，此处也是统管普鲁士其他地区的中央政治警察办公室。他下令让情报局从柏林警察局总部搬迁至阿布雷契亲王大街（Prinz-Albrecht-Strasse）8 号，并增派了 200 多名工作人员。1933 年 4 月 26 日，"第一部（普鲁士）盖世太保法"颁布，戈林与鲁道夫·迪尔斯合作创建国家秘密警察局（Geheime Staatspolizei Amt，即盖世太保），此举令他颇感自豪。这个新的权力机构（Behörde）独立于常规行政部门之外，不受传统规约束缚，拥有逮捕和搜查的职能，必要时还可召集正规警力。随后，柏林盖世太保开始在普鲁士各辖区内设立秘密警察办事处（Stapostellen 或 Stapo）。[64]

据报道，盖世太保将采取"一系列措施打击布尔什维主义，摧毁一切危害国家的行为"。[65] 11 月 30 日，第二部国家秘密警察法或称盖世太保法出台，这支新的警察部队正式确立，由政治经验丰富的警察迪尔斯领导。在普鲁士警察体系内部，社民党任命的人和一些"不识时务"的人遭到了严重的排挤，高层尤其明显。冲锋队或党卫队的接替者有时会直接空降为当地最高领导人，但如果能力不达标，权柄则将移交给更具资格的候选人。汉堡就有过这样的事例，1933 年 3 月至 5 月，阿纳托尔·米莱夫斯基-施罗登（Anatol Milewski-Schroeden）在当地短暂当了一段时间的领导人，后被解雇。而从旧有的政警体系中过渡下来的其他 56 人大都安然无恙，尤其是以前曾打击过共产主义的人，现在更是如鱼得水。[66]

为了达到目的，警方并不吝惜使用暴力，有时还会拿 2 月 28 日总统紧急法令下的"保护性拘留"令当借口。公民权利被推入了彻底的悬停中，即使嫌疑人没有受到指控，律师也并未到场，法令仍然允许警方拘捕嫌疑人。他们一般会被监禁三个月，如果高级警司许可的话，甚至可以更久。[67] 在柏林，从国会纵火案到3月5日选举，短短几天之内，遭到"保护性拘留"的约有1 000人，全德国则有五倍不止。此外，还有不知其数的不幸者被冲锋队拖到地窖、酒吧或者附近的空楼房里，受到惨无人道的殴打。[68] 这种情形在萨克森州可见一斑，3月1日上午，德累斯顿警察局下令搜查民宅，对240人实行"保护性拘留"。谣传共产党正在暗中虎视眈眈，为了先发制人，冲锋队、党卫队和"钢盔团"的500名"副警察"率先展开攻势。这样的"代理警察"在莱比锡有400名，开姆尼茨有300名，萨克森州其他地区也有300名。[69]

在巴伐利亚州，新式秘密警察的一体化进程和职权实施与上述地区略有不同。1933年3月9日，冲锋队首领恩斯特·罗姆、党卫队总司令海因里希·希姆莱与慕尼黑地区领导人阿道夫·瓦格纳一起，拜访巴伐利亚州的州长海因里希·赫尔德（Heinrich Held），劝说他辞职。他们的武装部队突袭了反对派的总部和报社，并在市政厅前升起纳粹卐字旗。[70] 赫尔德下令州警部队武装起来，然而大势已去，徒劳的抵抗只是螳臂当车。最终，到了晚上，他颓然服从了弗里克用电报发来的命令，在11点之前，将巴伐利亚州政府警察的权力移交给了帝国专员里特尔·冯·埃普（Ritter von Epp）。接下来，巴伐利亚州政府经历了一次大换血，阿道夫·瓦格纳接替内政部部长，汉斯·弗兰克担任司法部部长。显然，这些都是出于希特勒的授意。埃普还任命了海因里希·希姆莱为慕尼黑警察局局长，莱因哈德·海德里希为慕尼黑刑事警察局第六政治部领导人。[71]

3月9日，埃普向巴伐利亚州的警察局下达命令，要求对所

151

有共产党人和社会主义准军事组织——黑红金国旗团出身的官员——实行保护性拘留。每名警察身边必须要有一名党卫队或冲锋队成员，并且要给后者人手配备一把手枪。[72] 有警察投诉说，冲锋队和党卫队擅自越权，不经当地警司，一径去请慕尼黑的示下。[73] 为了澄清乱局，埃普指示区内所有警察以后只能服从自己警司的命令。[74]

久经政坛的巴伐利亚政治家格奥尔格·海姆（Georg Heim）在 3 月 9 日从慕尼黑给兴登堡总统寄去了一封信，抱怨说，就在当晚，冲锋队突然冲入施蒂策尔——巴伐利亚内政部部长卡尔·施蒂策尔（Karl Stützel），此前一直负责地方警察局——的家，"把穿着睡衣、光着脚的他打得浑身是血，而后一路拖至"党总部。除了他以外，还有一位天主教政治家兼公务员弗里茨·舍弗尔（Fritz Schäffer），两人被折磨了半个晚上。然而，诸如此类寄往柏林的投诉信，大多都石沉大海。[75]

152　　　在 3 月 15 日的一次新闻采访中，希姆莱表示不会对巴伐利亚的警务人员进行大规模清洗，另外，党卫队和冲锋队作为"副警察"也发挥了很大作用。除了逮捕共产党、帝国国旗团和"类似的马克思主义组织"的领导人之外，他们还缴获了一批武器和可疑物资。"国家，"他说道，"必须保护所有公民。而公民一旦受到侵袭，只有（将其）置于警察的直接保护之下——即保护性拘留——才能安全无虞。"当被问及心中的使命是什么时，他平静地回答道，"消灭犯罪，教导民众从过去十四年的腐败和松懈中找回迷失的人生态度"。[76]

希姆莱为警察确立的行事方针，就是既打击政治"罪犯"，即反民族社会主义者，也要教导民众重拾业已遗忘的德意志美德。

这种"警务+训导"的双重使命早已有之，从他的话中，也能看到民族社会主义教义和德国传统两不误的设想。希姆莱毫不费力便招募到了一批警官，其中包括后来成为柏林盖世太保领头人的反共专家——海因里希·穆勒，以及维也纳未来的盖世太保首领——弗朗茨·约瑟夫·胡贝尔（Franz Josef Huber）。这群"不涉政治"的职业警察，除非政治生涯留下污点，否则大部分人一生都将安稳地围着办公桌打转，然而，民族社会主义却为他们打开了一扇足够诱人的大门——从今以后，警察可以在预防犯罪上，采取更加积极主动的攻势，这是何当威风。[77]

在向人民展示新的专制政权的过程中，柏林采取了另一种截然不同的方式，更为招摇，也更符合希特勒想将民意、强权和传统三者结合的愿望。为了建立不可撼动的权威，1933 年 3 月 12 日，他利用人民哀悼日（Volkstrauertag）纪念"一战"中的阵亡烈士。到了这一天，柏林国家歌剧院迎来了它的两位主演，分别是陆军元帅兴登堡总统和自诩为步兵代表的希特勒总理。1934 年，政府将这个特殊的日子改名为"英雄纪念日"（Heldengedenktag），此名耐人寻味。

3 月 21 日召开的国会更是大张旗鼓。在此之前，内阁曾提请通过《授权法》来免除立法上的繁文缛节，内阁成员无一人反对，民主就此落幕。[78] 这一天后来也被称为"波茨坦日"，戈培尔的任务是为其编排开幕式，组织民众在普鲁士国王腓特烈·威廉一世和腓特烈二世的长眠之地军营教堂（Garnisonkirche）进行祈祷。无巧不巧，正是在 1871 年的 3 月，俾斯麦首次召开了德意志帝国议会，铸造了帝国统一的最高荣耀。他们刻意导演了一场历史重现，想昭示第二帝国与第三帝国之间并无断裂，普鲁士与德

153

国一直血脉相连。在柏林郊外的波茨坦小镇上，黑白红相间的帝国旗帜四处飘扬，触目皆是对"传统"的致敬。帝国总统身穿普鲁士陆军元帅军服出现在人群之上，看着此情此景，不禁大为动容——这是国家的重生，也是他个人的正名，任命希特勒是没有错的。[79] 这场典礼在全国轰动一时，引起了媒体的争相报道，甚至还出现在了电影院的每周新闻节目里，通常是要播完这些新闻，才能放映电影。[80]

根据戈培尔的日记所载，从柏林到波茨坦，路上到处是喜气洋洋的人群，政客们的车被挤得水泄不通。[81] 住在波茨坦的霍伊马尔·冯·迪特富特（Hoimar von Ditfurth），当时只有十二岁，他后来回忆说，他父亲作为德意志民族人民党的成员，非常反感希特勒，认为他只是一个政治暴发户。然而霍伊马尔却乐观地认为，一场"民族革命"正从人们心间破土而出。他无法忘记希特勒说过的一些话，尤其是他用铿锵有力的语调，气势非凡地说："总有一天，会有人对德国人民说：诸君，挺起胸膛，堂堂正正地站起来。你们挣脱奴役，重获自由了。你们可以理直气壮地说：在上帝的恩典下，我们自豪地做回了真正的德意志人。"[82] 他说，虽然觉醒也带来了某种不义，但"维护'种族利益'的决心不会被任何顾虑和反对吓倒，一切手段都是合法的，无论怎么做都是'世上最自然不过的事'，这是成功的必经之路"。[83]

民众越来越难以抵抗民族社会主义的影响力，而占据德国三分之二人口的新教教会更是加强了这种诱惑。他们夹道欢迎新政府的到来，期待这个国家能够再次基督教化。新教徒个人毫无保留地接纳了"1933 年的理念"，对其中的民族觉醒尤其心向往之。在许多人看来，国家终于从 1918 年的战争创伤中找到了精神解脱，1933 年不仅重获独立，还奇迹般地用民族团结消弭了阶级斗争的恐怖。[84] 就在希特勒与兴登堡庆祝"波茨坦日"的后一天，3 月 22 日，新教徒在柏林的纪念教堂也举办了一场类似的活动，由德国基督教运动的创始人之一约阿希姆·霍森费尔德（Joachim Hossenfelder）发表讲话。基督教运动一向致力于将地方教会统合到"种族主义［*völkisch*］新教"的旗帜之下，主动接受纳粹的同化，并试图将自身的基督教精神缝合进新兴的主流意识形态中。[85] 在同一个目标的驱使下，德国基督徒极力追求教会在种族上的纯洁无垢，无论是否皈依，只要不是雅利安人，都将被清除出教。新教中的认信教会（Confessing Church）在这个问题上没有那么教条主义，但它的一些地方分支依然排斥"非雅利安"牧师。[86]

国家复兴的意志在 3 月 23 日向国会提交的《授权法》中得到了延续。希特勒声称，他的政府正在实施一项"重建民族与帝国的工程"。新秩序建立后，"我们种族生活中的一切痛苦都将被消除，它们不会对国家的真正复兴造成任何阻碍"。[87] 在他看来，战败之后，德国以往的人民共同体变得支离破碎，政府权威软弱无能，甚至联邦各州之间也在自相残杀。为了解决国内的经济灾难，他将采用"一种绝对专制的领导权威来重建信心"。我们要维护和平，他习惯性地说道，但又改口说，不过，没有人能否定德国追求自由的决心。他认为《授权法》存在的必要性在于，当国家罹临非同寻常的危难之时，政府可以挣脱宪法的束缚，便宜行事。他的论点是，如果政府"无论遇到何种境况，都必须与国会协商，请求国会批准"，"那就远远背离了民族起义的目的"，甚至连初衷都没有做到。接着，希特勒打出了他在演讲中反复使用的那张牌："如果人民对［政府的］稳定性产生怀疑，那么其权威

155　和执行力都将大打折扣。"他承诺，只有到了千钧一发之际，他才会动用人民赋予他的权力，而即便那时，他也始终会积极寻求共识。[88]

随后，国会在投票表决将自己与议会民主制度废毁时，得到了 444 张赞成票。社民党投出 94 张反对票，而共产党则连入场都不可能。[89] 这项法令仅用一天时间就通过了立法程序，即使四年后有效期届满，或许也不可能再被撤销。4 月，戈培尔指出，希特勒已经主掌了内阁，以后内阁不会再有任何投票活动。"所有这些都比我们最初奢望的要迅速太多了。"[90]

立法方案中还包含一部分强权手段。3 月 21 日，内阁审议了两项新措施，第一项是禁止"抹黑国家政府"，主要表现为对政府进行颠覆性攻击（*heimtückischer Angriffe*），用"不实言论（*Behauptungen*）严重影响和歪曲""国家与州政府以及支持它们的党组织的形象和福祉"，此类行为一律以犯罪处置。[91] 这些措施在 1934 年 12 月 29 日最终敲定前，经过了一番微调，之后政府又通过了一项"禁止对国家和党做颠覆性攻击（口头或书面），维护党的制服威严的法律"。他们打击的对象不再是那些"确凿无疑"的恶意言论，而变成了对"国家或纳粹党领导人"及其附属组织"公开怀有仇恨和歹毒"倾向的微词。这些言论可能会"破坏人民对政治领导层的信任"，而为了保护政府免受任何批评，某些含义模糊的措辞甚至还会被延伸问责。[92]

第二项条令，是在每个地区的高级地方法院设立"特别法庭"，审判所有"恶意"议政的罪犯。这种临时法庭在魏玛共和国动荡的初期和末期都曾建立过，目的是"打击政治暴行"，以"闪电"般迅雷不及掩耳的正义程序震慑罪犯，同时加强人民对国家法律效力的信任。[93]在"简化"的诉讼程序中,被告的权利大为受限,从审判前向辩方发出通知,到拒绝再次上诉,时间只有三天。特别法庭的数量不断增加,负责的犯罪领域也逐渐扩大。很快,法官们透露说,比起被指控的行为,犯人在此之前的政治或社会背景更受法庭重视。因此,在莱茵兰,天主教牧师可能会受到更加严酷的对待——1935年11月,一位牧师说共产党并没有烧毁国会大厦,是戈林做的,因为他想为毁灭共产党制造口实。特别法庭判处他一年零六个月的监禁,而支持他的妹妹也被判处了五个月的监禁。[94]

绝大多数"恶意攻击"都是逞一时口快,然后遭到公众检举。当希特勒将自己的学说应用到重大的政治问题上时,普通人便是以这样的方式"领受"了它。向当局告密的人或许是出自真诚的信仰,但这样的法律等于变相交给了人民一把利斧,使其可以随意利用官方意识形态为自己赋权,凭其喜恶,对他人生杀予夺。[95]公民的参与对纳粹排除异己大有帮助,没有他们,秘密警察就无法将"颠覆性"意见扼杀在摇篮之中,也无法侵入家庭和性生活等亲密领域。事实上,希特勒在《我的奋斗》中提到,对于谁可以跟谁发生性关系,是要控制的一项关键内容。为了贯彻这一意图,警察和纳粹党的分支机构主要依靠公民或医生等专业人士的检举。实际上,秘密警察不可能有这么多的人手来执行这些任务,而盖世太保的规模也远没有同时代人所想象或担心的那样巨大。图谋犯罪的人之所以得到压制,也主要是因为他们的朋友、邻居或者酒吧里的陌生人知道官方在严令禁止什么,而且他们发现,即便是一些天马行空的离奇言论,警察或党内官员通常也会严阵以待。[96]

156

盖世太保与集中营是一对邪恶的双生子。在 1933 年之前的所有演讲和出版物中，希特勒很少提到集中营，尽管他憎恶苏联体制，但也不想对其加以复制。他第一次提到，是在 1920 年 9 月，说英国在南非布尔战争期间建了许多集中营。他用这个例子暗示，获胜的协约国想要在"一战"后对德国也如法炮制。1921 年，他发声抵制，呼吁国家停止向法国支付战争赔款，终止裁军，反抗外国占领德国土地。另外，还应将剥削者围捕起来，强迫他们去做体力劳动。国家要防止"犹太人暗中颠覆［*Unterhöhlung*］我们的民族，如有必要，可以将他们的代理人关进集中营里"。[97]

除此之外，他对这些恐怖的窝点几乎从未提过。在未出版的《第二本书》（1928）里，他简略指出，德国政府在 1918 年之后，曾残酷虐待那些因和平协约而流离失所的德国人，将他们关押在惨无人道的拘留营中。[98] 他所说的这些，在当时只是一种临时的处置办法，比起他在任时所建立的永久固定的集中营制度，两者的对比鲜明而辛辣。

赫尔曼·戈林后来表示，希特勒上台后不久就应该建立集中营，给共产党人和某些社民党人准备好。尽管他承认，一开始总免不了会有些许"残暴"，但他们的革命还算是"有史以来最不血腥、最有纪律的"。[99] 1933 年 3 月 10 日，内政部部长弗里克在法兰克福的一次大型集会上表示，到了 3 月 21 日国会召开时，共产党人将被"拒之门外"。"这些先生们该去做一些富有成效的工作了。"为此，政府将给他们"一个进集中营的机会"。[100] 3 月 21 日，包括纳粹党报在内的多家报纸宣布，普鲁士最先开设了两个这样的集中营，一个在奥拉宁堡（Oranienburg），另一个在松嫩堡（Sonnenburg）的一座旧监狱里。[101] 3 月 14 日，一篇题为

"五百共产党人被捕"的报道首次提到了符腾堡州的集中营。文章称，"要斩尽布尔什维克这条九头蛇的全部头颅"，就必须逮捕所有共产党人，警方任重而道远。3月16日，《集中共产党中的工人叛徒》——这篇报道中出现了霍伊贝格（Heuberg）集中营的名字。在接下来的几年里，这些故事的意识形态主题大都千篇一律，无非是在集中营里，"共产党的领导人第一次有机会为共同体的福祉做了些有益的工作"。[102]

　　普通民众如果没有和共产党或反对派惹上任何干系，大概没有什么可忧惧的。4月7日，报纸首次刊登了"集合营"（Sammellager）里的囚犯照片，营区位于奥拉宁堡，由冲锋队设立。[103] 当时，冲锋队在波茨坦的第208旗队向该地区的行政负责人写信请愿，称营区虽然关押着100人，但仍有500人的空间，可以将全区所有的政治犯都收押进去，节省一大笔资金。4月24日，他们再次去信，这次的理由是，营区关押的人数增加后，能给"64名可靠的冲锋队成员"提供警卫工作。回信显然没有让他们失望。[104] 4月30日，报社实地走访后，热情洋溢地对营区的情况做了一番长篇报道。[105]

　　希特勒1月上台以后，全国各地纷纷涌现出一批无组织的"野生"集中营。据估计，仅柏林一地就有170处，副警察、冲锋队和党卫队在这里抓获、折磨甚至杀害了不计其数的政敌。[106] 在事情谈拢之前，由这三方哪一方负责管理集中营，一般取决于当地情况。柏林的阿布雷契亲王大街和哥伦比亚集中营，血腥程度惨绝人寰，闻之令人色变，而克罗伊茨贝格区的黑德曼街和舍嫩贝格区的帕佩将军街上的集中营也不遑多让。1933年夏天，第一批囚犯抵达了哥伦比亚集中营，从那一刻起，这幢古老的军事拘留大楼很

158

快就在党卫队的手中变成了一座活生生的人间地狱。[107]柏林郊区克珀尼克（Köpenick）也上演了一场极端残酷的暴行。6 月 21 日，在围捕共产党人和社民党人的过程中，有一人开枪打死了闯入他家的三名冲锋队男子。事态遽然裂变，为了报复，冲锋队抓捕了 500多人，对他们施加了难以想象的折磨。约有 91 名受害者遭到杀害，这一事件被称为"克珀尼克喋血周"。[108]

历史学家估计，1933 年被关押到集中营的人总数约有十多万，这还不包括那些没有受到正式指控，就被冲锋队逮捕、殴打、关押一段时间后又释放的人。如果算上"野生"集中营，人数还要额外再增加十万。第一年，所有集中营在押人员的死亡人数接近600 人，但文献证据并不完整。[109]绝大部分囚犯是共产党人，其次是社民党人，其他政党和工会成员所占的比例相对较小。至此，工人阶级的政治生活遭到了无情的粉碎，他们不能再公开正式地参加活动，只能退守于小型避难所，由少数地下群体秘密组织反抗工作。[110]

犴太人起初并没有受到专门的针对，大多数人之所以卷入罗网，通常（并不绝对）是因为加入了反对党。但早期被投入集中营的犴太人，有些并没有政治背景。比如，黑森州有一位犴太牛贩子约瑟夫·瓦亨海默尔（Josef Wachenheimer），他在 1927 年至 1928 年，借钱给一个农民购买饲料和化肥，但对方一直没有还钱。到了 1933 年，他想要回他的欠款，但农民为了摆脱债务，反过来利用新制度向当局告发了他，最后牛贩子被遣送至奥斯特霍芬（Osthofen）集中营。我们不知道他在那里发生过什么，但法庭最终判处高利贷罪名不成立，放其归家。之后，他离开了这个国家。[111]

在柏林以外的普鲁士，建立集中营的推动力同样来自"下层"。3月中旬，汉诺威、奥斯纳布吕克（Osnabrück）和明斯特的州政府长官向普鲁士内政部呼吁建立"集合营"（collection camps），以收押当地人数泛滥的政治犯。当时，内政部还没有议定集中营的兴建计划，只是规定了一些最低要求，经过一番讨价还价后，柏林最终将建立营区的权力交给了地方各区负责人。这样一来，汉诺威在莫林根，威斯特法伦州在本宁豪森，莱茵省在布劳韦勒，各自建立了一个营区。[112] 囚犯大多为男性，6月，三名女囚被关进莫林根，到了10月，莫林根被彻底改造成一个女性营区，最多可容纳400人。负责看守的警卫不是党卫队，而是民族社会主义妇女联盟的地方分支。[113] 内政部还决定在埃姆斯兰（Emsland）也建立几个营区，安排3 000至5 000人到湿地上做排水工作。讨论一直持续到6月20日，随后内政部发出通知，要求在埃姆斯兰和伯格莫尔（Börgermoor）各设两个营区，以2比1的比例分别安置3 000名受到保护性拘留的囚犯。两天后，普鲁士州内政部警察局局长兼国务秘书路德维希·格劳尔特（Ludwig Grauert）写信给奥斯纳布吕克政府，说预计"在接下来的几年里，囚犯人数将一直保持在"一万名左右。[114] 7月7日，内政部部长又下令让党卫队接管埃姆斯兰营区的守卫工作。可以看出，柏林当局在集中营的规划和组织上也是磕磕绊绊，数易其策。

160

这些例子表明，集中营并不是党卫队、希特勒甚至希姆莱的独特发明。政府不必费力说服地方当局相信民族社会主义的治安和集中营"理论"，只需负责人大肆宣传，便能使这些理论深入人心。比如，政府允许希特勒青年团（男女都有）、媒体甚至法官等各类团体前去考察访问，通过他们发出的积极信号，来吸引人们支持民族社会主义。随着时间的推移，集中营迷惑大众的理由变成了为误入歧途的马克思主义者等提供一个临时场所，使其通过艰苦劳动重新培养良好的社会习惯，以图在人民共同体中获得自己的一席之地。[115]

在巴伐利亚州独自经营的海因里希·希姆莱于3月21日宣布，达豪（Dachau）集中营正式启用，最多可容纳5 000人。[116]他发布的报告称，达豪里的"共产党、帝国国旗团成员和马克思主义领导人"对"国家安全造成了威胁"，必须受到监禁。他们不可能再以"保护性拘留犯"的身份给普通的法庭监狱增加负担了，除非他们能从这里走出去。[117]

4月1日，巴伐利亚内政部部长兼大区长官阿道夫·瓦格纳创建了新的巴伐利亚政治警察（BPP），类似于普鲁士的盖世太保，希姆莱被任命为该州的政治警察指挥官。希姆莱手下既掌管着巴伐利亚州所有（长期存在）的政治警察、副政治警察，还有建造完工以及正在计划的集中营。[118]司法部部长弗兰克还想努力维持表面上的合法性，他发表声明说——不能再仅仅因为"有人揭发或下属组织任意逮捕"就对人实行保护性拘留了，那些真正的反对者，要么起诉他们，要么就干脆放了，如果有人投诉，就去调查取证。然而，这些反对意见很快就湮没在了革命浪潮的狂风巨浪中。[119]

希姆莱利用他的政治纲领，联合巴伐利亚州的政治警察负责人海德里希，试图集中控制分散于德国各地的政治警察。他的成功受到了各州媒体的接连报道。1934年4月20日，他被任命为普鲁士盖世太保领导人这件事登上了党报的头版头条，这一天恰好又是元首的生日，喜上加喜，格外隆重。[120]随后，他正式上

161

任普鲁士国家秘密警察局副局长兼总督查，海德里希则成为普鲁士盖世太保的负责人。就这样，希姆莱和他的副手紧紧掌控了全德国的所有秘密警察。[121]

　　谁能凭保护性拘留令将人送到集中营？这个问题自1933年初以来聚讼纷纷，但内政部部长威廉·弗里克一直都希望能减少此类法令的使用，降低集中营里的囚犯人数。1934年4月12日，他发布了第一则"德意志帝国对保护性拘留所做的统一新规定"，随后又于4月26日附上了一些补充条例。[122]盖世太保可以全权实施保护性拘留令，但如果律师没有到场，或者犯人不必出庭的话，必须告知犯人被捕的理由。犯人在监狱或集中营里关满三个月后，警方可以与柏林高级警司进行沟通，确认是否要延期。还有一些其他的指导方针，但在盖世太保之后的实际执行中，它们都变得非常模糊。[123]

　　1936年6月18日，希姆莱成为德国警察局局长，新政权也日益侵入大众的日常生活，为此，他从意识形态上总结出了一套辩护理由——德国位于欧洲中心，受到布尔什维主义的攻击，而布尔什维主义本身是由犹太人主导的。正如他喜欢宣扬的那样，未来的战争需要几代人共同努力，因为"人类和次人类之间的古老斗争，在雅利安人和犹太人之间已经发展到了一个新阶段"。他立下誓言，新型警察将和党卫队一起，保卫后方大家园，就像德国国防军（Wehrmacht）在前线抵抗国外的威胁一样。[124]

　　基于这种神话般的臆想，盖世太保背后的法学界人士，如维尔纳·贝斯特等人很快就发展出了一套法西斯性质的种族主义警察理论，并广为宣传。尽管盖世太保从一开始就在处理共产主义问题上大权在握，但到了1936年，贝斯特表示，在不可分割的原则下，除了民族社会主义之外，"对其他任何政治理论的主张与实践"都将被新型警察视为一种威胁民族有机体健康与团结的病征。新型警察将时刻监督"德国国族的健康"，对所有"病征"都予以摧毁。"守夜人"式的政府不复存在，从今以后，政治警察在执行任务时不会受到任何限制。[125]

162

　　这套理论的全部含义很快在集中营成群出现的第二波历史浪潮中得到了彰显。第一波浪潮止息于 1933 年底至 1934 年初，之所以迅速消散，是因为一些州的官员认为集中营不够经济，于是干脆释放了囚犯。到 1934 年 7 月，只剩下大约 4 700 名囚犯。1934 年 8 月 7 日，希特勒颁布了一项赦免令，这一数字减少到了 2 394，而其中 67% 都在巴伐利亚州。[126] 由于巴伐利亚州的囚犯人数高得过分，弗里克部长多次要求希姆莱出具报告，说明情况，最后一次是在 1934 年 1 月 20 日。然而，希姆莱明显有自己的想法。2 月 20 日，他面见希特勒，给他看了弗里克的信，这位领导人当即拍板："把囚犯留下来。"

　　阻止了弗里克的多管闲事还不够，5 月 7 日，希姆莱再次晋见希特勒，向他展示了一封达豪前犯人的信。信中充斥着溢美之词，称赞集中营的生活如何改变了他，使他做好了"一家之父"云云。希姆莱和希特勒都认为集中营的"再教育"可以拯救民众，使其重新获得进入人民共同体的资格，而这封信恰好印证了他们的观点。1934 年 6 月 20 日，在一次决定性的会面中，两人讨论起了希姆莱为"党卫队师级编制法"准备的备忘录，聊着聊着，话题逐渐偏移，最终他们定下了集中营的第二波建设潮。希特勒答应从 1936 年 4 月 1 日起，将警卫队伍和集中营列入德国预算。至此，希姆莱手中的警察权力几乎突破天际，6 月，他成为整个德国的警察局局长，并主掌全部的集中营。即便如此，他的意识形态和政治野心也并没有就此止步。[127]

事实证明，将民族社会主义确立为主要的意识形态，巩固对德国的政治控制，实施起来出奇地容易。这主要是因为绝大多数普通民众已经放弃了失败的魏玛共和国，并满心期待改变。几次关键的紧急事件，使政权打出了遏制共产主义的旗号，开始明目张胆地限制公民的合法权利。新总理得到了保守派盟友、总统和军方的有力协助，一同缔造了他所所渴望的"不可撼动的权威"。163与此同时，为了确保纳粹革命顺利进行，无论是真正的敌人还是假想敌，新政权一律都发动了全面攻击。另一方面，希特勒并不想把德国变成一个阴沉寡欢、饱受打击的国家，相反，他想要激励并唤醒的是一个积极向上、热情洋溢的民族。[128]他从不认为能将那些投票支持共产党或社民党的数百万人全部"禁止"干净，要让他们融入共同体，他做好了长期作战的心理准备。[129]然而，第三帝国却在极短的时间内诞生了，并以极快的速度建立了坚实的制度基础。面对这些巨大的变化，忠实信徒欣喜若狂，争先恐后地加入纳粹党。社会一片祥和，几乎没有任何组织抵抗的迹象。接下来的最大问题是，如何趁着早期的这股狂热劲头，从失败的社民党和共产党手中赢得工人的支持。

第7章
拥抱人民共同体

　　当政府首次尝试引入希特勒的独裁教义时，普通民众的反应是什么？希特勒上任当晚，帝国总理府前如潮水一般涌动着无数民族社会主义的拥趸。少女梅利塔·马施曼（Melita Maschmann）和孪生兄弟一起，跟着父母参加了这场大型活动，但她的父母作为民族主义者（德意志民族人民党的成员），并不支持纳粹党。1933年1月30日，那个寒冷的礼拜一，是什么吸引了这个年轻女孩？她后来回忆说，她觉得"人民共同体"的理念"很迷人"。虽然这个词很陌生，但她认为它就是"创造未来的某种希望，在共同体里，所有阶层的人都能像兄弟姐妹一样齐聚一堂"。3月1日，她不顾父母的劝阻，一意孤行，加入了希特勒青年团。她说，在思想守旧的父母眼里，"社会主义一词带有一种不堪的意味"。[1]

　　新政权承诺将结束失业，建立统一政体，终止数十个政党之间无休无止的争吵，马施曼对此深信不疑。她最初结识的同志虽然也相信德国终将"复兴"，但并不是每个人都像她一样，想要"促进人民共同体实现，让所有人在这个大家庭中安居乐业"。她们女队曾沿着柏林的选帝侯大街游行，她在回忆中说，差不多快结束了，她们才想起来应该大声跺脚的。因为她们的领导人下过

命令："犹太富人住在那边，应该在他们午睡时制造点干扰。"[2]　166
新秩序的包容性和排斥性就这样同时并存于马施曼的头脑之中。

2月10日，希特勒在柏林体育宫受到无数观众的狂热欢呼，
这油然加深了马施曼的崇敬之情。希特勒并没有提出具体的经济
计划，只说了一些辉煌宏大的泛泛之词——新政府的最高目标是
"保护我们的种族"。当务之急是"消除我们自身的分裂之因，使
德国各阶级实现和解"，"铲除马克思主义及其副作用"，与"民主
的所有腐朽形式"彻底决裂。而后，他的政府将建立一个人民共
同体，"为我们的德国人民注入新的活力"。他的根本目标是恢复
高雅与体面，让"真正的德国文化——属于德国自己的艺术、建
筑和音乐，重塑我们的灵魂"。他用一连串紧凑有力的措辞传达了
自己的心声，而这个简明扼要的纲领本身所呼吁的，正是"一场
全方位的民族复兴"，它申明将"不再容忍任何危害国家的人，只
接纳愿意与我们并肩作战的兄弟与同袍，共同复兴他的种族——
我们的民族"。[3]

支持者们这时正与家人或邻居守在收音机旁，听得聚精会神，
满腔热忱。弗朗茨·阿尔布雷希特·沙尔（Franz Albrecht Schall），
1913年出生于图林根州的阿尔滕堡，位于莱比锡以南，他在听完
演讲后在日记中写道：真是"难以形容"！演讲"使帝国内外数
百万德国人的心合为一颗，震如擂鼓"。"这不是政府的计划，"他
说，"这是我们必须走的一条路。我为人人，人人为我。农民和工
人、土地和德意志民族（Volk），皆是我们的力量之源，而祖国的
实力、人民的活力，则是我们［重新］建设一切的基础。自由与
荣誉不会从天而降，只会从我们的工作与责任心中生发而出。"沙
尔接着补充道，毫无疑问，我们将与那些导致德国衰落的人——

马克思主义者和阶级斗争的推动者——进行不懈斗争。年轻人必须从过去的历史中吸取教训，"我们之所以能存在，全仰仗某些人的辛苦付出，对他们的尊崇之情要永远刻在年轻一辈的心中"。现在"我们的希望是：希特勒，我们永恒的信念是：德国"。沙尔的日记还原了他的真实信仰，却不一定准确地反映出他对政治的真实想法。他写这些，既是为了向自己确认，也有可能是向其他人表明，他满饮了盛有希特勒意识形态之酒的圣杯，并津津有味地回味着每一滴。[4]

在布雷斯劳（Breslau），犹太历史学家威利·科恩（Willy Cohn）对正在发生的重大变化有着迥然不同的反应，这完全可以理解。2月1日，当科恩听到体育宫的广播时，他觉得这段信息除了对前几届德国政府"极尽侮蔑"，并把一切罪责都归咎于马克思主义者之外，并无其他内容。不过，他认为希特勒的确精通"宣传之术，知道如何用大吹大擂来赚取乌合之众的支持"。[5]时刻保持警惕的约瑟夫·戈培尔记录道，有2 000万人收听了这场广播。随后，柏林政府办公室接到了从全国各地打来的不计其数的电话，这表明即使通过广播，希特勒的言辞也能激起惊人的回响。戈培尔心花怒放地写道："几乎不需要怎么斗争，国家就是我们的了。现在，德国革命正式开始。"[6]

2月27日，国会大厦的一场大火使民众惊愕万分，许多人不假思索便得出结论：共产党就是罪魁祸首。[7]共产主义运动成为新政权的第一个目标，纳粹党报也将重大的《国会纵火法令》称为"打击国家破坏者——马克思主义者——的保护性措施"。[8]新闻头条时常突出报道共产党犯下的枪击案，尤其是他们对冲锋队、纳粹党或希特勒青年团的袭击，仿佛是为了强调"赤色"革命的危险已迫在眉睫。[9]

随着革命大势锐不可当，忠实信徒愈发想要将民族社会主义的象征——卐字旗——镀满荣光。3 月大选获胜后，这种愿望变得更加炽烈。碰巧，虽然国家纪念日（The national day of Remembrance）——一周后的 3 月 12 日，也就是礼拜天——不是法定的公共假日，但将有一场盛大的庆典。兴登堡总统下令升起黑白红旗（1918 年之前的德国国旗），并在其旁挂上卐字旗。[10] 不过，即使有了高层的命令，冲锋队和纳粹党的地方分支还是遇到了一些阻力。当一群纳粹分子现身于布伦瑞克市政厅时，市长、社民党人恩斯特·博迈（Ernst Böhme）拒不合作。对于他的蓄意阻挠，他们的解决方式是，在他召开市议会时突袭现场，将他狼狈地拖走——那一定是个让人肝胆俱裂的场面。伊丽莎白·格本斯利本·冯·阿尔滕的丈夫是议员，当时也在场，后来告诉了她一些细节。她在给女儿写信时，谈到了这个国家磅礴的民族热情，也提到了市长被捕，但她说，人被带走后很快就释放了。信中只字未提博迈市长躲藏了一周，最后被党卫队捉住的事。他们将他带到市区，撕掉衣服，殴打至昏迷，接着又用水把他泼醒，强迫他签署辞职信。为了羞辱，他们还给他戴上了一条红腰带，领着他游街示众，以这种仪式昭示这座城市发生的权力更迭。几周后，他去往柏林，幸运地逃脱了魔爪。[11]

黑森州也出现了类似的情况，在一些地方，如果有人不愿意悬挂卐字旗，他们的日子不会好过。比如，巴特施瓦尔巴赫（Bad Schwalbach）的地区顾问后来作证说，"那群暴徒抓住我，又掐脖子，又扯头发，把我打得满头是血，还往我身上砸书。党卫队的人来了，说要对我进行保护性拘留"。[12] 在巴伐利亚州的中弗兰

168

肯和上弗兰肯，除了剥夺市长职位以外，冲锋队还以保护性拘留为借口大肆抓捕政敌，将他们带到酷刑室，施以非人的折磨，这种创伤通常要花费数月的时间才能得到恢复。[13]

布伦瑞克事件中的肮脏一面，伊丽莎白·格本斯利本·冯·阿尔滕似乎刻意视而不见，或许是她心怀警惕，不想让女儿接触到这些，所以把笔触更多地放在了3月21日那场令人印象深刻的盛典上——国会重新召开，希特勒在广播中优雅致辞，一切繁花似锦。就在一周以前，她们镇上的某个人故意打碎了犹太商店的窗户，她和丈夫对此甚感不悦。然而，令人惊讶的是，在给女儿的同一封信中，她指出，许多以前曾加入共产党的人突然想成为民族社会主义者。"当然，"她写道，"事情没有那么简单。他们得先在集中营里服三年缓刑才行，社民党人也是如此。"[14] 显然，伊丽莎白已经完全吸纳了希特勒的意识形态，抑或是从其他来源浸染了类似的想法，成了严苛残酷的"再教育"理念的私人倡导者。鉴于当时还没有"官方的"集中营，只有"野生的"和组织无序的处刑地窖，这位温文尔雅的女士就这样为无数看不见的"敌人"拟定了一套极其残忍的方案，甚至连审判都略过不提。

与此同时，冲锋队和党卫队开始全力对付自由工会。3月1日，两位满怀希望的工会领导人会见了即将被任命为纳粹党副领袖的鲁道夫·赫斯，提醒他在《凡尔赛和约》及赔款问题上，他们一直采取"民族主义立场"。即便如此，五天后，工会领导人赫尔曼·施利姆（Hermann Schlimme）还是向兴登堡呈交了一份名单，上面列有被纳粹占领工会大楼的45个城市。这种持续不断的压力使社民党和工会之间不可避免地产生了裂痕，后者拼命与政治撇清关系，尤其是与被指控为马克思主义者的人划清界限。[15]

就社民党而言，它自成立之初就一直是魏玛共和国的中流砥柱，到了这个时候，它态度飒然，不愿承认自己正处于毁灭的边缘。另一边，共产党人却没有这种"资产阶级"的优裕，他们在街上被人穷追猛打，满身浴血。然而，社民党国会议员兼执行委员弗里德里希·斯坦普佛（Friedrich Stampfer）（准确地）指出，在3月5日的选举中，社民党的得票率相比前一次只减少了不到1%，他大胆地将之称为"光荣的一天"。目前的形势尚有回旋余地，因此他接纳了德国的新政府，想着权且让社民党以合法的反对党身份蛰伏着，未来总有机会能被选民再次推举为执政党。这些社会主义领导人还没有明白，当下的紧急局势已经不同于19世纪80年代俾斯麦的统治，今天的新政权还会给他们一个东山再起的机会吗？痴人说梦罢了。[16] 可叹的是，无论是社民党，还是与之相关的工会，都上赶着想与新政权合作，以至于他们的行为——根据最新一则令人同情的说法——已经迹近"自暴自弃"了。[17]

在工人传统的5月1日庆典即将到来之际，新政权巧妙地利用这一诱饵，将其定为全国性节日。自19世纪90年代以来，这个神奇的日子一直被德国称为"工人运动斗争日"，有时还会发生罢工与游行。在3月24日的内阁会议上，戈培尔首次提议将其更名为"全国劳动节"，正式定为法定假日，以吸引工人。以社民党为主导的魏玛政府从未做过这件事。戈培尔想象着在那个盛大非凡的庆典上，德国人民为了同一个目标而游行，必定双眼放光。他还提议，可以在9月的最后一个星期天，设立一个"帝国收获节"来致敬农民，一定也是一项盛举。[18]

新的五一劳动节从更为严肃的层面来说，明显象征着一个新

170

的德国人民共同体正冉冉升起，因为国家展现了自己与工人之间不可分割的联系，而工人也将庆祝他们与国家的团结。[19] 4月16日，戈培尔前往上萨尔茨山（Obersalzberg）与希特勒等人会谈，欣喜地制订了一项计划。他们还打算在不久后接管工会的所有物资与财产。"这可能会引起几天的骚乱，"戈培尔若有所思道，"但之后他们就是我们的人了"，一年左右，一切都会风平浪静。[20]

到了5月1日这个万众瞩目的日子，工会领导人亲切地建议会员积极参加所有活动。瓦尔特·帕尔（Walther Pahl）——规模最大的德国工会总联盟（ADGB）的领导人之一——过度乐观地评价道，工人运动多年来的斗争总算没有白费，他们与政府之间的分歧只是在民族和社会主义孰先孰后上。"首先，我们要用社会主义来塑造民族。民族社会主义一直以来都孜孜不倦地寻求民族的统一，以便在广泛而坚实的基础上建设德意志社会主义。现在，他们终于实现了自己的目标……从字面意义上说，我们不必'勉强自己'就能承认民族社会主义的胜利亦为我们的胜利——即使这是在与一个承载着社会主义思想的政党（他自己的社民党）的斗争中得来的胜利。"[21]

5月1日，柏林庆典于上午九点开始，兴登堡总统在卢斯特花园（Lustgarten）向数十万年轻人发表讲话，称自己为德国革命先锋军。中午，他和年轻的新总理接待了来自全国各地的代表团，代表团将在当晚八点汇入广大人潮，一同倾听希特勒演讲。在演讲开始之前，乐队和飞行队会预先提供娱乐表演。建筑师阿尔贝特·施佩尔在滕珀尔霍夫机场（Tempelhof field）为这场盛典设计了方阵。当戈培尔在4月29日到达彩排现场时，眼前的一切使他浩然兴叹。黄昏时分，他们将朝着一个巨型舞台进行一场声势浩

171

大的游行，舞台上飘扬着几面硕大无比的卐字旗。随着夜幕降临，灯光铺洒在旗帜的表面，希特勒将在高台中缓缓上升，探照灯齐刷刷照过来，使之成为绝对的焦点。至少在施佩尔看来，这场演出是他们宏大"理念"的一种具象化，从这以后，他们精心策划，开始利用此类欢庆节日将对希特勒的个人崇拜转变为一场大规模的公共仪式。[22]

普通民众作为新兴共同体的一员，也有了展示自我的机会。一些工人代表打扮成巴伐利亚的农民，还有的扮成矿工或是渔民，而纳粹领导人、数百名士兵、警察和冲锋队员也都加入了游行的队伍，所有人都沉浸在振奋人心的欢乐中。在机场的尽头，即舞台的顶端，有一个讲台，希特勒将在那里发表讲话，听众估计有150万至200万人。法国大使安德烈·弗朗索瓦-蓬塞（André François-Poncet）原本还持怀疑态度，到了现场之后，不禁对眼前的戏剧性叹为观止："戈培尔简短介绍了几句之后，希特勒登上演讲台。别处的聚光灯骤然熄灭，只有对准元首的那几束发出耀眼的光芒。一时之间，他仿佛漂浮在群众的波涛之上，如同一艘来自童话世界的船。人群静得像在教堂。希特勒开口说话了。我以前从未在大庭广众之下见过他，此刻，我无法将目光从他身上移开。"这位大使说，演讲的内容倒还在其次，主要是他的肢体气势实在不容忽视，他的声音时而温暖，时而粗鲁、尖刻，时而激情满满。[23]

希特勒在讲话中谈到了自己学说中的社会主义方面，但没有说得太细。他的主要论点是，这场春季里的古老传统，一直以来都被马克思社会主义者和仇恨、冲突、纠纷以及阶级斗争捆绑在了一起。现在，在他的领导下，这一天将被重新赋予意义，从此它就是国家团结、民族起义的象征。为了实现复兴，人民必须跨越人为划分的阶级与职业，其中大多"充斥着等级的傲慢与阶级的疯狂"。这一天应成为"建设性工作的象征，而不是从腐朽走向瓦解的体现"。他希望大家能为"这个新理念奋斗，稳扎稳打，使整个民族都看到它的魅力所在"。气氛不断升温，情感与宗教的高潮渐次引燃，考虑到这是他迄今为止现场观众最多的一次，其中的深意难以言喻。他祈求上帝保佑德国人民的劳动，使其安居乐业、永葆自由。[24]

尽管这一场景是精心策划的，但现场人们受到的情感冲击，可能要远大于这场计划周密的华丽演讲所产生的效力。因为人群异常喧闹，许多人可能都听不清演讲在说什么，但他们甘愿以伟大事业的名义升华自我。整个国家都在倾听收音机，工人兼日记作家卡尔·迪克法尔登也是如此。当他和父亲谈论起这件事时，他说自己想保持中立，他父亲回答说，这是不可能的。自 1931 年 9 月到 1934 年 6 月，卡尔一直处于失业之中，这可能是他缺乏热情的部分原因。相比之下，他哥哥的境况并没有好到哪里去，却投身于民族社会主义，在 6 月底加入了党卫队。卡尔写道，在他的家乡，从前在政治上属于左派的人，因为失业，都加入了冲锋队，否则他们实在是无法顾全自身了。还有人去了当时与冲锋队结盟的"钢盔"，没有人想再进共产党。[25]

在全国大大小小的城市和乡镇，地方纳粹官员遵循柏林的方式也举行了盛大的游行，并尽力营造出一种庆典的气氛，这在几个月前简直不可想象。报纸用头版头条报道了汉堡、斯图加特、哈雷、布雷斯劳、纽伦堡、慕尼黑和法兰克福的大型活动。[26]在德累斯顿，他们吸引了 35 万的人参加游行、演讲，收听希特勒的广播。[27]

1933 年，拥有 2.5 万人口的沃尔芬比特尔（Wolfenbüttel）镇提前公布了第二天的日程，从早上七点四十五分员工到达工作地点集合开始，一直到下午两点举办游行、组织社区聆听希特勒演讲为止，这中间的每一分钟都被计算在内。[28]在明登（Minden），估计有 2.7 万人参加了游行——鉴于当地的总人口只比这个数字高一点，周围的社区还有自己的游行要办，这一结果似乎有些夸张了。不过，毫无疑问，这座城市的参与度相当之高，从柏林传来的希特勒的声音令他们心潮澎湃。当地演讲的主旨是：传统的社会斗争业已结束，新国家要保证德国人享有平等的权利。[29]

在工业城市波鸿（Bochum），当地组织者在策划中也有类似的细节，包括游行的时间安排、户外宗教仪式、升旗仪式以及公众聆听希特勒的演讲。工会总联盟要求成员以工会——而非个人——的身份去参加四点半在毛奇市场（Moltke Market）举办的游行，人数因此颇为可观。新闻报道说，这场一望无际的节日游行，放眼望去，全是旗帜的海洋，就连最小的工会都有自己的代表。报道并未忽视整个运动的政治意义："如果我们想建立一个强大的德意志帝国，使之永世长存，必须将德国工人带回人民身边，将其作为最重要的根基。德国工人的双手与头脑从此联合起来了！"[30]据报道，十万群众游行至波鸿体育场，收听希特勒的广播讲话，照片上全是人头攒动的街道，乐队在一旁热热闹闹地演奏。民族社会主义宣传部兴高采烈地庆祝道，整个波鸿"都陷于德国社会主义的魅力中"。[31]

当然，尽管人们的参与本身带有特殊的意义，但他们真实的想法仍然不为我们所知。有多少工人相信希特勒在五一那天所说

173

的话？这是一个悬而未决的问题。然而，如果工人是应征参加游行的，那么当他们知道白领、大老板和工厂主也不得不参加时，也许多少会得到一些安慰。至少他们从中看到了人民共同体的一丝曙光。[32]

正如新政权计划的那样，接下来的5月2日成了全国团结日，各地的冲锋队和党卫队联合出动，接管了所有自由工会的大楼、报社、合作社，甚至还有银行。不论抓到什么领导人，他们一律都按照两周的保护性拘留处理，有些还要更久。其他的工会明白了等待着自己的是什么下场，因此都默默地选择了向希特勒鞠躬效忠。

5月2日，在哥廷根大学城，冲锋队突袭了反对派的办公室；5月5日至6日，一支120人的部队抓获了六名社民党人和工会领导人，将他们带走后，一顿拳打脚踢。不幸的受害者花了数周时间才得到恢复。媒体对整件事歪曲报道，有意淡化，使与社民党有关的人深感沮丧。尽管前一天，报上曾略有赞扬地说，5月1日，该镇几乎所有男性劳动人口——估计有1.2万至1.5万人——都尽职尽责地聚在一起参加了大游行，由警察骑着马和当地达官显要一起指挥，但迫害还是发生了。当地的工会成员、社民党成员等人按照柏林总部的命令，也跟着去了。但结果，他们的这种合作态度对自身毫无益处。[33]

新政权气定神闲，开始跨越政治派别，系统性地镇压政党。善良的市民对共产党最为忌惮，那就先拿它开刀。政府早在3月8日就下令取消共产党人在国会中的席位，但没有正式取缔其合法地位。6月22日，轮到社民党了，内政部部长弗里克毫不客气地将其宣布为国家公敌，剥夺社民党当选议员在国会中的席位。7月

5 日，天主教中央党自愿解散，但令其稍感宽慰的是，德国在 7 月
8 日与教皇签署了一份政教协议（Concordat），神职人员和广大俗
众都希望这份协议能保住他们的教堂和学校的神圣性。7 月 27 日，
赫尔曼·戈林前往天主教主要城市之一亚琛访问，民众仿佛看到
了救世主，纷纷列队欢迎。街头群众的狂喜并不是演出来的，尤
其是当戈林告诉他们，政府当前的首要任务是解决就业时。但天
主教会很快发现，他们的乐观只不过是幻想罢了，尽管在亚琛举
办游行那天，与戈林一同站在演讲台上的主教们，也向希特勒致
去了诚挚的问候。[34]

　　希特勒总是对纳粹党内反基督教的狂热分子加以限制，因为
他相信，非理性的宗教迟早会被科学推翻。正如他在 1933 年之前
所鼓励的那样，大区长官要在当地强调意识形态问题，但前提是
不要触碰本地的政治敏感线。他始终觉得与教会发生正面冲突有
一定的政治风险，还是和平相处最为妥善。当国家——或说纳粹
党——侵入宗教地盘时，他密切关注公众有何反应，这些反应就
记录在他的密探笔记中。[35] 然而，到了 1935 年和 1936 年，盖世
太保收到了一些神职人员涉嫌同性相恋或私德有亏的指控时，他
们认为自己截到了一手好牌。盖世太保中有一支特别突击队专门
负责在莱茵兰和巴伐利亚追查此类案件。盖世太保在这场"战役"
中投入了相当多的资源，也并不吝惜使用恐吓这样的"下作手
段"。它甚至还挖掘出了一些早在 1930 年就被法院盖棺论定的指
控，不依不饶地想热炒冷饭。在 1936 年和 1937 年，最终约有 250
起案件被推上法庭，这被媒体渲染为玷污天主教与同性恋的重大
丑闻。[36]

　　事实上，在第三帝国统治期间，专制政权给大约 22 703 名天

175

主教神职人员带去了负面影响，其中 9 072 人只是受到警告、罚款或者某种形式上的"职业歧视"，但大概有 68 位神职人员被凌虐致死，包括这些人在内的 418 人被送到了集中营。[37] 与此同时，独裁政权开始对天主教的生活方式发起攻击——他们关闭青年团体，威胁天主教学校，就此打破了国家和教会之间的政教协议。当局向家长施压，称他们让孩子在教会小学里接受教育，给人民共同体造成了裂痕，责令他们立刻给孩子办理退学。尽管教会大加反对，但"共同体学校"开始在天主教地区出现，并吸纳了大部分生源。[38] 虽然直到 1939 年，宗教教育也并未完全废除，但它仍在不可抗拒地走向消亡。冲突与痛苦接踵而至，天主教社区却仍然没有打算放弃新政府。[39]

独裁政权对教育的构想远远超出了教室这一方寸之地。国家和党的各类组织积极倡导他们认为合适的意识形态教育方式，引得数百万人主动参与。这不是一场"自上而下"的填鸭式灌输，实际上，年轻人并无任何不情愿，在获得成就感与快乐的同时，他们还表现出了惊人的自我动员和无私奉献的精神。[40] 对于所有年龄段的人来说，"阵营"都是他们从内部体验民族社会主义同志情谊的场域。即使是一些来自中上阶层的年轻专业人士，如律师，也被迫经历了一遭勉强得来的同志情谊和冷冷淡淡的集体热情。[41]

尽管新政权很想摆脱竞争对手的意识形态影响力，但驱逐宗教的良机永远不会到来，正如希特勒告诉希姆莱的那样，如果他做了这件事，人们就会请求他再做另一件。[42] 当他读到主教克莱门斯·奥古斯特·冯·盖伦伯爵（Clemens August Graf von Galen）等批评者的演讲稿时，他说，反对他们毫无意义，他宁愿选择等待。[43] 虽说独裁政权不允许教会参与世俗事务，但这并不意味着纳粹教义与正统国教水火不容。比起天主教，新教在社会目标上与纳粹党有着更大的重叠。柏林政府仍然可以说，自己是在保护这个"信仰上帝"的国家免受自由主义、犹太教、共产主义和无神论的精神威胁。[44]

毋庸置疑，纳粹主义最切实的意识形态大敌仍然是共产党，在第三帝国时期，约有 15 万共产党人受到了各种形式的镇压。就业形势逐渐改善，再加上一些非经济因素，大部分天主教徒和工人阶级多少都适应了新制度。[45]那些重新找到工作的人——尤其是年轻人——不太可能冒着丢饭碗的风险去做些什么，更何况，融入人民共同体使他们觉得自己为实现民族主义和社会主义大业做出了一份贡献，内心极为满足。[46]

新政权并没有将暴力镇压仅仅局限在政党、工会和神职人员身上。1933 年 5 月 6 日，大批学生侵入柏林性研究所（Institute for Sexual Research），寻找那个胆敢公开宣布自己是同性恋的犹太领导人马格努斯·希施费尔德（Magnus Hirschfeld）博士。这家研究所一直倡导"应该由科学而不是宗教道德来决定国家和社会如何应对性行为"，而这一原则和希特勒的看法完全相逆，他从待在维也纳时起就对同性恋鄙薄不已。早在 19 世纪，德国便将同性恋视为违法行为，可以予以起诉。据希特勒的一些老朋友说，他"极其抗拒大城市里的（同性恋）和其他性变态行为，恶心到无以复加的地步"。[47]第三帝国更是利用已有的"反同性恋法"翻搅出了更为震荡的风暴，到 1938 年为止，法院的判决逐年增加。战争期间的受审人数倒是有所下降，可能是因为大多数年轻人都被征召入伍了。[48]

女同性恋受到的反对丝毫不亚于男性，但人们通常不认为这会对民族存亡造成威胁。即便如此，盖世太保的档案中依然出现过个别女同性恋，部分原因是当她们展露出性别倒错或变装的风险时，邻居会认为她们很可疑。这个时候，如果她们再对官方钦定的"种族敌人"——犹太人——表示出同情，危险性立马加倍。[49] 铁拳之下，男女同性恋酒吧与聚会场所纷纷关闭，政府有意利用这种手段彰显民族社会主义与传统市民有着共同的立场。[50]

1933年春季一过，到了初夏时节，希特勒的盟友国家人民党逐步解体。一些成员转投纳粹党，另外一些则选择退出政坛。6月12日至7月27日，在伦敦举办的世界经济峰会上，国家人民党领导人阿尔弗雷德·胡根贝格提出了一份与现场气氛格格不入的备忘录，他要求归还德国殖民地。这一立场与希特勒完全相反，他的事业就此走上末路。6月27日，两人会面时，总理表示，他希望胡根贝格继续留在内阁，但国家人民党必须自行解散。该党的大部分国会议员相继投靠纳粹党。[51] 刚过两天，希特勒就宣布胡根贝格已经辞职，将由安联保险公司（Allianz Insurance Company）的库尔特·施米特（Kurt Schmitt）接替经济部部长一职。另外，里夏德·瓦尔特·达雷此时正要成为帝国与普鲁士的粮食及农业部部长，在实施"血与土"的意识形态过程中，他的权力一度到达巅峰。[52]

7月14日，内阁召开会议，审议了不下42条的法案。其中"禁止新党建立法"，司法部部长认为，目下采取这一措施的时机"在心理上并不合适"，还是让全体政党自行解散更为体面。希特勒不同意，明确将此项条文列入法律——"德国有且仅有一个政党，那就是民族社会主义德意志工人党"。[53]

海因茨·A.海因茨，一位笃信民族社会主义的作家，曾于

1933 年至 1935 年在英国当过记者，他在希特勒的传记中这样写道，从国外的视角来看，新政权更加侧重民族主义，但"从国内来看，社会主义的驱动力更加明显"。[54] 这一点在 1933 年 5 月 2 日新成立的德意志劳工阵线（Deutsche Arbeitsfront, DAF）中得到了印证，也是在同一天，新政权废除了现有的工会。所有的蓝领和白领组织，都被德意志劳工阵线统一进了自己的阵营，负责人罗伯特·莱伊表示，新政权仍然希望有工会，"因为雇主不是天使，这一点我们心知肚明"，他们可不会一直为"伟大的人民共同体"服务。劳工阵线将会缓和利欲，把工人变成"优等种族"（*Herrenmenschen*）。[55]

希特勒在 1933 年 10 月 24 日说，德意志劳工阵线应该建立一个"真正的"人民共同体，同时又具备一定的生产力。劳工阵线取得的成功究竟有多大，充满争议，但它所倾注的心血是超乎想象的，也无人敢小觑它那大到惊人的官僚机构。这个庞然大物将触角探向了社会生活的方方面面，尤其在工人中间。到了 1942 年，它号称自己名下拥有大约 2 500 万成员。[56]

资本主义和社会主义在意识形态上的紧张关系，并没有在民族社会主义内部完全消融，独裁政权也深知其病，因此在两者之间一向谨慎行事。莱伊经常说，对私有财产的追求是区分高等种族和低等种族的一个特征，后者信奉集体主义，而前者则为了财产努力奋斗，以此表现个性。他掷地有声地说道："我们都知道，德国工人有多想拥有一栋属于自己的房子。"[57]

一位研究德意志劳工阵线的理论学家表示，民族社会主义对社会主义的探索，并不是建立在某种特定的经济形式之上，而是靠转变态度。虽然没有一个明晰的社会主义蓝图，但这反而是种

178

优势，因为至少能保证德国经济不会陷入教条主义。国家不仅不会取缔私有财产，还会加以保护。然而，这并不意味着个人可以像自由主义经济那样，随心所欲地处理自己的财产。在民族社会主义中，"财产即义务"是一项基本原则。财产必须为共同体服务，从这个意义上来说，它变成了"社会主义财产"。当然，苏联式的财产没收和集体农场绝不会出现在德国。[58]

劳工阵线承包了大批项目，比如支援失业人群、低收入人群和工伤患者，试图借此传达出一种新的社会主义精神。他们有时直接出面，有时则通过各类附属组织，如"力量来自快乐"（Kraft durch Freude, KdF），该组织一向致力于使工人的社会生活融入意识形态。为了振奋人心，各分支机构开始组织工人前往剧院和音乐会，希特勒尤其钟爱的拜罗伊特瓦格纳音乐节也在他们的旅程中。此外，"力量来自快乐"还会让工人参加各种体育运动和健身活动，比如与民间歌舞团体一起载歌载舞，学习如何玩国际象棋游戏等。尽管现在很难想象，但这个组织有时也会安排巡回乐团甚至交响乐团去工厂参观并演出。根据它的统计数据，截至1938年，"力量来自快乐"一共吸引了5 000万人参加这些琳琅满目的业余活动，其中664万人出席过12 407场歌剧和轻歌剧演出。[59]

"力量来自快乐"组织的旅行无论里程远近，价格都十分低廉。仅1938年一年，就有681万人去往德国不同地区度假。同年，131 623人体验了远洋航行，有的乘坐租船，有的乘坐该组织自己运营的船只，如1937年5月正式下水的威廉·古斯特洛夫号（Wilhelm Gustloff）游轮。这艘游轮的船舱在设计时特意"消除阶级"，除了外部，内舱房的面积全都一样大。[60] 希特勒还曾登船检阅过，因为厌恶阶级偏见，他承诺，未来，人人一生中都能作一两次海上远游。[61]

新政权也将视觉艺术带入了大众中间，依然以"力量来自快乐"举例，该组织在工厂举办了不下于 1 574 场艺术展览，到 1938 年初吸引了 400 多万人前来参观。这已经远远超越了宣传的范畴，1941 年，"力量来自快乐"在一本广告手册上称，它想"帮助工人对艺术产生更深层次的理解"。比如向工人展示如何用一块石头作画和雕刻。[62]尽管社会不公仍然存在，但这些活动及其倡导的平等主义精神在人群之中引起了共鸣，不知不觉间，他们也开始展望那个迷人的未来愿景。[63]甚至在 1934 年，就有人雄心勃勃地表示，一旦"德国社会主义"将德国完全同化，它将"向外溢出，成为其他国家未来发展的基石"。[64]

自新政权上台伊始，地下社民党便对"力量来自快乐"机构的社会主义行为持有坚如磐石的"政党路线"。它将上述那些努力贬斥为"面包和马戏"，说它们一味只知"蒙蔽头脑，为当局敲锣打鼓"。根据这些反政权势力的报告，"力量来自快乐"的最终成果是培养出了"文化民主化"。反对派谴责这些花里胡哨的事分散了工人的注意力，使他们没有意识到自己的工资正在减少，社会福利正被拆解。一份 1935 年的报告指出，这种效应会持续多久，仍是一个"有待观望的问题"。[65]一位来自柏林的地下记者哀叹道，工人们陷在"力量来自快乐"的活动中乐而忘返，浑然不觉新政权的目的是"哄他们入睡"，麻痹他们忽略掉自己受到的剥削。一名工人抱怨说，"力量来自快乐"从未聘请过顶级音乐家，比如柏林爱乐乐团的指挥威廉·富特文格勒（Wilhelm Furtwängler）。然而，接下来这位音乐家就适时地带着他的管弦乐队出现在了工厂，有照片为证。[66]据一位地下社民党人评论，乘坐租船前往挪威的工人们大都怨声载道，叫苦连天。然而，他们不能否认的是，许多工人都想去旅行，而反对派的说法倒是从侧面强调了令人意想不到的"额外费用"等问题。[67]一名社民党人后来和一些没能得到旅游机会的工人聊天，后者虽心有遗憾，却仍然认为，这是希特勒的"伟大创造"之一。[68]

还有其他来自不同地下组织的社民党人，他们对第三帝国所代表的一切都严辞批评，有人在1935年中期说："我们和一大批（可能是前）社民党人、共产党人及工会主义者都交流过，他们对'力量来自快乐'组织的各种活动，尤其是度假旅行充满了热情。在此过程中，民众对人民共同体的憧憬显然得到了加强。"在地下组织看来，这真是不幸之至，但他们依然希望社会能形成一股反动势头，推翻现有政府。[69]

大众汽车是第三帝国经久不衰的标志之一，它在最初被命名为"KdF汽车"。尽管希特勒是汽车行业的忠实用户，并对其未来发展充满热情，但汽车仍是一种奢侈品，很少有人能负担得起。1934年3月7日，他在国际汽车展览会上发表讲话，说如果不是价高难买，一定会有数百万人爱上汽车。他希望工业界能造出一款大众汽车，就像其他公司最近推出的人民牌收音机——大众广播——一样，它的成功有目共睹。[70]而当他畅想汽车消费能降到900到1 000马克，并为这种"社会化"和大规模机动化的未来深深着迷时，实业家们显然十分冷淡。他们可以接受"先公后私"的口号，但以这个价格来制造一辆汽车？实在是天方夜谭。

著名汽车制造商费迪南德·波尔舍（Ferdinand Porsche），自1933年以来就与希特勒保持联系，他对现状更为乐观。尽管还有许多技术细节需要克服，但希特勒在1935年2月14日的一次汽车展览会上自豪地宣布，高速公路建成后，德国将拥有"迄今为止世界上最现代化的汽车网络"。随后工业界会造出一款"适合广大群众"的汽车。他承诺将在明年年中推出新款大众汽车的原型。[71]尽管话已放出，但事实证明，让汽车制造商并力合作，满足独裁者要求的规格，不是一件容易的事。德意志劳工阵线的罗伯特·莱伊想接管这一项目，建造一个专门的工厂来生产大众汽车。1937年2月，他得到了希特勒的批准。[72]

1938年5月26日，在工厂的奠基仪式上，有5万人前来观看希特勒和汽车，现场已经有了一些样车。在广播演讲中，他解释说，他上台执政之初，德国在汽车制造方面远远落后于其他国家。要使整个国家实现机动化，为6 500多万大众制造一款汽车，所用的机械必须价格低廉、方便维护。在他的设想中，这是一款"属于人民的交通工具"，他预测新的 KdF 汽车将成为"民族社会主义人民共同体的象征"。[73]

一辆汽车售价990马克，人们梦想着，每周只需预付5马克，就能在4年后拥有这辆车。这项承诺为人民共同体的愿景增添了一定的可信度，我们不能仅仅将其视作幻想而一笑了之。[74]即使战争爆发时，大众汽车和其他公司的人民牌产品仍没有广泛普及，但这并不影响政权对这些目标的认真程度。尽管地下社民党曾谈到，工人不相信自己真的能开上汽车，但也有左翼观察人士表示，"政客承诺会给每人一辆车，如果群众相信这个承诺，那么他就能得到群众的拥护"。还有人说，如果希特勒真的认为每个工人都理应得到这样一台机器，那么他就会以"一贯的狂热"坚持到底——即使这意味着不能满足工人阶级的基本需求。[75]

从1933年中期开始建设的高速公路网取得了较大进展，由

182

希特勒破土动工的路段也得到了重大宣传。一个同时代的人——肯定不是纳粹主义的拥护者，因为他的书一出就被当局"禁掉"了——在日记中写道，"报纸上的高速公路设计图和模型简直绝妙无比。这是一份对未来的美好憧憬。高速公路若能全线覆盖整个欧洲，必将使各国做到彻底的身心团结"。然而，翻过这一页的溢美之词，下一页映入眼帘的就是当时正在萌芽的集中营体制。[76]从心理上来说，考虑到德国人均汽车数量落后于大多数西欧国家，因此许多人纷纷想象，道路建成后，他们将拥有一个更加美好的未来。高速公路项目做了铺天盖地的宣传，仅纪录片就拍有二十多部，比如《通向未来之路》《路途多姿多彩》，等等；也出版了一些图画书，展示高速公路在建设时是如何与环境相协调的，虽然环保主义者并不买账。[77]

大众汽车的销售活动如火如荼，宣传照片消解了汽车的社会分裂特征，在人们心中埋下种子——随着技术的进步，汽车将人手一辆。杂志广告上印着迷人的照片，有些是在美国拍的，照片上的好莱坞明星正开着车四处闲逛。到战争爆发时，已经有 27 万储户和大众签下了合同，但因为大战在即，大众又转而生产军用汽车。即便如此，这也并未妨碍人们开立账户，到战争结束，有近五十万德国人签下了买方合同。[78]他们的投资没有利息回报，但他们可以享受"虚拟消费"——即飘飘欲仙地幻想自己驱车行驶在高速公路上度假的场景。[79]

"力量来自快乐"的另一个分支"劳动之美"（Schönheit der Arbeit，SdA），创建于 1933 年 11 月 27 日，第二年，它的领导人对自己耀眼的新使命做出如下阐释："今天，年轻的民族社会主义德国要根据意识形态来改造环境。亲近自然，崇尚生命，高贵而

183

坚强。"[80]"劳动之美"提倡清理工厂,使空气更清新,光线更明亮,诸如此类。独立餐厅将被改造为工人和受薪雇主都能使用的"无阶级"餐厅,该组织还致力于推动为新工厂提供更好的住房和日托设施。它发起了数项运动,包括"为所有工人提供阳光和绿色"、为工厂"争取更好的采光"和"与噪音作斗争"、"让干净的人工作在干净的场房里",并在中午提供热菜热饭。在农村,"劳动之美"还赞助了社区建设与教育工程,分阶段开展美化村庄运动,旨在将不卫生的村庄改造成同类中的典范。到1939年,大概有5000个村庄达到了标准,被改造得焕然一新。该组织还将雄心壮志延伸到了居民住房领域,用模型展示一个合适的住宅应该是什么样子的。对于这些实际成就,"劳动之美"居功甚伟,在推动人们对民族社会主义采取更加积极的态度上,它的贡献蔚为可观。[81]

"力量来自快乐"呼吁自愿参与,这毫无疑问促使更多的人开始欣赏新政权的"社会主义实践"。[82]它的项目极大巩固了政权的合法性,并延续了独裁政权的生命力,而这一点时常受到低估。当时,就连一些心灰意冷的地下社民党人士也承认,"力量来自快乐"的活动至少让工人瞥见了人民共同体的一抹剪影。[83]

民族社会主义意识形态渗入日常生活的另一个方式,是通过福利制度。在《我的奋斗》中,希特勒利用社会生物学理论高谈阔论,谴责国家援助只会让"现存的邪恶"永远持续,而他的使命是反其道而行之,消除经济和文化生活中导致退化的"基本缺陷"。[84]

新政权上台之后,面对穷人和失业者的悲惨处境,各纳粹领导人纷纷引入德国社会主义的关怀性一面,希特勒对此却摇摆不定。最初，在 1933 年 5 月 3 日，他承认了纳粹福利组织的合法性，授权它解决有关人民福利和援助的所有问题。[85] 纳粹福利组织实际是 1932 年 4 月刚在党外成立的一个边缘组织，但希特勒一声令下后，从 6 月开始，全国各区都在埃里克·希尔根费尔特（Erich Hilgenfeldt）的领导下建立自己的分支机构。纳粹福利组织统筹"协调"其他大多数福利机构，但其中不包括宗教慈善机构和红十字会。它的指导方针称，不同于以前"自由马克思主义"制度将接受福利救济的人推向怠惰与依赖的深渊，新组织的宗旨是，在社会向"真正的人民共同体"过渡的阶段提供帮助。[86]

希尔根费尔特对"真正的德国社会主义"发出了一系列口号："我们要成为德国人民热忱的健康卫士"；"我们相聚一堂，不是为了互相同情，而是为了共同奋斗"；"个人在共同体中享有的权利，永远不能大过他对共同体应负的义务"。因此，值得帮助的不是那些弱者，而是"富有创造力、基因优异、大有用处的德国人"以及"人民共同体的重要组成部分"。[87]

不管听起来多么冷酷无情，但一想到新政权在初上台阶段所面临的重大社会危机，纳粹福利组织便不能眼睁睁地看着人们死在道路两旁，它开始设立救济厨房，向有需要的人提供食物。第一年，在柏林仅一天就分发出四万份餐食。到了 1937 年，大柏林仍有 115 个这样的厨房。[88] 这个关怀型组织还有一个重要使命，就是将贫困党员的孩子送往农村。1936 年，它的社会影响力进一步扩大。从 1933 年开始，共有 352 501 名青少年寄居在农村或国外的不同家庭中，到 1940 年，这个数字增长到 726 047 人。但在慈善的另一面，我们看到，扔给教会照顾的都是些所谓的反社会分子（Asoziale），或患有遗传性疾病的年轻人。[89] 1936 年，组织甚至开始涉足艺术，宣传部部长戈培尔命其发掘一些能为"德国种族的文化印记"做出贡献的贫困艺术家，并出资推广。德国视觉艺术资助组织（Help-Work for The German Visual Arts）因此成立，据报道，它在第一年就赞助了 17 场展览，吸引了超过 14 万人前来参观。大约有 1 823 位艺术家展出了 2 882 件作品，其中 80% 都在上述那 17 场展览中成功销售。[90]

纳粹福利组织所着力的另一个方向是民族社会主义护士（NS-Schwestern），其人数在 1939 年增加到 10 880 人，不到红十字会和其他组织的 10%。火车站里穿着护士服的"布朗姐妹"成了政权"关怀大众"的一种象征。在医院工作、完成医疗或急救任务，只是她们职责的一部分。在她们中间，有一个通过自我动员而忠诚奉献的护士，如她所说，这些帮助逐渐赢得了母亲和孩子的心。"在意识形态上同样如此。我邀请她们参加我们的集体晚会，向她们展示一个新的世界。在这里，她们平生第一次明白了真正的人民共同体意味着什么。"[91]

纳粹福利组织最终发展了超过 1 500 万的成员，完全没用任何胁迫手段，成员大多都是为其积极向上的使命所吸引。它的一些次级组织也发挥了不小的作用，比如"母亲和孩子"组织，到 1941 年，后者拥有超过 4 万名训练有素的护理人员，从幼儿园老师到护士和助产士，应有尽有。她们照顾着那些拖家带口的母亲，谁有需要，就向谁提供医疗援助。1941 年，来访和咨询人次一共达到 1 000 多万。[92]

"冬季援助工程"（WHW）是纳粹福利组织的另一个分支，为了应对大萧条，从 1931 年 9 月中旬到 1932 年 3 月，它开始进行募捐，受到了媒体大张旗鼓的宣传。尽管在 1933 年之前，纳粹党一直反对福利国家的想法，但异乎寻常的是，希特勒上台后并没有坚持协调所有福利组织。6月，戈培尔将"冬季援助工程"纳入自己的部门，并初步提出了"与饥寒作斗争"这一口号，动员私人捐款。与此同时，宣传部部长还将这一运动与民族社会主义学说的另一个特点相结合，即鼓动围捕乞丐，这一风潮起于1933年9月15日，止于10月1日，正是"冬季援助工程"开始的时期。他鼓励警察、党卫队和冲锋队将"清理街道"作为第一步，受到了民众的普遍欢迎。[93]

政权希望削减甚至终止福利，因此决定让公民主动出资救助最贫穷的"国民同志"。为了筹款，数千名冲锋队成员、希特勒青年团成员和纳粹党员定期为"冬季援助工程"或其他慈善机构担任志愿者。地区领导人也各自采取了行动，比如，汉堡的最高领导人卡尔·考夫曼，在1933年9月15日提出了自己的口号："今冬，汉堡将无饥民。"纳粹街区委员会敲门时，会记下居民是否捐过款，还会挂上一个小牌匾，上面写着："一起捐款！"汉堡的一位妇女回忆道："捐款，捐款，捐款……月底，他们会往门上挂一个牌子……没过多久，前门已经挂了五、六、七、八个牌子。"[94]政权利用慈善活动来表明自己对人民共同体的重视，在1945年之前，每年冬季都会来一场募捐，以希特勒的演讲作为开幕式。

纳粹福利组织和"冬季援助工程"的宣传促进了穷苦人民生活的改善，因为他们逆转了当时风行的心理热潮，使部分人群在接受捐助的过程中尝到了被重视的滋味。[95]1934年1月，他们代表"冬季援助工程"提出了这样一个想法："用一锅餐饭，向世界展示德国社会主义的意义。"为了让总理和工人每个月谦逊地吃一顿饭，辛苦每个人从省下的钱里再捐出一小笔。他们恳求说，即使是赫尔曼·戈林这样的人物，据说当时病了，也只是喝豌豆汤。"保护家庭"、乐善好施将成为他们的道德准则。1937 年 3 月 24 日，建立"冬季援助工程"的法令正式通过，文件表示，工程的基本原则"先公后私"也是最初纳粹党纲里的一项要点。[96]同年晚些时候，戈培尔指出，这些资金"将只用于社会主义建设"。[97]截止到 1942 年和 1943 年，捐赠给"冬季援助工程"的资金增至 16 亿马克，其中大部分都给了"母亲和孩子"组织。[98]

　　为了调动气氛，纳粹各组织也举办了自己的特殊"节日"，为"冬季援助工程"锦上添花。为此，一向注重公共关系的海因里希·希姆莱，于 1934 年 12 月 18 日至 19 日推出了首个"德国警察日"。事实证明，"冬季援助工程"以其明显的社会良知和对穷苦百姓的有力救助，完美遮饰了独裁政权的黑暗面，使其看起来并不只是一个恐怖主义横行的警察国家。柏林等地的警察最初对筹款"大为反对"，理由是这种活动可能有损他们的形象。[99]后来，他们又改变了想法，1936 年，希姆莱坚持要求所有警察，包括侦探和盖世太保，都与党卫队一起参与此类活动。新闻界广泛报道警察为"冬季援助工程"所进行的募捐和庆祝活动，表示他们是"德国人民最好的朋友和帮手，也是罪犯和国家公敌最可怕的敌人"。[100]市镇在当地举办的活动非常受欢迎，以致在 1937 年，这个"节日"还持续了足足一周。[101]两年后，希姆莱在报告中说，一共筹到了 945 万马克。[102]通常情况下，他和副手海德里希每年都会发表一些演说，比如，海德里希就曾在 1937 年强调"警察的预防使命"。[103]他说，警察对付的都是些"堕落的"罪犯或"蓄意危害德国人民共同体及德意志帝国的大敌"，守株待兔地等待他们犯下罪行"毫无意义"。反过来说，"守卫帝国和人

187

民安全的各类机关组织，有责任在第一时间阻止可能会危害到人民的行为"。[104]

对穷人伸出援手使"种族同志"内心生出了一种满足感，但条件是他们没有经常被麻烦。1934 年中期，经济部对这一问题颇为悬心。官员们列出了四项主要的筹款活动，以及名目繁多的"特殊捐赠"，合计起来，每年竟有 20 多个。部门仔细审查这份名单后，删去了其中一些，以保护低收入人群。他们担心，不断请求人们做慈善的话，可能会成为"一种永久性的税收项目"。[105]

所有这些活动都使全国人民参与到了民族社会主义中，并传达出一种关心人民的社会主义信号。年轻的贝恩德·哈特维希（Bernd Hartwig）回忆自己小时候住在吕贝克（Lübeck）时，曾挨家挨户地为"冬季援助工程"募捐小额食品。他还为此在街角出售过圣诞徽章。回过头来看，他认为 1945 年以后关于人民共同体的许多"神话"都是错的。他回忆说，至少他那一代人"懂得了团结的重要性"，在共同体的责任感面前，仅有社会出身和教育是远远不够的。就连他出身优裕的父母也希望能打破自己天生所处的这个阶级世界。[106] 约阿希姆·费斯特（Joachim Fest）同样出生于 1926 年，家境富裕，父母对纳粹主义抱有敌意。他记得，到 1936 年，邻居们被新政权的成就打动，终于抛下成见，"正式投入纳粹阵营，而且信念越发坚定"。[107]

威利·科恩曾因犹太人身份被解除了教师一职，他回忆说，1939 年，"冬季援助工程"在布雷斯劳发动大筹款时，发生了许多事情。他提醒我们说，犹太人完全被视若无睹。尽管如此，当警察、消防员等从他面前齐步走过时，他仍然惊讶于官员们竟能将现场组织得如此井井有条。作为历史学家，他说，回顾第三帝

188

国六年的历史，他必须"客观地"承认，他们的确做出了一些值得夸耀的成就。贫困仍然阴魂不散，工人的住房条件也十分恶劣，但他的日记给人留下的印象是，他对纳粹的态度是积极赞扬的。[108]

科恩亲身体会到，种族排斥政策与和谐人民共同体的建立是同时并存的，后者显然只为雅利安人敞开大门。他和大多数人都不知道的是，尽管德意志劳工阵线和纳粹福利组织等都信奉社会理想，但相关官员在经手数亿资金时，还是忍不住从中捞取了一部分。贪污腐败现象日益增多，极难控制，尤其当涉及德国高层领导人时。而到了战争期间，制约更是无从谈起。[109]尽管希特勒对普通民众犯下的罪行总是重拳整治，但纳粹要员一旦参与其中，无论发生多么离奇古怪、人神共愤的腐败案，他都不愿意处理，以免损害政权的政治形象。[110]

1933 年后，一幅更加浩大的图景骤然降临——希特勒联合民族社会主义者及其盟友，将议会民主制转变为一党专政，公民社会也由开放走向了封闭。在此期间，新政权开始大力建设人民共同体，并引入曾向人民许诺过的德国社会主义方案。这些成就所散发的迷人魅力，或许还超过了不可捉摸的"希特勒神话"以及他那具有非凡魔力的个人演讲。可以肯定的是，日常生活发生的积极变化，以及社会主义气氛的增强，都比政治宣传和恐怖袭击更能赢得民心。独裁政权当前面临的挑战是，如何巩固忠实信徒的信仰，同时吸引剩下的人皈依纳粹，而这首先需要解决失业问题，并撕毁《凡尔赛和约》。在这两点上取得胜利，将征服更多的反对派，甚至还能在抵制希特勒意识形态的人中间获得"肯定意见"。

第8章
力争达成共识

历史上的独裁者无论做什么，都能得到人民的全票通过，希特勒也想效仿前人，但他明显还有很长的路要走。1934年，他的一位支持者也在日记中证实了，到目前为止，结果有好有坏。夺权成功使这位支持者振奋激昂，民族社会主义遍布南北也让他兴奋不已，但不久，他就有些意兴阑珊了，因为新制度"不仅要求绝对的服从，还要求一种发自内心的欢乐与热忱"[日记本身如此强调]。他试图就希特勒的演讲作一番认真讨论，却遭到了当地党魁的严辞拒绝，他们称自己"知道"该怎么正确解读。[1]这种观点是激进意识形态运动的典型特征，一边口口声声说只希望民众自发参与，实际却拼命将控制的罗网撒满各处，然后呈示出人民一致同意的证据。

民众在生活中如何接受、认同或升华希特勒的教义，取决于多重因素。国家迫切需要让经济重新恢复运转，万千失业者也对此翘首以盼。而农民甚至在大萧条之前便已遭遇了危机，殷切期望国家能施以援手。新政权虽然将重整军备作为优先事项，却不得不腾出手处理以上问题。若想在民众中间达成广泛共识，独裁政府必须解决这些障碍，当然，或许还<u>不止这些</u>。

大萧条时期的经济危机是纳粹借以上台的关键，而解决失业问题则是最终确保新独裁政权稳固屹立的首要因素，这也决定了全国大部分民众能否成为民族社会主义者。但令人震惊的是，1933 年 1 月，德国的失业人数并未减少，经济也仍然萎靡不振。当时的失业率达到了惊人的 34.36%（即 600 万人），经济学家表示，在这之外还有 200 万"隐形"失业者。事实上，美国全国经济研究所（National Bureau of Economic Research）曾做过一个宽泛的界定，称 1932 年——也就是希特勒成为总理的前一年——德国的失业率为 43.8%，几乎是英国（22.1%）的两倍。[2]

190

1933 年 2 月 1 日，希特勒一面向全国承诺，他将用两个四年计划使经济重回正轨，一面却在一周后的内阁会议上表示，未来五年"必须致力于德国的军事防御［*Wiederwehrhaftmachung*］重建事业"，所有公共资助的再就业计划务必让位于这一优先事项。[3]他非但没有推动民用部门的发展，反而直言不讳地告诉军方领导人，国家对工业的补贴实属"无稽之谈"。[4]尽管劳工部长弗朗茨·泽尔特（Franz Seldte）表示，五一庆典非常适合当众宣布复苏计划，但希特勒没有这样做。泽尔特不禁抱怨说，很难协调创造出新的就业机会，因为根本就没有一个"统一的计划和统一的中央领导"。[5]

1933 年 3 月，先是大选结束，接着通过了《授权法》，后又镇压工会，在这一切如狂风过境后，希特勒再次会见工业、金融和学术界的代表。他明确表示，政府不会实行国有计划经济，反而要靠企业家来让人们重返工作岗位。国家所能做的就是从旁提出建议，帮助解决某些问题，同时促进私营经济的发展。然而，为了在国际事务中获得平等权利，德国需要暗中重新武装，有朝一日，让世界直面德国已然崛起的既成事实。[6]

5 月 31 日，在给地区领导人的一项命令中，希特勒歪曲了这一意图，称"国家和经济的新理念"只有在国内"和平、安宁"的基础上才能蓬勃发展，而解决失业问题是"当前最重要的经济任务"。再也没有什么比俄国革命和对经济领导人发动攻击更糟糕的了。[7] 就在同一天，历经绝望的内阁批准了一项以国务秘书弗里茨·赖因哈特命名的创造就业计划，拨出 10 亿马克的预算。第二天又通过了《减少失业法》，旨在增进 70 万至 80 万的新工作岗位。[8] 这些动作并未立见成效，因此政府又于 9 月通过了"赖因哈特第二计划"，再次增加资助金额，用于建造、维修房屋，以及修建一条高速公路。尽管宣传的声势颇为响亮，但后者创造的就业机会并不可观，到 1934 年底才缓慢达到八万多个。希特勒说，修建高速公路将在民众中间产生一种积极的心理效应，能够"唤醒信任"。他总是说，市场现在渴望的是价格低廉的汽车，像他自己就希望能有一款大众汽车，但汽车制造商们只知埋头生产昂贵的大型汽车。[9] 显然，这时他已经开始相信，要一蹴而就地加快重整军备的步伐是不可能的，只能用这些资金先稳固政权。[10]

与此同时，希特勒严正宣布，"革命已经结束"，即纳粹自身的政治动荡已彻底平定。7 月 6 日，他向地区领导人发表讲话，告诉他们，"浩荡奔流的革命之河，必须被引导到安全的河床上继续流淌"。一个对商业一窍不通的民族社会主义者，就算再优秀，也不能取代一个没有入党的好商人。他们不能"再推进犹太人问题"了，因为届时若引起全世界联合起来反对，这个代价他们承受不起。[11] 几天后，七万多名冲锋队成员在多特蒙德举行了一场地区集会，他在台上也向这些和平的破坏者们传达了类似的讯息。[12]

191

9月19日，他再次夸大事实，称政府当前的工作重心只在创造就业上。但他坚持认为，从长远来看，国家不可能一直通过"人为调控"来注入资金，同时他也承认，如何在冬季压低失业率，一直令他忧心忡忡。[13]果然，那年12月的失业人数稍有上升，但进入新的一年后，又有了明显的下降。[14]

经济的复苏得益于多种原因，从心理方面来说，在新政权的大力宣传下，民众开始广泛相信一个美好的时代即将到来。增进就业计划颇有效益，私人投资如雨后春笋般纷纷出现。年迈的帝国银行新任行长——亚尔马·沙赫特（Hjalmar Schacht）——也发挥了重要作用，尽管他不是纳粹党员，但早在1933年之前，他就一直是希特勒的拥护者。从3月17日上任开始，沙赫特就以资深老到的个人经验为经济局势的稳定增添了一份力量，而且，他曾就战争赔款进行过谈判，深信自己把握到了金融世界的忍耐限度。5月，他访问美国，直接向美国总统富兰克林·D.罗斯福和国务卿科德尔·赫尔（Cordell Hull）透露说，德国将单方面暂停偿还外债。此言一出，美国人和英国人当场震惊。在一轮又一轮的谈判会议无果而终后，德国宣布，中止偿付将从6月30日起正式生效。之所以没有立刻生效，是因为沙赫特想利用这个拖延期，来巧妙避免违约所产生的法律、政治和经济后果。[15]

这位银行行长还向一家虚设的公司"Mefo"①开具借条，为民用和军事支出提供资金，从而造成了一笔更大的预算。[16]重整军备究竟在国家总预算中占据多大的百分比，很难精确算出，因为

① 全称为"冶金学研究所有限公司"（Metallurgische Forschungsgesellschaft m. b. H）。纳粹政府在"二战"前几年为资助德国重整军备而成立的一家虚假公司。——译者注

通过这种灵巧又隐微的方法，有一半以上的资金是不入账的。根据 1938 年的一份军事备忘录，可能从 1933 年 6 月开始，政府便为未来八年的军事行动准备好了 350 亿马克的预算。[17]

1933 年 12 月的陆军新计划，告诉了我们这个预算具体意味着什么——该计划要求在和平时期组建一支 30 万人的军队。但如果认为国家想利用这笔预算，筹谋在外交政策上升级矛盾，那就未免失于结论先行了。不过，毫无疑问，这样的计划肯定会催生出一个新的军工复合体。[18] 长期以来，希特勒的意识形态中一直蕴藏着一个雄心万丈的外交政策，恢复德国的军事力量是其基本前提，而在纳粹党内外，无论是武装部队领导人，还是大多数德国公民，都对这一理念趋之若鹜。假使国民知道政府想要秘密训练一支强大的军队，考虑到日益高涨的民族主义情绪，他们很有可能会举双手赞成。1935 年 3 月，征兵令颁布后，民众果然大为欢迎，军队最终从过剩的劳动力中抽走了大量年轻人。年平均失业人数若以百万为计，则其下降趋势如下所示：1933 年，480 万人；1934 年，270 万人；1935 年，220 万人；1936 年，160 万人；1937 年，90 万人——此年德国已实现充分就业，实际上，一些地区甚至开始出现劳动力短缺。[19]

到了 20 世纪 30 年代中期，大部分德国人，尤其是从事工业行当的，已嗅到了经济回春的气息，人民共同体的理念也由此变得更加魅力非凡。[20] 经济回春并非只是一种朦胧的预感，因为伴随着失业问题的解决，工资也在有所增长。如果将 1928 年，也就是大萧条前最后一年的实际工资（根据通货膨胀调整后）固定在 100 的话，1930 年，这一数字下降到 97，1932 年则跌至谷底，为 86。此后，工资开始稳步上升：1933 年，91；1934 年，94；1935

年，95；1936 年，101——到这一年终于恢复到大萧条前的水平，其后一直保持增势。[21]

随着经济缓慢好转，人们在经历了多年的一穷二白后，连打零工都觉得喜从天降。[22]我们从维尔纳·X 的日记中看到了一个普通工人的视角，这份文献是他的孙子后来发现的。1933 年 3 月 3 日，距离大选只有两天的时间，19 岁的维尔纳失去了他在柏林一家工厂的工作。由于到处都找不到活儿，无计可施之下，他只能去领每周两次的失业救济金，一次才给可怜的 1 马克 87 芬尼，其中大部分都用来支付他在母亲家的生活费用。虽然对政治一窍不通，但他观察到，几个月后，随着希特勒的上台，形势开始有所改善，他偶尔也能找到一些工作。直到 1935 年，他才找到一份薪资合理的全职工作，有能力养家糊口，这让他找回了自信。

在日记中，维尔纳写道："我终于可以掌控自己的生活了，突然之间，一切都有了可能。"这时，他已经遇到了未来的妻子西格丽德，但两人并没有立刻结婚。回首往事时，她还能记得维尔纳最初是如何被民族社会主义吸引的，不久，他提出想在他们的公寓窗户上挂一面纳粹卐字小旗。他在经济上的运势变化虽然不大，却足以影响他的生活态度。他开始注意到，在这个世道上，工人的孩子有机会出人头地了，连他自己的生活也在改善。从前，他家里没有人去山上滑过雪，也没有人见过大海，而现在——他可以。很久以后，当孙子问起西格丽德纳粹犯下的罪行时，她想了想，只说了一句，他们不关心那些。学校里的犹太老师有一天突然消失了，"一切就像理所当然一样，我们没有问一句，也许是我们太害怕了"。[23]

工资以外的"非经济性"奖励，对民众心理产生了不可小觑

194 的积极影响，它们和劳工阵线里的项目一样，显然对维尔纳·X 充满了吸引力。新政权推出了一系列奖金机制，1933 年 6 月 1 日《减少失业法》中的"促进婚姻"就是其中一个项目。这个以婚姻贷款为主的计划，内里包含着种种缜密的思虑。首先，一对新婚夫妇可以免息贷款，只要女方曾在 1931 年 6 月 1 日至 1933 年 5 月 31 日期间工作至少满六个月，并同意辞职回家。该项目旨在为年轻男性腾出更多全职岗位。[24]1937 年 11 月 3 日，德国政府调整婚姻贷款计划，称女性从此不必再离开工作岗位，这一象征性的举动表明德国在战胜失业上真正取得了重大进展。[25]回到 1933 年，新婚夫妇可以用 1 000 马克的贷款购买德国制造的家居用品，这反过来也能刺激经济。此外，法令还宣布，夫妻双方必须毫无保留地支持国家，没有遗传性疾病或身体残缺，也没有不良声誉，品行端正。为了促进生育，政府提出，每产育一个新生儿，将取消 25% 的原始贷款，以此刺激一直下降的人口增长率和家庭数量。这个婚姻项目清楚地反映出，在民族社会主义理念中，女性应该扮演什么角色。[26]

而它对减少失业有帮助吗？尽管收效甚微，但在 1933 年，国家一共发放了 141 559 笔贷款，也提供了与此相应的新工作岗位。[27]到 1937 年底，有 878 016 对夫妇利用了这一项目。如果不是政府有意通过削减金额来抑制需求，这个数字原本会更多。[28]

对于一直处在水深火热之中的农民，政府又为他们准备了什么？民族社会主义已经设想好了他们在种族复兴中的关键作用。里夏德·瓦尔特·达雷在魏玛共和国的最后几年成功跻身纳粹领导层后，强化了党的农村路线。[29]作为纳粹最坚定的理论家之一，同时也是希特勒的忠实信徒，他拯救农民的一个措施是建立

"*Hegehöfe*"，即世袭农场，规定它们既不能出售，也不能买卖。[30]
他坚信国家干预是必要的。[31] 1933 年 5 月，在一次采访中，他
解释说："德国农业政策的目标不是像苏联谷物工厂那样实现大规
模量产，而是要建立起一个个生态健康、农民基础牢固的小农场。
这样一来，在解决德国粮食问题的同时，还能解决国家的人口政
策问题。"[32]

195

1933 年 6 月底，作为帝国与普鲁士的粮食农业部部长，以及
帝国农民领袖，达雷一加入内阁，就主张采取干预主义立场。7 月
20 日，他以部长的身份第一次接受采访，宣布即将出台《帝国农
场继承法》(*Reichserbhofgesetz*)，他斩钉截铁地说道，要是没有它，
"德国血液中的生物根基将无以为继"。只要能在经济上自给自足，
农场无论是大是小，都无须担心。如果负债累累的大型农场不想
并入这一计划，国家将任凭私人农场主自己想办法应付危机。[33]

9 月 26 日，达雷提出了一项相当具有纳粹意识形态色彩的计
划。他告诉内阁，农村人口正在下降，但农民可是我们的"种族
血脉"——这话已成了他的典型口号，这时又喊了一遍——"一个
民族的存亡，立足于农民的稳定与衰落"。希特勒认为，某些农场
应该享受特殊的法律保护，因为事实证明，过去每当农民被纳入
到正常的经济生活时，他们总会破产。政府必须采取措施，否则
在三四十年后，德国人口将大幅下降。内阁同意——但也不是没
有保留意见——采取一切必要的法律措施，来阻止农场被分割成
越来越小的地块，以此"巩固德意志种族的根基"。[34]

《帝国农场继承法》很快顺利通过，新政权试图用它将德国社
会主义引入农村，并维护农民的独立地位。与苏联的农业集体化
相反，这项法令旨在"通过古老的德国习俗，来保障德意志的种

族血脉——农民——能一直存活，保护农民的农场不被过度负债和重重继承分割殆尽"。农场要有足够的规模来维持发展，父亲去世后，第一继承人首先是长子，其次是《帝国农场继承法》指定的其他人。只有"具备日耳曼相关血统"的人才有资格自称农民，"父母任何一方祖上曾混有犹太人或有色人种血统"的通通被排除在外。因此，该法令从一开始就带有严重的种族排他主义。按照他们的理论，独立的日耳曼农民将世代长存，子孙后代绵延不绝，从而向东开拓出新的"生存空间"。[35]

自德意志帝国建立以来，土地利益集团的要求全都汇聚在了这部新出台的农场继承法中，正如同时代的人所说，一言以蔽之，"农民必须是德国雅利安人，且血统稳固"。然而，政权将种族或部族置于家庭之上，只允许一个孩子继承农场，这一点并不是每个人都赞同。从前，所有的家庭成员都辛苦耕耘，希望能继承一部分土地，如今没有机会获得回报了，他们还会那么勤勤恳恳吗？对农民较为友好的批评人士认为，长此以往，农场上的新生儿只会越来越少，不可能变多。[36]而且，既然银行不能没收这些地产，那还会给农民发放信贷吗？随后，一项关于救助农民脱离债务的附加性法律因未能通过审议，被当庭撤销。

即使得到了希特勒的支持，但至少就现阶段而言，意识形态战略仍然与经济现实背道而驰。这项法令颁布之后，引起了较大不满，当局调整之后，意识形态和经济之间的冲突才略有缓和。虽然中型农场的培育可能促进了战时的粮食供应，[37]然而，摆在面前的现实问题是，政府试图将农场从农村向工业转移的长期路线中撤出，提高农民人口出生率，并使农业远离资本主义狂潮——这些努力全都付之东流了。不过，从短期来看，国家政策

196

的确帮助农民摆脱了自 1927 年以来一直遭受的农业危机。[38]

10 月 1 日，第一届"收获节"隆重举行，希特勒和达雷到达现场，宣布《帝国农场继承法》正式实施。有关这个节日，戈培尔曾建议，除五一劳动节以外，政府还可以将 9 月的最后一个星期天立为国家收获节，也就是后来的帝国收获感恩节（*Reichserntedankfest*）。此类庆祝活动，在德国历史上可以追溯到几个世纪以前。与五一一样，独裁政权试图通过衔接传统来巩固自身的合法性，同时赋予节日独特的意识形态和政治信仰。

庆典主要由宣传部牵头并提供资金。利奥波德·古特雷尔（Leopold Gutterer）领导的一支工作委员会在下萨克森州找到了一处地方，是布克堡（Bückeberg）小镇附近一片开阔的田野和山丘，在历史上与腓特烈大帝有些渊源。他们认为这里便是农民支持民族社会主义的中心地域。委员会的选址是一个椭圆形的场地，坡道平缓，迤逦斜伸至高处新建的演讲台。戈培尔将空间设计的任务交给了古特雷尔和阿尔贝特·施佩尔。随着观众的增多，后勤遇到的挑战也在逐年上升。仅在 1933 年，就有 50 万人来到庆典现场；到1937 年，人数倍增至 130 万。[39] 在第一届庆典上，还有一些兴高采烈的孕妇穿梭其中。据报道，现场甚至降生了四个婴儿。[40]

在布克堡山上的这一天，每一分钟都被精心安排，这是纳粹的典型风格。1935 年的计划单上写得明明白白：中午，礼拜仪式开始，二十一响礼炮声声震天，欢迎希特勒抵达现场。元首先向贵宾致意，而后检阅部队。12:03 到 12:18，乐队倾情演奏，农民合唱团亮开歌喉。伴着音乐，元首踏上那条建在山丘中央的台阶，慢慢拾级而上，完成他后来所说的"穿过人民之路"。沿途站在人群最前列的，是身穿传统节日服装的农民。元首登完顶以后，表

197

演进入第二阶段。戈培尔简短说上几句，宣布正式开幕，随后欢呼声响起，震天动地。在山顶合唱团肃穆的歌声中，希特勒从一位精心选出的农妇手里接过一顶象征丰收的王冠，整个过程如同宗教仪式一般。12:30，庆典进入第三阶段，军事游行和阅兵典礼有条不紊地展开。紧接着到了 1 点，这是第四阶段，希特勒"穿过人群"走下山，到达下面等候已久的大演讲台。达雷先讲 15 分钟，然后希特勒讲 30 分钟，他的演讲成为这次仪式的核心。最后，国歌奏响，当以纳粹"英雄"创作并命名的《霍斯特·韦塞尔之歌》的第一小节时响起时，现场的气氛达到了白热化。之后，整场庆典落下帷幕，希特勒一行于 2 点钟离开。[41]

198   建筑师阿尔贝特·施佩尔声称自己在布克堡的设计中功不可没，但实际上，他主要依赖于鲁道夫·沃尔特斯（Rudolf Wolters）的才能。当他忙着与纳粹党联络，为纽伦堡集会做准备时，是沃尔特斯完成了大部分工作。虽然在纽伦堡集会上，他利用探照灯打造出了后来著名的光明大教堂，但其实它并没有人们想象的那么深具独创性，因为"灯光建筑"和"灯光广告"在 20 世纪 20 年代已经数见不鲜。尽管如此，柏林的五一大型庆典、布克堡的壮观场面以及纽伦堡的纳粹集会，这所有的一切都使戈培尔和希特勒对施佩尔产生了深刻印象。[42]

    独裁专制政权总是喜欢利用这样的节日来寻求民众的认可，或者至少让他们参与到民族社会主义活动中来。事实上，第三帝国的日历标满了庆典和特殊"日子"，意图吸引更多的参与者，激发并动员他们。[43]希特勒对这些庆典颇为自满，在 1935 年的一场演讲中，他反问道："有哪个国家元首能像我这样，从他的人民中穿行而过？"节日的组织者利奥波德·古特雷尔认为，"元首从山脚下的人群中向上攀登，象征了他从万民之中崛起，成为国家元首。而当他从布克堡的云间再次下到凡尘，与万民融为一体时，则代表着他作为元首与帝国总理，总能不断找到与子民之间的联系"。[44]

　　与五一那次一样，布克堡的演讲也在国家广播电台进行了现场直播。全国各地的村镇都在庆祝独属于自己的收获感恩节，这一天成了举国同欢的全民性节日。1933 年 10 月，希特勒在演讲中称，"自由主义和民主的马克思主义完全否定了农民的价值"，而民族社会主义革命却反过来将高贵的田间劳动者视为"当前最可靠的基础和未来唯一的倚仗"。在他们正在建设的人民共同体里，没有一个群体会孤立无援。这一点他已经向城市里的数百万居民解释过了，而为了农村居民，他们也能随时做出牺牲，只要农民同志能履行好自己的职责。城乡必须携手"拯救全国的穷苦大众，减轻大家的苦难"。[45]

　　即使是像威斯特法伦州的瓦伦多夫这样信奉天主教的乡镇，也在为节日的到来奔前忙后。家家户户摆出丰收的花环，卐字旗挂在上空。到了正日子，形形色色的纳粹组织穿着全套制服来到教堂，在礼拜仪式中开启周日一天的行程。首先，当地演讲者向人民总理希特勒致敬，强调他对这片土地上的人民一直心怀"同情"，然后就是不可或缺的游行。这次游行一共出动了 21 辆节日马车，配有 36 名身穿代表性服饰的骑手，有的扮成"祖父时代的人"，有的扮成牧羊人，而当看到一辆挂有"祝福丰收"字样的马车时，就代表游行车队已走到了末尾，民众这时会收回恋恋不舍的目光，一起去听希特勒的广播演讲。最后，节日将在欢闹的乡村舞会中，迎来完美的谢幕。[46]

　　在威斯特法伦州，还有一个人口超过十万的哈根市，属于莱

199

茵-鲁尔工业区的一部分，1933 年，这里举办了第一届收获感恩节。虽然组织得不太好，但是从农村运来的牛拉车产生了奇效。也许是因为新颖别致，相比于后面几年的常规庆典，这次的感恩节吸引了更多的关注，民众的热情也大多是发自真心。即便如此，从照片上看，1935 年的市政厅周围仍然是一幅水泄不通的光景。1933 年，政府下达了一则临时通知，让市长、失业人群乃至全市所有阶层，都聚在一起吃一顿公共午餐。当地一家报纸将这称为"真正的人民共同体"。[47]

独裁政权动员普通民众的方法，不只是鼓励他们参加民族社会主义运动这一条，持续不断的选举和全民公投也是优选的良策。首先，希特勒政府于 1933 年 7 月 14 日修订了全民公投法，彻底改变了全民公投在魏玛共和国时期的性质——从今往后，"只有帝国政府才能直接询问人民"是否同意政府通过的"举措"。[48]如果人们闭门不出，或是投出"否"，甚至弃权废票，政府都会一律将其视为反对。[49]

1933 年 9 月 20 日，希特勒在经济总理事会（一个由经济专家组成的小组）的一次会议上，进一步谈到了全民公投。他说，新政权给了数百万人"新的希望"，尽管他承认，过去八个月"风暴不少，压力也不轻"，但他坚持认为，从结果来看，经济是利好的。国家做到了扫清障碍，帮助企业家砥砺前行。在政治方面，他说，权威、领导和个性——民族社会主义的全部要素——已得到贯彻落实。众所周知，自由并不意味着任凭无知者信口胡说，因此一些所谓的"专业评论家"必须被关起来。在广大群众那里，"极致的自由"恰恰就是能在自己的专业领域里大展拳脚，而对于200 万失业大军来说，没有什么比重新找到工作更令人满意的了。

接着，他若有所思地说道，他"考虑了很长一段时间，或许有一天，我将再次对德国人民发出呼吁，只为向世界展示我们的立场。然后，一场世界级的大戏将正式开演。我敢保证，不只75%，85%到90%的人都会支持我们。但唯有外交面临危局，千钧一刻之际，我才会在全世界面前进行这样的示威"。这一做法将重新唤醒人民的信任和积极性，就像经济领域所经历的震荡一样。这时，希特勒已经意识到他必须让全国人民参与政治，忠心拥护民族社会主义，并表明自己将"与政府同甘共苦"。[50]

1932年2月2日，一个机会出现了。这时的国际社会正在日内瓦召开裁军谈判会议，但结果不甚理想。德国一直寻求在国际事务中获得平等的军事权利，即对自己的军事事务拥有主权，而英法两国却都希望能继续限制德国的军队数量和装备。1933年春天，希特勒多次表达了自己的和平意图，但内阁中的保守派，特别是国防部部长冯·勃洛姆堡将军、外交部部长康斯坦丁·冯·牛赖特（Konstantin von Neurath）男爵以及银行行长沙赫特，更倾向于中止谈判。10月4日，冯·勃洛姆堡与希特勒同意中断裁军会议，并退出国际联盟——这是《凡尔赛和约》和第一次世界大战又一个令人厌恶的遗留物。[51]正如总理在10月13日向内阁解释的那样，他决定解散国会，举行新的选举，并进行全民公投，让人民认同政府的和平政策。国会选举将与全民公投同时进行，凭投票率一锤定音。[52]官方发布公告称，"德意志帝国政府及德国人民"一致向往和平，拒绝暴力，同意裁军，希望能坐下来谈判，但所有这一切都有一个前提条件：给予德国平等的权利。如果没有，德国将不得不退出裁军会议和国际联盟。[53]

10月14日，希特勒发表晚间广播，称德国（在被迫之下）已

201

将军事力量削弱到了微不足道的程度，期望（尽管希望渺茫）胜利者会"信守承诺"，但他们没有。他表示，在过去的八个月里，从他手上复兴的这个国家——共产主义倾覆它的艺术，毒害它的道德，瓦解它的经济——处处千疮百孔。而在他发动这场不流血的革命期间，从未有人"破坏文明古迹和艺术品"，也从未有人"打碎过任何一家店面的橱窗，洗劫商店，损坏建筑"。德国仍然愿意参加裁军会议，但只想作为一个拥有平等权利的合作伙伴。如今，政府希望向全世界证明，自己与人民只渴望有尊严的和平。无论是新国会投票，还是全民公投，一切都旨在让人民有机会"立下历史性的誓言"，批准政府的原则，并对这些原则"真心达成共识"。他们号召大众的口号是——"为了和平与荣誉"。[54]

冗长的开场白过后，全民公投终于露出真章："德国男人，及德国女人——你是否赞成你的帝国政府的政策？是否愿意宣布，这些决定出于你自己的意见和意愿，并自愿作证？"早在结果出来之前，在德的外国记者就将这场选举描述成了一场闹剧，称其不过是"一个可怜的笑话"罢了。为了回应这些记者，德国内政部部长和宣传部部长于 11 月 8 日，也就是选举的前四天，在报纸上高调发布了有关"自由投票"的指示，警告道，政府将不惜一切代价阻止任何企图影响选举结果的行为。[55]

202　　11 月 10 日中午，希特勒在柏林的一家大型工厂通过国家广播电台向外发表讲话。他没有使用"人民共同体"这个词，却用社会主义的口吻发出了呼吁——他提醒听众，自己年少时也是一名工人，长大后的很长一段时间里都对社会头衔一无所知。在他任职的九个月里，社会失业率有所下降，但他承认，自己做的仍然不够。"现在我要让敌人知道，他们在德国再也没有盟友了。"[56]

律师库尔特·罗森贝格（Kurt Rosenberg）在日记中记下了演讲过程中所发生的事情。他的叙述非常引人入胜，因为他本身并非支持者——事实上，犹太人的身份已将他的生活撕成了碎片。罗森贝格记述道："民众再次全身心投入。昨天，就在希特勒演讲期间，停工一小时，交通静止一分钟——就像电影突然定格在一个值得注意的画面上一样。道路，行人，全都分毫不动——街面犹如空无一人——只有收音机里的声音飘荡在世界上空。徒留一座死城。"街道上挂满了海报，有些从一棵树拉到另一棵，上面醒目地写着"追随希特勒，争取荣誉、平等与和平"，或是"反对疯狂重整军备"。汽车争相鸣笛，鼓声阵阵，喧闹的冲锋队员挤在卡车上高喊着——大家，都出去投票啊！荒诞的谣言四处流传，人们交头接耳，说投票结果已被泄密，或是民意调查人员可以查出谁投了"反对票"。运动与兴奋像大麻一样扩散，触目皆是令人瞠目结舌的活动与宣传。犹太人对接下来会发生什么恐惧万分，罗森贝格忧心忡忡地写道，他已经谋划了数百条不同的出路，因为在德国的未来里，他预见到自己将毫无容身之地。[57]

希特勒宣布投票后不久，德国文学院的成员争先恐后地赶在民粹主义大游行的前列，要求人民在这个"荣誉问题"上团结一致，支持政府。随后，88 位德国（当时仅存的）优秀作家联合发表"忠诚誓言"，鼎力支持"帝国重建"。[58]大学也上演了一出好戏，11 月 11 日，一些著名教授相聚于莱比锡大学，其中就包括优生学专家欧根·费希尔，他不遗余力地赞颂希特勒是"伟大的建筑师"，称所有德国人都在本着"新型社会主义"的精神合力建造希特勒设计的房屋。马丁·海德格尔（Martin Heidegger）堪称德国最著名的哲学家，他声称，希特勒不是在"乞求"投票，而是

203

"直接将最高决策权赋予全体人民，让人民决定自己是否要继续存在"。此外，海德格尔认为，他们的领袖如神降临一般"唤醒"了民族的意志，而后"化整为一，将其凝聚成一个决定"。大约900名教授签署了一份请愿书，在这第三帝国建立的关键时刻，心甘情愿地为希特勒敲下了学术印章。[59]

对于全民公投提出的问题，95.1%的选民回答"是"，4.9%回答"否"。换句话说，在总共45 178 701名有资格投票的人中，有40 633 852人与政府站在同一立场。汉堡（13.0%）和柏林（10.8%）的反对票比例达到了两位数，遥遥领先于一众大城市。农村地区的投票站通常更容易监督，所以支持率高于城市。同一时间举行的国会选举也出现了类似的情况，纳粹候选人的得票率为92.1%。然而，值得留意的是，在柏林和汉堡的一些地区，投票支持执政党的合格选民不到80%。[60]

在所有的选举中，选票表面上只有"是"或"否"的含义，历史学家不认为德国已经同质化到所有投"是"的选民都拥有相同的动机或用意。每一张赞成票背后都承载着千头万绪的观点和态度，有人欣喜若狂，也有人闷闷不乐。[61]对于这次投票被操纵的程度，学者们众说纷纭。[62]一些经历过这个时代的德国历史学家倾向于认为，不管怎样，这些活动大体还是反映了民众的情绪。而地下社会主义组织虽然记录了一些明显的"违规行为"，却也同样如此认为。[63]

这个结果并不能证明希特勒的"人格魅力"有多大，因为一些犹太人也投了赞成票，不是因为希特勒，反而是不顾希特勒的存在。前文提到过的布雷斯劳教师、前社民党成员威利·科恩，就在日记中冷静地写道，"对我而言，给政府的外交政策投出赞

成票并不是一件难事"。原因在于他是一名爱国主义者，曾参加
过"一战"，并被授予了一枚"当之无愧的铁十字勋章"。反对票
的数量令他有些吃惊，但他仍然希望政府以前的敌人能在当下这
个时间点与政府实现"和解"。[64] 另一边，维克托·克伦佩雷尔
教授尽管已经改变了信仰，却仍被视为犹太人，而他投出了反对
票。[65] 一些思想自由的灵魂同样不甘屈服，想出了各种各样的招
数来避免自己因为立场问题而受到孤立，作家露特·安德烈亚斯-
弗里德里希（Ruth Andreas-Friedrich）和她熟识的一群抵抗者即是
如此。[66]

在农村，官员向人们施压，强迫大家投赞成票。卡尔·迪
克法尔登住在下萨克森州的派讷镇，他在日记中评论道，宣传
漫天遍地，每个人的窗户上都被贴了一张海报，上面写着："投
'是'！" 尽管如此，卡尔和妻子两人还是投出了掷地有声的"否"。
投票结果被公示时，他清楚地看到，自己和妻子是村里唯一两个
投了反对票的人。他推断说，如果选票没有统计错，那么支持的
人数"最多会有 80%"，从实质上来说，他们仍然获得了一场重大
胜利。[67]

一个名为"新开始"（*Neu Beginnen*）的地下社民党组织做了一
份长篇累牍的分析，在总结中这样写道：

> 由于支持该政权的票数异常之高，就连审慎的外国观
> 察员也禁不住猜测这些数字可能是伪造的，或者是在武力和
> 恐怖行径的威吓下达成的。然而，诸如此类的猜测都是基于
> 一种错误的认识，即法西斯意识形态已经对德国各阶层产生
> 了真实又深刻的影响。显然，全民公投并不是绝大多数人的

真实表达，但真心支持该政权的人数绝对比国外料想的要多……经过仔细观察，总的来说，农村地区和小型乡镇可能存在较多"修正"，但此次选举结果依然不失为民心所向。整体结果表明，社会正在迅疾有力地向法西斯化转变。[68]

社民党的这份承认虽然极为勉强，但其中披露的信息不能草率地忽略——大规模的选举舞弊很有可能没有发生，不只是这次投票，次次都是。[69] 然而，毫无疑问的是，政府夸大了 11 月公投的重要性，竭力证明德国人民已经克服了国内所有的政治障碍和冲突，内在统一牢不可破——1934 年 1 月 30 日新颁布的《帝国重建法》便在开场白中这样写道。该法摧毁了各州仅存的一点权利，州议会尽遭废除，由柏林政府集权而治。[70]

国会随即召开会议，因为若要修改宪法，必须得有三分之二的多数席。国会主席赫尔曼·戈林表示，这是众人第一次团聚于同一世界观之下。希特勒在热烈的掌声中发表了一通生动的演讲，估算说，冥顽不灵的反对者加起来最多有 250 万，而纳粹的支持者却有 4 000 万。共产党人已被消灭，他对这一点相当满意，并且，革命"几乎没有流血"，这真是令人惊叹。"我们理念的巨大统一力量"何等神奇！因为正如他喜欢说的那样，没有一个政权"只用武力便能长久维持"。但他明显被自己的热情冲昏了头脑，接着又说道，帝国政府的首要任务就是通过"一次又一次"的问询来征求"自己是否体现了人民的意愿"，换句话说，接下来可能还会有更多的全民公投。[71] 2 月 24 日，在党的一次集会上发表讲话时，他轻率地许下诺言："以后至少每年要向全国呼吁一次。"[72]

就在这万众欢腾的时刻，一个挥之不去的阴影却陡然加深——他的党卫队和冲锋队动员人民的方式日益激烈，正在令民众越发感到不安。1933 年 1 月，冲锋队约有 50 万成员，到了年底，这一数字猛增至 300 万左右。[73] 柏林秘密警察局局长鲁道夫·迪尔斯的推断或许略有夸大，但据他所说，1933 年 1 月至 11 月，柏林冲锋队的成员从 6 万增加到了 11 万，"70% 可能都是前共产党人"。[74] 无论如何，1933 年至 1934 年，新成员的大量涌入使纪律问题逐渐变得剑拔弩张。也许直到 1933 年，普通民众还觉得褐衫军的暴力值得赞赏，或者至少尚在容忍范围以内，只要它针对的是左翼准军事组织。然而，一旦这些"敌人"被赶出街头，接下来的情况就另当别论了。

如果经济复苏得快一些，就业机会增加更多，冲锋队日益加剧的问题本会自动化解，但剥夺了他们"明显"的好处——比如对警察的领导和控制——之后，新政权再想鼓动大批冲锋队的失业人员就变得十分困难了。1933 年 12 月，希特勒任命冲锋队领导人恩斯特·罗姆为不管部部长，虽荣誉加身，却并无实权。这几个月以来，元首数次向众人宣布革命已经结束，那么，此举是为了驯化这个激进桀骜的人吗？罗姆还一直虎视眈眈地等着，要将规模大减的军队收归冲锋队编下，但希特勒向军方领导人保证过，绝不会有任何外来因素介入武装部队。[75]

独裁政权呼吁民众稍安勿躁，同时要有更多的自我牺牲精神，配合着这种不值一提的诱导，他们开始像往常一样，威胁那些大发牢骚的人。1934 年 5 月 11 日，又一场打击"牢骚包和惹事精"的运动展开了，戈培尔警告说，必须将这一类人全部绳之以法，把他们的"犯罪态度"也公之于众。[76] 这封公函亦在针对聚集在副总理弗朗茨·冯·巴本周围的一个保守团体。6 月 17 日，巴

206

本在马尔堡大学发表了一场煞风景的演讲，演讲稿似乎是由埃德加·朱利叶斯·容（Edgar Julius Jung）精心撰写的，他是所谓的"青年保守派"中的一员，过去反对魏玛共和国，而今很快就对第三帝国失去了幻想。他们这一派心生不满的原因是，眼看着"第二波"德国革命酝酿在即，而猖狂得胜的却是冲锋队，一个"下等人的统治"，这叫他们如何能忍。冯·巴本先生的演讲清楚表明了他对社会主义的厌恶，他想要的是"对当前革命实现再创造"，不知道这意味着什么。他说，国家为了消除马克思主义的威胁，历经千辛万苦，到头来纳粹党却要实行败军之敌想要的那种社会主义化，真是天大的讽刺。冯·巴本对革命中趁势而起的社会渣滓也毫不留情，他指着冲锋队说，党真该把这些败类彻底清空。[77]

演讲的风声传过来时，希特勒正和戈培尔在一起，这位宣传部部长反应神速，立刻说，这是"冲着我们来的"。戈培尔和阿尔弗雷德·罗森贝格，一对意识形态上的敌手，不约而同都在日记中对这些"反动派"大加抱怨。[78]希特勒向罗森贝格夸耀说，他已经逮捕了容。虽然听起来残忍，但是，显然是出于对德高望重的兴登堡总统的尊重，他并没有全力镇压包括巴本在内的保守分子。6 月 21 日，希特勒前往诺伊德克（Neudeck）拜访兴登堡时，后者提出了自己的一些建议。[79]

总统与冯·勃洛姆堡将军敦促他们的总理，赶紧让革命的惹事精们清醒过来。[80]自命不凡、作威作福的冲锋队早已遭到了许多人的忌惮，希姆莱与海德里希这两只不祥的黑色渡鸦，自 4 月以来，就在政治警察系统里完成了进一步的集权，将冲锋队及其领导人置于严密的监控之下。大约在 6 月底的前一周，希特勒向杀手二人组下达指示，命令他们发动一场袭击。二人听后，立刻会见了党卫队和保安处的负责人，告诉他们，"冲锋队正在密谋一场政变"，党卫队必须出面平定。他们还捣鼓出一份"危险人物"名单。军方领导人对希特勒说，不必客气，军队听凭差遣。6月30日，在对冲锋队展开行动前，希特勒再次确认部队是否真的留在了军营里，因为正如他所强调的那样，"这是党内的事"。军方负责人最终提供了技术援助。不过，他们对这次袭击了如指掌，就连何时发动的也一清二楚。[81]

为了使之后发生的血腥事件足以取信于人，独裁政权于6月30日连续登报发表简章，解释为什么一定要"摧毁不守纪律的逆贼，消灭病态的反社会分子"，这些"叛徒"与不知来头的"外国势力"通敌背国，行为令人发指。报道还搜罗出了大量血腥细节，证明有不少人私下性生活堕落。当天晚些时候，当局公布了一份已被枪决的冲锋队领导人名单。希特勒的老对手格雷戈尔·施特拉塞尔据说也参与了这场阴谋，其名赫然在列。此外，前总理库尔特·冯·施莱谢尔夫妻二人亦被处决。据估计，此次伤亡人数总共约有100人。希特勒对外公布说，他给过罗姆自行裁决的"选择"，但他不要，只好将他就地枪杀了。[82]

在一次内阁会议上，希特勒将此次流血事件比作海军哗变，声称船长有责任打击那些不服从命令的人。国防部部长勃洛姆堡对他的雷厉风行表示感谢，夸张地说这次行动很有可能使国家免去了一场内战。希特勒要求颁布一项新法，赦免那些在6月30日至7月2日镇压"叛国袭击"时参与谋杀的人。这项要求当然得到了满足。[83]

7月3日，纳粹党报语调肃然地报道说，"判处"这些人死刑的是元首，而非法院。[84] 著名法学家卡尔·施米特的言论引起了

208

社会极大的关注，他在一份享有盛誉的法律报刊上为这次清洗运动公开撰文辩护，称真正的领导人就该"在致命时刻，以天降正义来捍卫法律，使其免受滥用"。也就是说，元首扮演着法官、陪审团和刽子手三种角色。[85] 有了这样的想法，民众面对第三帝国这首次大规模屠杀时的反应——竟是松了一口气——也就不足为奇了。这次事件也使人们对希特勒和独裁统治的暴力强权初步产生了认同。盖世太保四处搜集公众反应，他们在报告中的分析经常坦率得令人惊讶。从仅存的几个地区性报告来看，天主教地区，如杜塞尔多夫、亚琛、科隆、特里尔和科布伦茨等，似乎最为不满。

7月底，亚琛警方收集到了更多信息，表示"全体民众都对元首的杀伐决断与公开解释十分满意，觉得压力骤减"。这一听就是阿谀的套话，因此警方不得不赶紧补充道，这个月里，"民情兴致有所回落"，此前要数工人的情绪最为高昂。天主教徒对此持保留意见，因为一些受害者是亚琛人。与此同时，科隆、科布伦茨和特里尔的盖世太保纷纷表示，清洗产生了"积极效果"，人们对希特勒更信任了，一些人甚至希望建立一个"更加专制的国家"。然而，在这一个月里，每个地区的正向反应都在逐渐减退。热情之所以退却，一定程度上是因为当局至今仍然无法为绝望的人们创造出足够多的就业机会。[86]

在更加信奉新教的汉诺威，警方的措辞比较稳健，比如说此次行动"加强了对元首的信任"。但他们也表示，许多人都希望清洗范围能再扩大一点，超越冲锋队，更进一步净化地方上的其他分支。[87] 在波美拉尼亚，希特勒为这次行动辩解的理由被理解为"使所有社会阶级都称心如意"，主要是因为清洗彻底终结了此前一直被热议的"二次革命"。[88]

对于 7 月的时局变化，身处布雷斯劳的威利·科恩在日记中提供了另外一个视角。"如今，荒谬至极的谣言满天乱飞"，他写道，报纸上净是些废话，几乎"无法呈现出"真实发生了什么。这位失望透顶的爱国者说道，"作为一名犹太人"，他不会采取任何立场，尽管他一语中的地指出，这些人未经审判就被处死，真是反常。他观察到，社会已经恢复了"井然有序"的状态，希特勒的权威"无疑也得到了（前所未有的）稳固"。科恩似乎被一些受害者有罪论的故事给说服了，他甚至觉得，德国"此前一定曾濒临深渊，险些灭之"。[89]

其他的纳粹反对者，尤其是地下社民党组织也表达了类似的观点。7 月底，一篇巴伐利亚的报道失望地指出，以前"态度漠然的工人"看到"那些上层阶级"——即富人阶层——受到铁拳的打击，都喜不自胜。柏林一些人希望能有更多的"大人物"被打倒。这些说法表明，人们对希特勒变得愈发尊崇了，杀死那些滥用权力的人在一定程度上抚平了众怒，无论杀死多少，民众只希望有人能付出代价。[90]

8 月 1 日，希特勒前去看望奄奄一息的兴登堡总统，并迅速向内阁通报了形势的严重性。他说，即使总统还活着，他们也有义务采取一些必要措施，其中之一就是通过一项法令，让他来接任国家元首和武装部队最高指挥官。在同一场内阁会议上，国防部部长冯·勃洛姆堡将军不请自来，告诉希特勒，自己会在明天亲自让军队向希特勒宣誓效忠。8 月 2 日，兴登堡去世，法律旋即撤销总统一职。希特勒告诉国会，从今以后，他只想当"元首和帝国总理"。不过，他希望用全民公投的方式来确认"国家元首"一

210

职，对于这次公投，他志得意满，自信万分。随后，公投立刻被提上日程，安排在 8 月 19 日星期天。[91]

这次竞选活动快如闪电，没有做任何全国性的巡回动员，希特勒也只发表了一次演讲。宣传一个劲儿地强调，前总统与希特勒关系密切，而且他不应该被任何人取代。8 月 15 日，兴登堡的遗嘱向大众公开，老人感谢上苍让他得以经历德国复兴的时刻。他很高兴自己目睹了一个新的人民共同体的崛起，并指出，"我的阿道夫·希特勒总理，带着排山倒海的运动气势，使德国人民超越等级和阶级的差异，向着内部团结的伟大目标，迈出了具有历史意义的决定性一步"。他对希特勒的赞誉，余音绕梁，几乎从墓中还能发出回响。[92]

马丁·海德格尔以及其他 70 位不同级别的德国学者，疾步趋至带有一半官方性质的报纸机关，对希特勒表示支持。[93] 这种程度的锦上添花非常不值一提，因为在不到一周的竞选活动中，希特勒的得票率"仅有"89.9%。在当局看来，获得 38 394 848 张赞成票固然是好事，但糟糕的是，竟有 4 300 429 人表示反对，全国范围内的反对票占到了不容小觑的 10.1%。相比于之前，大城市里的反对率变得更多了，汉堡有 20.4%，柏林 18.5%。像柏林、维丁、普伦茨劳尔贝格和新克尔恩这种工人阶级大本营，支持率最低（每一个都刚刚超出 70%）。并且，与 1933 年的全民公投相比，天主教地区的反对票大幅增加。[94]

全民公投的结果并未达到戈培尔的预期，他原本以为会比这更好。和希特勒商议后，两人一致觉得天主教徒就是罪魁祸首。他们指责阿尔弗雷德·罗森贝格，说他最近不该发动那场毫无必要的反教会运动，这下捅了个马蜂窝。[95] 实际上，尽管当局承诺政教之间以后会更加和谐，但第二次全民公投举办时，还是正值一场反对天主教会的意识形态战争进行得如火如荼之际。某个地方政府就曾无情地收走了当地一个天主教青年协会的旗帜，使后者大为恼火。[96] 此外，国家仍在大萧条的泥潭里苦苦挣扎，警方从未忘记在报告中忽略这一攸关存亡的重大问题。再有，因部分领导人不久前刚在 6 月被处决，纳粹冲锋队不可能对此无动于衷。为了报复，他们咬紧牙关，恨恨地投了反对票。[97] 虽然如此，投出反对票也并不一定意味着他们已将民族社会主义拒之门外，因为投票背后隐藏的种种愤慨，一旦经济恢复运转，便都能立刻消散。

211

　　不出所料，对于这次风谲云诡的全民公投，民众做出了各种猜测，谣言甚嚣尘上。事实证明，大众并未因希特勒个人的高度集权而对当局产生不满，每个人在投票前，都有自己的一番考量。[98] 无论是赞成还是反对，每一张票的意义都不尽相同，但正如维克托·克伦佩雷尔在日记中所写，尽管在道德上略显不堪，但希特勒是这次事件“无可争议的胜者”。[99] 科隆的盖世太保表示，科隆这一片区“唱反调的人”，在成分上其实和全国其他地区并无区别。首先是“居无定所的无产阶级”和“反国分子”，从大城市的角落里跳出来作怪，他们以前都是受着那两个马克思主义政党的指挥。而“资产阶级反动派”呢——他们发自内心地认为，如果换一个更好的问题，他们可能会改变主意。最后是天主教徒，这群人主要在莱茵-鲁尔地区兴风作浪。1933 年那次，教会尚还支持投票，而这一次，民族社会主义彻底被其列为敌对意识形态。警方的总结恰好到处——党“要用民族社会主义理念突破这群人的防线，简直万难”。[100]

　　某个地下社民党组织在报告中说，民众对于如何投票、投票意味着什么，大都犹豫不定。一些人说，投反对票更好，这样可以传达出一个讯息，让"那群高高在上的人注意到究竟发生了什么"；又有人说，投赞成票更好，这样"那群高高在上的人就不会注意到发生了什么，直到他们被狠狠践踏"。流言纷纷扰扰，有人指责投票站的官员不仅暗中施压，还做出了其他违规行为，但这份报告的结论是"不存在造假"，当局的"选举合法公正，光明正大"。尽管前共产党人与社民党人都对这次选举结果不如11月那次感到幸灾乐祸，但纳粹党人坚定地说："没错。但这一次我们全靠自己，赢得了3 800万张赞成票。没有兴登堡，我们也赢得了90%的人口。"[101] 另外，又有一群地下社民党组织表示，至少与上次相比，这次的全民公投没有对他们的抵抗运动造成太大打击，一些同志将其记为"反对当前政权的一次成功斗争"。[102]

当希特勒回顾"第三帝国"初建的前几年时，或许会略感舒心，因为短短几年之内，国家就实现了他和纳粹党多年来信奉的许多教义。他与军方意见一致、互订协议后，开始采取重大措施，创建人民共同体。在接触工人的同时，他还试图满足意识形态上的要求（虽然不一定符合经济形势），将农民的农场交付到小型私营业主的手中。或许，他确实心怀社会主义抱负，但他相信大多数人——尤其是工业家——并未做好准备，所以他保持耐心，逐步引入。通过退出国际联盟，他打出了一张民族主义牌，而第一次全民公投的结果也证明了，民族主义比民族社会主义的任何内容都更能团结人民。1934年的第二次全民公投没有充分吸收所有民众，结果令人颇为失望，独裁政权深知绝不能放松动员工作。而德国振兴计划中，有两个相当吸引人的项目，即文化复兴与建设工程。接下来，纳粹政权开始邀请人民共襄盛举。

第9章
探索文化革命

　　希特勒对文化与艺术使命的定义一向恢弘而广博，他说，自
己对建筑尤为上心，它在德国通常被称为 *Baukunst*，即建筑艺术。
事实上，他经常自称 *Baumeister*——建筑大师。在他看来，现代这
些商业都市既没有一点人民共同体的影子，也无法让人从中得到
启发，他一定要缔造一个更"合适"的城市环境。[1]虽然并非所
有人都为希特勒的想法所折服，但帝国携同各级政府根据自己心
目中的社会主义建设（*Bausozialismus*），规划并营造了数百个规模
不一、风格各异的集合住宅区（*Siedlungen*）。精心规划的"绿色"
生活空间和家庭住宅，将为人民共同体在培育优等种族方面，提
供田园诗般的环境。人们希望，有朝一日，德国在东欧开辟出新
的广阔空间后，这类住宅区将推而广之，成为一种新的典范。

　　对希特勒来说，所有的文化展望与艺术愿景都建立在民族社
会主义种族生物学有关"艺术"的理论基础之上。该理论认为，
文化与艺术必须如实反映出创造者的种族纯度、社会处境与健康
状况。正如他所说，"种族决定了一个时代的意识形态倾向，也将
决定它的艺术与心灵倾向"。比如，古希腊人的建筑便与5世纪的
雅典社会息息相关，带有清晰的可辨识性。在《我的奋斗》中，

他还提到了早期的布尔什维克艺术，称其通过无有定形的现代主义手法，所表达的也不过就是"人在堕落并失去理智后，那种病态的赘生物"。他说，1900 年左右，一场真正的艺术"瘟疫"席卷了整个欧洲，达达主义、立体主义等现代艺术的各种变体简直疯狂到让人不敢想象。如果那种艺术真的照应了社会现实，那么世界早已被腐蚀殆尽了，他警告读者，必须对这可怕的后果加以提防："深陷其病的人有祸了！"[2]

1928 年初，他主张说，艺术如果不触及民族本性，只停留在肤浅的表面，便会离自己真正的使命越来越远，无法成为精神财产，将全国民众团结起来。他暗示，艺术具有独特的社会使命："如果我们想让民族（种族）实现精神复兴，就必须在生活中培养这一气度"——资助本国的艺术家，并将所有艺术推至前沿。不过，在此之前，首先要"铲除"时下博物馆里正泛滥成灾的"种族退化与衰落的产物"。他不厌其烦地指出，"在厚颜无耻的犹太作曲家、画家、作家将最拙劣的垃圾堆在民族面前时"，卑躬屈膝的知识分子竟对其趋之若鹜。若要清除艺术暴政，理当从犹太人开始。[3]

希特勒认为，在 1918 年，马克思主义等思想倾覆了整个德国，而新兴帝国所要做的，便是通过文化与艺术发展出一种内在免疫力，抵御前者的侵袭。[4] 1933 年 3 月 23 日，在宣布《授权法》时，他再次提出了后来影响深远的文化主张。他发誓，除了要净化国家的政党（从马克思主义者开始）以外，政府还打算对整个国族进行彻底的道德清洗，包括教育、戏剧、电影、文学、报刊以及无线广播。他缓慢而庄重地说，从今以后，艺术只表达"这个时代的决定性精神，血统与种族将再次成为艺术灵感的源泉。当今时代，政治权力大为受限，政府的主要任务就是确保生命的内在价值和民族的生存意愿能在文化艺术中得到永垂不朽的表达"。[5]

1933 年 9 月，希特勒在纽伦堡集会的文化活动上发表讲话，后来这篇演讲稿在发表时加了一个铿锵有力的标题——《德国艺术是德国人民最自豪的防御》。重点在于，在这一年的 3 月底，纳粹已"实现彻底掌权"，传统党派如果走到这一步，一定会觉得伟大目标业已实现。然而，民族社会主义所代表的是一种全新的世界观，掌权"仅仅只是追寻其真正使命的先决条件"。[6]

不同的种族，上帝会为其提供不同的生命旨趣和世界观，希特勒将这视为自己种族生物学艺术的理论背景。每一个种族生来便被自然赋予了特殊的天赋，在捍卫自己生存意志的过程中，有的英勇奋战，有的畏葸不前。而像德国这样一个各种成分鱼龙混杂的民族（种族），"懦夫"竟有可能向"勇士"灌输思想。民族社会主义从中逆流而上，极力主张"珍视血统、种族、人格，以及永恒的自然法则"，这注定了它要与"和平主义世界观和国际民主斗争到底"。今后，"只要是我们抛诸身后的堕落的代表，就绝不会转瞬又成为引领未来的旗手"。达达主义、立体主义、未来主义"这些野蛮派"，还有"自我崇拜的印象派"，再不要妄想有容身之地。[7]

一旦完成种族净化，人民独特的艺术天分将挣脱束缚，自由奔腾，"一场雅利安人的新型艺术复兴"就要来了——希特勒在内心如此期待着。他称德国人一向仰慕古希腊和古罗马的艺术与建筑，因为他们来源于一个共同的雅利安种族。今天的日耳曼人必须承担起自己的文化使命，踏上复兴之路，向先贤看齐。当前要

215

做的是依靠国家的支持，振兴意识形态，同时摆脱外来种族的腐朽元素。引进一种新的时尚太简单了，他说，我们必须集齐最优良的种族资源，然后祈祷上帝降下旨意。天才是唯一的指望，他呼吁德国艺术家们睁大双眼，好好审视自己肩上的使命："愚蠢与不公横行于世，我们需要你们挺身而出，发挥自己的作用，用德国艺术自豪地捍卫德国人民。"[8]

创建人民共同体，必然要清除一切"错误的"艺术影响，但希特勒对禁书的态度一直游移不定，经常将审查的任务交给其他人，自己并不过问细节。[9] 早在 2 月 28 日，当局通过了一项反对"垃圾文学"的新法令，禁止发行色情文学、"性科学"以及任何涉及堕胎和节育的文本。[10] 5 月 6 日，柏林一群激进的学生洗劫了马格努斯·希施费尔德博士的性科学研究所，肆意发泄自己对这个犹太人兼男同性恋的仇恨。[11]

在当地纳粹分子的主导下，第一次长时段的焚书运动开始于 1933 年 4 月至 5 月，大学生们将那些属于"非德国精神"的书籍全都付之一炬。尽管约瑟夫·戈培尔并不是这场焚书运动——跨越 70 个城市、持续两个多月、共发生 93 起——的发起者，但 5 月 10 日，学生们开展了一场"反对非德国精神的行动"，邀请他务必"赏光"，上台说几句。这位宣传部部长一向口若悬河，他同意发表一次讲话，并在国家广播电台进行了现场直播。"革命，"他激情高昂地说道，"真正的革命必将势如破竹、不可阻遏！"它们不仅影响政治、经济和文化生活，"也会带来新的世界观的重大突破"，包括新的意识形态和学说，真正的革命绝不会仅满足于只推翻公共生活的某一个领域。"革命者必须无所不能：他既能破除（旧的）价值观，又能建立（新的）价值观，在破与立上震古烁今。诸君既然执起了焚毁精神垃圾的权柄，势必也要挑起创新之担，为真正的德国精神开辟辉煌的道路。"那天晚上犹如布道现场，他侃侃而谈，说他们聚在一起，是为了"将过去的邪说投于烈焰"，用"一场伟大的象征性行动向世人证明：十一月共和国的精神基础已经灰飞烟灭"，新的精神将如凤凰涅槃一般，浴火重生。"在火焰之中，旧时代落为灰烬，新时代升腾而起。"[12]

一番高谈阔论后，现场大约有 4 万名观众看着学生把书扔到火堆上，高呼："反对阶级斗争和实利主义，争取人民共同体和理想的生活方式！我要把马克思和考茨基的著作全部焚毁。"后面还有其他人的作品，数不尽数，据说都对社会产生了腐蚀性影响。在布雷斯劳，冲锋队开着卡车进入校园，运走了一大批违规巨著。一名队员说道："别忘了《圣经》，那也是犹太文化的一部分。"[13] 德累斯顿的语言学教授、犹太人维克托·克伦佩雷尔指出，柏林方面给所有大学下发了一则通知，称"犹太人用德语写作，只会撒谎"，今后只准他们用希伯来语写作。这条规定既荒谬又不现实，引发了众人热议。[14] 5 月 10 日，作家埃里希·埃伯迈尔（Erich Ebermayer）和朋友在莱比锡的一家酒吧里聚会，电台转到柏林，正好播到"火堆已经垒好了！"这句话。他还在想，这是在庆祝什么吗？尔后，他听到有几百名学生正载着一车又一车的书前去焚烧。在广播中，学生们挨个上前致辞，说："就让火焰吞噬掉……的书吧"，每说一次，就往里面安上一个作家的名字。我们能想象埃伯迈尔当时的如坐针毡——下一个会念到他吗？结果是：没有。他一边庆幸自己逃过一劫，一边又对这种忽视感到失望。然而不久之后，5 月 14 日，他在镇上偶遇了一名书商，那人告诉他，他所有的书都已被禁了。埃伯迈尔后来发现，如果入

217

党的话，当局可能会对他的违法行为既往不咎，但入党对他而言是不可能的。[15]

1933 年 3 月成立的宣传部使戈培尔从中捞取了巨大的文化权力，很快，他便想更进一步。经过一番曲折的博弈，9 月 22 日，他获得希特勒的批准，宣布成立一个新的帝国文化协会（Reich Culture Chamber，RKK）。[16]戈培尔满意地指出，如此一来，他"朝着统一我们的文化生活，又迈进了一步"。[17]协会本身综合了其他七个组织，分别为文学、戏剧、电影、音乐、新闻、广播和视觉艺术。根据协会发布的第一项执行令，"所有参与文化产品的创作与复制，知识或技术的加工、传播、储存与销售的人，都必须是本协会的成员"。[18]不用说，共产党人和犹太人这种政治敌人，一定会被排除在外。事实上，正如作家埃伯迈尔在日记中所写的，这意味着一切"不被接受"的人都将被剥夺生计。他承认，对于这个"为知识分子精心设计的铁腕暴政体系"，他不得不表示钦佩。[19]

218　　戈培尔作为帝国文化协会的主席，又新设了一个帝国文学协会，掌管一切审查工作。在和平时期，该协会平均每年要驱逐 300 名作家，1939 年之后，这一数字甚至变得更多。新政权觉得"审查"这个词听起来太负面了，于是发表官方声明称，以后只说"不受欢迎的有害"书籍和作者。读者去买书时，绝不会被告知某本出版物已被禁掉，只会听到"没有库存了"。当局一共查禁了 5 485 种书，地方政府则查获的更多。此外，其他部门有许多官员也当上了审查员，这虽然造成了一些混乱，但整个审查体系依然稳固运转。[20]

戈培尔带领着他的审查大队，如尖刀一般刺入文学领域。这位头领不仅拥有文学博士学位，自己也是一名作家。1934 年 11 月 5 日，他志得意满地发起了"德国图书周"，利用这个机会展示一些类同民族社会主义理论的文学，后来这一活动固定为每年一次。他曾说过，在追随希特勒期间，口语是发动革命的首选武器，可一旦政权步入进化阶段，书面语将不可或缺。与大众沟通时，最好还是采用平易近人的口语，"一个理念如果是对的"，就应该能向所有人说通。那个"为了艺术而艺术"的古老格言，"还有诸如——艺术属于艺术家；艺术家有权凌驾于普通人之上，在淡薄的美学氛围中消磨时光，这些在我们这个信奉民族社会主义的国度，都是无稽之谈"。从今天起，书籍必须与人民的生活密切相关，但这并不意味着媚俗或是大力挥舞卐字旗。他希望写作者能够领会符号背后的精神，将"我们的所思所想"尽情呈现给大众。除此之外，他没有为"纳粹文学"做出任何规定，因为后者显然另有新的政治和宣传任务。[21]

当局还鼓励"C"文化，比如外出听古典音乐（classical music），或是前往拜罗伊特欣赏瓦格纳歌剧——这个巴伐利亚小镇汇聚了大批理查德·瓦格纳的狂热崇拜者，希特勒也是其中之一。20 世纪 20 年代中期，由于瓦格纳歌剧人气下降，拜罗伊特音乐节在财政上逐渐难以为继。1933 年 6 月，希特勒仗义出手，拨出一大笔高薪补贴帮助其渡过难关，他还以身作则，在音乐节待了整整一周才离去。[22]

第三帝国的创立并不意味着要与过去的文化彻底决裂，古老的传统仍在延续，比如信奉天主教的地区依然会在大斋节（Lent）前举办狂欢节（Karneval），"纵情嬉闹"数日。这些活动深受当地民众的欢迎与喜爱，但在新政权的笼罩下，他们还主动往里面

219

加了一些新的意识形态内容。[23]比如，科隆在大萧条期间取消了这些庆典，1933年2月重新恢复后，聚会厅里挤满了盛装打扮的人，有些人开始刻意取笑犹太人。翌年，在花车游行的队列中，有一辆马车挂着一个醒目的标牌，上面写着——"最后一批人动身"前往中东，车上几名男子讽刺性地打扮成正统犹太人的模样。1936年，狂欢节上再次出现了反犹旋律，连严重反犹的纽伦堡法案也被拿来取笑。1934年至1939年间，在其他许多天主教城市也能看到类似的情况。而这些示威活动的发生地，纳粹在1933年以前从未取得任何选举突破。[24]

盖世太保在1935年关于科隆狂欢节的报告中，没有提到上述那些迹象。报告冷静地表示，科隆和波恩两地的民众情绪"相当令人满意"，而农村地区更是"好极了"。节日庆典使民众的心情变得愈发畅快，按照传统，无论日子过的好坏，莱茵兰人都会在这一天远离政治。这一年，当局积极参与，希望能将其变成一个真正的民间节日（*Volksfest*）。但遗憾的是，即使经济形势恢复向好，社会收入仍然没有反弹，以至于普通人在庆典面前几乎望而却步——像往常那样豪饮是万万不可能的。撰写这份报告的警员指出，现场几乎没有人打趣政治，这表明"人们非常担心政府或是党内官员会介入"。盖世太保的记录员对此深感遗憾，因为值此艰难时期，一个巧妙的政治笑话大可以让民众发泄一下对当地小官的不满。[25]

说到视觉艺术，希特勒心中一直伫立着一所圣殿，他曾与著名建筑师保罗·路德维希·特罗斯特（Paul Ludwig Troost）联合定下德意志艺术博物馆（House of German Art）的修建计划。1933年10月15日，在一个庄严的仪式上，他为这座博物馆铺下了第一块奠基石。前一天他还在宣布德国退出裁军会议与国际联盟，现在又在文化斗争中高歌猛进，社会四处弥漫着一种民族复兴的喜悦。希特勒援引《圣经》说，"人活着，不是单靠食物"①，德国现在正肩负着振兴文化、恢复经济的重任。显然，慕尼黑的这座新建筑使希特勒感到异常满足，他说，这是特殊艺术风格的一种回照。[26]

在奠基仪式上，悉心策划的流程刚进行到一半，突然响起了一个令人不快的音符。特罗斯特精心设计了一把闪闪发光的银锤，按照计划应由大区长官阿道夫·瓦格纳传递给希特勒，希特勒接过来后，要在基石上敲三下。但令人目瞪口呆的事情发生了，他刚一敲上去，银锤竟应声而断。他站在原地，握着把手，窘迫极了。希特勒后来告诉施佩尔："锤子断掉的那一刻，我就觉得它是一个不祥的噩兆。我想，一定会发生什么事的。现在我们知道锤子为什么会断了，它预示了建筑师的死亡。"1934年1月，特罗斯特身亡。[27]但也许，那个不祥的噩兆所警告的远不止此。

在迅速为新古典主义建筑完成奠基后，接踵而至的是一个盛大的德意志艺术节（Day of German Art），节日主题为"德国文化的巅峰"，它旨在营造一场壮观耀目的游行，展示现在与过去的联结。15世纪的乡镇地保与宫廷仆人装束是游行最大的亮点，零星还点缀有几辆花车，彰显出第三帝国与辉煌悠久的日耳曼历史从未发生过断裂。民众认同了这场展览的有效性。后来又举办了几次游行，更加卖力地展示古代历史保留在当下的痕迹。1937年的游行口号是"两千年德国文明"，3 212人盛装出席了这场浩大的

① 《新约·马太福音》，4：4。——译者注

220

集会，26 辆节日马车隆隆驶过，数百只动物欢腾蹦跳，士兵、冲锋队和党卫队等人负责压阵。那一年，德意志艺术博物馆在慕尼黑正式落成，它的展品目录册上，每一年都会装饰有一个戴着头饰的罗马百夫长图案。百夫长面前，立着一棵带有卐字符的月桂树，一只雄鹰栖息枝上；而在百夫长的另一侧，一把火炬正熊熊燃烧，象征着启蒙、希望与勇气。这些目录封面就像德意志艺术节一样，都试图通过重现荡气回肠的过去，赋予历史一种特殊的解读，"具象表达我们的世界观"。[28] 历史学家更倾向于认为，这些事件"麻痹"了大众，使他们变得漠然又健忘。但在今天，很难说清人们对这些的反应，也许他们沉浸其中，就像对待别的游行和节日一样畅快享受。[29]

每年只要一到纽伦堡的纳粹集会日，希特勒就会对文化发表一通长篇大论，内容不外乎艺术家和党内人士对文化所做的笼统解读，要么提倡民族风尚，要么回归大众路线，再不然就是加重现代主义风格。尽管在《我的奋斗》中，希特勒对现代主义口诛笔伐，但在 1934 年 9 月一场关于文化的演讲中，他为这场旷日持久的官方争论定下了调子。[30] 有一点是明确的，"不良艺术"——立体主义、未来主义、达达主义等——绝无立足之地，迷失在古老日耳曼浓雾中的保守落后的民间派也没有存在的空间。接着，他提出了一个口号，"明晰且易懂，方为德意志"，意思是艺术必须自觉服从政治目的，用民族社会主义教化人民，任何偏离政治纲领的东西都必须予以压制。帝国新创之时，政府拨开迷雾，推动艺术复兴，既不会像现代主义那样为了创新而创新，也不会遵循过时的传统。而"适当放松对风格的限制"，"解放创造力"，也有助于天才的出现。正是这些与大众有着特殊联结的力量，创造出了独具一格的艺术，使城市从混乱中得以解救，并使伟大的公共建筑跃居在私人建筑之上。[31]

在 1935 年的纳粹集会上，希特勒将正在建设中的德意志艺术博物馆称为"艺术女神的新神庙"。对于尚还处在大萧条阴影下的德国而言，这时侈谈艺术，未免有些左支右绌。但他坚称，艺术"再现了一个民族的精神生活"，它们"在不知不觉间，便能直接对民族大众产生斐然可观的巨大影响"。他认为现代主义实验之所以失败，是因为人们对其兴趣缺缺，而真正的艺术必须"真实描绘种族的精神生活和内在力量"，以此对抗周围的堕落。论及艺术自由，他反问道，你能允许暗杀邻居这一行为自由化吗？这太荒谬了，像达达主义和立体主义那种东西，简直是在"扼杀人民的精神"，他不可能任其发展。他经常说，"流芳百世"要靠身后之物，说这话的他并不是在想象死亡，而是在设想一幅璀璨夺目的千年图景。[32]

但当前更为紧迫的问题是，应该把什么样的艺术品放进新建好的德意志艺术博物馆？ 1935 年，评委会共同挑出了一些"合适的"德国工艺品拿来展售，而更有野心的纳粹地方要人阿道夫·瓦格纳提出，不如策划一场"德国艺术一千年"的展览，参赛者必须提交自己最好的作品。评委会一共收到 25 000 多幅参赛作品，全国所有在世的艺术家几乎都露了面。[33]大约 15 000 幅展品被送往慕尼黑。然而，5 月 8 日，这次展览的主要负责人阿道夫·齐格勒（Adolf Ziegler）——也是一名艺术家——告知戈培尔，这些东西有"问题"。6 月 2 日，瓦格纳也说了相同的话。为了解决这场艺术评判上的高下之争，宣传部部长戈培尔拍板决定，还是让非专业的陪审员来评理吧，因为参与其中的艺术家都太过

222

自以为是了。[34]最终，戈培尔陪同希特勒飞往慕尼黑，而领导人在看到这些作品后，立刻考虑要将展览停办一年，因为眼前的这些作品证明了，德国根本没有拿得出手的艺术家。希特勒的目的是刺激艺术创造如狂潮般涌现，以便在全国范围内销售或展出，建立一种与民族社会主义学说相符的民族艺术品位。他的摄影师海因里希·霍夫曼当时也在场，劝阻希特勒不要停办，并求情道，剩下还有8 000幅作品没看呢，他们肯定能从其中找到至少1 500幅有价值的。希特勒当即任命他为最终的评委，并下达严厉指示："我不喜欢乱七八糟的画。有些画你甚至分不清应该朝上还是朝下，弄的画框制造商不得不在每一头都安一个挂钩。"[35]

经过进一步的删繁去芜，希特勒最终选择的都是带有19世纪风格的画作，按主题排序，依次为风景、静物、肖像、寓言、农民生活，以及赞颂母亲是种族纯正的来源和保障。他不喜欢带有明确政治指向或意识形态的艺术，对那些妄想通过画他、卐字旗或其他纳粹标志就能博得好感的人大为不屑。艺术必须微妙而含蓄。7月12日，希特勒和戈培尔对展览做完最后一遍检查，终于心满意足。[36]

1937年7月18日，德意志艺术博物馆正式开幕，希特勒发表讲话，称艺术的至高使命是"复兴"文化，重塑国家的精神取向，"德国不仅要实现政治和经济复兴，更要实现首要的文化复兴"。而要使德国艺术重焕生机，重中之重是清除掉"威胁帝国和人民生存的有害元素"，博物馆将成为使"真正的德国艺术永存不朽"的"神庙"。希特勒接着又说道，这座新建筑的营造，标志着数年来"滥竽充数的建筑乱象"彻底终结。他立誓，"从现在起，我们将发动一场无情的清洗战争，彻底扫除导致文化解体的残余碎片。

［艺术家中］若有谁仍觉得自己怀才不遇，只能说，如今四年过去了，资质是高是低早已分明"。随后，他语气凶狠地说道，从今以后——"那些野蛮人、半吊子和艺术伪造犯，无论抱团取暖，还是独自苟延残喘，都会被收拾干净——这一点你们大可以相信我说的话"。[37]

此次展览中，有几幅较为经典的作品，比如托马斯·鲍姆加特纳（Thomas Baumgartner）的农民午餐图绘，以及尤利乌斯·保罗·容汉斯（Julius Paul Junghanns）表现农民与动物的《下莱茵河牧场》（Niederrheinisches Weidebild）。沉重的役马拴在犁上，与农民一起在田间干活——容汉斯尤其喜爱描绘这样的场景。在后面的展览中，鲍姆加特纳与容汉斯的作品场场都有。而首届展览最负盛名的油画，还当属阿道夫·齐格勒的三联画《四个要素》（Die vier Elemente），在画上，四名年轻的裸女姿态各异。除此以外，希特勒也对19世纪的风俗画画家卡尔·施皮茨韦格（Carl Spitzweg）以及爱德华·格鲁茨纳（Eduard Grützner）颇为欣赏，二者的画作亲近普罗大众，不时出现一些趣味十足的形象，比如醉酒的修士、书虫或贫穷的诗人。在希特勒的藏品中，施皮茨韦格的画作有少量几幅，格鲁茨纳的多一些，但令人惊讶的是，竟还有一幅弗朗茨·冯·施图克（Franz von Stuck）的《罪恶》（Die Sünde），画中的夏娃摆出妖艳的姿势，身上缠裹着一条蛇（邪恶或魔鬼的象征）。

参加此次展览的雕塑家，有著名的阿诺·布雷克（Arno Breker），他创作了众多英勇健壮的人体和名人头像。他的裸体雕塑是对理想中的古典女性或男性身体做了一番精简后的变体。这样的作品完全契合希特勒的艺术理论，尤其接近他对希腊罗马主题的强调。另一位备受青睐的雕塑家是约瑟夫·托拉克（Josef Thorak），他创造的人物往往庄严果敢，首届展览中有他的一尊《同志情谊》（*Kameradschaft*）。[38] 如今，所有这些作品都被视为第三帝国的象征，常常被贴上媚俗纳粹的标签。然而，1937 年的展览无疑大获成功——当年一共吸引了 554 759 名观众——随后七年举办的展览，也都证明了这种脱胎于德国文化的艺术非常符合当代品位，深受普通人的喜爱。[39] 希特勒在战争期间回顾往事时，说曾有数百万人参观了这些展览，语气之间是满满的自得。[40]

然而，就他个人而言，全国展品没有一件能入他的法眼，他原本希望会有一两个天才一鸣惊人地出现。[41] 他的副官尼古拉斯·冯·贝洛（Nicolaus von Below）每年都会陪他一起出席这些展览，他说，领导人总要花好几个小时仔细检查，确保评委会的选择没有出错。冯·贝洛听到他说——绘画和雕塑的质量都达不到他的眼光，可能还要再等几十年才能看到进步。冯·贝洛认为，希特勒已一头扎进了 19 世纪的艺术中。[42]

尽管如此，元首作为一个自封的艺术天才，认为大众在艺术方面非常容易受到浪漫与媚俗之作的吸引，不过他觉得这不算什么，因为至少还能熏陶民众对艺术的感知力。只有"堕落艺术"才会造成真正的伤害。[43] 正是因为纳粹赋予视觉艺术如此崇高的地位，与此相应，对"堕落艺术"的抨击才会显得尤其触目惊心。戈培尔派出下属，四处收集那些胆敢公然反对新正统的罪证。著名画家阿道夫·齐格勒领命而去，几乎跑遍了德国所有的博物馆与画廊，搜集犯罪作品。1937 年 7 月 19 日举办的堕落艺术展，在地点上距离大德意志艺术展（Great German Art Exhibition）并不远，目的是让市民有机会亲眼目睹这些"腐朽的证明"。齐格勒愤愤不平地说，这种"垃圾"竟也能奠定视觉艺术数十年的基调。 225作为一名退伍军人，当看到那些艺术作品唾弃战场上的士兵，诋毁母亲为妓女，羞辱基督教象征时，他深感受辱。而现在，以往那些"误导人"的弄潮儿终于要被淘汰了。[44]

翌年 5 月，首届帝国音乐节隆重举行，组织者突发奇想，在杜塞尔多夫也办了一场相对应的"堕落音乐"展。不出所料，希特勒也将这种堕落现象归咎于犹太人，不过，除了蔑视美国爵士乐，尤其是犹太作曲家之外，他也做不了什么，因为要为优秀音乐制定指导方针，可比绘画困难多了。[45]展览指南非常短，比起批判音乐，它读起来更像是一场种族主义论战。[46]

1937 年的"堕落艺术"展迎来了 2 009 899 名参观者，大多数人都是在纳粹党的组织下，来走一个嘲笑和羞辱的过场。[47]被刻意丑化的现代艺术给观众留下了极为恶劣的印象。朴素的展品目录也揭示了"转向"民族社会主义之前的"文化衰退"，瞧瞧吧，这些就是专家们眼中所谓的伟大艺术。参观者要从背后看到堕落产生的"意识形态、政治意图、种族因素和道德目的"，因为有不少艺术家可是共产党人。[48]

希特勒不仅是视觉艺术的保护人、赞助者和独裁者，还在1938 年奥地利并入德意志帝国后不久，"开创"了民族社会主义对艺术的盗窃。从奥地利到德国，他的特务疯狂搜刮犹太人——比如罗斯柴尔德家族的路易斯和阿方斯兄弟——的个人画作和全部藏品。希特勒指责这些收藏家囤积伟大的艺术品，将其束之高阁，不让人民接触。不仅如此，犹太评论家还贬低古典艺术，推崇现代风格，这大大破坏了德国的文化传统。[49]当他一声令下，说要在林茨建立博物馆时，一众手下闻风出动，纷纷行使"元首的权利，扣留"某些特定的画作。[50]而随着德军的铁蹄践踏其他国家，希特勒和个别纳粹领导人也开始贪婪地将更多艺术藏品纳入囊中。[51]

226　　对于民族社会主义艺术，普通民众有何说法？新政权将犹太人逐出绘画、音乐和文学领域，同时用审查手段，剥夺了他们批评的资格。这些政策甫一实施，便赢得了大多数受过教育的中产阶级的支持，而对德国古典音乐的重视，刚好又与民族主义保守派意气相投。在此之前，普通人往往无缘接触德国丰厚的文化宝藏，当局为了扭转这一现象，投入了巨大精力。[52]一些新成立的文化机构在种族主义的指导方针下，大行"清洗"措施，而若将积极加入的人都视为投机主义者，那就错了。参与者的人数之所以远远超出预期，是因为受过教育的精英阶层完全接纳了新政权。长期以来，他们为了复兴民族文化不懈努力，而新政权的到来则为他们铺好了一条康庄大道。[53]对于这些知识分子而言，认同民族社会主义是一件水到渠成的事。

说到底，希特勒最为热衷的还是建筑，他对建筑持有明确的想法，并经常将其与德国社会主义联系在一起。在《我的奋斗》中，他写道，德国城市里的住宅越来越标准化，千篇一律，建筑正日趋衰落。他抱怨道，如果市中心还有什么值得敬畏的，也就剩几个世纪以前的宏伟建筑了。根据他的"废墟价值"理论——阿尔贝特·施佩尔后来称这一理论的缔造者是他——现代建筑完全不配成为后人怀古通今的"传统桥梁"，它们与古希腊和古罗马的废墟相比，简直是天壤之别。希特勒在1925年设计的建筑草图，彰显出他对纪念碑式建筑的偏好，以及对希腊、罗马古典风格的憧憬。若有一天，德国的城市惨遭摧毁，唯一剩下的建筑就是犹太人的大型百货公司，一想到这个，他就不寒而栗。这些商业主义圣地——贪婪的（犹太）资本主义的真正象征——蚕食着小店主的利益，自 19 世纪后半叶以来，就是德国和奥地利反犹组织的眼中钉。施佩尔和希特勒都想在设计新建筑时，重点考虑其耐久性，这样一来，千秋万代之后，纵然沦为一片废墟，也无法湮灭一个伟大民族的传奇。[54]

希特勒知道，批评家们一定会指责他过于狂妄自大，但他毫不在意，因为古往今来，从埃及金字塔到罗马斗兽场，一切伟大的创作都曾受到轻视。[55] 就这样，这位富有艺术气息的新总理将第一批建筑委任状交给了保罗·路德维希·特罗斯特。慕尼黑开始大兴土木，修建"荣誉神庙"以纪念 1923 年啤酒馆政变中的牺牲者，又营造元首大厦（Führer-Bau），作为纳粹党总部，二者坐落于同一条长轴的两端。特罗斯特还设计了德意志艺术博物馆（*Haus der Deutschen Kunst*），位于英国公园的南部。博物馆外墙由方砖垒砌而成，整体呈对称结构，屋顶平面，外部几乎没有任何装饰，气势恢宏，至今还屹立在慕尼黑。这种"新古典主义"并不专属于希特勒统治下的德国，在当时，类似的例子还有伦敦大学参议院（1932）和华盛顿的联邦储备委员会（1935）。新古典主义在结合现代与传统元素的同时，传达出一种无与伦比的显要性与力量感。[56]

1934 年，希特勒在与施佩尔的一次讨论中，解释了自己为什么选择特罗斯特，而非保罗·舒尔策-瑙姆堡。尽管舒尔策-瑙姆堡是纳粹党员，还曾写过一本书叫《艺术与种族》[57]，但希特勒对他提议修建的纳粹大楼嗤之以鼻，"看起来就像一个边城小镇的超大市场似的"，他如此打趣道。"如果要建一个党的集会广场，

227

最好能让百年之后的人看到独属于我们这个时代的建筑风格。"[58]
特罗斯特于 1934 年离世,若非如此,希特勒很可能会让他继续担
任首席建筑师,因为两人在建筑上的品位出奇地一致——都喜欢
夸张化的风格。[59]

1935 年,希特勒认为天不佑德国,这个时代竟没有降临一位
伟大的音乐作曲家、画家或雕塑家,尽管德国已经在这些领域取
得了一些傲人的成就。在建筑方面,为了增强"国家意识",修建
公共建筑"大为迫切",而且它们必须是真正的德国本土建筑,不
能空具象征意义,或者照搬另一个时代。"只要现代城市中最吸引
眼球的主要建筑类型,还是大型百货公司、杂货店、酒店和摩天
大楼,那就不要妄谈真正的艺术或文化。"在希特勒看来,帝国时
代,尤其是魏玛共和国,只知一味地偏袒私人资本家的利益,却
将公共事业抛诸脑后,真是可悲至极。而今,艺术价值观和政治
考量都是决定重建的核心要素。"当直面伟大的(建筑)艺术语言
时,那些渺若微尘的抱怨者只有哑口无言的份儿。"德国需要上苍
降下一位艺术天才,将当代精神栩栩镌刻,流芳百世。他多么希
望艺术的繁荣能够"唤醒人们对崇高命运的自觉性"。[60]

上任之后不久,希特勒就开始了工程浩大的柏林重建计划。
在早期的自传中,他谈到了争取群众一个至关重要的特征——拥
有中心焦点。"从长远来看,必须要有一个地方,能发挥出麦加或
罗马的魔力,这样才能使我们的运动成为众心所向,运动的指挥
者受到万民敬仰。"[61]就像拿破仑三世改造巴黎一样,希特勒也
将重新设计柏林,但规模远超前者,因为其中融入了他势要横扫
海外的雄心壮志。1937 年 1 月 30 日,正值他上任的周年纪念日,
在这一天他宣布了自己的现代化计划,并任命阿尔贝特·施佩尔

228

为首都新任建筑总监。柏林会成为人民共同体的地标，甚至更加宏伟。

这座城市将沿着一条南北中轴线进行改造，类似巴黎宽阔优雅的香榭丽舍大道——宽70米，长1.9千米，以凯旋门为终点。希特勒规定，柏林的这条大道必须有120米宽，尽头也造一个类似的拱门，1925年他就绘制好了图稿。巴黎的凯旋门高达50米，而柏林的则有120米，并且宽得多。希特勒设计的拱门没有外部装饰，看起来巨大无比。从某种意义上来说，这也算是那个时代的典型了。[62]

在柏林中轴线的另一端，他决定建造一座可容纳18万人的穹顶建筑，并将之称为"世界第八大奇迹"。早在第一次世界大战后，社会危机四起时，他就有了建造这样一座神奇的建筑来容纳整个共同体的想法。当时建筑界的进步精神，追求营造一种单一、阔大、和谐的空间，哥特式大教堂就是其中的典范，不做过度的装饰，只作为坚定信仰的象征，让多位艺术家一同为之贯注心力。20世纪20年代，基于这种社会和谐的乌托邦式建筑梦想，德国出现了包豪斯（Bauhaus），其中最著名的两位实践者，分别是布鲁诺·陶特（Bruno Taut）和瓦尔特·格罗皮乌斯（Walter Gropius）。陶特著有《城市之冠》（*Die Stadtkrone*），而格罗皮乌斯的"总体艺术作品"（*Gesamtkunstwerk*）概念——有时被称为"未来社会主义大教堂"（*Zukunftskathedrale des Sozialismus*）——则更广为人知。正如格罗皮乌斯在1919年所说，"我们将共同铸造一座伟大的建筑。建筑不再只是建筑、绘画、雕塑，一切艺术共同塑就了这个伟大的作品。建筑本身则次第消隐，与其他艺术融为一体"。[63]

229

尽管希特勒并不倡导这些现代主义，但他的一些建筑思想仍然带有这个时代的印记。帝国最著名的一批成品，都重复使用了纪念碑式建筑的某些特征，如方柱、圆柱、拱门、元首阳台，还有那鲜明的轮廓、撼人的比例、对称的层次，以及令人印象深刻的、孤高的权威符号。[64] 负责改造柏林的建筑师们将大穹顶（the Great Dome）称为"城市之冠"。事实上，希特勒最喜欢的几个建筑师都曾隶属于制造联盟（Werkbund），该联盟成立于1907年，旨在以进步的姿态抵御现代化对德国文化造成的威胁。联盟内的明星成员有保罗·路德维希·特罗斯特、阿尔贝特·施佩尔的导师海因里希·特森诺（Heinrich Tessenow）——施佩尔本人也曾一度加入——以及更为激进的瓦尔特·格罗皮乌斯和布鲁诺·陶特。可以看出，在1933年之前，民族社会主义建筑从纷繁多样的理念中汲取了灵感。[65]

1936年夏天，希特勒将自己画的凯旋门草图交给了施佩尔，并委派他制订柏林改造计划。九个月后，希特勒迎来了自己四十八岁的生日，作为礼物，建筑师将第一个等比例模型献给了他。在模型的正中心，矗立着一座绿色铜皮的大穹顶，从外面看高达290米，可以轻松容纳罗马的圣彼得大教堂。穹顶的旗杆有40米，顶端立着一只鹰，鹰爪紧紧握着纳粹卐字徽章和一枝月桂。1940年打败法国之后，希特勒的野心愈发膨胀，于是改变了计划："必须让这最伟大的建筑之冠鹰扬世界。"[66]

在柏林及德国的其他地区，为了实现城市复兴和宏伟的建筑计划，往往需要拆除整个街区，而这恰恰形成了对人民共同体的排他性的某种隐喻。1937年10月4日通过的《德国城市新建法》为扣押私人财产充作公用（征用权）提供了法律依据，国家将对财产被没收的个人进行赔偿。尽管没有提到任何城市，但通过这项法令，希特勒的意志几乎无处不达。[67]

柏林中轴线将成为主要的林荫大道。尽管希特勒直到 1942 年才提出要将首都更名为"日耳曼尼亚"，但这一术语后来被阿尔贝特·施佩尔推广开来。[68] 政府官邸将沿着中轴线依次排布，其中还包括一个能容纳 40.5 万人的 U 形体育场，他们在之前的布克堡庆典上设计过一条类似的轴线，希特勒曾担着"元首的威仪"穿过欢呼雀跃的观礼群众。无论是柏林还是慕尼黑，身穿制服、游行在宽阔的林荫大道上，使每个参与者都不禁产生了一种人人平等的归属感。顺着指引，他们将直直走向自己的领袖。成千上万的游行队伍，向观众传递出一种排山倒海的力量、气势和民族自豪感。希特勒意识到了这条大中轴的重要性，以及游行所能发挥的作用，于是在纽伦堡的纳粹党集会上再次使用那一招——让数千名身穿制服的人站成两排，中间为领袖留出一条宽阔而空旷的直线。[69]

1933 年 7 月，他决定以后所有的政党集会都要在纽伦堡举行。自那以后，他对此地的建筑构想变得更加宏大，堪称"世上最大的建筑工程"。1937 年，在巴黎世界博览会上，他展示了这个蓝图。随着这一计划的不断发展，现有的齐柏林广场（Zeppelin Field）将扩容至 25 万人，其中 7 万人可以坐着观看仪式。中轴线被拓宽到了 2 000 米。新国会大厦将能容纳 5 万至 6 万人，而德国体育场则能容纳 40 万人。此外，他还要建造一个能容纳 25 万观众的游行广场，来举办国防军的阅兵典礼。[70]

纪念碑式和轴心结构所蕴含的意识形态也影响了其他的建筑，比如希特勒于 1938 年 1 月交派施佩尔建造的新帝国总理府。令

231

这位领导人印象最深的是，在走进入口的长廊后，来访者必须经过一个接待区，长度是凡尔赛宫接待区的两倍。他相信，这无尽的长廊、高高的天花板和大理石地板，一定能让来拜访他的外国人感受到新帝国的力量。在12月的一场建筑展览会上，他发言时，反问台下，为什么他们要建造比以前更多的建筑？答案是德国人数已经超过历史最高水平，而他还要继续促进人口增加。因此，他们必须在技术允许的范围内，尽可能地建造一些宏大的建筑，这是为"千秋万代计"。[71]不久之后，在面向工人发表讲话时，他再次问道："为什么总要那么宏大？我这样做，是为了恢复德国人的自尊。我想对百行百业的每个人说：我们并不低人一等；事实上，我们与其他民族完全平等。"[72]

到了1940年，他的野心持续扩大，当时的重点是集中建造五个"元首城市"——柏林、纽伦堡、慕尼黑、汉堡和林茨，但这只是冰山一角。新政权预见到要对国内50多个人口超过10万的城市进行大规模改造，但没有人能计算出这一惊人的成本，除非他们能按照新政权的设想，成功征服欧洲大部乃至全世界，否则必将血本无归。[73]

尽管这些纪念碑式的建筑让人叹为观止，但第三帝国的建筑还远不止此。为了实现德国社会主义，各州或地方政府建造了数百个小型"住宅区"，这一概念在当时被界定为一个统一规划的建筑群，面积有限，但形式不限。这种"绿色"住宅无疑吸引了很多人。戈特弗里德·施米特（Gottfried Schmitt）自称以前曾是共产党员，但从20世纪20年代初起，便转而为纳粹事业奋斗，成了一名忠实信徒。1934年，他告诉一名记者，工人终于得到了多年来"一直在我们眼前晃悠"的社会主义。慕尼黑周围有"数百栋小房子"正拔地而起，他说，"每一栋房子都带有一个小花园"。
施米特错误地将这种社会主义的发展归功于希特勒一人，特别是
当希特勒以"恐怕会把民族之根从地里拽出来"为理由拒绝建造
庞大的街区楼群时。[74]事实上，德国的地产开发商已经开始争
夺未来住房的风格与形态，而这场冲突对新政权明显产生了较大
影响。

从民族社会主义者的角度来看，充满现代风格的魏森霍夫住
宅区（Weissenhof-Settlement，1927）无疑汇聚了他们憎恨的一切。
在斯图加特，由路德维希·密斯·凡德罗（Ludwig Mies van der
Rohe）、瓦尔特·格罗皮乌斯以及勒·柯布西耶（Le Corbusier）
等建筑师设计的建筑物，每一个看起来都冰冷又无趣。他们做出
的新公寓楼是典型的现代平顶建筑，普普通通的四层大楼，既可
以用作办公场所，也可以当成生活空间。作为对照，"斯图加特学
派"提出了考恩霍夫住宅区（Kochenhof-Settlement），采用德国传
统的木构坡顶。这些住宅区建于1933年，由资深设计师保罗·施
梅塔那（Paul Schmitthenner）担任首席，对于自己的建筑理论，
他这样总结道："建筑领域的领导权掌握在建筑大师手中，他随时
准备好了要与国际化、非德意志和不够严谨的东西作斗争，而他
自己的态度和能力，早已在工作中表露无遗。"他希望能将自己多
年来一直坚持的反现代主义路线，在整个新兴德国确立起来。[75]

慕尼黑也出现了类似的态度，尤其是在1933年之前完成学
业的吉多·哈伯斯（Guido Harbers）的建筑作品中。1932年5
月，他在英国建筑协会上做了一场演讲，主题为"论小物"，回来
后，他说自己的想法在英国大受欢迎。作为纳粹党员，他被提拔
到慕尼黑市议会下属的住宅建筑管理局，并于1933年夏天，在拉

默斯多夫-慕尼黑组织了首批"示范住宅区"。经过一场竞赛，他选拔出了18位建筑师，将230座独栋住宅和排屋住宅整合为一个概念。

　　哈伯斯的"小屋"理论是，房子可以为忙碌的人群提供一个避风港，使其从"日常压力"中解脱出来，休息受伤的灵魂。他组织修建的住宅区于1934年正式对公众开放，在他看来，它应该成为未来"民族社会主义生活形态"的模型。每户房子都配有一个通风良好的私人花园，旨在为孩子提供健康有机的生长环境。哈伯斯掌握了先机，他的第一个住宅区建成后，仅在慕尼黑就出现了二十多处类似的建筑，在20世纪30年代掀起了一阵营造热潮。私人企业赞助了其中的一些，比如在慕尼黑下辖的阿拉赫，为52个"多子家庭"建造的一个住宅区。[76] 任何一个想要拥有自己房子的人，一定都对这些住宅区心驰神往。

　　值得注意的是，柏林没有人将自己的风格强加给哈伯斯或施梅塔那，希特勒当然也没有。他们都成长于德国自己的文化传统，充满反叛精神的包豪斯团体也是如此。诚然，就像接纳民族社会主义教条的人所说——与施佩尔一起在柏林工作的部门领导人之一汉斯·斯蒂芬（Hans Stephan）就曾说过——德国的建筑是一个密不可分的整体，由一个强大的意志统一领导，所有的形式都要连贯。他坚称："第三帝国创造的一切，都是围绕着人民共同体这一核心。新建筑的使命就是为共同体服务"，因为新的"共同体精神"促成了"社会主义建设"（*Bausozialismus*）。[77] 但在实际层面，当局允许某些固有的风格继续存在，在新住宅建设的第一阶段，小屋建设一直持续到1936年。[78]

　　在地图上放眼望去，住宅区已星星点点。布伦瑞克自称为

233

"集合住宅区之城",该市新任市长威廉·黑塞(Wilhelm Hesse)表示,伦多夫住宅区在纳粹理念"人民共同体"的基础上建立,是"通往社会主义之路的一座里程碑"。它规划了2 000个生活单元,计划纳入8 000名居民,不分贫富,亦"无阶级",一切全凭自治。住宅区的某些新房主有能力偿还房款,而无能力者则将通过工作来还清首付。到1937年底,一共建成1 728个单元,大部分是小型房屋,有些配有花园。为了缓解长期沉积的需求,还设有518套出租公寓。[79]

纳粹地方团体(Orstgruppe①)挑选第一批住户的标准是,他们必须符合民族社会主义规定的雅利安人形象,且必须有工作。获得住宅理应促进他们的经济福祉,帮助其生出健康强壮的孩子,"在该地区植入优良基因[*Erbgut*]"。不言而喻,每个申请者都必须通过健康检查,当地的纳粹党也要担保他们"在政治上是可靠的"。[80]但即使这两项都达标了,他们也要面临三年的入住考察期,一旦不符合条件,住宅区仍会将其驱逐。它的运作模式很像人民共同体,内部都有一套自己的排斥机制。[81]这种住宅区的构思类似帝国粮食部部长达雷所说的小型农场在"种族复兴"中的作用。[82]事实上,1937年设想在柏林克鲁默湖(Krumme Lanke)修建的党卫队"同志集合住宅区",便是受到了斯图加特学派和保罗·施梅塔那的启发。[83]

德意志劳工阵线精心挑选了四名建筑师,在马舍罗德(Mascherode)建造"示范住宅区",其中一位建筑师是属于传统主义派的尤利乌斯·舒尔特-弗洛林德(Julius Schulte-Frohlinde)。

234

---

① 疑原文有误,应为Ortsgruppe。——译者注

此住宅区于 1935 年开始规划，完全按照斯图加特学派的原则，独立完整，可容纳 6 000 人，是住宅区建筑发展到第二阶段的典型代表。这些房屋及住户被赋予了潜在的意识形态功能，主打的要点是消除阶级差异。[84] 为了避免与单调乏味的郊区建筑重合，这里的房子有的是独栋，有的是排屋，风格各有特色。住宅区内还设有一个大型的纳粹社区之家，用于举办公共活动，部分领域用作纳粹党和希特勒青年团的总部。后来，管理者还增设了一些出租公寓，导致舒尔特-弗洛林德不得不想方设法确保这些多层建筑符合共同体的概念。[85] 并不是所有的住宅区都做到了完美的"绿色"模式，比如，1936 年至 1937 年，当局在汉堡-威廉斯堡为 214 名"拖家带口、子嗣众多"的港口工人修建了一个赫尔曼-戈林住宅区，却没有配备合适的供水和污水系统。住户们为此大发牢骚。[86]

从 1936 年到战争开始，是住宅区建筑发展的第二阶段，在某种程度上，这时的重点变成了为"忠诚信众"建造家园，要么是花园城市，要么就是带有出租公寓的住宅区。尽管基本的意识形态保持不变，但首选的形式从独栋变成了多层公寓楼。之所以会出现这种变化，是因为戈林在 1936 年推行了四年计划，该计划包括增加工厂数量、扩大规模，为不断攀升的劳动力提供住房。德意志劳工阵线也增设了一项业务，开始着手建造"人民公寓"，但他们仍然会尽职尽责地向那些想拥有一所自己的房子或是搬进新住宅区的人提供建议。[87] 希特勒的态度有些犹豫，因为按照民族社会主义的构想，带有花园的独栋住宅是养育一个大家庭的理想场所，而战后也需要有这样的地方来鼓励人们生育更多的孩子，以弥补战场上的阵亡人口。[88]

戈特弗里德·费德尔是希特勒在 1923 年以前就结识的亲密战友之一，1934 年 3 月 29 日，他被任命为帝国住宅事务总委员。他希望政府能下发补助金，以满足巨大的住房需求和意识形态上的迫切诉求。否则，他说，将不利于恢复"民族身心健康"。"按照民族社会主义的原则重新安置人口是绝对必要的。德国人 [*Mensch*] 一旦与大城市的纽带出现松动，就必须重新扎根于土地。"[89] 充满抱负的费德尔在 1939 年提出了一份住宅蓝图，试图综合城市和农村的优势，因为农村家庭人口众多，且紧紧依附着土地。他的"理想城市"是人口在两万以下，不超过 30% 的居民住在公寓楼里，其余的人将拥有独栋住宅。除此以外，文化活动的空间也会单独开辟出来，并为人民共同体留出一片绿地，而一栋社区之家周围大约会安置 3 500 名住户。[90]

设计乌托邦式"社会住宅区"的梦想并没有局限在德国境内，1938 年，德国接管奥地利和捷克斯洛伐克部分地区，组成了一个所谓的东部边区（Ostmark）。战争不日就要爆发，除了承诺每家每户都会拥有一座自己的房子外，再没有时间做更多事情了。当地政府在林茨、斯泰尔（Steyr）和施泰尔马克（Steiermark）都建了小型住宅区。主导这些项目的建筑师有保罗·施梅塔那和斯图加特学派的其他人，他们的意识形态基础都来源于德国传统的住宅思想。而在林茨，纪念碑式的建筑和引人注目的大工程将使这个城市彻底发生改变，维也纳亦然。[91]

自 1933 年以来，德国一直没有为家庭提供足够多的"起居空间"（*Wohnraum*），而第三帝国也从未摆脱过赤字的阴霾。与魏玛共和国形成鲜明对比的是，新帝国并不想为住房建设提供资助，反而希望能"唤醒私人主动性"。[92] 农村和大城市一样长期存在严

236 重的住房短缺问题。1938 年，保安处（SD）提交了一份长篇报告，表示社会还需要 500 万套公寓或住宅。各类组织相互层叠，数量虽多，却都没有解决这个问题。报告问道："让劳工阵线全权处理人民共同体的社会事务，使其在我们社会政治生活的这个重要领域，更集中性地利用物质和意识形态手段，难道不是更有效吗？"居住条件若一直不能抚平民怨，"就会出现危及民族社会主义的负面意见"。[93] 对那些居无定所的人而言，巍峨雄壮的纪念碑式建筑并不能满足他们的日常需求。

官方想要消除这种负面影响，并克服德国一直挥之不去的人口过少问题，因为战争一旦爆发，以现在的人口体量，根本无法完成重任，到了战后也是一个大问题。希特勒预见到了这种困局，在 1940 年初成立了一个研究住宅问题的委员会。德意志劳工阵线的领导人罗伯特·莱伊对此发表了许多意见，希特勒便于 11 月 15 日命他来领导新的"帝国社会住房建设委员会"。莱伊在一份详尽的提案中表明，必须要在战后建造 30 万套住房，以供"多子家庭"繁衍生息，弥补战争造成的人口裂痕。公共住房的设计极尽慷慨，其中 80% 为三居室，剩下的单元有大有小。[94]

很快，对未来住房需求的估计变成了 600 万套，而到了战后，劳工阵线要处理的"德国人民的社会工作"千头万绪，包括工资、劳动力部署、社会保险和医疗保健，住房仅仅只是其中一个方面。但至少在筹划阶段，新政权是想通过这一项目来建立德国社会主义，并吸引数百万普通民众拥抱人民共同体。莱伊所展望的社会愿景是整个项目的根基所在——正如他向外国媒体透露的那样——他要"创建一个由优等种族组成的无产阶级国家"。[95] 这项工程也有助于将新合并的东部地区融入更大的德意志帝国。[96]

官僚机构内部的讨论仍在继续，但到了 1942 年，这些雄心勃勃的计划几乎都被弃若敝屣，因为战时经济的需求逐渐压倒了一切。战争到来后，一切终成泡影。[97]

住房项目和建筑等所有艺术一样，都被赋予了社会、政治和种族功能，目的在于培养"适者"，使其具备适当的尚武精神，反映种族的特质，不断繁衍人口，向未来勇猛进军。尽管如此，整个纳粹文化工程的核心依然存在着矛盾。一方面，政权钟情于纪念碑式的建筑和先进的技术，但另一个方面，又对乡村景观中四处点缀的古雅村庄青睐有加，比如希特勒就十分欣赏上萨尔茨山的村庄。[98] 不过，从 1937 年开始，他的手下在上萨尔茨山不断翻腾，先是将当地人遣散一空，夷平旧屋，炸毁群山，而后又圈出了大片"禁地"，禁止人们像过去那样自由地漫步其间。[99] 与此同时，希特勒带领着他的建筑师们，还在精心规划环保城市，畅想着打造一个新的慕尼黑，保护河流与绿地。[100]

艺术家如何能在第三帝国蓬勃发展？作家埃里希·埃伯迈尔非常不解。"艺术就是自由，"他说，"然而，独裁政权不能容忍自由，否则进入牢笼的就会是它自己了。艺术和独裁是相互排斥的。"[101] 抨击有害艺术极为容易，而呼唤天才艺术家却难如登天。出于充分的理由，当局没有再重办 1937 年羞辱"堕落艺术"的展览，因为正如希特勒次年在纽伦堡指出的，"一个时代文化的伟大，并不在于它如何拒斥从前的文化作品，而在于它自己对文化做出了多少贡献"。[102] 然而，纳粹却玷污了他们的整个文化遗产，甚至是第三帝国的建筑成就，因为他们深深迷恋着无处不在的种族主义和扩张主义，用这种意识形态迫害了数百万人。此时，他们正冷静地考虑着要进军海外，实行大规模屠杀。

237

第10章
种族主义意识形态

　　种族主义是希特勒的教义中不可或缺的一部分，尽管多年来他曾数度在公众面前调整话术，但反犹主义一直在他的世界观、民族社会主义运动和新政权里占据着核心位置。历史学家一向将注意力放在官方政策和政治宣传的演变上，然而，仔细观察便会发现，基层对犹太人堂而皇之的敌意比以往想象的要更加露骨。可以肯定的是，种族主义的目标已经超出犹太人本身，而将触手伸向了新政权沾染的一切——住房、体育、度假、农业、文化，还有私人之间的性关系。在改善普通人的生活方面，无论德国社会主义曾发出过什么样的复杂信号，都没有犹太人的份儿，这一点是不言而喻的。

　　在希特勒统治下的德国，愤怒的暴民对犹太人采取了一种公开的镇压方式——*Prangerumzug*，字面意思为"戴枷游行"，源自中世纪。在游行开始前，受害者要经过一番剃发、污面的仪式，表明从此为人民共同体所驱逐。即便只是目睹这一过程，也足以让人认清民族社会主义意识形态的真实面目了。根据 1933 年 6 月 16 日的人口普查，在全德国 6 520 万人中，只有 499 682 人"相信犹太人"，不到全部人口的 1%。犹太人在总人口中所占的比例多年来持续下降，在希特勒刚执政的头几个月，人数竟骤然减少了大约 2.5 万。[1] 在这之中，外国犹太人更容易受到攻击，他们的人数有 98 747，其中 80% 是从东欧流入的，传统上被称为 *Ostjuden*，或曰东方犹太人。[2]

240

1933 年 3 月 5 日，国会选举结束后，纳粹激进分子在全国范围内展开了一场针对犹太人的暴力运动，旁观者往往无法分清那些遭遇不幸的人是否是德国公民。前陆军军官兼记者瓦尔特·盖斯林（Walter Gyssling）曾在 3 月 9 日至 10 日的日记中，记下一场早期发生的"羞辱游行"，详细道出了慕尼黑当时的恐怖。冲锋队的暴徒们先是作势要处决一名拉比，中午时分，又用鞭子将一位犹太律师驱赶到街头，那人光着脚，身上只留有一件衬衫和破破烂烂的内衣。他的脖子上挂着一块牌子："我犹太人西格尔再也不会抱怨民族社会主义了。"这是德高望重的迈克尔·西格尔博士，他之所以有此下场，是因为跑到警察局为一个被捕的朋友求情。冲锋队将他暴揍了一顿后，牵到镇上游街示众。[3] 西格尔博士的悲惨故事流传开后，使众多犹太律师忧心忡忡，汉堡的库尔特·罗森贝格律师也在日记中提到了此事。街谈巷议、夸大其词、流言蜚语……这一切都激起了他的不安。"一天又一天，我们等待着自己被踢出本行。反犹主义浪潮正与日俱增。"[4]

冲锋队和纳粹党的激进分子经常动手袭击犹太人开设的百货公司。3 月 11 日，赫尔曼·戈林表示，普鲁士警察局不会"保护犹太人的百货公司"，这让那群莽夫仿佛看到了"绿灯"。[5] 一家犹太报纸列出了曾发生百货公司被冲锋队或其他便衣威胁过的地方，3 月 8 日至 12 日，在这一周以内，共有以下城市：柏林、法兰克福、汉堡、哥达、莱比锡、开姆尼茨、茨维考、汉诺威、卡塞尔、马格德堡、柯尼斯堡、美因茨以及不计其数的小地方。布伦瑞克虽然没有在名单上，但在 3 月 11 日，一大群人冲进了当地一家商店，打碎橱窗，对店员和顾客动手动脚。官方道貌岸然地指责说，"是共产党人在扰乱和平"，但所有人都心知肚明，民族社会主义者才是罪魁祸首——这一切都暗示着，要变天了。[6]

241　维尔茨堡位于巴伐利亚州的下弗兰肯地区，约有 10 万人口，3 月 11 日，这里举行了一场盛大的游行，从摄影照片上看，哄闹的人群正围堵在犹太商店的门前。维尔茨堡的天主教信众占据了绝大多数，在之前的几次选举中都对民族社会主义反应冷淡。事实上，从 1933 年 1 月 30 日开始，冲锋队便在城内广泛"征用"犹太人的汽车，而在 3 月 11 日，当一名受到袭击的犹太商人向警方寻求帮助时，后者却告诉他，他们无能为力。三天后，纳粹激进分子冲入一家宣扬"柏油文化"①（Asphalt-culture）的剧院，四处搜罗犹太老板，却遍寻无获。[7] 少年赫伯特·A. 施特劳斯（Herbert A. Strauss）在维尔茨堡的经历，表示出犹太人的社会异化在不同的个体和年龄段里千差万别。在他就读的天主教高中，没有学生或老师仇视他和另外两名犹太同学，但他仍能察觉到事情正在起变化。[8] 早在 20 世纪 20 年代初，恶意满满的种族主义就在此地形成了一种组织有序的政治形式，而在这场运动中表现最为突出的，是牙医奥托·赫尔穆特，他一路过关斩将，成功当上了下弗兰肯的纳粹大区长官。在加入纳粹党之前，从 1920 年起，他就一直是日耳曼种族防御与反抗同盟的一员，以挑衅犹太

---

① 1918 年首次出现，1933 年经由约瑟夫·戈培尔在焚书运动中的演讲而流传开来。纳粹以此指代城市文学，多为犹太人的作品。——译者注

人、激怒天主教徒为乐。[9]

1933 年，在卡塞尔这座拥有 18 万人的传统新教城市，犹太人的数量只有 3 200，占到总人口的 2%。3 月 9 日，反犹浪潮全面爆发。3 月 24 日至 25 日，暴力事件达到高潮，冲锋队逮捕了几位著名的犹太商人和律师，将其带到处刑地窖，装模作样地审讯了一番后，用橡胶警棍把人打得半死不活。[10]其中一位律师马克斯·普劳特（Max Plaut），曾因渴望融入社会，放弃了先人的宗教信仰，早年还在针对民族社会主义者的审判中数次担任辩护人。如今，他被领着去往冲锋队酒馆，一路游街示众，还要被迫大喊"希特勒万岁!"到了酒馆后，他又被荒唐地"判处"了 200 下警棍。施完刑后，他们把这个奄奄一息的人拖回了他自己家。一周后，律师受尽痛苦而死。除了这些事件外，冲锋队还在镇上的广场设了一个象征性的集中营，往里面关了一头驴子。集中营的墙上写有一行标语:"若有刁民敢买犹太人的东西，这集中营等着你。"[11]

暴徒们四处攻击律师和法官，严重打击了法律保护的宪法核心。据估计，犹太人在法律行业中占到四分之一，其中大部分都在令人向往的城市中心工作。在 1933 年之前，他们与律师协会中的反犹分子的关系已经势如水火。事实上，在大萧条时期，各行各业都爆发了人满为患的恐慌潮，对于贪婪者而言，新出台的排他政策简直如同天降甘霖。[12]

1933 年 3 月，一份长达 81 页的警方调查报告显示，公开羞辱不只发生在犹太律师身上。25 岁的弗里茨·克莱因（Fritz Klein）出生于符腾堡州的海尔布隆附近，是一名技术拙劣的工人，在 1930 年加入冲锋队并成为 122 旗队的领导人之前，他曾到处厮混。3 月 16 日至 17 日，符腾堡州的内政部部长兼警察局局长发布了一

242

项命令后，他的连队迅速跟进，开始搜查"枪支和共产主义宣传物"。3 月 18 日，他很有可能和战友一起拖走了海尔布隆的犹太屠夫，迫使那人举着他的专用刀具，一路穿街过巷，走到他平常做生意的肉摊。之后，屠夫被带到了褐宫（Brown House），遭受殴打与审讯。[13] 暂且不表克莱因及其连队是否真的参与了这起事件，那段日子，他们确实连番走访了当地六七个村庄。3 月 25 日，克莱因等 15 名冲锋队成员协同十几名警察一起，出现在克雷格林根（Creglingen），所犯罪行之残忍突破限度，令人骇目。那是一个礼拜六，大多数犹太居民都在教堂里，克莱因及手下冲进教堂，打断仪式，开始宣读"嫌疑人"名单。16 名男子被带到市政厅。[14]

克莱因后来告诉斯图加特的调查人员，负责此次行动的是一名高级警官，但逮捕那些犹太人的是他，当他们出现在市政厅门前时，围观群众顿时发出了支持的欢呼声。与此同时，警察正登堂入室，公然搜查犹太人的家。在市政厅，冲锋队将手无寸铁的俘虏们依次带到隔间，用橡胶警棍和钢棍一顿暴打，嘴里还在问——把枪支藏到哪儿了？等在外面的人能听到里面凄切的惨叫声吗？有一些人听到了。六十七岁的赫尔曼·施特恩（Hermann Stern）试图逃跑，激起了冲锋队的愤恨。他被抓住后，受了一上午的毒打，最终人事不省地倒在地板上。克莱因后来承认，他从一开始就没想让犹太人好过，他和其他警察一起描述了他们是如何"处理"每个人的。克莱恩毫不避讳地说，"多年来"，他一直憎恨犹太人"压榨"人民，这种仇恨心态或许助长了他熊熊燃烧的暴虐欲。[15]

这些人透露了他们的意识形态动机，没有一个人拿"环境压力"当借口。一名冲锋队成员说："我也承认，我之所以虐待犹太人是源自内心深处的信念，我从年轻时起就恨犹太人。"还有一个人坦承，自己的所作所为"只是因为我个人对犹太人异常憎恶"。所有人都总结了自己对犹太人的看法。而冲锋队不光是殴打，为了羞辱那些还能动弹的人，他们剃光了无辜受害者的头发和胡须，然后才放其归家。[16] 最后，他们把四名犹太人架到一辆卡车上，一面翻转他们的帽子，制造出滑稽的效果，一面哈哈大笑着对他们实行了"保护性拘留"。施特恩因伤势过重，不治身亡。两天后，阿诺尔德·罗森菲尔德（Arnold Rosenfeld）也在医院殒命。克莱因的案子甚至没有上法庭——1934 年 12 月 5 日，除了一名被控盗窃的男子，符腾堡州的帝国总督赦免了所有人。[17]

警察向地区首府的上级呈递报告时，也许是担心自己的表现不够克制，往往会刻意淡化此类事件。[18] 类似的袭击在其他报告中也有。3 月 18 日，德累斯顿有人闹事，警察赶到现场后，一反往常的执法热情，冷淡地宣布，他们的职责"不包括保护犹太人"。记录在案的许多袭击都是针对外国犹太人的，但未被记录的数量似乎更多，警方有时甚至干脆连提也不提。[19] 因此，对犹太人的公开羞辱和暴力行为究竟肆虐到了何种程度，我们无法窥知全貌。这一时期，在其他地区也发生了同类事件，比如焚毁或是损坏犹太人的财产。

偶尔，我们也能看到一些残留的照片证据。3 月 24 日，杜伊斯堡（Duisburg）的党卫队强迫当地犹太人的领袖之一——拉比莫迪凯·贝里施（Mordechai Bereisch）在城中游行，并往其肩上系了一件飘垂的长披风，披风是由受尽冷眼的魏玛共和国黑红金帝国旗制成的。据警方估计，当游行队伍到达城市剧院时，已汇聚了 1 000 人左右。贝里施没有德国护照，但有波兰护照，一经获释，他就立马离开了德国。四天后，哥廷根也发生了一件类似的事，但围观人数有两倍之多——冲锋队找来一辆牛车，将六名备受屈辱的犹太店主和其他人赶到车上，在城中不断绕行，直到被警察拦下。哥廷根事件似乎早有预谋，因为纳粹党在 3 月 2 日成立了一个行动委员会，到 3 月 28 日这天，120 到 140 名冲锋队成员伙同众多凶徒一起，冲到犹太商店、教堂和住宅前，把窗户玻璃砸得粉碎。[20] 哀号之声划破长空，形形色色的暴力事件接连奏响新政权排外政策的进行曲。[21]

官方正式批准抵制犹太人的法令后，各地打砸抢烧事件层出不穷。但在官方还未彻底表明态度前，整个 1933 年 3 月，犹太人在全国各地遭受了数不胜数的袭击和羞辱。波兰大使馆登记了许多波兰籍犹太人的申诉，随即将其转交给德国政府，要求赔偿。此类案件比比皆是，3 月 11 日，仅在柏林就发生了 20 起暴力袭击。在大使馆的记录中，这一个月内，类似的袭击案在杜塞尔多夫和杜伊斯堡–汉伯恩分别发生过十几起，埃森、科隆、盖尔森基兴和万讷艾克尔（Wanne-Eickel）等地亦屡见不鲜。而在萨克森州的大城市，如莱比锡、德累斯顿、开姆尼茨和普劳恩，恶性事件的数量甚至更多。[22] 那一时期，报纸上密密麻麻全是这样的新闻——不知在什么地方，激进分子开着敞篷货车将犹太"嫌疑犯"带到警察局，后者鼻青脸肿，一路上受尽指点。3 月的某一天，一名犹太男子企图帮助自己的犹太朋友躲避麻烦，被党卫队发现了。他们将他带到市中心，不由分说先用警棍劈头盖脸殴打一番，而后给他灌了一瓶蓖麻油。在第一轮磨难结束后，等在外面的 100 多名冲锋队成员和市民，用手推车把他带到镇上转了一个多小时。由于身心重度受创，他在监狱医院里待了两个星期。获释当晚，他赶紧逃出了国——这个他曾在战争中为之战斗了四年的国家。[23]

　　从希特勒青年团成员弗朗茨·阿尔布雷希特·沙尔的日记中，我们能看到反犹主义是如何渗透到队伍中的。在3月底以前，沙尔论及民族社会主义学说的大部分内容，都是围绕着复兴德国或是反对马克思主义及"文化布尔什维主义"展开。他住在德累斯顿，还在上学，此前几乎从未写过任何仇恨犹太人的话语。但1933年3月29日，他写道，他的组织不日将开始"抵制世界的公敌与寄生虫——犹太人。让你们知道我们的厉害！数十年来，你们毒害人民，用媚俗、肮脏和淫秽污染这片曾经纯净的土地；你们无耻而残忍地夺取了人民的财产，从大企业和信托基金里中饱私囊！人民的愤怒会将你们打回原形，回归最初在波兰和加利西亚时的模样！"正是这种自我鼓励，使他后来成了一名顽强的敢死队成员，游荡于东欧各处。在这篇日记的后两天，他兴奋地写道，他正在阅读希特勒的《我的奋斗》，尽管才刚读到作者居留维也纳时期，但他的问题和想法竟与这位未来的独裁者不谋而合。[24]这是他的真实想法吗？抑或只是他们那个圈层里一种惯常夸大的骄傲？

　　激进分子有时会当场研判一个犹太人的行为是否值得他们"羞辱"。1933年7月，在曼海姆，有人（身份不明）叫嚷道，"犹太家具商"付给他的工资太低了。冲锋队随即带上一支游行队伍，抓捕了这个"傲慢的外国人"，往他的脖子上挂了两块牌子，一块写着"我是剥削者"，另一块是印上去的——"犹太剥削者，工作5小时只付1马克"。他们将这人带到他开设的家具店，在人群的欢呼声中，"教他"如何清扫大街。之后，他们开始了一场羞辱性的"宣传游行"。[25]

245

在库克斯港，流传着一张标志性的照片，上面印着一对不幸的情侣。人们通常认为这张照片拍摄于 1935 年 9 月，纽伦堡法案颁布之后，但事实上，确切的拍摄时间是 1933 年 7 月 27 日，次日就得到了公布。照片上的男子是四十三岁的奥斯卡·丹克（Oskar Danker），女子则是二十三岁的阿黛尔·埃德尔曼（Adele Edelmann），冲锋队-海军陆战队下属的所谓"雷霆队"（Rollkommando）将他们抓获后，用鞭子抽着他们游街示众。奥斯卡的脖子上挂着一块牌子，上写："我是一个犹太男人，只带德国女孩进我的房间"；而阿黛尔的牌子上写着："我是城里最大的猪猡，只把自己献给犹太人。"这对情侣挺过这场非人的折磨后，很快就分道扬镳，离开了库克斯港。[26]

自 20 世纪 20 年代初以来，希特勒对德国人和犹太人之间的一切性关系都施以谴责，这一态度也被融入了他的教义之中。然而，就算对纳粹主义知之甚少，想要取缔异族通婚的人也不在少数。1933 年 8 月 20 日，在维尔茨堡，一群人因看不惯自己的邻居，将他通报给了当地的纳粹领导人。随后，领导人带着冲锋队和党卫队，将这名二十九岁的男子押送到了警察局。该男子的身上也挂有一块牌子，上面写着："我和一个德国女人同居，让她当我的情妇。"警方没有逮捕这位妇女，因为她是一个寡妇，还养着两个年幼的孩子，只对男方进行了保护性拘留。9 月 2 日，男方获释，翌年移居国外。[27]

美国记者昆汀·雷诺兹（Quentin Reynolds）曾记述过另一起类似事件。1933 年 8 月，他与美国大使威廉·多德两个已经成年的孩子玛莎、比尔一起访问纽伦堡。多德一家对犹太人没有太多同情，并且都认为应该给希特勒一个机会。当雷诺兹和多德姐弟在午夜时分抵达酒店时，发现街上竟然挤满了人，但距离纳粹党集会明明还有几天。雷诺兹询问酒店的人发生了什么，他们笑着告诉他，这是一场游行，他们正在"教训某人"。这群美国人后来出去散步时，迎面遇上了一支冲锋队，队伍前面有两人"半拖半扯着"一个人——或者是某样东西，影影绰绰，看不真切。直到他们走近了，几个外国人这才看到"它"原来是一个人，头发被剃光，身上沾满了白色粉末。5 000多人围着这个可怜的年轻女人放声大笑，而她也被戴上了一块象征有罪的牌子——"想和一个犹太人过日子"。冲锋队带着她走进酒店大堂，对着众人展示一番，而后去往下一家酒店。雷诺兹发现，她就是安娜·拉特（Anna Rath），而她的"罪名"是"在法律禁止雅利安人与犹太人通婚后"，仍然与犹太人发生关系。这就是雷诺兹后来在回忆录中发表的内容，但有一点他说错了，要到1935年9月，也就是两年后，这项禁令才成为纽伦堡法案的一部分。而在那之前，纳粹激进分子已经开始滥用职权，生杀予夺了。不过，当晚的群众显然对此十分高兴。[28]

　　另外一则记录很有可能是同一起事件的不同说法。有两名护林员在经过河畔时，发现那里正坐着一对安静的情侣，顿时起了疑心，要求他们出示身份证明。很快，他们唤来了党卫队。党卫队拘着两人从乡镇中心穿巡而过，往男人的身上挂了一块罪牌："我是犹太人，玷污了德国女孩。"女孩的牌子则为："我玷污了德国森林。"不久后，这对情侣恍恍惚惚地被一辆敞篷卡车押送到了纽伦堡。猛然惊醒之时，他们发现自己正站在一座音乐舞台上，台下是狂饮啤酒的人群，对着他们发出无尽的猥亵与嘲笑。接着，党卫队和冲锋队将他们拖往别的舞台，人群一边向该男子吐口水，

247

一边痛加诅咒。几个小时过去了，最后他被带到警察局，进入保护性拘留。女人一开始被放回了家，中途又被抓回来剃光头发。如果这真的是安娜·拉特，那么她的苦难才刚刚开始。从记录中可见，盖世太保把男子送去达豪集中营待了两年，之后他移民国外。而女性受害者的下落，目前仍不可知。[29]

尽管反犹主义是希特勒教义的基础，但是否要深入推广、迅猛实施反犹措施，他仍然举棋不定。3月29日，他告诉内阁，他曾亲自呼吁纳粹党抵制犹太人，尤其要打垮他们的生意，但美国现在正流传着关于德国镇压犹太人的负面报道。[30]事实上，他想引导几场抗议活动，让民众认为他履行了自己的竞选承诺。而另一边，仅仅两天之后，国务秘书保罗·邦（Paul Bang）就向内阁提交了卡尔施塔特（Karstadt）百货公司的请求，它要求增加150万马克的信贷，以偿还债务。否则，它将被迫倒闭，而2万名员工也要失去工作。此外，它还有1.3万件货物无法付款，这将影响5千至6千家商户。[31]像这类请求补助百货公司的行为相当讽刺，因为纳粹党自己的中下阶层组织NS-Hago（民族社会主义手工业、商业和小工业组织）正计划要在4月1日发起抵制活动，该组织多年来一直致力于终结"犹太百货公司"。这也是纳粹最初的党纲所要求的。然而，在抵制开始前，内阁听到了司法部、财政部、交通部和帝国银行对此所持的保留意见。希特勒自己也变得犹豫起来，尽管这本来就是他的主意，但很快他便同意了，提前停止抵制活动。[32]

党报宣布，抵制活动将于4月1日10点开始，一直持续到领导人叫停为止。[33]冲锋队的作风一贯残暴，但这次有人做出了反击，比如住在基尔（Kiel）的犹太律师汉斯·舒姆（Hans

Schumm）。当纳粹试图扰乱他姐姐的婚礼时，他开枪杀死了其中一人。而后，他被收监处决。[34] 党卫队还绑架了开姆尼茨犹太退伍军人联合会（Jewish Veterans' Association）的主席，也是一名律师，最终将他在附近的森林中枪杀。[35]

对于这次抵制活动，犹太人反应各异，哥廷根有六名犹太商人在 4 月 1 日之前就关闭了商店，不到一年，又有十四人变卖了自己的资产。[36] 另有一些人，比如布雷斯劳的日记作家瓦尔特·陶斯克（Walter Tausk），认为这是一场"现代大屠杀"，因为耳目所及之处，尽为无休无止的暴行。一些非犹太人说，"嗜血欲"（*Blutrausch*）犹如惊涛骇浪一般摧残着整个西里西亚，相比之下，冲锋队在商店门口挂牌要求"不要买犹太人的东西"简直小巫见大巫。犹太人被他们驱赶到布雷斯劳的褐宫，剃光头发、剥去衣服，在警棍的凌虐下，几近丧命。陶斯克写道，在柏林正式下令结束抵制之后，这种情况还持续了整整两周。毫无疑问，当地的纳粹头目埃德蒙·海内斯（Edmund Heines）必定煽动或包庇了这些激进分子。海内斯作为冲锋队的资深成员，新近又被任命为布雷斯劳的警察局局长，是他为整个行动定下了基调。在陶斯克的记录中，某些暴行明显是由穿着制服的恶徒自行犯下的。[37] 而同样是犹太人的威利·科恩，这时正在布雷斯劳担任教师，他说，尽管他曾服过兵役，但德国真是让他失望。他提到了最近频发的犹太人自杀事件，总结说，犹太人在德国已经走到了穷途末路。[38]

普通市民对于抵制的态度也千差万别，从热情支持到冷眼反对，不一而足。大多数历史学家一致认为这是一次失败的宣传，然而，新政权在这次活动中图穷匕见，肃然展现了自己对犹太人所持的基本立场，明确表示要将他们排除在人民共同体以外。[39]

　　尽管政府很快就取消了抵制行动，但在 4 月 7 日又推出了一项新法令，委婉地称之为《恢复职业官吏法》。该法令暗示，公务员制度在政治上已彻底腐败，新的当权者正在想办法"恢复"它，这与事实相去甚远。司法部是一个活生生的例子，1933 年 4 月，普鲁士司法系统中有 45 181 个"终身"职位，其中 1 704 个由犹太人担任。到 1934 年 3 月，只剩下 331 名犹太人。[40]在第一次世界大战中服过役的人，可以暂时不受这项法令的约束，除非他们是社民党的激进分子。比如英格·多伊奇克伦（Inge Deutschkron）的父亲，既是教师，也信奉社民党。4 月 7 日，他失去工作后，政治信仰闹得人尽皆知，英格全家只得搬离了她们在柏林街区的住所。[41]

　　早在 1933 年之前，民族社会主义便在大学开辟出了一片新天地，赢得了教授们的广泛支持。一部分原因是这些教授对犹太人抱有敌意，或是反对共和政体，持有保守的民族主义立场。一朝得势之后，他们便将犹太教授和政治不合拍的人全都打发了出去。1933 年 7 月，当著名物理学家马克斯·普朗克（Max Planck）被问及是否愿意参加讨论犹太教授待遇的会议时，他温和地回答道，如果有 30 位教授参加，"明天就会有 150 人准备声援希特勒，因为他们想得到这些工作"。事实上，鉴于当时存在大量受过良好教育却失业的学者，他说的可能是对的，但他们的无言在别人眼中，却很有可能成了权威教授在驱逐犹太人一事上保持沉默。[42]

　　无数教授非但没有抗议，反而加入了纳粹党，他们对纳粹政权的支持远远超出了党徒身份本身。例如，在海德堡大学，老中青不同年龄段的教授不约而同地向公众发表了大量演讲和出版物，谴责魏玛共和国"软弱""非德国",同时赞扬"民族起义"。这些带有明显政治导向的行为揭示出了大学的意识形态理念,无疑也产生了巨大的社会影响。[43]维克托·克伦佩雷尔成功保住了自己在德累斯顿工业大学罗曼斯语教授的职位,因为他是一名老兵——这是希特勒为了安抚兴登堡总统而做的让步——但在1935年4月30日,克伦佩雷尔还是遭到了无情的解雇。他很幸运地生活在所谓的"异族通婚"中,多亏妻子的不懈抵抗和道义勇气,没有轻易和他离婚,才使得得以在德国的战争中幸存下来。[44]

4月7日的法令首次阐明了"非雅利安人"的含义。非犹太裔日记作家路易丝·索尔米茨(Louise Solmitz)沮丧地发现,这一澄清产生了意想不到的连锁反应。她的女儿本想加入希特勒青年团(即民族社会主义少女联盟),但有一天突然从学校带回了一份表格,要求家长签字,上面写着:"我的女儿吉塞拉·索尔米茨具有雅利安/非雅利安血统。"父母只要划掉那个与事实不符的单词即可。对于不了解情况的人,后面附有一份书面解释,可以对孩子这样分类——如果祖父母中有一方不是雅利安人,那么孩子也不是。事实上,这就是新出的《公务员法》在实际执行中给出的雅利安人定义,有关犹太人的种族思想在渗入德国文化后,形成的所谓宏大的种族理论,最终就被归结为这样一个决定性的公式。[45]结果就是,尽管路易丝的父母极其敬仰民族社会主义和新政权,但由于她的丈夫是犹太人,所以他们的女儿不能加入纳粹组织。[46]

在德国的农村地区,犹太人作为牛贩子或屠夫,发挥了极其重要的作用。几十年来,农民对他们依赖有加,而这种积极的经济关系在某种程度上阻碍了民族社会主义种族政策的实施。[47]为

250

了突破这一障碍，纳粹开展了众多行动——1933 年 4 月，在陶伯河上游罗滕堡（Rothenburg ob der Tauber），党卫队闯入了一名犹太牛贩子的家，恐吓他的家人；在中弗兰肯地区，当地人在村庄入口处张贴标语，宣布犹太人不得入内。而该地区之所以闻名遐迩，部分原因还是纽伦堡那位臭名昭著的大区长官尤利乌斯·施特赖歇尔，他恰好也是组织 4 月 1 日抵制活动的"行动委员会"的负责人。在受到这些威胁后，大多数犹太商人纷纷退出市场，这使农民大为不满，因为他们无法出售自己的牲畜了。[48]当局孜孜不倦地将"雅利安条款"应用于牲畜交易等行业，将犹太人完全拒之门外，虽然这一措施一直拖到 1938 年才勉强如愿。[49]

1933 年春季，如雨点一般落在东方犹太人身上的事件多达上千起，而暴徒对德国犹太人的攻击也愈加猖獗。这些事件不仅对犹太人产生了极为恐怖的影响，也反映出了新政权对反犹主义的重视程度。[50]整个 1933 年，基层的民族社会主义者一直对犹太人施加暴力，所谓的个人行动此起彼伏，一直持续到 1935 年才终告停歇。这类事件背后往往有多种因素的刺激，比如在 1933 年夏天，卡塞尔的"几名犹太人"因被怀疑"与德国女孩"有染，在党卫队的协助下，被街坊押着游街示众，之后这群不幸的人被移交给了盖世太保。[51]

大学生一向有反犹主义的传统，经常骚扰犹太学生和教授，无须新政权再做任何诱导。[52]1933 年 4 月 25 日，政府在大学中间引入了一项"人数条款"，限制犹太学生在德国人口中所占的比例，这意味着要将他们的人数削减到 1% 以下。在当时学术失业率高、职业前景暗淡的环境下，这些措施为学生提供了更多机会，因此大受欢迎。[53]

251

医生们争相加入纳粹党，或许是因为新政权将健康和种族问题放了首位。事实上，从 1919 年到 1945 年，社会精英在纳粹党中的人数占比非常之高，可谓惊人。[54]医生作为检查员和顾问，在新政权的统治中起到了至关重要的作用。[55]他们一直觊觎犹太医生的职位，1933 年 3 月至 4 月，各级官员预料到了柏林将有法令出台，于是纷纷与犹太医生解约，有的甚至当场翻脸，直接撕毁法律协议。[56]

医生在纳粹党中的人数，比起他们在总人口中的人数，比例约为一比三。1936 年至 1945 年注册加入新成立的帝国医师协会（Reich Physicians' Chamber）的成员中，有 44.8% 的人在 1933 年前后加入了纳粹党。[57]这一数字在所有职业中一骑绝尘，名列前茅，位居第二的是律师，29.1%；第三是教师，24.3%；第四是工程师，19.6%。[58]

4 月 5 日，医生团体告诉希特勒，他们对建立人民共同体充满热情，而这位领导人的回应是，他想"对人民做一番大清洗，尤其是智识阶层，洗去他们身上的外国印记"。他强调，"必须立刻将大多数犹太知识分子从德国的文化和智识生活中铲除"，以确保人民"对自己的知识拥有天然的领导权"。希特勒向求职者担保，"正是为了给德国青年创造生存空间和就业机会，才必须彻底击退外国势力"。[59]

激进的排外政策对于另一部分市民来说意味着什么？这一问题可以在赫塔·纳托尔夫（Hertha Nathorff，原姓爱因斯坦）博士的日记中读到。作为柏林夏洛滕堡一家儿童诊所的负责人，在希特勒上任当天，她就觉察到了社会氛围的变化。一夜之间，来访的病人们无须多言，便透露出"他们是多么相信他，愿意相信

252

他，或是随时准备为他效劳。当此之时，我仿佛听到了世界历史翻开新篇章的声音"。她是犹太人，1885 年出生于符腾堡州的一个小镇劳普海姆（Laupheim），与阿尔伯特·爱因斯坦是远亲。她丈夫埃里希也在柏林执业，是柏林莫阿比特（Moabit）地区的主任医生。不久，她在病人的外套下发现了纳粹的徽章，为了尊重她，被小心翼翼地藏着。当在街上看到醉酒的冲锋队闹哄哄地耍酒疯，或是公然行凶时，她努力让自己不去理会。截至 3 月 31 日，柏林州级卫生局下令解雇所有福利机构里的犹太医生，纳托尔夫医生也被告知，她将于 4 月 25 日被撤去妇女咨询服务中心主任医生的职位。[60]

4 月 14 日，她在日记中不可置信地记录道——纳粹激进分子竟将著名的犹太外科医生直接抬出手术室，把其他人粗暴地塞入手推车，在人群的喧闹声中游街示众。当来访的病人对她的族裔发出疑问时，她的内心不禁涌起一阵难言的痛苦，而他们对生活境况的微小改善所表现出的喜悦，似乎又加深了这种痛苦。一切都到头了，行医对他们夫妇而言，已变得越来越困难。无奈之下，他们开始考虑移民。[61] 1938 年 9 月 30 日，犹太人被剥去了头衔、职业证书和治疗非犹太患者的权利。纳托尔夫的私人诊所不得不贴出告示，表明"只有资格为犹太人提供治疗"。[62]

归根结底，种族主义和优生制度所追求的，已经远远超出了规范医学实践的范畴。由于希特勒等种族主义者极端憎恨异族通婚或跨种族的性关系，因此，它的目的已经变成了控制性关系。多年来，希特勒一直呼吁要对一切患有不治之症的人进行"无情"的绝育手术，并密切注意梅毒、卖淫和大城市的危险。[63] 他将这些问题扩大化，说它们反映出了"人民在政治、伦理和道德上所受的污染"。必须与所有罪恶斗争到底，而"叛血之罪"作为一种"原罪"，任何向它投降的人都将受到灭顶之灾。这个词原本与乱伦有关，但随着时间的推移，由于受到了阿图尔·丁特尔的《血罪》(1917)的部分影响，对于种族主义者来说，它成了"种族玷污"的代名词。这些说法在殖民时代便已存在，但在第三帝国时期，"玷污"指的是犹太人和非犹太人之间发生性关系。[64] 1922年，希特勒曾说出过自己的目的："犹太人引诱我们的年轻女孩，污染了整个民族。每抓到一个和金发女孩发生性关系的犹太人都应该……（被绞死！）……我们需要设一个法院，来判处这些犹太人死刑。"[65]

在独裁统治的最初几年，"种族玷污"案往往是从市民或街头路人的告发开始，最后以盖世太保将被告置于"保护性拘留"而愉快地结束。事实上，受害者很可能会被送往集中营，遭受数月的残酷对待。来自纽伦堡的路易斯·施洛斯（Louis Schloss）便遇到了这种情况，他于1933年5月15日被送至达豪集中营，一落地就遭到了一顿毒打，第二天因伤势过重，不幸殒命。而两年多后，他的这些"罪行"才在法律中有明文规定。[66]

到了1935年中期，报刊和街谈巷议间真正涌起了一股来势汹汹的"种族玷污"故事浪潮，明登区的盖世太保观察到，"种族玷污精神病"正悄然蔓延开来。人们开始感觉此类案件无处不在，甚至要求警方追查多年前的不正当关系。[67] 盖世太保记录了莱茵兰发生的多起事件，5月，一群暴徒袭击了一名犹太屠夫，因为他和一个雅利安女人发生了关系。值得注意的是，他的生意后来有了起色，警方表示，这是某些"分子"想要表达反纳粹意图。几个月后，来自亚琛的一份报告沮丧地指出，"在天主教徒的

253

心中，首先是将犹太人视为人，其次才会从种族与政治的角度考虑问题"。[68] 1935 年 6 月，雷克林豪森（Recklinghausen）的警方表示，当地人不接受冲锋队或是党所领导的反犹斗争。而另一边，冲锋队内部似乎也正有一种观点占据上风，即无论采取何种方式，都必须自下而上地解决犹太人问题，"政府只有遵循的份儿"。[69]

254　7 月，柏林盖世太保表示，他们逮捕了涉及"种族玷污"的 72 人，而差不多两个月后，这一罪行方被写入法律中。[70]

　　在黑森州，警方指出，"幸运的是，民众的反犹主义依然鲜活而强大"，1935 年夏天针对犹太人的一系列暴行证明了这一点。汉诺威省的警察也提出了同样的说法，以诺特海姆（Northeim）为例，6 月，当地有 17 人参加了一名犹太人的葬礼，包括大学生和一些"反动分子"，随后，市长将他们的照片和名字贴在了《冲锋报》(Stürmer)的四个展示柜上，以供路人观看。被公开羞辱的人向法庭呈递诉讼，要求撤掉那些照片，结果却败诉而归，这一事件透露出了该镇在意识形态上的巨大分歧。[71]

　　布雷斯劳的盖世太保在报告中说，7 月 28 日的这个星期天与往常并无二致，"冲锋队第 20 旅照常进行宣传活动"，还搜捕到了"20 名犹太人和 20 名雅利安女性"。他们没有让罪犯游街示众，而是将这些人的照片放在了之前的罪犯旁边公开展示。当这 40 人被判处"保护性拘留"而要去往集中营时，街上的几千人竟鼓掌欢送。[72]

　　1935 年夏天，德国中、东部的其他地区也爆发了反犹示威活动。据报道，哈雷到处都是这种情况，因为担心出现安全问题，警方不得不出面干预。盖世太保愤愤不平地抱怨说，许多人为了表现对民族社会主义的"抵抗精神"，竟公然在犹太人的商店里大张旗鼓地购物。警方表示，鉴于当前的"种族意识日趋减弱"，政府需要制定一些法规来防止"雅利安人和犹太人"之间发展出友好关系，甚至是性关系。盖世太保也在报告中写道，施奈德米尔（Schneidemühl）的"大多数人"都希望对犹太人采取更严厉的措施，但尽量不要使用暴力。[73]

那年夏天，NS-Hago 在一些地区也组织了反对犹太人的游行和示威。奥斯纳布吕克的盖世太保表示，在他们的城市及周边地区，"犹太人问题是一切政治利益的焦点"。据称，因为当地的犹太人"咄咄逼人"，党及附属机构不得不采取"更加强有力的防御措施"。那些和犹太人做生意的农民被拍照留证，以"助长奴役人民"为由，向大众公开展示。韦特海姆（Wertheim）兄弟所经营的犹太百货公司也受到了大群人的围攻，其中不乏一些失控分子。警方指出，"防御斗争的最高点是 8 月 20 日党所举行的大规模示威"，参加人数超过了 2.5 万。党的分区领袖在向示威群众发表讲话时，断言："奥斯纳布吕克所上演的并不是普通意义上的反犹主义，也不是针对犹太人的斗争，而是为德国灵魂殊死搏斗，说到底是一种亲日耳曼主义。"他声称没有动过任何人一根毫毛，除了给去犹太公司买东西的人拍过照，而这样做"是为了提醒他们，他们对德意志的伟大使命认识得还不够"。他认为，这些"叛徒"的所作所为是在向"犹太人统治世界"提供支持。[74]

地下社民党的报告显示，在 1935 年的反犹浪潮中，全国范围内针对犹太人的暴力是其中一个重要方面。社民党人一向急于摆脱反对意见，这次也不例外，他们指出，民众的反应显然有褒有贬。尽管如此，在反犹行动与政治宣传的四处渗入下，市民已"失去了对犹太人问题的公正客观"。地下组织提到了层出不穷的

255

抵制事件，轻有财务损毁，重有人身伤害。而当纳粹激进分子将所谓的"种族玷污者"拉到大庭广众之下时，人群有时过于激愤，甚至会上升到大屠杀的程度。[75] 虽然报告总是对参与反犹示威的人的具体行为含糊其辞，但无论是主动参与还是被动裹挟，这些人的存在本身便构成了阴沟政治（gutter politics）中暴力运动的关键。[76]

为了应对这些乱局，柏林各部门代表与警方一起，在8月20日召开会议。司法部部长弗朗茨·居特纳（Franz Gürtner）说，如果"人民相信自己的行为超越了官方的政令，而上层领导并不会感到不快"时，那么政府或党发布的任何限制令都将"毫无用处"，或许他是对的。[77] 会议过后，柏林官僚集团、盖世太保和保安处达成了广泛的共识。这次的特别会议是否"启发"了希特勒尚未可知，但接下来，为了制定纽伦堡法案，他命令官员们提交一些方案，而这些方案都是数十年来构成他种族主义思想的根本。[78]

赖因哈德·海德里希在之后的一封信中详细谈到了这次会议，他表示，未来的出路必须是系统性地通过更多法律，同时辅之以"党和新闻媒体对人民进行的"政治与意识形态教育。一旦人们看到"犹太人的经济主导地位正在被打破"，暴力将自主消退。必须立刻采取以下几个步骤：首先，不许犹太人在大城市里自由活动，因为太容易藏身；其次，为了防止对"种族玷污者"滥用私刑，他希望雅利安人和犹太人之间不要再进行异族通婚，如此一来，还能为人民共同体挽救更多"有种族价值"的人；第三，立法禁止跨种族的婚外关系。此外，他还希望国家能停止对犹太公司的援助，同时剥夺他们从事贸易的权利。他们也不得从事土地交易，因为土地属于共同体。最后，为日后计，他建议限制犹太人的护照，并以某种方式做明显的标记。[79]

1935 年 9 月 15 日，纳粹党在集会上正式颁布《纽伦堡法案》，禁止犹太人和非犹太人通婚，以及发生婚外性关系，彻底制止了"异族通婚"。另外，45 岁以下的妇女禁止到犹太人家中工作。在新出台的《帝国公民法》中，"德意志帝国公民"（*Reichsbürger*）的定义是：具备"日耳曼或相关血统"的人。根据 1920 年的纳粹党纲，犹太人并不在公民范畴之内，法案因此将他们归类为 *Staatsangehöriger*，字面意思为，属于国家，可以寻求国家保护，但不一定拥有完整的公民权利。[80]

普通民众如何看待这些措施以及贯穿其中的反犹主义意识形态？一方面，邻居、朋友、同事甚至街坊路人的通力合作，在侵入私人性生活和家庭生活方面，为这些法案提供了有力的支持。盖世太保不费吹灰之力便掌握了大量信息，即使在天主教地区也是如此，而政权对神职人员的攻击原本就给当地造成了一定的混乱。[81]

另一方面，普通市民在公开场合大都不愿表明自己对这类敏感问题的看法。杜塞尔多夫的盖世太保在报告中指出："人们过着自己的生活，独立思考，有自己的私人意见，只会在信任的亲友圈中表达看法。"当附近有针对犹太人的"暴行"发生时，人们在听闻之后，"有自己的'意见'，但不会吐露出来，往往会保持沉默"。[82]科布伦茨、科隆、特里尔、明斯特和多特蒙德几个地区的报告与此类似。虽然大众并不赞成反犹主义，但 NS-Hago 却叫嚷着要将暴力升级，彻底抵制犹太人。1935 年 9 月，特里尔的一篇报道称，"此地区几乎所有的县，都发生了针对犹太人和其财产

257

的暴力行为"。纽伦堡集会结束后不久,据说"民众听到新闻后,都相当满意",针对犹太人的暴力很快就平息了。[83]然而,地下社民党组织的记录却与此有所抵牾,因为据他们调查,在《纽伦堡法案》颁布的那个月,有"五分之四的人反对"新措施。即便如此,对犹太人的迫害仍然屡见不鲜,暴力行为仍在向全国蔓延。[84]

柏林的一名上校戈特哈德·海因里希(Gotthard Heinrici)将军告诉他的父母,从内部视角来看,法案造成了各种"难以克服的困难",因为许多人根本无法确定自己的祖先是谁。而且,女仆们不仅离开了犹太人的家,还辞别了"非雅利安人"主顾。他顺便补充道,反犹主义和优生学在纳粹意识形态中相互交织,"未来的口号将不再是消灭每一滴犹太人的血种,而是恰恰相反:只要发现一枚雅利安人的血种,就要精心培育。但是否真会这样,我不知道"。[85]

不过,帕德博恩(Paderborn)地区的盖世太保在记录中说,一些人认为新法案的力度还不够大,不能只是 45 岁以下的女性,应该禁止所有女性在犹太人家中供职。[86]柏林的盖世太保称,这些法律"保护"了犹太人免受"个人行为"的迫害。但在 1936 年 1 月,报告指出,警察在上一年的 10 月,一共破获了不少于 311 起的"种族玷污"案。[87]警方不禁埋怨这些措施根本不起作用,汉诺威、哈尔堡、科隆和希尔德斯海姆的盖世太保也抱怨连连。而在卡塞尔 1935 年 10 月的报告里,当地的"开明民众"对"个人行为"的停止感到欣慰无比。但他们还是要记住这次的教训:"令人遗憾的是,负责向人民解释问题的政治领导人在会议或集会上发言时,仍然存在较多不足。毫无意义、怒气冲天和过度仇恨的反犹言论，只会诱发个人的极端行动，并不能争取到对反犹主义漠不关心的人。"[88]同年9月，多特蒙德的一份报告称，当地虽然没有像往年那样全身心地沉浸在一年一度的政党集会中，但大多数人都"认可了新法案"，犹太人则更是将这些措施视为最终判决，即他们"真的被逐出了人民共同体"。[89]

任何陷入这场法律纠纷的人都将迎来一头乱麻，路易丝·索尔米茨便在日记中发泄不满。她是一名忠实信徒，住在汉堡，但丈夫被定义成了犹太人。她羞怒交加地在日记中私语道，这些法条意味着他们挚爱的女儿从此将"被拒斥、隔绝、鄙视，变得一文不值"。当庆典来临时，他们的邻居自豪地悬起纳粹卐字旗，而她却不能享有这一特权。以后她就要归入犹太人的行列，从她深深向往的人民共同体中被扫地出门。[90]

反犹主义混同形形色色的种族主义一起，在20世纪30年代渗透了德国社会的方方面面，而纳粹党内表现得尤为明显。它甚至笼络到了一些非纳粹分子，和长期以来对反犹的呐喊声充耳不闻的人。正如1937年4月一位公务员所说，"如果能摆脱犹太人，对德国来说是一件好事"。[91]这种情绪和不间断的公开骚扰不断累积，直到发生质变，爆发了后来所说的"碎玻璃之夜"，或称"帝国水晶之夜"（Reichskristallnacht）。这场大范围的屠杀，从1938年11月7日和8日晚间开始，一直持续到9日，到10日凌晨方止。事情的起因是一个年轻的犹太男人——赫舍尔·格林斯潘（Herschel Grynszpan）——在巴黎暗杀了一名德国小官，随后希特勒抓住机会，和戈培尔一起利用这起事件，发动了对犹太人的大规模袭击。杀人又放火，混乱席卷了整个德国，无论犹太人住在哪里，蜷缩在多么微小的村庄，都在劫难逃。[92]

259

对犹太人而言，这场屠杀犹如一场噩梦变成了现实，有 100 多人惨死，500 多人自杀。威利·科恩曾那么爱国，现在也已变得绝望不堪，他说，"街上到处都是反犹主义，人们对犹太人的遭遇乐不可支"。如今他只希望政府能放松管制，让他和家人移民国外。[93] 赫塔·纳托尔夫医生的丈夫埃里希，随着 3 万犹太男性一起被送到了集中营。12 月中旬回来后，他模样大变，胡子被剃得干干净净，头发花白，对着妻子甚至讲不出自己遭遇了什么。他受到的打击如此之大，花了好几天才从恍惚中回到现世。1934 年4 月，这对夫妻带着儿子一起成功移民到了美国。[94]

根据 1938 年 12 月 7 日保安总局的一份报告，如果算上最低程度的抢掠，那么大约有 360 座犹太教堂被毁，31 家百货公司被烧或是拆除。报告正确地指出，此次屠杀行动和随后一系列的政府规定都"旨在将犹太人完全排除在生活领域之外，最终目标［*Endziel*］是在最短的时间内用尽一切办法将他们从帝国中赶走"。[95] 部分地区的保安处报告说，人民群众对这次屠杀"满意极了"，但这一听就是场面话。[96] 报告援引了一些兴致高昂的市长所发表的言论：很明显，善良的公民大多都能理解"和犹太人之间的斗争"，只是大部分人觉得不该肆意破坏财产。[97] 这是主要的反对意见，有人提出应该追究责任。易北河的保安处（SD-Elbe）指出，东部地区也存在意见分歧，但没有人喜欢损坏财物。总的来说，该报告得出一个结论，就像 1933 年 4 月对犹太人的抵制一样，此次屠杀是一个"战术失误"。[98] 谴责的声音遍布全国各个政治派别。[99]

一直盼望新政权早日下台的地下社民党表示，绝大多数民众都憎恶这种暴行，但这些左翼抵抗者很有可能低估了反犹主义的

扩散程度。[100] 社民党人观察到，那些说屠杀行动存在负面影响
的人很难服众，而这给犹太人的境况又增添了一丝凄凉。[101] 不
过，普通民众的私人日记显示，许多人都对大骚乱和随后发生的
数千名犹太人被捕事件深感不安。[102]

希姆莱和海德里希长期以来一直反对这种大屠杀，而希特勒
在职业生涯的早期也持同样看法，三人都希望能有一个更加彻底、
理性的解决方案。11 月 12 日，赫尔曼·戈林主持召开了一次会议，
为了弥补所有损失，决定对犹太人进行"罚款"，并加快推进雅利
安化进程，也就是强迫犹太人以极低的底价变卖自己的生意。[103]
这次暴力事件也变相促成了犹太社区积极缴纳"罚款"。[104] 海德
里希在会上表示，他反对为犹太人建立隔都，还不如在犹太人的
衣服上做一个黄色星章，以使他们"受到全民的监控"。[105]

反犹主义并不是新政权种族主义政策的唯一内容，因为控制
性行为的最大原因还是优生计划的推行。尽管纳粹党从一开始就
提出，德国过于狭窄的空间难以承载过度增长的人口，但节育并
不是最好的解决途径。正如希特勒在 1928 年所说，科学界口中
的"限制生育"，意味着一视同仁限制所有生命，也许不经意间，
就筛除掉了拥有"最大价值"的人。[106] 他和其他种族主义思想
家一致声称，德国是"没有空间的民族"。1933 年 6 月 28 日，内
政部部长威廉·弗里克在人口与种族政策咨询委员会的首届会议
上发表讲话，描绘了一幅极其黑暗的图景。他的演讲在全国范围
内得到广播，并到处登载，而为他撰文的很有可能是阿图尔·居
特（Arthur Gütt）博士，弗里克旗下声名最为恶臭的种族专家之
一。弗里克在演讲中估算说，大约有 50 万人存在"严重的身体或
精神遗传缺陷［Erbleiden］"。而据一些学者估计，"20% 的德国人，

生物基因都是受损的，不宜孕育后代"。这场演讲和 19 世纪 80 年代末以来的优生学专家形成了某种联动呼应，他说，"精神存在障碍的下等人"往往喜欢多生孩子，而身心健康者则生的较少。弗里克随后提出了一个屡试不爽的经济学论点，即照顾弱者的成本，在现代福利国家正无限扩大。"阻止"那些"不合群、低人一等、前途无望、携带遗传性疾病"的人生育才是唯一的正途。而与这种"消极"的人口政策相辅相成的，是必须用"积极"的政策鼓励健康者结婚生子。正如我们之前看到的，一定程度上，新政权通过新的婚姻计划做到了这一点。[107]

1933 年 7 月 14 日，政府初步出台了《防止后代遗传病法》（Law for the Prevention of Hereditarily Diseased Offspring），该法并非专门针对犹太人，而是使强制绝育合法化，杜绝一切患有遗传性疾病的公民哺育后代。这些疾病共有八种，包括先天性弱智、遗传性失明、失聪、癫痫和精神分裂等。法令还提供了一些保障措施，比如设立遗传健康法庭（Hereditary Health Courts），配备一名法官、两名医生，以及联邦上诉法庭。[108]1935 年，这样的法庭超过了 200 个，上诉法庭则有 30 个，两者都隶属于优生学官僚机构。[109]75% 的案件都是由医生向当局告发的，医学界普遍对这项工程怀有巨大的热情。[110]

1934 年 1 月 1 日，该法即将生效前，报纸开始做预热宣传，其精确程度达到了令人震惊的地步。一篇文章大胆宣称，据科学估计，"短时间内必须进行绝育的人有 40 万左右"，"40 万中一半为男，一半为女"。[111]事实证明，这些触目惊心的数字很有可能是官方配额，因为历史研究已经表明，后来的绝育计划正好满足这些数字。而比起弗里克早前的口吐狂言，看来他们还减去了 10

万，也许是因为教会怨声载道。[112]社会道德和医学论据双管齐下，绝育人群迅速扩大，不守规矩的刁民和有一个以上私生子的妇女是重点关照对象。[113]

在1935年的纽伦堡集会上，领导人曾考虑制定一项反对"国族婚姻害虫"的法律。随后，希特勒要求将此法落地，并开具"优生健康证书"，但经过官僚机构的重重论证，这一规定发生了些微调整，不再要求婚前拿到优生健康证明。在讨论期间，内政部卫生办公室主任阿图尔·居特表示，全面禁止不正当婚姻，仅此一项，应该就能"唤醒大众的责任感与良知"，停止再与不适合繁育后代的对象结合。[114]而只有当卫生办公室或其他机构发现可疑情况时，夫妻双方才必须接受医生的检查。[115]因此，1935年10月18日通过的《遗传健康保护法》并没有如激进分子所希望的那样走得太过极端。[116]但就像居特挂在嘴边的警告一样，该法潜在的种族主义前提一直存在，即如果放任"瑕疵品"继续生育，"优良品"缩减后代，则德国将面临优生学上的困境。[117]

按照德国绝育计划的逻辑往下走，一个顺理成章的结果便是安乐死，这个敏感政策希特勒在很久以前曾提到过，并认为它十分可取。[118]不过，一直到1939年9月战争爆发后，他才下达授权，而这项授权有时还被误以为是一项行政命令。[119]一批特定的医生获得了用药杀人的许可，而从10月向9月倒推，似乎战争也仅仅只是希特勒实现自己意识形态最激进方面的一个机会而已。[120]虽然安乐死并没有专门针对犹太人，但长期接受护理的犹太人大都难逃一死。主管该计划的中央办公室位于柏林的特伽坦斯街4号（Tiergartenstrasse，即动物园街），代号T-4，全部项目皆对公众保密。而具体的执行工作则由元首办公厅的菲利普·布

262

勒（Philipp Bouhler）和维克托·布拉克（Viktor Brack）负责，他们选择用毒气处理，因为符合过量服药与注射型安乐死条件的人太多了。

10月，布拉克定下安乐死配额制，当时他估计大约有7万人需要安乐死，而实际上，最终的杀戮也刚好超过了这个数字才停止。1941年4月23日，当他向法学家解释这次行动时，他声称80%的死者亲属"表示同意"，10%的亲属"反对"，其余亲属"漠不关心"。[121]有些亲属非常担忧，比如一名妇女曾写信给医院，从信中我们可以看到，她的两个姊妹在几天内相继死亡。原则上她并不反对安乐死，并说自己接受第三帝国的做法：她只希望"重获安宁"，只要医生能向她保证，这些死亡是合法的，以法律的崇高光辉"让人们从长期的痛苦中得以解脱"。[122]

1941年8月24日，希特勒叫停了安乐死计划，虽然人们普遍觉得他是受到了主教克莱门斯·奥古斯特·冯·盖伦伯爵8月3日布道的影响，但最近的研究表明，事实并非如此。至少从一年前开始，大批新教神职人员就在申诉叫苦，主教对于当前形势也心中有数。希特勒不会无视民意，因为民意是独裁统治中至关重要的一部分，这可能是他决定停止杀戮的原因。尽管事实上，安乐死行动已经达到了布拉克预设的配额。[123]

从1933年开始的头几年里，最引人注目的就是纳粹莽夫如何演绎种族主义的残酷现实，尤其是反犹主义。一切都在大庭广众之下发生，昭昭朗朗，不容忽视。"积极的"优生学项目稳步向前推进，旨在改善并提高德国人口的质与量，但针对犹太人的暴力事件，一开场就达到了空前的程度。公众并没有袖手旁观，在1935年的《纽伦堡法案》成为这场运动的里程碑之前，与之后，无数个体都为种族政策的执行出了自己的一份力。1938年11月，一场大范围的屠杀打破了虚假的平静。不久之前，希特勒刚在慕尼黑会议上大获全胜，这可能让他觉得，给犹太人来一场迅猛而张扬的暴力，将会动员群众热情支持他的纲领中较为激进的外交政策。[124] 事实上，在1938年之前的和平岁月里，新政权一直在推进自己的伟大理念。而摆脱《凡尔赛和约》的限制，无论对民族社会主义思想，还是对参与这场广泛运动的群众来说都举足轻重，没有参与的人无疑也会受到吸引。可以说，任何能成功校正第一次世界大战灾难性结局的举措，都必然会获得巨大的赞誉。但与此同时，这些胜利自然而然地导向了战争，并且逐渐失控，再也无法挽回。

第11章
民族主义与军国主义

在有信心获得民族的全力支持之前，希特勒对是否要采取激进的外交政策，一向持有惊人的谨慎态度。1933 年 2 月 3 日，他私下与军方领导人探讨了自己的宏伟计划，包括向东方扩张，寻求更多的生存空间来容纳他急于为德国增加的人口。同年 10 月，德国退出国际联盟及裁军谈判会议，军方对此备感欢欣，不遗余力地朝着希特勒和大多数德国民众希望的方向推进。12 月 14 日，他们提交了一份计划——组建一支 30 万常备大军，由 21 个师构成。[1]

此时距离希特勒上台执政甚至尚未满一年，第三帝国便在忠实地履行他的承诺，想方设法废除大多数德国民众都觉得可耻的《凡尔赛和约》（1919 年 6 月 28 日被迫签署）。美国总统伍德罗·威尔逊的亲密顾问爱德华·豪斯（Edward House）曾出席过签约仪式，他指出，"整个事件都经过了精心的策划，旨在尽可能地羞辱敌人"。[2]德国丧失了所有殖民地，军队被限制在 10 万人以内，并且禁止拥有坦克、飞机和潜艇。有大约 75 艘大小不一的船只被扣留在奥克尼群岛的斯卡帕湾，德国海军拒绝上缴，选择破釜沉舟，击沉了大部分，因此整个国家几乎毫无防御能力。雪上加霜

的是，战胜国坚持将战争的唯一罪责归给德国（第231条），而第
232条则让德国背上了巨额赔款，需要用几十年的时间来偿还。无
论德国领导人是谁，只要他能扭转这耻辱的"一战"败局，重建
国家军事力量，都将获得民族主义者的推崇。

接下来，如何消除《凡尔赛和约》的残余问题，不仅希特勒，
国内大部分普通民众都对此充满热情。和约曾规定，萨尔州必须
暂时脱离德国，并承诺在十五年期满后举行全民公投。1935年
1月13日，公投如约而至。萨尔州面临两个选择：加入法国，保
持原有的合法地位；或回归德国。鉴于萨尔人和邻近的莱茵兰人
一样都是彻头彻尾的德国人，不出所料，90.7%的选民选择加入第
三帝国，只有0.4%的选民想要与法国结合。就连天主教会也争先
恐后地站出来，支持萨尔州的回归。天主教科隆总教区的主教于
1月6日宣读了一封牧函，要求俗众祈祷"萨尔州能在投票中取得
胜利。作为德国天主教徒，我们有责任为祖国的伟大、福祉与和
平而祷告"。毋庸置疑，这起到了很大的促进作用。[3]

尽管德国官方不应参与这次全民公投，但政府却投入了巨大
的心力，百般运作。一些非纳粹分子表示不解，因为"世人皆知，
萨尔人对德国忠心耿耿"。[4] 在投票之前，几位法国官员和英国外
交大臣安东尼·艾登（Anthony Eden）诉说衷肠，热切希望能赢
得"大规模少数派"。后来，艾登指出，在投票的前两个月里，尽
管存在一些违规行为，但国际机制迅速到位，并未使事态分崩离
析。[5] 历史学家有时会强调当地人和德国纳粹分子使用过一些恐
怖手段，但没有一个人怀疑大多数萨尔人对重回祖国怀抱的渴望。
萨尔州的选举结果常常被解读为，这是投给德国的一票，不一定
是投给希特勒和纳粹的，但选民的决定是否真的如此微妙——考

266

虑到独裁统治固若金汤——仍然有待商榷。[6]

事实上，希特勒无须费力，因为大多数人早已皈依了他所主张的泛日耳曼民族主义。3月1日，萨尔州终于与德国统一，希特勒在萨尔布吕肯（Saarbrücken）郑重宣布："帝国正通向一个高尚而和平的人民共同体，未来，它将继续光荣、强大、忠诚，并保持和平。"[7]然而，他的政府却趁着民族主义扶摇直上的势头，于3月16日重启征兵制，同时将军队的名称从"德国防卫军"（Reichswehr）改成了更具侵略意味的"德国国防军"（Wehrmacht）。[8]

假使以自由投票的方式征询全国人民对这一政策的意见，一定会得到诚挚的支持。警方观察者暗暗在报告中高兴道，征兵的一部分好处是，所有社会阶层的人都必须服役两年。德国社会主义对平等的诉求，连同日渐崛起的人民共同体一起大放异彩，人们希望军旅经历能使年轻人严守纪律，自我教育。[9]希特勒在重组德国国防军的公告中宣布，到1939年10月1日，军队将增加到36个师。这位自信满满的独裁者邀请了法国、英国、意大利和波兰的大使来到帝国总理府，向他们解释这一决策。他反复强调，德国（据他说）遵守了《凡尔赛和约》的裁军条款，寄希望于其他欧洲大国会限制自己的军事力量，但他们没有，所以他别无选择，只能增加德国军备，实行普遍征兵制。[10]

3月17日，星期天，希特勒前往慕尼黑，这一天正是最近刚改过名的"英雄纪念日"。1806年，普鲁士王国被拿破仑击败。1813年的3月17日，国王腓特烈·威廉三世向人民吹响了解放战争的号角。[11]尽管希特勒受到了前所未有的称颂，但盖世太保在收集天主教地区亚琛市的负面舆论时，仍在报告中写道："很不幸，**民族社会主义世界观**”几乎“毫无进展”。最大的原因是，此地的“天主教精神领袖打着所谓反对新异教徒的幌子，越发排斥[纳粹]运动本身及其基本原则”。[12]但莱茵-鲁尔地区也有其他积极的言论，比如在科隆市，警方就总结说，“即使是民族社会主义的敌人”，也同意重启征兵制、宣布“国家主权”。在杜塞尔多夫，民众对萨尔州回归和征兵启事的喜悦达到了全国高峰，年轻人尤其明显。甚至在亚琛，盖世太保也表示“民众一致支持政府的外交措施”。科布伦茨的警方认为，就算有人对德国征兵制提出反对意见，人民和政府也已经做好了应对一切困难的准备。更加轰动的是，3月17日这天，德国足球队在巴黎举办的一场国际比赛中击败了法国队，举国为之狂欢。[13]

为了打消国内外对新政权侵略意图的担忧，希特勒于5月21日在国会发表了一次长篇演讲，矫饰并夸大事实，说民族社会主义理念所要求的是与邻国和平共处。他滔滔不绝地细数了欧洲主要政治家的失信行为，并表示德国仍然愿意签署互不侵犯条约。最后，他以和解的口吻说道：“人民想要和平。政府必须有能力维持和平。”[14]虽然他根本无意兑现承诺，但这些天花乱坠的话语大概平息了一些人对战争的忧虑。

民众如何回应德国民族主义这些持续不断的主张？如果说自我放逐的前民主党国会议员哈里·凯斯勒伯爵的日记有某种意涵的话，那么即使是非纳粹分子也对此持积极态度。这位和平主义倡导者将演讲稿研究透彻后，得出结论——希特勒的提议“可保欧洲几十年的和平”，“其他国家若不仔细审视他这段话”，那就太滑稽了。这番支持性的言论竟出自一个1933年3月初离开德国时，对希特勒一句好话都没有的人，真是不可置信。[15]

民众的兴奋热潮一直高涨到 1935 年春夏时节[16]，甚至在基督圣体圣血节（Corpus Christi day，1935 年 6 月 20 日）那一天，纳粹还赢得了慕尼黑一些天主教人士的支持。奇怪的是，当地纳粹党试图阻止军队参加宗教游行，还是军方官员向巴伐利亚州的政治领袖弗朗茨·里特尔·冯·埃普求情，教会这才得以让士兵参与。[17]事实上，面临早期外交政策取得的丰功伟绩，天主教并不足以抵抗民族主义和军国主义的吸引力，教会甚至还在这一特殊时期，背负着盖世太保对其道德败坏的指控。[18]

此时此刻，希特勒继续应对他的意识形态对德国产生的影响。在 1928 年未出版的第二本书中，他认为英国人（或者按照他通常的叫法，英格兰人）将保护自己的帝国放在重要位置，因此与其建立一支庞大的舰队去挑战它，不如采取更谨慎的做法，不再索要失去的殖民地，这样才能赢得英国这个"天然盟友"的支持。在几次尝试都以失败告终后，希特勒于 1935 年 3 月提议，两国不如就德、英海军和空军的规模与火力达成一项双方都满意的协议。然而，在谈判过程中，他又一意孤行，宣布重启征兵制。不久后，英国外交大臣约翰·西蒙爵士（Sir John Simon）与安东尼·艾登访问柏林，希特勒对他们说，他准备"从根本上永远地"把海军霸权让给英国。[19]

新任德国驻英特别大使约阿希姆·冯·里宾特洛甫（Joachim von Ribbentrop）随后致电柏林，告知与英国的协议已经敲定，兴高采烈的希特勒惊呼这是他一生中最幸福的一天。[20]事实上，由于伦敦方面的态度证实了他意识形态的宏大理论基础，他相信自己的前路正确坦荡。6 月 18 日签署文件时，原本睿智的戈培尔马失前蹄，错误地推测说，五年之内，两国必将结成同盟。[21]尽

管有这份协议，或许正是因为有这份协议，希特勒总理在 1936 年
2 月底决定，他将尽快派兵入驻莱茵兰非军事区。根据战后条约，
这片德国土地永不驻军。[22] 德国军方，甚至包括后来反对希特勒
的高级军官，都声称莱茵兰地区重新恢复军事化将对国家的防御
至关重要。[23]

1936 年 3 月 6 日深夜，希特勒将他的决定通报了内阁。第二
天，军队便渡过了莱茵河。[24] 在这场重大事件发生之前，他踌
躇不决了好一段时间，但很快又自信地出现在了世人面前。[25] 正
如他后来回忆的那样，"占领莱茵兰后的四十八个小时是我一生中
最紧张的时刻。要是法国人攻入莱茵兰，我们别无选择，只能仓
皇撤退。就凭我们手上的军事装备，根本连表面上的抵抗都做不
出来。"[26]

在军队横渡莱茵河的同一天，希特勒召开国会，再度平息法
国和英国的焦虑，同时向德国公民发出呼吁——他作为一名英武
的政治家，恢复了国家的荣誉。他消除别国敌意的说辞是，进军
莱茵兰完全是为了保障和平。接着，他抛出了自己最喜欢的主题：
如果其他国家能削减军备，那么德国也愿意照做。他指责法国企
图利用当前局势，特别是通过与苏联结盟，逼得德国别无选择，
只能被动做出回应。[27]

"我们无意向欧洲扩张领土，"他补充道——尽管这并不是事
实。至于他经常提的那些说法，比如德国空间不足之类，他以外
交官的口吻说道，这些问题"并不能在欧洲通过战争来解决"。他
厚颜无耻地宣称，"如果不请德国人民追认我及同侪在这些年里所
做的努力，我就不能结束这个重建民族荣誉与自由的英勇时代"。
因此，他将解散国会，在 3 月 29 日重新选举，让"德国人民自行

270

判断我及同侪的领导能力"。[28]这次选举将为收复失地做一次追溯性的全民公决，德国人民无须回答任何问题，只需在一份预选名单中做出选择。竞选混合了许多主题，其中还包括希特勒对社会主义与和平的支持。[29]

虽然维克托·克伦佩雷尔反对当局因为他是犹太人就剥夺他的学术地位，但他仍然认为希特勒不需要"伪造任何一张选票"，就能得到压倒性的胜利。[30]抱有同样想法的还有威利·科恩，他因为犹太人身份而被赶下了讲台。[31]克伦佩雷尔的几个朋友也相信了政府的部分宣传。还有一些年老多病的人，是被冲锋队的投票动员小组（*Schleppdienst*）扶到投票站的。[32]事实上，结果显示，有98.8%的人支持希特勒。鉴于官方公布说99%的合格选民都参加了投票，这一数字就更加令人瞩目了。[33]

271　　反对纳粹的地下社民党组织"新开始"绝望地祈祷公民能拒绝这股民族主义风气，他们发现，许多人原本还担心法国会出面干预甚至发动战争，但当听说3月7日晚上无事发生时，民众的情绪瞬间"从焦虑转为胜利意识"。这个地下组织无奈地承认，是世界的无力促成了"绝大多数人真诚而慷慨的支持"。[34]

地下社民党做出了连篇累牍的负面分析，强调民众对战争爆发的恐惧。巴伐利亚州的一篇记录甚至将莱茵兰的举动比作"鸦片的大量注入"。年轻人尤为狂热，据他们说，这是因为"日复一日，无论我们做什么，年轻人都在被无所不及的、新的强国意识形态渗透"。另一篇记录说，"对民族主义的共情随处可见"，但这种热情并不是自发的。在萨克森州，"不幸的是，人们都认为希特勒所做的是对的"。而在奥格斯堡，希特勒的最新举措使大多数人印象深刻，"许多人相信德国的外交政策是合乎情理的，不能对其置之不理"。[35]

毫无疑问，投票一定存在一些暗箱操作。随着《纽伦堡法案》的通过，犹太人彻底失去了选举权。农村地区和小型城镇的干预则更多，一些官员扬扬得意地吹嘘自己的政绩，比如弗兰肯州艾希施塔特（Eichstätt）地区的宣传部领导便是如此。他们说，拉票工作有条不紊地进行，"在艾希施塔特，凡是不能被带到投票箱的人，不是死了，就是失踪了"。[36]

根据耶拿州立高级法院院长对当前形势的描述，"元首在 3 月 7 日的大胆行动以及国会选举的发动，再加上德国人民对领导人的热情肯定，无疑都极大调动了民众的情绪"。虽然经济时好时坏，但这不妨碍民众加大支持。[37] 布伦瑞克的法院院长表示，重新占领莱茵兰和联邦选举"引起了充分的共鸣。但很不幸，投票原本是为了衡量民心深浅，却因某些'增进'结果的小动作，反而拉低了自身价值"。"修正"之后的结果就是，"一个地区有百分之百的人投票支持预选名单"。据他说，一些资历深厚的民族社会主义者不赞成伪造选举结果。"尽管如此，"法院院长补充道，"如果排除掉伪造的选票，投赞成票的比例估计在 95%。"[38]

272

有这么多普通民众赞成民族社会主义吗？滥用职权的现象的确存在，比如在信奉天主教的上巴伐利亚州，市长和地方党魁都因弄权太过明显而遭到免职。然而，在该州的农村地区和工人阶级聚集的城市，两者虽然在 1933 年总是习惯性地反对民族社会主义，却在这次选举中出现了标志性的变化。比如，在亚琛，巴伐利亚的政治警察于 4 月 1 日写道，不计其数的天主教牧师纷纷恳求教区居民支持希特勒。其中一人这样说道："一切自感有责任保护宗教、上帝和基督教的人，都应该认清这个时代的征兆，在 3

月 29 日将答案告诉布尔什维主义——'德国人民团结一致,共同支持阿道夫·希特勒'。"[39]上、中弗兰肯地区一向有亲近纳粹的传统,两个教派的教会领袖都建议支持希特勒,即使他们意识到这场投票可能会被某些势力歪曲为广大人民同意了纳粹的反基督、反教会措施。[40]

在大城市和工人阶级聚集区,巴伐利亚东部边区(包括下巴伐利亚、上普法尔茨和上弗兰肯)的政治警察与行政部门在报告中表示,尽管直到 1936 年 3 月投票前夕,非法组织共产党与社民党还在四处鼓吹反政府主张,但当地人民仍然"欢欣鼓舞,信心十足"。警察在奥格斯堡观察到,以前"对当局不满,一直倾向于马克思主义的(工人)群体",在 3 月 25 日党的发言人到来时,表现出"由衷的热情与拥护",为希特勒贡献出了实打实的 98.13% 的选票。警方补充说,他们对反对派领导人的追捕,以及失业率的下降,都对结果起到了一定的促进作用。在巴伐利亚东部边区的德意志劳工阵线观察到,即便是经济状况不佳的人也投了赞成票。[41]

273   一张选票在选举中仅被计为一个数字,但每张选票背后都隐含着各种各样的动机。无论个人的担忧、疑虑、恐惧、希望、幻想或焦虑有多么复杂,大多数人似乎都认为,就算投票结果没有达到官方统计的水平,人民也已经达成了共识。[42]

虽然国际紧张局势得到了暂时的缓和,政府也不再担忧民众支持率会下滑,但希特勒将目光放得更加长远。大约是 1936 年 8 月,在一份关于"四年计划"的秘密备忘录中,他写下了自己对军事计划和经济形势的分析结论。[43]在该计划的开场白中,他描绘出了世界末日的图景。[44]历史上各民族之间的激烈斗争,说到底是生存之战——这就是他给出的严酷判断。自法国大革命以来，近代思想斗争愈演愈烈，苏联布尔什维主义就是一个极端体现，然而它所追求的无非就是摧毁世界上的主要社会阶层，再由"世界犹太人"取而代之。

在他的宇宙论中，犹太人被描画为万恶之首，要为过去和未来的一切错误负责。在这场意识形态的冲突战中，他们领导布尔什维克发动攻击，扩张红军规模，将威胁遍置世界各地。马克思主义在苏联的胜利"为其未来的行动建立了一个前沿基地"，德国"使命危急"，因为这次布尔什维主义一旦获胜，德国的结局将不再只是第二个可怕的《凡尔赛和约》那么简单。"彻底的灭绝就在前方，没错，日耳曼种族将因此绝种"。[45]

据他说，德国之所以阻止赤潮蔓延，是为了全世界的利益，而其最大的倚仗就是国内的政治领导能力、坚定的意识形态和组织优良的军队。希特勒表示，"自从民族社会主义大获全胜以来"，德国在意识形态上还从未如此团结过，今后的任务是利用一切可利用的资源，迅速组建军队。国家的经济状况仍然不尽如人意，要想彻底改善，最终只有一个途径——"扩大我国人民的生存空间"。他审慎地说，"四年计划"有两个必要条件：第一，"德国军队必须在四年内完全具备作战能力"；第二，"德国经济必须在四年内为战争做好准备"。[46]

赫尔曼·戈林很快被任命为"四年计划"的负责人，9月4日，他会见了几位高级部长，宣布"苏联人在他们的四年计划中建立的那些"，"我们也能做到"。[47]10月18日，为了推进计划，希特勒交付给此人的权力越发庞大，几乎一人之下，万人之上。两天后，戈林出台了一连串法令。[48]他所做的一切都是为了实现希特

274

勒的命令，"不管多难，都要毫无保留地效力"。[49]

　　私下里，包括戈培尔、希姆莱和罗森贝格在内的纳粹激进分子向希特勒强烈建议，若能在外交政策上取得巨大成功，内部挥之不去的不满情绪也将一扫而空。总参谋长路德维希·贝克（Ludwig Beck）将军在当时也说过这样的话。[50] 不过，贝克已经与新政权格格不入，最后他倒戈到了秘密组建的反对派阵营。另一边，陆军千方百计地劝诱希特勒召开一场会议，因为他们认为空军和海军都没有将重整军备放在优先事项。为了解决问题，1937 年 11 月 5 日，希特勒邀请海、陆、空三军领导人及外交部部长、国防部部长齐聚帝国总理府。一同出席会议的还有希特勒的国防军副官——弗里德里希·冯·霍斯巴赫（Friedrich von Hossbach），他显然没有逐字逐句地记录这次会议，而是只做了一些隐晦的笔记，五天后，他又补写了最终版本，成为后来臭名昭著的"1937 年霍斯巴赫备忘录"。因此，留存下来的这份文件，其实是霍斯巴赫对希特勒发言的提炼。此次会议相当漫长，从下午4:15 一直开到晚上 8:30。[51]

　　也许霍斯巴赫在撰写摘要时，省略了许多希特勒在意识形态上所耍的花招，因为这份文件中体现的希特勒，和提出"四年计划"备忘录的那个，简直判若两人。他对犹太人只字未提，且一笔带过地指出，苏联在短期内不太可能介入中欧局势。听起来这更像是一个传统的强权政治家，在讨论未来的外交方向有何选择。[52]

　　根据霍斯巴赫的笔记，希特勒将德国的目标定义为"保卫国家"，并在可能的情况下"扩张领土"。因为德国不断扩大的人口需要在东欧得到承载，因此，这是一个"空间问题"。他用惯常的口吻抱怨道，国家的"种族核心"过度集中在一个狭窄的空间里，为了确保未来的出路，他们必须解决这个问题。接着，他考虑了各种方案，结果表明，在原材料甚至粮食方面实现自给自足是不可能的。还有一个选择是参与国际贸易，但英国牢牢把控着海洋，这意味着"拥有强大种族核心的德国人民，只能在欧洲大陆寻求必要的空间"。历史已经证明了，"每一次的空间扩张都需要突破重重阻力，而且总伴随着风险"。尽管如此，他依然得出结论说，未来只有一条路，那就是使用武力，现在的问题是何时使用以及如何使用。这是希特勒第一次在公开场合鼓吹战争，但还没有彻底决定要发动**那场**大战。他声称，德国不能苦等到（远在天边的）1943—1945年，因为到了那时，我们享有的军事优势将大为减弱。此外，维持军政复合体的成本也将难以为继，这对国内人民的生活水平必定产生不利影响。因此，他决定速战速决，也许明年就动兵。[53]

而无论德国何时开战，希特勒都认为一定要预先击败奥地利和捷克斯洛伐克，以掩护国家侧翼。英法两国不会采取太多行动来阻止这场公开侵略，因为据他估计，这两个西方大国已经放弃了那些国家。为了牵制苏联，最初的行动一定要出其不意，以"闪电般的速度"，打他们一个措手不及。尽管勃洛姆堡和陆军总司令维尔纳·冯·弗里奇（Werner von Fritsch）将军原则上并不反对战争，但他们都不建议在现阶段发动。而会议的最终结果是，希特勒决定打几场"闪电战"，而且要尽快。他没有提起那个众所周知的主题——因为所有人应该都已从《我的奋斗》中知悉了——即他所寻求的"生存空间"，不在奥地利，也不在捷克斯洛伐克，而是在更遥远的东方。[54]

1938 年 1 月 21 日，他再次对众位军官和将领发表讲话，强调民族社会主义已成为他希望在全球推行的一种"社会形式"。在希特勒看来，布尔什维主义作为主要的竞争对手，"摧毁了现有的一切"，而民族社会主义"却通过稳扎稳打的建设和发展，消除现有的缺陷"。根据他所做的全球调查，只有"四五千万血统纯正的人"（分散在英国、法国、美国等）在统治世界。而"在欧洲的中心腹地却有 1.1 亿日耳曼人，以几近封闭和单一的语言与族群，成为这世上独一无二的种族"。无论有人对这些夸张的数字提出什么异议，他都一概不理，径直论断道，这些计算让他"极度乐观"，世界"必将属于这个民族"。值得注意的是，在场没有人对他征服世界的野心表现出任何惊讶。[55]

276

更多的武力恫吓还在蠢蠢欲动，冯·勃洛姆堡将军和弗里奇将军却陷入了私生活的丑闻旋涡中，希特勒接过武装部队最高统帅的担子，于 1938 年 2 月 4 日成立了新的国防军最高统帅部（OKW）。[56] 仅仅几天之后，按照他设定好的剧本，德国就迅速压制住了小国奥地利。2 月 12 日，希特勒将奥地利总理库尔特·冯·舒施尼格（Kurt von Schuschnigg）传唤至贝希特斯加登（Berchtesgaden），迫使他接纳——甚至是拥护——"民族社会主义思想体系"。[57] 然而，舒施尼格回国后，立刻改变了主意，试图就奥地利独立一事紧急举行全民公投。起初，希特勒还仔细考虑了一下该怎么做，比如他本人是否要当选为奥地利总统。[58] 尽管奥地利总统威廉·米克拉斯（Wilhelm Miklas）还在踌躇不决，但在当地纳粹分子通过大规模起义占领奥地利大部，德国领导人也趁势提出更高的要求时，舒施尼格已经屈服了。最后，3 月 12 日星期六一早，德国军队穿越边境，进入奥地利。人群热情高昂，献花相迎。[59]

就在同一个星期六，希特勒飞往慕尼黑，渡过茵河河畔，到达奥地利的布劳瑙。其地之民喜不自胜。在林茨，这个他喜欢称之为家的城市，他在州议会大厦向数万人发表讲话，人群欢呼他为归来的"伟人"。他宣称，是命运召唤他离开，让他成为德意志帝国的领袖，并赋予他一项使命，"那就是把我亲爱的祖国重新交给德意志帝国。我一直相信这一使命，为它而活，为它而战，现在，我完成了它"。星期天，3月13日，他签署了《奥地利回归德意志帝国法》，当天的气氛丝毫不亚于1938年的英雄纪念日。[60]

但这个故事还有更黑暗的一面。无需外力介入，当地的奥地利纳粹及帮凶已经兴起了一股极为凶狠的反犹主义浪潮，而希特勒政府对犹太人的抢劫与迫害，只会更加吸引这些暴徒蜂拥而至。[61]
一夜之间，社民党人、共产党人和犹太人全都遭受了纳粹的袭击。包括希特勒的林茨在内，犹太人的财产很快被"雅利安化"。

当希特勒的胜利之师驶向维也纳时，欣喜若狂的民众夹道欢迎。希姆莱带领着他的小队先行抵达，抓捕"帝国的敌人"。3月15日，当希特勒走上环形大道时，民众欢迎他犹如欢迎一位民族英雄。他在新霍夫堡的阳台上向下致辞，赋予了这个更名后的国家——东部边区——成为民族"堡垒"、抵御不可名状的东方的使命。他认为此次胜利的原因，就在于思想的力量鼓舞了人民。"作为德意志民族和帝国的元首兼总理，现在，我向历史庄严宣告，我的祖国已加入德意志帝国。"[62]

希特勒决定，要让奥地利人就这次合并做一场追溯性投票。很快他又宣布，德国人也要投票。两方将为大德意志帝国国会的候选人投票，表决时，他们只需回答"是"或者"否"。[63]在这

277

方面，维也纳枢机主教西奥多·因尼策（Theodor Innitzer）帮了大忙，他主动迎上前去，表示出对纳粹的欢迎。他一面要求主教们敦促信徒支持投票，一面让教堂悬挂卐字旗。更引人注意的是，奥地利社民党领袖卡尔·雷纳（Karl Renner）也支持德国接管他的国家。

德国天主教民众对因尼策的民族主义呼吁油然感到欣喜。据天主教徒盛行的威斯特法伦州北部地区报道，天主教牧师不仅支持投票，还竭力遵循时代精神。[64]马丁·鲍曼作为副元首鲁道夫·赫斯办公厅的高级官员，向领导民族社会主义运动的所有分支机构下达命令，要求他们在 4 月 3 日至 10 日这一周内穿上制服，以服务即将到来的全民公投。[65]结果，德国有 99.59% 的人回答"是"，奥地利还要更高一点，有 99.73%。剩下的大约 50 万人要么弃权，要么投了反对票。[66]居住在慕尼黑的贵族弗里德里希·雷克-马列策文（Friedrich Reck-Malleczewen）是希特勒的铁杆反对者，他说，选举结果是伪造的，因为他家里的四个人和他认识的另外 20 个人都投了"否"，官方的计票结果却显示他们的飞地一致投出了赞成票。[67]这种舞弊究竟到了何种程度，仍是一个未解之谜。希特勒的空军副官尼古拉斯·冯·贝洛（Nicolaus von Below）是一个非常务实的人，他知道有人会质疑选票，但他认为这次结果的真实性八九不离十。[68]

地下社民党组织对这些结果不屑一顾，在他们眼里，这跟早先的那些选举并无二致。[69]也许这一次——还有萨尔州那次和其他场合——投票更多是为了支持德国，而不是希特勒或纳粹主义，但选民真的能将国家与领导人及其学说区分开吗？[70]德国"二战"后最具影响力的历史学家汉斯-乌尔里希·韦勒（Hans-Ulrich

Wehler）身历过这一时代，他认为这些活动深刻表明了希特勒享有非凡的声望和来自国际的认可。[71]

民众对选举的大规模参与，无疑意味着希特勒政权的成功已经大大超越了动员人民投票的程度。[72]《纽约时报》的记者当时也在场，他认为投票"不仅是对希特勒的致敬，也是对民族和种族团结的狂热宣扬"。5 000 万人，他想，"都无声地肯定了德国对奥地利的吞并"。[73]维克托·克伦佩雷尔后来悲哀地反思道："希特勒的态度深深植根于德国人民的心中，他的雅利安主义准备得如此天衣无缝。我一生都在自欺欺人，以为自己属于德国，但其实早就无家可归了。"[74]

凭借这些兵不血刃的胜利，希特勒赢得了万民的欢呼，而英法两国近乎失声。尚有疑虑的将军们心中有了答案。但希特勒的野心并不满足于此，4 月 21 日，他提出了"闪电式袭击"捷克斯洛伐克的初步计划。[75]尼古拉斯·冯·贝洛犹自沉浸在奥地利的喜悦中，但到了 5 月底，希特勒对英国人和捷克人发出严厉指控，让他大吃一惊。原因是捷克总统爱德华·贝奈斯（Edvard Beneš）在 5 月 20 日动员了 350 万军队[76]，这一轻率的举动给德国领导人提供了一个便利的借口——虽然不是这个，他也总能找到别的——他顺势命令最高统帅部起草一份全新的"绿色计划"（Case-Green），作为进攻捷克斯洛伐克的代号。[77]

5 月 28 日，帝国总理府召开了一次会议，希特勒向与会的军方领导人解释了他的理由。他说，捷克人已经展露獠牙，证明了自己是一个迫在眉睫的威胁，为了阻止法、英两国插手，他希望德国能加快建造西墙的步伐——这堵墙从 1936 年便开始构筑。根据冯·贝洛的说法，在场所有人，要么支持他的上司，要么就一

279

言不发。[78]两天后，希特勒签署了这一命令，并往前面加了一句遗臭万年的话："在不久的将来，通过军事行动摧毁捷克斯洛伐克，是我不容变更的决心［*unabänderlicher Entschluss*］。"[79]

9月26日，踌躇满志的独裁者预计接下来又是一场能轻松获胜的战役，于是在柏林体育宫向乌泱泱的热情民众发表了一次演讲。他的开场白是一句连自己都不相信的话：他发誓，未来针对捷克斯洛伐克的任何行动，都将是"我向欧洲提出的最后一个领土要求"。然而，他这一派的军方领导人已经意识到，他打算占领的不仅是当时德国人居住的地区，还有捷克斯洛伐克的剩余领地。[80]据希特勒说，捷克人对苏台德地区的德国人百般虐待，而捷克总统贝奈斯竟拒绝让这些被征服的人民重获自由。希特勒很清楚，若不使捷克政府自我解体，他们绝不会让步。[81]

一场热战已不可避免，至少总参谋长贝克是这样认为的，他持续不断地向直系上司提交备忘录，以示自己在基本原则上与希特勒站在同一阵线，尽管他仍然觉得时机问题还要再商榷。[82]然而，9月29日至30日，慕尼黑召开四国会议，扼杀了刚刚萌芽的战争恐慌。在谈判桌前，捷克斯洛伐克甚至没有得到一个席位，只是被告知说，苏台德地区将不再属于它。那里是德国人的聚居地，但也是捷克防御工事的主要阵地。[83]

德国的地下社民党组织觉得，这次的胜利比上一次更叫人难以接受："它使反对希特勒的人大为震撼，他们对法律必胜的信念，对世界重拾的信任，全都轰然崩塌了。如果世界上的民主大国可以为了一种虚假的和平出卖理想，那么他们这些随时准备为理想献出生命的独裁政权的敌人，现在应该到哪里寻求道德力量？"[84]德国的平民百姓原本还有一些保留意见，但当他们看到领导层不战便能屈人之兵后，疑虑顿时一扫而空。据社民党组织说，一种新的信念出现了："希特勒尽可以呼风唤雨，而其他人只会一再让步。如此一来，元首宏伟的妄想岂不是能蔓延到更大的人群中吗？"[85]

约瑟夫·戈培尔，一个向来信心大于谨慎的人，却在日记中比平常更加冷静地写道，危机终于过去了，每个人都松了一口气。"近来我们全都吊在无底洞上，拽着一根脆弱的细绳，"他直言不讳地说道，"现在脚终于踩到了实地上。这感觉太美妙了。"希特勒即将返回柏林，他尽职尽责地为其准备了一场盛大的游行，人们挤满街道，狂欢呐喊，热烈程度前所未有。"气氛空前地高涨，"戈培尔说，"和平保住了，每个人都欣喜若狂。我们自己应该清楚这一点。各国都不希望再爆发一场世界大战。伦敦、巴黎、罗马和柏林，到处弥漫着这种情绪。"然而，战争本就一触即发。[86]

记者露特·安德烈亚斯-弗里德里希并非纳粹之友，她说，当她听到这个消息时，"整个慕尼黑都高兴坏了"。[87]美国记者威廉·夏伊勒（William L. Shirer）也不是纳粹主义的拥护者，他指出，"星期五［9月30日］，当慕尼黑——以及柏林——市民得知他们既保住了和平，又赢得了胜利后，全都喜出望外"，此情此景给他留下了深刻的印象。[88]

然而，就在希特勒于慕尼黑同意停战的几个小时后，他又向副官提到，在与波兰的"争端"上，最终还是要用"可靠手段"来解决。不过，这可以等到"最近赢得的胜利被充分消化完"后再进行，但他明确表示，只有当整个《凡尔赛和约》都被彻底废除，世界才有宁日。[89]为此，他在10月21日指示国防军随时做好准备，"一旦捷克斯洛伐克奉行反德政策，就立刻攻占它的剩余

280

部分"。[90]

1939 年 3 月 10 日，位于布拉格的捷克政府试图将自己的统治强加于斯洛伐克，后者竟将这一威胁作为理由而宣布独立，这正好中了希特勒的下怀。尽管英国驻柏林大使内维尔·亨德森（Neville Henderson）已经预见到了接下来要发生什么，但他从德国外交部得到的最多说法仍然是——德国将提出"合法主张"，"规范行事"。[91] 3 月 15 日，希特勒一边与四面楚歌的捷克总统进行商谈，一边下令国防军大举入侵。在此过程中，他没有遭遇任何抵抗，也没有听到英法两国的抗议。事实证明，他的算计果然准确无比。进入布拉格后，他自豪地宣布：波希米亚-摩拉维亚"回归"了！这片土地"在千年以前便属于德国人民的生存空间"。[92]

德国已经走向意识形态之战了吗？在 1938 年剩下的时间里，还发生了一些事情，比如 11 月 9 日的血腥反犹大屠杀。大屠杀过后的第二天，希特勒向大约 400 名媒体代表发表了一场秘密演讲。当此之时，犹太教堂起火的浓烟仍在滚滚冲天，而他闭口不谈杀人事件，反而若有所思地说，多年来他一直被迫谈论和平，人们也许因此误解了他的目的。为了改变这种看法，他想与媒体合作，阐明"有些事情只能通过暴力来实现"。他尖锐地指出，拿破仑之所以取得成功，不仅因为他是一名杰出的战略家和战场指挥家，还因为他收获了法国大革命播下的思想种子。而今，他的目标便是说服德国人民接受民族社会主义思想；他信不信并不重要，关键是他们要信。重要的是"我身后屹立有万千忠实信徒，一个坚定自信、安全稳固的日耳曼种族"。他和新闻界的职责就是唤醒这种力量，以完成未来的使命。一些历史学家坚持认为，一旦希特勒掌握了权力工具，他就不会那么在意公众舆论，这些学者应该更仔细地研究一下这篇演讲，因为它有效传达出了希特勒的观点，即一个独裁政权的思想和行动必须始终根植于民众的支持。[93]

要整个民族严阵以待的伟大使命究竟是什么？希特勒实事求是地说，即使是过去那些遥不可及的幻想，现在也成真了，因为他们的"种族价值"胜过了一切。而他们有多少人呢？与悲观主义者的说法相反，他表示，德国正在崛起，从种族价值层面上说，美国 1.26 亿或 1.27 亿的人口（他的数据），只有那 6 000 万左右的盎格鲁–撒克逊人是货真价实的。而苏联拥有的大俄罗斯人甚至还不到 5 500 万，其余都是些劣等品。英国本土居民也只有 4 600 万。到 1940 年，德国将拥有"一个 8 000 万单一种族的人，周围还密布着近 800 万"血缘相近者——当他说起这些豪言壮语时，听众一定都竖起了耳朵。当时流行的叙事是，德意志帝国曾经辉煌一时，却不慎中途迷失，400 年后，它终于"崛起"了，"通往伟大之路"近在咫尺。[94]

282

尽管军方也在沾沾自喜，但他们对武装冲突持有严重的保留态度，因为冲突很可能会提前升级为一场全欧洲的战争，而德国国防军还没有做好这种准备。进退维谷之下，希特勒变得异常烦躁，为了消除这种情绪，他的副官鲁道夫·施蒙特（Rudolf Schmundt）和格哈德·恩格尔（Gerhard Engel）建议他与军官们见见面，彼此增进了解。这位德国领导人很快就将看到，军队也是他的热情拥护者。[95]

会面开始于 1 月 18 日，希特勒向年轻的中尉们谈起了身为军官的使命与职责。1939 年初的这些谈话，使我们洞察到后来为什么会爆发意识形态之战。希特勒列举了普鲁士在德意志军事史上的例子，来阐释军队中的爱国主义、热情、忠诚、服从和勇气等美德能够引领国家走向伟大。一周后，他在帝国总理府向陆、空、海的三军高级指挥官发表了一场更加隆重的讲话。亲自问候过每一位先生后，他谈起了一些"不适合"向公众公开的事。这次他没有像往常一样讲述历史，而是直接跳到他一生中经历过的最重大的事件——1918—1919 年革命。他表示，这场革命代表了整个统治阶级的失败。现在的问题是：他能找到既"具备种族禀赋"，又都是"优等的精英领袖"，来组建一支新的领导队伍吗？[96]

说实话，他认为，"我们的大部分民众都不具备日耳曼领导元素"，很多人属于前雅利安人——这一概念并未出现在《我的奋斗》中——"绝大多数人都不是主宰型的日耳曼人"。他把这些人比作一个寻找男性来主宰她的世界的女性。只要"统治组织"制定纪律，这一类"原始种族"的德国人便会乐意服从。只有日耳曼人才有能力"成为组织者，以世界之主的身份主宰天地"。而他要怎样找到这些人呢？仅凭外貌是不行的，因为他们与众不同的特质是"绝对的个人勇气"。有了这支领导队伍，百年左右，将出现一个"新的社会内核"，与资本主义无关，它将在政治层面帮助国家"争夺欧洲统治权"。[97]

在这次煽动性的会谈发生后不久，1 月 30 日，也就是希特勒被任命为总理六周年之际，他在国会大厦发表了一场演讲，这是继"水晶之夜"后他首次公开讲话。他发誓，要像军队一样组织社会——赫然便是军国主义者的梦想！——这几乎已经奏响了战争的序曲。他反问道，在同一个军事单位里，有可能存在两种或两种以上完全相左的观点吗？显然不能，而政治生活也应如是。

他终于坦率承认，他一直建立的人民共同体就是基于几个世纪以来都"久经考验"的军事原则之上。他告诉听众，"如果认为服从与纪律只对士兵有用，对人民没用，那真是一派胡言。恰恰相反！一个在纪律与服从中成长起来的人民共同体，能够更加从容地调动自己需要的武力，来确保人民的生存，从而为所有人的利益服务"。他提醒众人，民族复兴不是单靠领袖的一声令下或是强迫执行便能完成的；它必须通过"思想本身的强大力量，和持续不断的辛勤教育"来实现。[98]

在广播中听他演讲的民众可能会感到疑惑：1938 年宣示完主权后，现在德国还需要更多的土地吗？也许是为了回答这个问题，他选择性地搬出了一些统计数据，辩驳说，国家每平方千米有 135 至 140 人，以现有的疆界来说，这个数字太多了，根本无法养活这么多人。相比之下，美国的人口只有我们的三分之一，而可耕地面积却足足多了十五倍。这就是他为德国需要生存空间而做的辩解。如果不是"犹太人"从中作梗，世界各国本来会赞同他的这一视角。正是他们煽动各国陷入混战，借此渔利，同时完成《旧约》中宣布的"施以报复"。因此，他威胁道，假如犹太人要再次发动世界大战——暗示他们在 1914 年已经做过一次——他就要（像以前一样）以先知的身份预言："这一次，结果将不再是世界布尔什维克化，而是欧洲犹太种族的灭绝。"此时他对犹太人的指控，主要集中在他们是共产主义的"煽动者"上面，他发誓，没有什么能"动摇德国对他们的清算"。[99]

284

希特勒最喜欢的演讲套路之一，就是标榜自己拥有天才般的天赋，一切预言皆可成真。而这篇演讲中的预言简直罪恶昭彰，无出其右。现代从来没有一个世界大国的领导人，对一个平民阶级发出过如此凶残的威胁。但奇怪的是，各个组织收集的公众舆论几乎都对这个宣判犹太人命运的"预言"毫无反应。虽然希特勒还没有做出杀死全体犹太人的决定，但杀人的威胁冷冷窥伺着。并且，为了让民众在未来的岁月里对这一点铭记在心，他——有时是他的圣骑士们——不断在公开场合重复这个预言。

1939 年 2 月 10 日，希特勒在克罗尔歌剧院向陆军司令们做了最后一次战前演讲，而后他们一起参观帝国总理府，共进晚餐。希特勒承认，军队中的确有一些人对他在 1938 年的行动持怀疑态度，或者有所保留。所以，他认为让军官们了解他的想法和动机非常重要，因为（他想让他们相信）他的计划深具先见之明。一个正在发展的国家，却连自给自足都无法做到，那它还有什么选择？——这些现在已成了他的口头禅。不过，他还是严厉地指出，在座的听众或许仍有人不明白，为什么寻求生存空间是唯一的出路，而且它还有可能会带来战争。但为什么要惧怕战争？我们的民族需要有更加雄浑的自信，正是为了重塑信心，他才规划了宏伟的建筑和宽广的高速公路。民族若无自信，则复兴绝对无望。

世界——他拖长了声音——已经到了一个智识和精神的转折点，"先生们，民族社会主义可不是一个寻常事件"。回顾 20 世纪20 年代，只有两种思想能够动员民众，使其甘愿献身：民族主义和社会主义。他没有坐视两者龙争虎斗，而是将这些思想统一起来，成立民族社会主义党。在过去的六年里，他承认，他的立法机关只是初步草创了一个人民共同体，要真正完成还需要几代人的漫长努力。士兵们大有可能会说，这不关他们的事，但他们的参与是必然的，因为"当下一次大战来临之际，整个民族都将被裹挟其中。那时，各种各样的世界观和意识形态都将面临一场血

285

战。民族，先生们！当今时势，是种族知识和民族的鏖战。这场斗争的象征意义明显完全不同，接下来就是一场彻底的意识形态［Weltanschauungen］之战，一场民族与种族间的自觉开战"。他们将成为意识形态上的领导者，因此必须知道是什么驱使一个民族去战斗。

他希望国家和社会能像军队一样被组织起来——又来了，军国主义者的梦想。在 1925 年至 1933 年间，他的语言中最显眼的词不是"艺术"，不是"犹太人"，而是"军事"，这个词简直令他陷入痴迷。现在，他继续重复那个他最喜欢的反问：在同一个军事单位里，有可能存在两种或两种以上完全相左的观点吗？他的结论也一如往常：不可能，政治生活亦应如是。他再次强调，事实上，他一直建立的人民共同体便是基于"久经考验"的军事原则之上。未来当他"为世界观而战"，陷入"艰难时期"时，纵使整个国家都离他而去，他的军官们也必须和他站在一起。

说到这里，他严肃地告诉听众，自己志在"解决德国问题，也就是德国的空间问题"。为了使决心更加坚定，士兵们得有一个"理念"，这是"激励他们全力以赴、背水一战的动力，也是唯一一个能让国家在漫长的战争中坚持下去、屹立不倒的东西"。"在古代，军官们胸前执剑，怀中装有《圣经》。到了现在，军官们应该以剑和意识形态率领全军"。今后，他们在希特勒身上看到的，"不仅只是德国国防军的最高统帅"，还必须是"意识形态的最高领袖［weltanschaulicher Führer］。不论成败，你们都要对他义不容辞"。[100]

到了 3 月，英国首相内维尔·张伯伦（Neville Chamberlain）受够了希特勒的恶毒与失信，而德国刚刚占领捷克斯洛伐克的剩余领土。1939年3月31日，张伯伦告诉议会，他希望向波兰伸出保护之手，因为波兰显然将成为德国的下一个受害者。他承诺，如果波兰政府决定抵抗一切威胁波兰独立的措施，那么英国政府将立刻出手，法国也是如此。[101]

希特勒非但没有被吓倒，反而更加坚信英国人不敢插手。事实上，早在3月25日，他就轻描淡写地通知过陆军总司令瓦尔特·冯·布劳希奇（Walther von Brauchitsch），如果到了夏末波兰还不接受他的要求，他就动用武力。但不知为何，直到4月3日，最高统帅部总长威廉·凯特尔（Wilhelm Keitel）才姗姗来迟地从希特勒那里接收到进攻波兰的指令。[102]希特勒的副官冯·贝洛在4月11日读到后续指令时，并没有真正领会其中的含义，因为这种假设的情况从前发生过很多次，总是旋起旋灭。[103]实际上，希特勒并未做出明确的开战决定，他只规定了要做好战前筹备工作，以应对9月1日之后"随时"可能发动的进攻。[104]

1939年4月20日，这位德国领导人以一种他认为合适的方式，庆祝了自己的五十岁生日。在大批群众的欢呼声中，他坐在一辆汽车上——旁边是他的总建筑督察阿尔伯特·施佩尔——沿着新建好的柏林东西轴线缓缓行进，这条熠熠闪光的轴线未来将成为欧洲乃至世界首都的核心。阅兵式上展示了新型武器，当晚，施佩尔又呈献给他一个巨大的凯旋门模型（将近4米高），是根据希特勒1933年之前绘制的草图制作而成的。[105]所有这些惊人的建筑费用，连同庞大的城市改造、纪念碑式的建筑计划和巨额的军事开支，都注定要超出预算。显然，眼下只有一个解决之道，那就是迅速发动一场战争，劫掠物资，同时赢得利益和声望。[106]

就在一个多月后的5月23日，希特勒向军队高层透露，他已经解决了德国的"意识形态问题"，目前他们面临的经济障碍，只有通过入侵其他国家才能克服。这番话再直白不过了。他终于下定决心，"一有合适的机会"就立马进攻波兰。即使多年来他一直说自己不想陷入两线作战，但若有必要，他也做好了与西方一决雌雄的准备。接下来的战争，他说，在目标和作战方式上，将彻底意识形态化。[107] 他已经知道，军队、人民，可能还有大部分反对派，都对修改德波边界喜闻乐见，甚至觉得合乎情理。[108] 就连希特勒在西里西亚——该地区势必会卷入与邻国波兰的冲突中——的地下社民党敌人，也在展望未来时指出，对波兰的战争可能会在德国工人中"大受欢迎"。[109]

　　如何评价希特勒的民族主义意识形态、军国主义言论以及和平年代末期的公共消费？很多时候，他似乎是在向皈依者布道，一言一行都与大众熟知的态度相吻合。尽管在人们心中，战争的恐惧犹如万山压顶，愈发沉重，但他们仍然坚持要对局势充分利用。1938 年 8 月，德国国防军对慕尼黑及周边地区做了一项调查，追踪这种难以捉摸的民众情绪，最终他们撰写出一份简明的报告。根据笔者对各种一手资料的研究，可以公允地得出结论：该调查或多或少也反映了全国其他地区的情况。

　　调查报告指出，虽然"失业的幽灵"已经不复存在，工资上涨，剧院、电影院、咖啡馆人声鼎沸，舞曲彻夜不散，但对未来的隐忧始终压得人们惶惶不安。一大批人纵情玩乐，认为经济繁荣"迟早会在战争中烟消云散"。民众将当下比作 1914 年第一次世界大战爆发前的欢乐时光。"因此，尽管人们感激帝国领导层热爱和平［原文如此！］，让他们享受到了这一切，但许多人仍不免忧虑恐惧。一如谚语所说，'瓦罐不离井上破'（*Der Krug geht solange*

287

zum Brunnen, bis er bricht)。世事难料，战争可能会一刀斩断现在的幸福和福祉，留下绵延不绝的痛苦。"[110] 人们似乎凭直觉认识到，在他们接纳希特勒的学说，拥抱社会变革的同时，这些努力一定会引爆战争。而一些人相信，或者祈祷着，最终赢的是他们。

第12章
战争与种族灭绝

1939 年夏天，欧洲各国笼罩在一股危机行将迫近的紧张感中，
而德国则稳居在风暴中心。8 月 11 日，当希特勒在但泽与国际联
盟高级专员卡尔·J. 布尔克哈特（Carl J. Burckhardt）交谈时，他
似乎想向英、法两国恳求谅解。然而，即便是寻求谅解，他的词
锋也依然咄咄逼人。他声称，自己所做的一切努力，都是出于意
识形态和经济方面的考虑，是为了在东方获得生存空间，"如果西
方当真如此盲目，蠢到无法理解这一点，我将被迫与苏联人达成
一致，转过头来对付西方，然后在他们沦陷后，用我的全体力量
反击苏联。我要拿下乌克兰，这样一来，就没人能像上一次大战
那样把我们饿死"。[1] 这段话为即将爆发的战争提供了一个简要概
述，第三帝国正在努力实现希特勒意识形态中最惨无人道的一面，
无人在意这寥寥数语背后，将有数百万人灰飞烟灭。

与布尔克哈特交谈时，希特勒说自己正在安抚手下的众位将
军，因为他们对波兰人的"无礼"大感不快。8 月晚些时候，他
在贝格霍夫会见军方领导人，表示现在正是进攻波兰的最佳时机，
因为今后将再无一人能像他这样威望滔天。[2] 随后，他宣布了一
条爆炸性消息：他已经与苏联签订互不侵犯条约。[3] 当下的目标

是"消灭波兰的有生力量",但后来一些将军否认自己曾听到过这

个凶恶的威胁。希特勒告诉他们,要不择手段,"收起所有的怜悯,悍然出击。八千万〔德国〕人民必须获得他们的权利。他们的生存要得到保障"。[4]

德国的进攻蓄势待发,而波兰正怨声四起,希特勒将最激进的任务交给了政治上可靠的党卫队。[5]和希姆莱协商后,莱因哈德·海德里希办公室从盖世太保、帝国刑事警署和帝国保安部中抽调成员,组建了一支特别行动队(Einsatzgruppen,或称ESG)。[6]6月至7月,行动队的指挥官们参加了一个为期两周的培训课程,学习如何在波兰运用他们的意识形态,尤其留意犹太人能发挥什么作用。这2700人最初被编入五支500人左右的小队,分别跟随在入侵军队的后方。在8月至9月的会议上,希姆莱和海德里希全权授命这些人,采取一切必要措施,务必消灭抵抗。在他们口中,波兰300万犹太人将是"一个天大的威胁"。[7]

1939年9月1日,凌晨4点45分,德军越过边境,进入波兰,战争由此拉开序幕。一些忠诚的德国公民原本还心存疑虑,比如非纳粹分子奥古斯特·托佩尔维恩(August Töpperwien),他是一名教师。然而,国家的一系列变动——疏散靠近法国部分地区的人员、发布防空措施等——给他留下了深刻印象,因为一切竟都以"机器般的精准度"完成。[8]9月3日,希特勒向英法两国进一步发出呼吁,并指责说,就在今天,"犹太民主世界的敌人"正式将两国拖入了战争的旋涡。与此同时,希姆莱命令特别行动队,只要发现波兰"革命者",及随身携带武器者,一律"就地枪决"。三天后,军方领导层下达了和希姆莱一样的指令:射杀"游击队"时,宁可错杀一千,不可放过一个。[9]9月7日,海德

里希向手下重申，波兰将从地图上被抹去，统治阶级灭亡，人民彻底沦为奴隶。[10]希特勒在和陆军总司令布劳希奇的谈话中，要求对波兰实行"种族清洗"（*völkisch-politische Flurbereinigung*）。[11]

目前，他同意将波兰领土一分为三。第一片地区是德国在《凡尔赛和约》中丧失的领土，归还的土地并入德意志帝国后，所有波兰人、犹太人和吉卜赛人（总计数百万）都将被驱逐，而后会有新的德国"兵农"（*Wehrbauer*）迁入。第二片地区被称为"总督辖区"，波兰的大部分人口将收聚于此，受到最严厉、最悲惨的殖民统治。他们还要沿着波兰的东部边界修建一堵墙，将德国与苏联永远隔开。在这东部边界以外，便是第三片地区，安置着"波兰最恶劣的坏虫"，它有点像某种"保留地"或是隔都，也会收容德国和奥地利送来的犹太人。[12]海德里希下令在波兰成立犹太人委员会（*Judenältestenräte*），由24名长老组成，负责人口普查、执行德国命令，而之后委员会收到的命令，便是将犹太人赶到集中营里受死。[13]

9月17日，苏联红军从东面发起进攻，这对波兰而言无疑是双重打击。9月28日，德军攻打华沙，10月初战斗结束。据估计，被德国国防军、党卫队及德意志自卫民兵杀害的波兰平民并犹太人，总数达到6.5万。[14]

9月29日，希特勒在与宣传家、东欧问题专家阿尔弗雷德·罗森贝格交谈时，表露了他对波兰的负面印象。他称波兰的上层阶级"日耳曼化程度很低"，而下层阶级更是"糟糕透顶"。他咒骂犹太人是"最可怕的东西。城镇到处都是肮脏的东西"，未来"只有真正的高手"才能统治此地。[15]但到了公开的胜利演讲上，他的语气则稍有缓和，他宣称，在波兰，"最当紧的任务"是

291

"重新安排民族关系，即重新安置各族群"。这样做的目的是改造"整个生存空间"，同时"调节犹太人问题"。[16] 为此，10月7日，他特地任命希姆莱为德意志国民性稳定委员（*Reichskommissar für die Festigung deutschen Volkstums*，或称 RKFdV），在规划和实施东部的日耳曼化上，授予他广泛的行政权力。他们想在东部建立一个民族社会主义乌托邦，虽然这一过程会和其他组织产生竞争与冲突，但从没有人对他们所使用的严酷手段提出质疑。[17]

292　　盖世太保在德国的大后方上毫不留情。8月底至9月初，他们先发制人，逮捕了一大批前共产党官员、一部分社民党人和其他政敌。[18] 希特勒命令希姆莱，为了肃清敌人，可以采取一切必要措施。这一命令落到了海德里希的办公桌上，随后，他制定了一项影响深远的法令，即"战时国家安全准则"，准则要求市民拿出前所未有的警惕心与配合度。[19] 其他裁决亦紧随其后，比如要对"国民害虫"（*Volksschädlinge*）实行制裁，因为它们"冒犯了健康的民情"（*gesunde Volksempfinden*）。这一类罪行定义宽泛，大都受到了民族社会主义理念及其对犯罪的种族主义解释的影响。[20]

10月17日，希特勒在会见国防军领导人时，直言不讳道——在总督辖区（前波兰大部），还有"魔鬼般的工作"要做。新任总督汉斯·弗兰克将用尽一切办法制造"大乱子"，压低生活水平，让波兰人民充当奴工。这场"艰苦的种族斗争"（*Volkstumskampf*）既"不必遵循任何法律法规"，也不用符合德国的传统原则。波兰新兼并地区的犹太人和波兰人将被驱逐到总督辖区，第三帝国里的犹太人也同样如此。[21]

在管理新兼并的地区时，希特勒更倾向于任用文职领导人，那些爱国仇外、因政治信仰狂热而出名的人尤其受到他的钟爱，比如阿图尔·格赖泽尔（Arthur Greiser）。格赖泽尔甚至在还未正式接管瓦尔特高（Warthegau）——前波兰境内瓦尔特河沿岸地区——之前，就下令给每个地方都"安上德国特色，越快越好"。[22]希特勒在谈到格赖泽尔时，暗示自己很喜欢他的决策风格，说他"抓准时机，清算波兰的智识阶层"，保证了"波兰影响"的根除。[23]11月12日，波森当地的党卫队和警察高层表示，瓦特尔高地区的当务之急是"疏散"所有犹太人，至于往哪儿"疏散"，他当下还给不出一个明确的目的地。[24]想要在一夜之间将瓦特尔高变成一个种族纯正的日耳曼乌托邦，这种极致的疯狂如何能不令人瞠目结舌？——该地仅有32.5万德国人，而总人口却超过400万，其中还包括43.5万左右的犹太人。德国人将从东部的各个地区如洪水般涌入此地。[25]

293

1939年9月19日，希特勒带着胜利访问但泽，与他同行的还有一批安乐死专家。在党卫队少校库尔特·艾曼（Kurt Eimann）的指挥下，这批专家与当地一些人联合组成一支突击队，专门杀害那些长期接受治疗的精神病患。这一过程一直持续到12月，有7 000人遇害。[26]而在但泽-西普鲁士地区，还有数千人遭到枪杀，安乐死计划很快扩大到了邻近的波美拉尼亚。[27]德国人在杀人方面用尽了各种办法，1940年1月15日，在盖世太保官员、第六别动队（ESG VI）领导人之一赫伯特·朗格（Herbert Lange）的带领下，他们开始在瓦特尔高使用毒气车。朗格的新任务便是将一辆带有特殊装备的货车用作移动毒气室，谋杀瓦特尔高的所有精神病患。[28]

与此同时，西欧各国屏住了呼吸，即使他们真的预见到将要发生什么，也几乎没有给希特勒带来任何阻碍。希特勒与手下众将互通声气后，商定了向西进攻的战略计划。1940 年 5 月 10 日，那场著名的闪电战开始了，它的名字是之后才有的。在陆军总师、炮兵、坦克方面，国防军并不占据优势，而海军方面就更不用提了。[29] 但举世皆惊的是，德国竟然取得了胜利，还允许英军和部分法军从敦刻尔克撤离。6 月 18 日，战争几乎全部结束。拖了一阵子后，新的欧洲之主这才同意签署停战协议，但特别要求一定要在 1918 年 11 月 11 日法国元帅费迪南·福煦（Ferdinand Foch）向战败的德军传达停火条款时，所使用的同一节火车车厢里签署。希特勒的这一举动，实现了每一个德国民族主义者的复仇之梦。[30]

在德国本土，7 月 18 日，柏林人狂喜地注视着一支游行队伍穿过勃兰登堡门。庆祝活动还在其次，整个国家都满心期待着希特勒能在第二天的国会演讲上，将和平一锤定音。当希特勒说起结束战争时，他可能是认真的，但他针对英国人发出的"理性呼吁"却充满了刺耳的反犹主义声响。他表示，"民族社会主义运动"使德国"摆脱了财阀民主和日益衰弱的剥削阶级所强加的犹太资本主义枷锁"，然后，他竟荒唐地声称自己遵守了 1938 年的《慕尼黑协定》，破坏协定的是"双手沾满鲜血的犹太资本主义战争贩子，他们从和平修订（《凡尔赛和约》）的可能性中，发现能实现自己疯狂计划的合理基础正在消失"。于是，一个阴谋出现了，"腐败的政治人物与贪婪的金融巨头就是策划者，战争对于他们而言，只是促进商业发展的一个有效手段。就这样，国际毒药开始流窜于各国之间，煽动并腐蚀那些健康的心灵"。听众理应相信，战争是由"发战争财的大资本主义集团"和犹太人挑起的，而不是希特勒的征服欲。[31]

鉴于这种"理性呼吁"充满仇恨，BBC 在接下来的一个小时

294

内断然拒绝了和平的提议，也就不足为奇了。根据党卫队保安处对民意的追踪调查，这并没有挫伤德国人的"必胜态度"。他们略带夸张地表示，"全国达成了前所未有的内部团结，前线与后方牢牢拧成一股绳"。此外，有组织的反对派几乎已不复存在，人们对于入侵英国愈发热切。这是因为在德国境内，平民近来频繁成为空袭的目标，入侵英国就是他们要对此做出的回应。[32] 大量证据表明，战争早期的这些成功大大巩固了民族社会主义者的共识，虽然也不排除一些人由衷表示反对。[33] 甚至自由派圈子的主流反应都是他们打了一场"解放战争"，而这种印象压倒性地胜过了那些认为是希特勒寻衅滋事的观点。[34] 德国在西欧取得的决定性胜利，也使少数几个蠢蠢欲动、意欲挑刺的将领噤若寒蝉，其中就包括陆军参谋总长弗朗茨·哈尔德（Franz Halder）。[35]

然而，到了 1940 年 7 月底，第三帝国宿命般地迎来了自己的转折点——希特勒轻率地向苏联发起进攻，但无论是他的国家，还是西方人都严重小觑了苏联。他告诉军方领导人，如果红军被粉碎，"英国最后的希望也就粉碎了。届时，德国将成为欧洲和巴尔干半岛的主人。决定已下：苏联的毁灭必须成为这场斗争的一部分，就到 1941 年春"。第二天，哈尔德没有等待正式的命令下达——更不用提质疑这鲁莽的一步了——就直接让他的参谋制订出了一套进攻战略。[36]

在接下来不到两周的时间里，从（半心半意地）向英国提议和平，到遽然发动另一场大战，希特勒的态度发生了戏剧性的 180 度大变。他在想什么？自 20 世纪 20 年代末以来，他一直主张向东方扩张生存空间，以便在接下来的一百年内，使德国成为欧洲大陆上不可撼动的强国。[37] 1940 年 9 月 27 日，他兴致勃勃地与

295

日本、意大利签署了三方协议，希望借此遏制英美两国，但并未提出一个明确的计划。[38]入侵英国的行动一推再推，被他定到了10月份，但最终又放弃了。而苏联领导人斯大林唯一的举动，就是在11月派遣了他那粗暴的外交部部长维亚切斯拉夫·莫洛托夫（Vyacheslav Molotov）前往柏林。苏联的这一举动，很有可能使希特勒坚定了长期以来反布尔什维克的信念。[39]

1941年1月8日至9日，希特勒与众将一同评估战略形势时，认为斯大林一定会狮子大开口——事实上，他最近刚这样做过。这次评估的结果，据一位将军的记录，就是"必须尽快粉碎苏联"。[40]1月30日，经过以上这些沉思，希特勒两年来首次在公开场合重申他的威胁性言论："如果犹太人继续在其他地区煽风点火，将世界拖入一场全面战争，那么他们在欧洲就彻底完了。"他把自己最初发表这番言论的时间错定在了1939年9月，战争爆发的第一天，好像他一早就将犹太人当作战争本身的终极目标一样。这种意识形态的神秘色彩，似乎正要凌驾于军事策略和政治理性之上。[41]一些同时代的人声称，他们几乎都没有注意到这项针对犹太人的可怕威胁，原因只有一个，或许是他们已经对这种充满仇恨的激昂演说司空见惯了。[42]

1941年3月，希特勒对国防军作战参谋长阿尔弗雷德·约德尔（Alfred Jodl）所说的一番话为侵略定下了基调，"正在迫近的这场（东部）战役不仅仅是一场武装冲突，同时还是两种意识形态的斗争。考虑到空间的浩瀚，要结束这场战争，只击败敌人的军队是不够的"。事实上，"犹太布尔什维克知识分子直到现在都是人民的'压迫者'，他们必须受到清算"——连同那些非犹太知识分子一起。[43]当月底，他集结了海、陆、空三军大约一百名高级指挥官，向他们强调，在接下来的战争中，众兵士切勿看重任何战友情谊。"这是一场灭绝之战"，与和西方的战争截然不同，他们是要"最终彻底解决大陆问题"，分裂苏维埃国家。[44]这场 296讲话似乎平息了所有质疑者的不满，在记录中没有人表示异议。[45]从中可以看出，冲突爆发前的意识形态、宣传运动以及军事准备，都包含了明确的种族灭绝因素。

在更加世俗的层面，总军需部、农业部和为入侵部队提供给养的"四年计划"的参谋人员也在紧锣密鼓地做着规划，但其中的血腥程度丝毫不亚于宏观层面。[46]5月2日，国务秘书们在开会时冷静而客观地盘算着：战争一开打，国防军将不得不从苏联就地获取粮食，到那时，也只好牺牲当地"几百万人"挨饿了——想到此，专家们不禁为自己的理性感到得意。[47]5月23日发布了"东部经济组织、农业集团的经济政治指导方针"，虽然标题听起来十分温和，但上述道德沦丧的规划全都包含其中。方针规定了苏联的哪些地区可以得到粮食，哪些不能，并给出了确切的分配量，就好像这是平稳的定量配给一样——一场大规模的饥荒已经在巫师的酝酿中了。这份文件实际受到了农业部国务秘书赫伯特·巴克的影响，他出生于俄国，对它的农业谙熟于心。与他名义上的上司瓦尔特·达雷相比，他更能理解对广袤的生存空间的需求，而达雷则因不够帝国主义，正日益向边缘滑落。该计划指出，国防军、德国和西欧国家都需要粮食，而粮食短缺将导致苏联部分地区发生饥荒，结局一目了然："这些地区的数千万人将成为过剩人口，要么饿死，要么流亡西伯利亚。"而该计划之所以无法实施，不是因为不想尝试，而是事实证明，让这么多人得不到粮食是不可能的。[48]就这样，东进部队的补给需求、军事行动，党卫队对这些地区的"平定"，以及纳粹意识形态的相互作用，种种因果都造成了毁灭性的灾难，数百万人因此丧命。

6月4日，军队发布《驻苏部队行为准则》，开场白充满了明确的意识形态——何为敌人？敌人就是布尔什维主义的"载体"。未来的斗争，要求"对一切布尔什维克的煽动者、游击队、破坏分子及犹太人采取无情而有力的措施，粉碎一切主动或被动的抵抗"。6月6日，又有一项命令下达，声称必须"就地枪决"随红军出征的政治委员，因为就是他们开创了"野蛮的亚洲战打法"。[49]

国防军官兵普遍认为，共产主义是由犹太人创造并统治的，而政委们则煽动了红军的抵抗，这是命令的执行基础。结果，在1941年6月至12月，有一万多名政委遭到枪杀。但它（连同其他政策一起）适得其反地激起了苏联的抵抗意志，导致希特勒在1942年5月6日讪讪地表示，将"试验性地"暂停杀戮——亦即放弃这项政策。[50]

袭击苏联和入侵波兰存在许多不同之处，消灭政委只是其中一个方面。当时，一些将军曾对特别行动队做过约束，甚至还将犯罪者送上了军事法庭。但在轻松战胜西欧后，希特勒的权威与声望直线上升，之前的保留意见瞬间无影无踪。[51]

1941年6月22日，"巴巴罗萨行动"（Operation Barbarossa）调集了300多万德国军队和50万盟国军队。[52]在这些集团军背后，有四支特别行动队和十几支规模不一的突击队，而这3000人的任务就是在"（战斗）区域以外做好安全警戒工作"。[53]7月2日，海德里希在口头上透露了更多细节：他们的最终目标是以"无情的锐利"对被占区进行"政治平定"。[54]但他们的行动并没有完全独立于国防军以外，虽然国防军军官很少会用自由裁量权来停止处决。[55]

入侵当天，希特勒发布了一项公告，称尽管德国没有人对苏联怀有敌意，但苏联在经历了几十年的"犹太-布尔什维克"统治后，竟企图将意识形态浸染德国。并且，"犹太-盎格鲁-撒克逊的战争贩子"还与莫斯科的"犹太统治势力"之间达成了某种"阴谋"，因此德国不得不自卫。[56]

在此之前一直保持沉默的宣传机器此时迅速反扑。在戈培尔的指导下，分发给纳粹演讲者的材料公然宣称，如果德国战败，世界犹太人和共产主义将同时"出现在盎格鲁-撒克逊的财阀统治和布尔什维克的国家资本主义中"。[57]而官报的头版标题更是彰显了赤裸裸的意图："揭露犹太人的国际大联合。"该文着重点出，伦敦、华盛顿和莫斯科三地的犹太人存在盘根错节的阴谋关系。[58]

到了宣传部施展拳脚的时候了，敌对行动开始后，大多数德国人都深感震惊，但随着早期大获全胜的消息传来，公众舆论很快就恢复了平静。[59]事实上，在赢得民心方面——无论他们是否会成为忠实的纳粹党徒——民族主义和纠正 1919 年《凡尔赛和约》的美好前景发挥了相当大的作用。举例而言，霍伊马尔·冯·迪特富特是一名刚刚开始学医的学生，他并不认为自己是民族社会主义分子，但他觉得 1939 年袭击波兰，收回德国因《凡尔赛和约》而失去的土地，是完全合法的。战争一开始，甚至连当局的一些反对者在与冯·迪特富特父亲的私下交谈中，也天真地承认，目前他们必须集中精力打赢战争，之后还有时间和民族社会主义算总账。英国继续卷入冲突，为了击溃它，希特勒选择攻打苏联。年轻的冯·迪特富特完全接受了这一逻辑。十九岁这一年，当听到广播中传来向东方发动进攻的消息时，他感到异常兴奋。虽然

298

到晚年，他成了一名卓越的精神病学家与和平主义者，但当他回忆往事时，依然对德国军事领导人的胆识充满了钦佩。"现在我们要让苏联人知道，他们诡诈的亚洲共产主义思想对我们的东部边境构成了恒久的威胁。"[60]

7月16日，兴高采烈的希特勒在与陆军元帅凯特尔、阿尔弗雷德·罗森贝格、汉斯·拉默斯（Hans Lammers）及赫尔曼·戈林的会晤中表示，当下的任务是"根据我们的需求瓜分这块巨大的蛋糕，力争做到：第一，支配它；第二，管理它；第三，开发它"。他大言不惭地说，欧洲的俄罗斯已经不复存在了，他决不允许乌拉尔山脉以西出现任何军事强国。而现在，他想用全部精力"在新占领的东部领土上创建一个伊甸园"。[61]

东欧幅员辽阔，而控制它的德国人却不成规模，这使得占领军开始公开使用恐怖手段。很快，兵力不足这一问题迫使军方甚至党卫队都不得不在意识形态上做出妥协，转而从非日耳曼国家中招募士兵，而这些士兵果然在"平定"行动与实施大屠杀上发挥了重要作用。[62]种族主义政权还从波兰与乌克兰引进了数十万他们一向轻视的外国工人，以解决劳动力短缺问题。政权强迫这些"奴隶"穿上标有"P"（代表波兰）或"Ost"（代表东方）字样的衣服，并三令五申——一旦他们与德国男性或女性发生性关系，将立刻被处以死刑。盖世太保、地方官员、企业与纳粹党相互配合，执行这些严格的规定。截至1945年，德国一共有770万至790万外国劳工。德国立志要建立一个基于种族的人民共同体，而这些"劣等种族"却与这项计划格格不入——毋宁说，后者受到的污名化，在工厂、农场和德国人家中所从事的低贱工作，都无时无刻不在提醒"优等种族"自身拥有的特权地位。[63]

299

　　早在做战前规划和未来设想时，将国防军纳入大屠杀基本结构的想法便已初具雏形。屠杀犹太人被视为合法行为，尤其因为这是"清算"布尔什维主义罪行的一部分。如果说基于意识形态考虑的犹太人大屠杀，通常是由党卫队、警察机构以及当地合作者完成的，那么国防军所参与的大屠杀，则主要在南斯拉夫和希腊恶名远扬。[64]

　　海德里希接连向特别行动队下达多条指导方针，不厌其烦地强调，不要妨碍当地的"反共或反犹团体自我清洗"。[65] 杀戮行动全线启动。指挥官弗朗茨·瓦尔特·施塔勒克（Franz Walter Stahlecker）率领A别动队"蒂尔西特特遣分队"抵达立陶宛的加尔格日代（Garsden），6月24日上午，该分队即刻处决了200名犹太人和所谓的共产主义者。而在此之前，立陶宛游击队便已开始屠戮犹太人，以及一切他们认为要对苏联占领立陶宛负责的人。[66] 同一天，国防军和党卫队就地处决小组（Einsatz Kommando, ESK）的"1b特遣队"也抵达了立陶宛的第二大城市考纳斯（Kaunas），几天之内，当地的"游击队"就残暴虐杀了大约2 300名犹太人，而他们则保持隔岸观火。[67] 7月2日，党卫队就地处决小组第三组到达此地，在队长卡尔·雅格（Karl Jäger）的带领下，开始了德国方面的血腥大清洗。在接下来的几个月里，雅格一丝不苟地记录着尸体数量，直到1949年年底，尸体总数达到137 346具。[68]

　　7月1日，拉脱维亚首都里加获得"解放"①，随之而来的是针

_____

① 纳粹德国占领波罗的海国家后，初期有许多当地人将德国人视为驱逐苏联统治的"解放者"。——译者注

对"内部敌人"的大规模暴力行动。"内部敌人"主要是指犹太人和共产党，前者更多一些。施塔勒克愉快地报告说，到10月15日为止，里加共有6 378名犹太人死亡，他离开之前，已确保将那些活下来的犹太人都关进了隔都。之后，他的继任者分别在11月30日和12月8日，对隔都发动了两次恐怖袭击，大约"清洗"掉2.5万人。[69] 当从柏林运来1 000名不幸的犹太人后，希姆莱下令清理隔都，施塔勒克将此理解为要他杀净隔都——尽管德国政府和军方曾明确告诉过他，他们需要这些犹太人。党卫队中尉弗里德里希·耶克尔恩（Friedrich Jeckeln）——新任东部地区党卫队和警察高层领导——则另有谋划，他下令将犹太人陆续押送至附近的伦布拉（Rumbula），甚至还从党卫队、警察局和民政部门请来了大约100名官员，向他们展示杀人这种事是怎么进行的。[70]

由于里加郊外正血流成河，源源不断的犹太人被送到了一个临时搭建的"营区"上。从纽伦堡、菲尔特（Fürth）、班贝格以及维尔茨堡捕逮捕的大约1 000名德国犹太人，在纽伦堡集会场地上的集中营被短暂关押后，12月2日，都被运来了这里。接下来的四天，从斯图加特、维也纳、汉堡也来了同样多的人。而除这4 000人以外，1942年的头两个月又增加了1万人。里加隔都的存在一直延续到1943年，数月后方被解散。

德国犹太人的具体情况是怎样的呢？希尔德·谢尔曼-灿德尔（Hilde Sherman-Zander）是和家人一起在杜塞尔多夫做短暂停留时，才对"驱逐出境"的意义有了深刻领悟的。几十年后，她回忆道，"我正要转身……突然，背上挨了一击，从狭窄的楼梯上摔下去，掉进了屠宰场。我永生永世都不会忘记那一刻：P. 正站在楼梯上，他是盖世太保的高级官员……我好像吓呆了。这是第一次有陌生人碰我。用我熟悉的方式对我说话。在杜塞尔多夫。在德国"。官员将人驱逐出境的实际操作手段既残忍，又充满了令人麻木的细致和审慎。[71]

在党卫队中尉弗里德里希·耶克尔恩到达里加之前，一切都已成定局。他从 1941 年 6 月以来，一直是苏联南部及乌克兰的党卫队和警察高层领导人，犯罪行凶之手段炉火纯青。9 月 1 日，乌克兰西部地区从军方手中移交民政管理部门，他亲自参与交接，在这一过程中，还出现了一段"令人尴尬的"插曲——德国盟友匈牙利竟将不少犹太人驱逐到了后来的乌克兰总督辖区。早在 8 月 25 日，耶克尔恩就想着他的分遣队最好能在月底剩下的六天里，在卡缅涅茨-波多利斯基（Kamenez-Podolsk）附近开展一次行动，把 1.1 万犹太人"清剿"掉。这个问题事先已在军民管理局做过讨论。经过这次行动，一共约有 2.36 万男子、妇女和儿童被杀，单次处决人数创下历史新高，耶克尔恩对此得意之至。[72]

在乌克兰首都基辅，红军撤离前埋下了定时饵雷，9 月 24 日至 28 日，饵雷断续引爆，炸死了数百名德国人和一些当地民众。国防军少将库尔特·埃伯哈德（Kurt Eberhard）与包括耶克尔恩在内的党卫队高层协商后，决定要让犹太人血债血偿。军方将这项"脏活"留给了保罗·布洛贝尔（Paul Blobel）领导下的 C 别动队"4a 特遣队"，还有一些武装党卫队（Waffen-SS）、两个警察营以及乌克兰警察代理署。[73] 9 月 29 日，犹太人被带到"娘子谷"（Babi Yar）。黑压压的人群摩肩接踵，一名幸存者后来回忆说，当时的感觉更像是一场游行，或者示威。一直到翌日结束，死亡人数达到 33 771 人，这是战争期间最为惨烈的一次屠杀。[74] 弗里德里希·耶克尔恩又继续组织下一场。

301

陆军元帅瓦尔特·冯·赖歇瑙是这片地区级别最高的长官，在听到一些人对杀戮表示不满后，作为回应，他向第六军下达了一条遗臭万年的命令，其中充满了为大屠杀辩护的意识形态论点。他告诉士兵，对"犹太次等人"采取严厉措施是绝对必要的。[75] 入侵波兰时，他曾对一名党卫队音乐总监枪杀 50 名犹太平民表示不满，两相对比，他的前后态度竟发生了如此大的变化。当时他反对滥杀平民，是因为这种行为会扰乱军纪，但到了 1941 年，那些担心显然已被他抛诸脑后。[76] 士兵们回到德国休假后，也会毫不避讳地谈起屠杀犹太人的事，以及这对乌克兰当地犯罪者的反向刺激。[77]

6 月和 7 月，在乌克兰东部的加利西亚地区，城市、乡镇、农村至少发生了 35 起大屠杀，其中最严重的一起是在利沃夫（乌克兰语，Lviv）。苏联人刚离开，乌克兰地下组织（OUN）就展开行动，开始"逮捕"犹太男性。德国军队在 6 月末抵达后，放任地下组织恣意屠杀，几日之内可能杀掉了一千人左右。而德国特别行动队及其他组织之后又发现了更多内务人民委员会（NKVD）的受害者，向上呈报后，他们获得了消灭"反帝国分子"的报复许可。随后，当地民兵、普通市民和一些国防军成员开始合作搜捕犹太人。7 月 2 日，大屠杀已接近尾声，安全警察（BdS）领导人费利克斯·兰道（Felix Landau）在日记中写道，下午 4 点左右，他们到达伦贝格（Lemberg，即利沃夫），"刚一到，我们就枪杀了第一批犹太人"。他说自己"不喜欢杀手无寸铁的人——即使他们是犹太人"，但说归说，他和手下们都没有停止动作。[78] 他们在伦贝格边缘的一个地方杀掉了 4 000 人左右。而当这些入侵者到达邻近的塔尔诺波尔（Tarnopol）时，当地的乌克兰民兵正对犹太人展开反攻倒算，因为苏联的秘密警察在离开前，杀了一批乌克兰人。[79]类似的事件如同瘟疫般四处传播。[80]

在白俄罗斯，1941年8月1日，海因里希·希姆莱向他下辖的普里佩特沼泽（Pripet Marches）部队发布了一项"明确指令"——"必须枪杀所有犹太人。将犹太妇女赶进沼泽里"。[81]也是在这一天，盖世太保首领海因里希·米勒（Heinrich Müller）写道，"要向元首提交特别行动队在东部的工作记录"，附上照片与文件——以免有人觉得希特勒不关心细节。[82]武装部队最高统帅部，包括陆军元帅凯特尔、军需官，以及鲍曼、里宾特洛甫和戈培尔等一众要人，都要在照片中出现。[83]希特勒对细节的确颇为了解，这从他在餐桌上偶尔流露的独白也能看出一二。[84]

作为巩固德国民族性的帝国委员，希姆莱一向按照他所理解的民族社会主义原则行事，他积极主动地为整个东方构建出了一幅意识形态愿景。战争开始后，才刚过两天，他就责成地缘战略专家康拉德·迈尔（Konrad Meyer）起草了一份"东方总计划"。该计划想对东欧与苏联进行彻底的种族重组，并预计将3 000万人（主要是斯拉夫人）迁移到遥远的西伯利亚。众多科研领域的代表都可以参与进来，用专业知识为计划锦上添花。[85]未得到"重新安置"的残余民族，将成为该地区1 000万德国定居者的奴隶。希姆莱表示，这种对奴隶的使用，将一直持续到若干年后德国能以足够多的人数独立管理定居点为止。[86]1943年1月12日，斯大林格勒战役尚未结束，他就让迈尔在计划中增加了（除前波兰以外的）所有波罗的海国家、白俄罗斯和俄罗斯的部分地区，范围北至列宁格勒周围，南至整个克里米亚半岛。[87]从这份蓝图中，我们可以洞见到数百万人悲惨的未来。

303

纳粹各党区的领导人也在努力实现自己的愿景，比如瓦尔特高的行政长官阿图尔·格赖泽尔，一位意识形态狂热分子，他请求希特勒或希姆莱能允许他在这个地区屠杀犹太人。[88] 1941 年 9 月 17 日，希姆莱在元首总部与他的上司进行了磋商，第二天，上司向格赖泽尔传达了希特勒的愿望——"尽快解放并清空德国及犹太人保护国"。[89] 事实上，希特勒希望在光天化日之下进行驱逐活动，以便昭告天下，达到威慑美国的效果。[90]

另一边，自 1941 年 3 月以来，赖因哈德·海德里希便一直致力于将犹太人驱逐到东部某个地区。7 月 31 日，他亲自撰写了一份备忘录，并得到了戈林的签字。通过这份备忘录，他将有权"做出一切必要的组织、实践和财政安排，以彻底解决（*Gesamtlösung*）位于德国势力范围之内的欧洲大陆上的所有犹太人问题"。[91] 他的目标是在战争胜利后，大规模驱逐犹太人，这在当时看来，似乎并不遥远。德国各部门也争相列出驱逐犹太人的"理由"，比如要为被轰炸的市民提供住房，要抗击疾病，要对付"游击队"，又或者赤裸裸地表示——要攫取他们的财产与金钱。诸如此类，都是民族社会主义反犹主义的特定表达。[92]

1941 年 9 月 1 日，德国颁布"黄星令"，规定犹太人必须在外衣上佩戴一颗黄星，便于市民辨认。从布雷斯劳前任教师威利·科恩的日记中，我们能看到犹太人对此做出的反应。他认为，大家看到这颗黄星后都觉得"难堪无比"，他自己也是。而从全国各地互相孤立的官方报告来看，他或许是对的，部分公民对这项措施表示"欢迎"，另外一些人则持批判态度。[93] 科恩开始猜测东部地区的犹太人发生了什么，而在 11 月 15 日这天，通过明信片，他得知了一个让他不寒而栗的消息：他们全家将会在月底前被送往别处，彻底告别现居的公寓。果不其然，11月21日，科恩被捕。四天后，他与妻子及两个年幼的女儿一起被驱逐出境，从此再无影踪。[94]

当时住在柏林的英格·多伊奇克伦只有十九岁，她回忆说，戴上犹太星之后，就如同往脸上戴了一扇面具。"有人仇恨地盯着我，有人向我投来怜悯的一瞥，还有一些人则自发地把目光移开。"但也有路人会把食物放进她的口袋，或者以其他方式表达善意。如果没有这些同情者的帮助，她后来不可能成功跟随第一批从柏林秘密转移的车队，从战争和流放中幸存。[95]

埃尔泽·贝伦德·罗森菲尔德（Else Behrend Rosenfeld）被关押在慕尼黑莱姆畔山（Berg am Laim）的犹太"集合营"里，大多数人给她的印象都很好，（她觉得）他们总是不忍心看到这颗黄星。只有少数人会对她仇恨谩骂。[96]她知道早些时候德国会将犹太人流放到吞并地区，但在1940年10月，当5 000多名犹太人从巴登和普法尔茨被驱逐到并未占领的法国时，她不由得大为震惊。这一年，贝伦德·罗森菲尔德四十岁左右，拥有历史博士学位，1933年之前曾在一所女子监狱担任看护人，因此被选为集中营的领导人之一。1941年11月8日，星期六，她被告知下周将有一批人被驱逐出慕尼黑——没有人知道，他们中的大多数人都要被送上死路。1944年4月，罗森菲尔德也得到了援助，成功从德国秘密逃往瑞士。[97]

关于民众对这些驱逐行动的反应，官方报道浮光掠影，提供的信息少之又少。1941年11月27日，福希海姆（Forchheim）的宪兵在阅兵广场（Paradeplatz）上准备将8名犹太人用卡车运到班贝格，警方在公式化的叙述中平淡地说道："许多当地居民聚集

305

到一起，非常满意地看着他们被送走。"从班贝格出发，途径纽伦堡，最终到达里加，犹太人将在那里迎来他们的死亡。[98] 12 月 11 日，从明登区经比勒费尔德（Bielefeld），有 400 名犹太人被驱逐出境。尽管当地的盖世太保试图对流放过程秘而不宣，但消息仍然不胫而走，随后，保安处搜罗了各种不同的意见。据说，大多数人都对驱逐表示"欢迎"，一名工人说，早就该这样了；还有人说，不该用那么好的城市公共汽车将犹太人运到火车站。然而，也有一些公民对犹太人竟受到如此残忍的对待而感到惊讶，还有人担心生活在美国的德国人会遭到报复。时值冬季，许多人都认为犹太人可能活不过长途旅行，驱逐行动未免过于严酷了。[99]

这些犹太人可能是被送到了瓦尔特高的主要城市之一罗兹（Łódź），其地设有隔都，关押着十多万犹太人。9 月至 10 月，赫伯特·朗格领导一支经过重组的特别突击队，用一辆密封有一氧化碳毒气的货车对规模较小的隔都做了清理，杀光了里面的居民。不久，朗格找到一处固定地点，那是一个距离罗兹只有 50 千米的偏僻村庄，名叫海乌姆诺（Chełmno）。1941 年 11 月，朗格和其他 12 名党卫队成员一起搭建出一个简陋的设施，起初用的是罐装一氧化碳，后来转用由柏林犯罪技术机构专门研发的改装版毒气气罐车。[100] 而像这样将毒气安装在后部的卡车，一共有 30 辆。[101] 从 12 月 8 日开始，海乌姆诺成为第一个灭绝营，由朗格担任指挥官。这里除死亡以外，空空如也，并不算是一个真正的营区，因为就连半永久式的奴隶营房都没有。大约 15 万名犹太人和 5 000 名吉卜赛人正向这里赶来，一旦抵达，就要被立刻屠戮，连主动献出劳动力的机会都没有。[102] 只有六名幸存者熬过了战争。

306 　　在极端反犹分子兼纳粹忠实信徒——奥迪洛·格洛博奇尼克

（Odilo Globocnik）的监督下，一连串灭绝营纷纷建立。1941 年 10 月 13 日，他与希姆莱商量后，获准修建贝乌热茨（Bełżec）灭绝营。[103]格洛博奇尼克此人，早在纳粹党成立之前，便形成了一种接近民族社会主义的世界观。他从奥地利的一名激进分子升任为维也纳大区长官后，却因涉嫌可疑的金融交易而遭到撤职。[104]这个时候，是希姆莱出手搭救，于 1939 年 11 月派他前往卢布林，担任当地党卫队和警察的领导人。格洛博奇尼克从十几岁时就对犹太人和斯拉夫人心怀仇恨，他急切想将这个地区清理干净，以便安置日耳曼人。

1941 年 8 月，德国 T-4 安乐死计划被叫停之后，接受过大屠杀培训的人进入"待业"状态。柏林当地的组织者，即鲍赫勒与布拉克（Bouhler and Brack），于当年 9 月去拜访了格洛博奇尼克。与这些大屠杀专家合作之后，"地球仪"先生（"Globus"）很快又监管了索比堡（Sobibor）集中营和特雷布林卡（Treblinka）集中营的创建与运作。[105]

有些人认为，热衷于杀戮犹太人的意识形态目标对战争起到了阻碍作用，此种说法在"赖因哈德行动"上却很难立得住脚。贝乌热茨、索比堡及特雷布林卡都是为执行"赖因哈德行动"而建立的集中营，这次行动的死亡人数在单次大屠杀中规模最大。[106]杀戮一共进行了 22 个月，每个集中营配有 20 至 35 名德国人，一共 121 人。其中 43 人为党卫队成员，33 人（也许更多）是长期支持民族社会主义理念的激进分子。毋庸置疑，其他动机也发挥了一定作用，比如许多人都曾参与过 T-4 行动，但无论如何，同侪压力都不应该受到过分的高估。[107]每个营区都有 90 至 130 名乌克兰人负责看守，而犹太人主要做体力劳动，做完之后，他们就会被押送刑场。[108]

我们之所以对这些集中营知之甚少，部分原因是幸存者实在少得可怜。在贝乌热茨，德国人杀害了五六十万犹太人，活下来的只有两个人。在索比堡，他们杀害了大约 15 万至 20 万人。据估计，索比堡的 600 名反抗者中，只有 300 人成功逃出了营区，但他们接下来还要过当地居民那一关，后者通常敌意满满。[109] 特雷布林卡同样发生了叛乱，而后 75 万至 80 万犹太人被处死，有不少人趁乱逃走，但最终只有大约 100 人成功离开此地。[110] 战后一名德国检察官发现，只有四人从海乌姆诺活着出来，索尔堡"大约有 50 人"，而特雷布林卡则有"40 人左右"。[111]

1942 年 6 月 4 日晚，海德里希因受到捷克斯洛伐克地下暗杀者的袭击，伤重不治而亡，希姆莱当即召开了一次党卫队和警察领导人会议。他谈到了几个话题，其中包括阻止犹太人"移民"一事。他直截了当地告诉他们，一年之内，整件事都要落实成功："到那时，他们将没有人能移居海外。因为，我们现在要清理门户了。"[112] 任务一下子变得明确又紧迫起来。几周后，希姆莱就"赖因哈德行动"发布了一则书面命令——也是唯一一则——他告诉负责人：务必在年底前完成行动。即使犹太人在做什么有用工作，也必须在年底前结束。这些措施的终极目的，他说，是"为了重新划分种族和民族，在欧洲建立新秩序，也是为了确保德意志帝国及其利益范围内的安全与清洁"。任何违反这些规定的行为都可能成为"身体与道德瘟疫的传染源"。可以看出，意识形态上的考量明显超过了经济上的需要。[113]

1944 年初，第三帝国已日薄西山，"地球仪"先生写信给希姆莱，骄傲地说起自己在这三个集中营里杀害了大约 170 万无辜的男女老少，想为他的部下谋求勋章。[114]他的冗长叙述读起来就像一份商业报告，上面详细地罗列出从受害者身上掠夺的大量黄金及其他贵重物品。然而，如果德国人的目标仅仅只是物质上的劫掠，那他们在囤积战利品时就会更加小心；但在许多情况下，他们只是放纵当地的乌合之众一拥而上，大肆争抢战利品。伊扎克·阿拉德（Yitzhak Arad）对集中营所做的研究堪称典范，他不偏不倚地总结道，在这些地方对犹太人的大规模谋杀，归根结底还是纳粹种族意识形态外化的结果，而收缴犹太人的财产、金钱和贵重物品只是其中附带的副产品。[115]

1943 年，在那批赖因哈德集中营基本停用以后，奥斯维辛-比克瑙（Auschwitz-Birkenau）集中营再次成为大屠杀的主要地点。奥斯维辛集中营作为一个"普通的集中营"，始建于 1940 年，设计之初更多是为了恐吓波兰人民，而非杀害犹太人。鲁道夫·霍斯于 5 月成为指挥官，6 月 14 日，也就是营区的"奠基日"，728 名波兰囚犯被运到这里。"巴巴罗萨行动"开始之后，为了剥削苏联战俘的劳动力，他们被陆续送往集中营。1941 年 9 月 26 日，希姆莱下令在一英里以外的比克瑙再建一个营区。随着这一命令的下达，整个行动的规模呈指数级扩大，主营区最初只能容纳 5 万名苏联战俘，而比克瑙营区修建后，人数增加到了 20 万。[116]10 月下旬，党卫队专家决定增加主营区的火葬场数量，因为他们预计尸体会越来越多。[117]尽管战俘受到的虐待极其严重，许多人都熬不过几周，甚至短短几天之内就咽了气，但德国人仍然对剥削各个集中营里的劳动力兴趣不减。主营区有两个毒气室，1943年 7 月关闭，而在比克瑙，他们又建造了四个专门设计的毒气室，每个毒气室各自连着一个火葬场。他们使用的毒气"齐克隆 B"

308

（Zyklon-B）非常致命，再辅以久经试炼的技术，囚犯往往刚意识到发生了什么，便已毒发身亡。奥斯维辛集中营的死亡人数最终在 110 万至 150 万之间，其中 90% 是犹太人，其余受害者为吉卜赛人等。[118] 党卫队里的忠实信徒是这场大屠杀计划的主要推动者，无论动机是什么，他们最终都接受了民族社会主义教义中满含杀戮的一面。

1941 年 11 月 29 日，海德里希邀请位列国务秘书一级的高级公务员到柏林郊外的万湖（Wannsee）参加会议，商讨"犹太人问题的最终解决方案"。不久前，他刚和希姆莱决定，必须制止欧洲犹太人向德国势力范围以外的地方移民，这一决定于 10 月 23 日成为盖世太保的铁令。在此之前，纳粹想的是将犹太人驱逐到天涯海角，而现在，形势急转直下，他们不愿意再放跑任何一个。[119] 这项工程浩大又艰巨，整个帝国的官僚机构过了很久才缓慢跟上风向的变化。[120]

海德里希发起的万湖会议原定在 12 月 9 日举行，后来却推迟到 1942 年 1 月 20 日。他的目的是维护自己的控制权，并对刚刚开始的工程做一番细节澄清。受邀参加会议的人都清楚，犹太人被"驱逐到东部地区"以后，下场只有一个，那就是死亡，看来最初计划的等战争结束再解决"犹太人问题"已经过时了。会议讨论最频繁的，是于何时、何地以及如何继续这项工程，从而尽可能多地屠戮掉会议记录中所列举的 1 100 万犹太人。除了在大德意志帝国境内和与帝国结盟的国家以外，他们还想杀光英国、芬兰、爱尔兰、葡萄牙、瑞典、瑞士、西班牙、土耳其以及苏联的所有犹太人。在意识形态的支配下，他们狂热地设想着这一恐怖的图景。[121]

而战争的动向不知何时也悄然发生了变化。1941 年秋季来临之前，德国对苏联的攻势似乎成果喜人。10 月 10 日，戈培尔记录了这一巨大进展，不过他觉得，希特勒和其他领导人"有点过于积极和乐观了"。[122] 10 月 26 日，这种怪诞的洞察力也出现在了陆军军备部部长兼预备军总司令弗里德里希·弗罗姆（Friedrich Fromm）身上，他和格奥尔格·托马斯（Georg Thomas）将军谈话时，提到了德国的过度扩张，以及美国与大英帝国雄厚的经济潜力对德国若隐若现的威胁。弗罗姆直白地总结道："权力已到达巅峰，及时悬停才好，"德国必须率先求和，以免之后被迫陷入守势。11 月 4 日，他向帝国装备部部长弗里茨·托特（Fritz Todt）提交备忘录，坦承了自己的想法，并直言不讳地告诉他，再也不可能将"军队维持在必要的战备水平"了。[123]

11 月 24 日，弗罗姆向陆军参谋总长哈尔德再次强调，军备产量正日趋减少，必须早日谋求和平。[124] 持有此种想法的并非弗罗姆一人，四天后，经济顾问在与托特的讨论中，直截了当地说："对苏战争赢不了了。"军备部部长随即邀请坦克专家瓦尔特·罗兰（Walter Rohland）与他一起在第二天上午面见希特勒。尽管没有弗罗姆在场，但罗兰还是报告了他视察前线的情况，同时提到了美国和英国的经济潜力，并得出结论说，仗打不赢了。为了缓和气氛，托特急忙插嘴道："这场战争从军事上没法取胜了。"希特勒平和地问道："那我该如何结束战争呢？"托特说，唯一的选择就是从政治上解决。而希特勒回答道："我几乎看不到从政治上解决的方法。"[125]

致命性的困境使希特勒形成了一种新论调：只有在取得一场伟大胜利后，德国才能进行谈判。但这场胜利从未实现过。事实

310

上，由于过度扩张、对严寒天气准备不足，再加上无力应对红军的反击，德军已在 12 月初停下攻势，滞留莫斯科附近。[126] 尽管如此，希特勒仍然不允许军队立即撤回防御阵地，这可能是因为 12 月 7 日日本袭击珍珠港后，国际局势风云变幻。约瑟夫·戈培尔指出，"世界大战"终于到来了。得知这个消息时，他正和希特勒在一起，两人都选择相信美国肯定会忙于应对"他们自己的战争"，而无暇顾及欧洲事务。他们一厢情愿地认为，现在实现"德意志世界强国之梦"的机会比以往任何时候都大。[127]

12 月 11 日，希特勒匆忙召开国会，并在会上发表演说——众所周知，屹立在罗斯福背后的力量正是"那个永远的犹太人，他觉得属于他的时代已经来临，要将我们在苏联目睹和经历过的恐怖命运如法炮制，强加到我们自己身上"。他声称，犹太人和罗斯福正试图建立一个世界性的独裁政权。[128] 因此，他向美国正式宣战。虽然根据与日本的协约，德国根本没有义务这样做。翌日，在向帝国其他领导人发表讲话时，他再次提出了那个为人所不齿的"预言"——如果犹太人引发另一场世界大战，他们不会有好下场的。[129] 有几位历史学家坚持认为，希特勒就是在这个时候做出了大屠杀的"根本决定"，但这一观点仍然存疑。[130]

不过，无论关于大屠杀的决定是一个还是多个，到 1941 年底，大规模屠杀犹太人的行动一直都在顺利进行中。这首先是受到民族社会主义意识形态的影响。侵略者的目的不言而喻，就是要杀死欧洲所有犹太人，他们相信，自己迟早有一天能做到。边境处于封锁之中，灭绝营也陆续建成，死亡的磨盘正疯狂转动。政策在制订与实施上必定会遭遇千难万阻，但绊脚石大多是战术上的考虑以及时间和方式，终极目标则始终坚如磐石。在新年

1月30日的年度公开庆典上，希特勒再次宣布了他的"预言"，他 311
恶狠狠地表示，"要么雅利安人灭绝，要么犹太人从欧洲消失，否
则战争不会停止"。[131]关于民众的反应，官方报告也只是公式化
地重复了一遍希特勒讲话的主旨。[132]

在德苏战场上，1942年，国防军试图于6月28日对红军发
动一次大反攻。即使到了这一刻，希特勒也如往常一般坚持认为，
他们来这里，是要以野蛮残暴的殖民者身份，征服人民，剥夺他
们的教育和文化。[133]毫无疑问，这样的种族主义姿态大大激化
了红军的抵抗，1943年2月2日，德军于斯大林格勒战败，攻势
瞬间逆转。尽管宣传部部长戈培尔希望希特勒能给全国来一次充
分动员，但后者却只答应让他在2月18日通过广播向全国发表一
场回应斯大林格勒战役的讲话。在广播中，戈培尔厉声警告道，
如果德国国防军不能化解东方的危险，那么德国和整个欧洲都将
落入布尔什维主义之手，他们的目标是促成"犹太人的世界革
命，从而使德意志帝国与欧洲乱成一团"。戈培尔继续说道，利用
由此产生的绝望，他们将缔造出一个布尔什维主义和资本主义暴
政。[134]然而，尽管他召集了这样一场大规模集会，但也无法遮
盖战场上铁的事实。7月3日，希特勒再次发动战略反攻，但不到
两周就被迫停止。瓦尔特·瓦尔利蒙特（Walter Warlimont）将军
当时也在元首总部，据他说，这次失败"将主动权拱手让给了苏
联人，直到战争结束，我们再也没有夺回过"。[135]

随后，在盟军的轰炸下——尤其是从1943年中期开始——德
国战争进入第三阶段，也是最后一个阶段。几次大规模的空袭在
德国全境引发轩然大波，比如轰炸汉堡的"蛾摩拉行动"（7月24
日至8月3日）造成了一场惊天的火焰风暴。局势糟糕透顶，谣

言也在夸大死亡人数，据保安处说，"[1918年的]11月情绪"又在国内许多地区卷土重来。[136] 汉堡及其附近的死亡人数经过估计，在1.8万至8万之间，而在更远的西里西亚，这一数字则是35万。[137] 一名女性在撤离时，将自己被烤干的孩子装进了行李箱。中途，箱子掉到地上，露出一具焦黑干瘪的尸体，旁观者无不惊恐尖叫。[138]

312　　　1943年9月，随着盟军在意大利本土登陆，被围困的感觉越发强烈。为了应对日益增长的威胁，希特勒发布了一项军事指令，解释这段时间的重大变化。尽管在最初，布尔什维主义造成的威胁需要将兵力集中在东部，但如今"更大的危险"已在西部出现，盟军有可能在那里登陆。德国不能让敌人站稳脚跟，这会构成直接威胁，而在东部，德国国防军就算放弃领土，也不会"对德国的神经系统造成致命性打击"。[139] 于是，德军撤离苏联领土，但中途遵循焦土政策，摧毁了一切可能会对即将到来的红军具备价值的东西。其间恐怖如临地狱，难以状述。[140] 为了强化国防军的心态，12月22日，希特勒引入民族社会主义督导官（NSFO），这支队伍听起来有点像他一直鄙视的红军政委。1944年1月7日，他解释说，他的意图是使"整个国防军与民族社会主义思想体系完全一致，**缓慢渗透**"。[141] 除了这些意识形态上的呼吁，军方还用强制手段胁迫部队继续战斗。[142]

　　尽管德军付出了超乎想象的努力在法国英吉利海峡沿岸筑造防御工事，但盟军仍然于6月6日成功登陆诺曼底，并很快占领阵地。不过，即使在许多非纳粹分子看来，更糟糕的还当属"7月20日密谋案"——一场针对希特勒的暗杀。随后，希姆莱发动内部讨伐运动。此外，在戈培尔的领导下，还开始了一场全面战争总动员。1944 年 4 月，希特勒甚至开始允许犹太人进入德国，希姆莱很快便将此事告知国防军将领。他说，他们先从匈牙利运 10 万人，派其挖掘洞穴，隐藏工厂，躲避炮火轰炸。后续可能还会再运一些。他保证，这些人一定会被封死在公众视野以外。为什么希姆莱有足够的信心这样做？他告诉他们，这是因为他们贯彻执行了希特勒的"预言"，彻底解决了犹太人问题。[143] 大概只有他的听众知道这是什么意思。

1945 年 1 月 30 日，希特勒做了最后一次周年纪念演讲，这时距他发表意识形态变化言论，已过去了许久。他表示，在他掌权时，一场反对"犹太-亚洲布尔什维主义"的激烈斗争已经如火如荼。他把这种势力比作一种疾病——这是他长年以来很喜欢做的事——如果不是民族社会主义进行了"巨大的经济、社会和文化重建"，德国早已成为疾病的牺牲品。在向德国士兵发表声明时，他郑重起誓，他们所参与的是一场生存之战，因为"国际上一直密谋反对我们的东方犹太人，其目标就是灭绝我们的种族"。[144] 这就是德国不仅在西部，而且特别是在东部做最后抵抗的理由，薄弱到不堪一击。战略背后的意识形态丝毫未变，尽管他在 1945 年 3 月曾忍耐着发出和平的试探，但他知道，只要德国一日不做出重大反击，和平便一日无望。即便有，也只是昙花一现。[145]

可悲的是，他的咬牙坚持为德国换来了什么呢？在战争最后的 17 个月里，盟军投下了他们总投弹量的四分之三，大约造成 35 万至 38 万人死亡，其中四分之三是德国平民。至于国防军，在最后的 5 个月里，军队死了 154 万人。平均每天就有 11 846 人死去。[146]

回顾德国自 1933 年以后发生的事情，我们能从记录中看到，第三帝国在和平年代大肆挥霍，毫无节制。希特勒也坦率承认，

313

国家遭遇了经济问题，1939 年 8 月，他决定临时发动一场"闪电战"来解决一切危机。胜利迅猛而至，到了 1941 年的初冬，在世人眼中，他已是权倾天下的元首。他时常将这种成功归于自己能力高强、民族社会主义学说行之有效，毕竟这种学说在德国国内甚至欧洲部分地区都广受赞誉。1941 年 10 月至 11 月，战争的走向发生了不可阻挡的变化，紧接着在不到三年半的时间里，大厦崩塌，德国全线溃败。这是历史上最陡转直下、最血雨腥风，也最具毁灭性的逆转之一。在这短短的时间内，第三帝国将民族社会主义意识形态中最凶残的一面付诸实践，希特勒及其手下做出了种种罪恶行径，大屠杀就是其中典型。他们所到之处，死亡与毁灭如影随形，而在他们之后，国家民疲师老、四分五裂，徒留屈辱在人间。

结　论

正如希特勒及其忠实信徒一直重复的那样，他们运动的核心就在于民族社会主义的"伟大理念"，由激进的民族主义、各种社会主义和狂热的反犹主义元素构成。在这种强有力的混合体中，他们又往里面加入了对德国复兴和"生存空间"的探求。而在1918年至1919年的德国，这些理念没有一个是纳粹首创的。

魏玛共和国成立以后，动荡的时局催生出了往来不绝的政治煽动者，掀起了一轮又一轮的惊涛骇浪。1920年至1923年是纳粹党形成的第一阶段，值此风雨飘摇之际，他们铆足了劲儿想要发动一场暴力革命，但1923年的夺权行动证明，他们终究还是准备不足、执行不力。随着领导人锒铛入狱，政党遭受取缔，运动似乎正在走向历史的垃圾桶。但令人惊讶的是，1925年，它转世重生，以一个"正常的"极端主义政党的姿态，与其他党派在竞选中拼杀。渐渐的，更多真正信仰民族社会主义的积极分子加入了这场斗争，而他们之所以这样做，与其说是拜倒在了希特勒的个人魅力里，毋宁说是因为他们在民族社会主义理念中，发现了一种与自己粗粝的思想相近的学说。事实证明，这些思想之所以成功，正是因为它们并非原创，早就根植于德国的政治文化中。

第一批加入纳粹党的人都带着一种激愤的民族主义情绪——

有时甚至是受害者意识——对德国在 1919 年战败之后被迫签署
《凡尔赛和约》，痛心切齿，深感救国责任之重大。除了签约以外，
新成立的共和国还不得不承担发动战争的全部罪责，并赔付前敌
提出的巨额款项。魏玛共和国的不幸之处在于，它既无治国之能，
亦无经济之才。

民族社会主义的早期信徒还持有一种强烈的社会主义态度，
他们大都不希望回到德意志帝国时期的阶级社会。尽管当时的观
察家们对"纳粹社会主义"嗤之以鼻，但纳粹党内的早期领导人、
积极分子和一众党徒都对它极为看重，以创造神话般的人民共同
体的名义（并不总是如此），为之浴血奋斗。无论是以何种形式呈
现的社会主义，都已经融入了德国的政治文化中，民族社会主义
从始至终都反映了这一点。

在纳粹出现以前，反犹主义便在德国大肆横行，19 世纪 80 年
代，德国与欧洲部分地区出现了政治上组织有序的反犹团体。尽
管许多公民自由主义者一直心存希望，但对犹太人的种族敌视从
未彻底消散，反而千变万化，四处蔓延，终于在"一战"期间变
得无处不在。到 1919 年，反犹主义盛况空前，部分原因是它在当
时的德国革命中发挥了突出作用。希特勒，以及纳粹初期运动中
像他一样的同道中人，在此时期"觉察"了自己的反犹主义。也
许这种思想在他们身上潜伏已久，一直隐忍未发，而当它在危如
累卵的魏玛共和国破土而出后，却爆发出了前所未有的血腥与冷
酷。这种反犹主义成为民族社会主义的重要一环几乎在所难免，
因为它和后者的部分教义如此适配，仿佛天生便是为其量身打
造的。

民族主义、社会主义、反犹主义——再加上对"生存空间"

的求索——相互缠绞，共同构成了希特勒教义的基本与核心，尽管随着时间的推移，为了适应运动的发展，它们有时需要做出一定的变形。然而，无论这些理念本身有多么强大，与现有的暴力结合之后又变得多么猛烈，如果没有 1923 年的通货膨胀和 1929年开始的大萧条这两次经济灾难，纳粹主义十有八九不会成功。正是这些经济和社会灾难，及其致命后果，将无数普通民众变成了纳粹分子。在 1932 年的最后一次大选中，大多数人都将票投给了拒绝接受魏玛共和国宪法、希望实行某种专制独裁统治的政党。大部分选民还希望政党能支持"社会主义"，无论是它的何种变体。如此说来，希特勒和纳粹党在很大程度上，其实只是德国国内一场更磅礴的社会主义、反民主和反犹运动里的一束激流。

317

1933 年，希特勒最终被任命为总理，一切何去何从？尽管数百万纳粹忠实信徒都对魏玛共和国的一切蔑视不已，但他们最不希望看到的，就是苏联政体在德国出现翻版。而另外数百万德国共产党人显然不这样认为，他们对斯大林版本的共产主义乌托邦大加赞美，毫无指摘。希特勒的独裁政府想要改变他们，以及比他们立场更为温和的社民党人，是一项艰巨无比的任务。

1918—1919 年德国革命连同那群来势汹汹、肆无忌惮的暴民，作为统治的反面案例，深深烙印在希特勒心中。他在《我的奋斗》中写道，为了确保这样的历史不再重演，国家的权威应该建立在"民意、强权与传统"之上。如果一位国家领导人能将这些因素结合起来，他的权威将"不可撼动"。[1]

为了给他领导的政权树立这些品质，希特勒总理深思熟虑后，开始以精巧的战略向前推进，而他在内阁中也得到了非纳粹分子的有力协助。到那时为止，他是德国最受欢迎的政治家，这一点毋庸置疑,而他的政府也和纳粹党一样,宣扬民族主义、德国传统与军国主义。大多数公民要么由衷接受,要么抱着无可奈何的心情被迫效忠新的执政派,但总的来说,德国社会都驯顺地服从了他。没有真正的迹象可以表明,曾出现过有组织的反抗,社民党和共产党的地下反对者都受到了严重的恐吓。

和平年代对犹太人的迫害,在将民众变成纳粹分子的过程中起到了什么作用?新加入纳粹党的成员不可能忽视反犹主义的存在,因为新政权自上台之日起,就对此大做文章。将犹太人赶出"人民共同体"的行为,既彰显了他们"雅利安人"的特殊身份,同时也反向对共同体的建立起到了心理促进作用。当然,这群贪婪者还觊觎犹太人的财产与地位,渴望从他们身上攫取利益。而令德国犹太人忧惧不安的是,此前民众对待反犹主义的反应各不相同,但到 1939 年,社会普遍形成了这样一个共识:对于将犹太人排除在"人民共同体"之外,大多数人都没有异议。[2]

在此期间,独裁政府接连举办全民公投和选举活动,使尽浑身解数动员民众,也获得了惊人的支持率,但这种表面价值并不能成为选民接受或者认同希特勒意识形态的确切衡量标准。然而,这些活动切实表明,到和平岁月结束为止,排犹共识都正在成为一种强盛的风潮,将大多数普通人席卷其中。那个时代的另一个标志是,大批民众投身于各类纳粹组织,对纳粹运动的意识形态都有一定的了解。这些自我动员、满腔热忱的志愿者在社会福利与关怀活动中勤勤恳恳、日夜劳作,以不同程度的情义与奉献为民族社会主义效力。

然而,当学者们试图用精确的百分比来量化人们在第三帝国存在的十二年间,对民族社会主义究竟抱有多大的热情时,却受

318

到了严厉的抨击，理由相当充分——调查来源鱼龙混杂，不够可靠。但史料足以证明的是，纳粹政权及其推行的政策，在不同的时间和议题上，面对不同的社会与宗教团体，受到的拥护总是忽高忽低。即使是最低限度的忠诚——比如支持国家复兴，或是推翻备受轻视的 1919 年《凡尔赛和约》——也有可能朝着互相矛盾的方向发展。因此，爱国者在受到激进民族主义的挑动后，欲逞国威于世界，但当他们真的看到军队在 1939 年开始大展武力，并卷入无休无止的战争后，却又甚感惊惶。

第二次世界大战结束后，德意志联邦共和国的专家对公众舆论做了一番回溯性调查，尽管因为时势变迁，其中偶有不实之处。1948 年，他们对全国（包括西柏林在内）的成年人进行调查，问了一些问题，其中一个是关于希特勒的意识形态及其接受度的："您是否认为民族社会主义本身是一个好的理念，只是执行不当？"57% 的人回答"是"，28% 的人回答"否"，剩下 15% 的人未置可否。[3] 1985 年，同一批德国学者对 1932 年之前出生的人又做了一次问卷调查，56% 的人承认自己在某种程度上，信奉过民族社会主义；32% 的人拒不承认，11% 的人"早就不记得了"。[4]

这些对第三帝国及其教义的正向支持，有多少是在引入"德国社会主义"——纳粹党一直对此争论不休——的努力中发展出来的？如果在不同的时期询问不同的人，将会得到不同的答案。当然，那些参与了这场浩大的民族社会主义运动的人，早已隐约捕捉到希特勒及其手下想建成一个什么样的社会。领导人宣称要解决失业，在很大程度上，他们利用婚姻贷款等创新性手段，也确实达成了这一目标。但事情远不止此，他们同时还致力于建立一个"种族纯正"、更加完美的人民共同体。那些重新找到工作的

319

人，尤其是年轻人，就这样徜徉于共同体中，畅享劳动成果，并将自己纳入更加恢宏的民族主义和社会主义计划中。[5]

在 1933 年之前，工会成员一直坚决反对纳粹主义，但在当年的 3 月至 4 月，他们也陆续变节。工会主席洛塔尔·埃德曼（Lothar Erdmann）直接化用希特勒常年说起的一段话："我们是社会主义者，因为我们是德国人。正因为此，我们的目标不是'那个'社会主义，而是社会主义德国。这种德国社会主义从德意志的历史中生长出来，在未来将为德意志人民开拓出广阔的生存空间。如果没有社会主义性质的民族化，社会主义德国将永远不会实现。"[6] 这正是纳粹党在 1925 年甚至更早以前，一直广为宣传的主旨。

尽管成功收编了工会，但希特勒经常承认，创建人民共同体是几代人的工作。此外，他踌躇满志，还想要重整军备，使国家再次恢复武装。如果德国收回在欧洲的主权，恢复自身"合法"地位，民众能和各国相处得更融洽一些吗？虽然略有勉强，但答案仍然是肯定的。结果，纳粹主义的经济新秩序并未采用传统的"凯恩斯主义"，即将钱交到消费者手中任其花费，从而在整个经济中释放乘数效应，反而是将巨额财富用于武器制造上，训练军事力量。[7] 之后，政府又进一步向社会主义与干涉主义偏移。1936 年，纳粹党报吹嘘道，"资本主义自认为完好无损，实际上早已受到政治的操控"。[8] 如此一来，一个充满活力但极不平衡的混合经济诞生了，它促使整个国家转向军备竞赛。

在向前发展的过程中，独裁政权为普通人描画出一幅居住体面、生活怡然的未来图景，当然，这只适用于那些种族合适、政治可靠的人。在这些精心挑选的信徒眼中，能够拥有一个带着花园的家，将是德国社会主义王冠上一颗最为璀璨的宝石。而政权为工农阶级准备的节日庆典，则颂赞普罗大众的光辉，使他们感到自己是共同体的一分子。为了增强这种归属感，德意志劳工阵线的分支将目光锁定在辛勤劳作的工人身上，关注他们在工厂的福利，以及休闲时的娱乐活动。官方的努力旨在赋予他们一种新的生活意义，并向他们暗示社会主义的未来面貌。诚然，新政权没有像人们希望的那样，在德国城市或近郊地区建造足够多的新型"绿色"住宅区，也并未使大众汽车得到普及。尽管存在这些不足，但这些努力本身已经使公民"虚拟消费"到了生活中的美好之物。

变化也是实实在在的，不计其数的社会政策和新成立的组织机构都在致力于消除阶级壁垒。例如，从 1933 年开始，大学生必须参加为期十周的劳动服务营，次年政府又规定从体育学院毕业的学生必须做足六个月。劳动局后来的领导人自豪地宣称："要克服社会分裂、阶级仇恨与阶级傲慢，最好的办法莫过于让工厂主的儿子和年轻工人、年轻知识分子及农场工人同衣同食，并肩作战，为他们的人民和祖国服务。"[9] 这是改造现有的社会世界、创建社会主义性质的人民共同体的另一条道路，也是普通民众成为纳粹分子的原因。

与此同时，尽管政府抛出了种种诱惑，仍有相当一部分人对共同体的理念不屑一顾。[10] 但当把这群人与拥护民族社会主义的数百万信众放在一起比较时，前者的分量立刻显得微不足道。多年来，希特勒不断做出各种社会主义承诺，而当掌权之后，他的生活方式却日渐染上帝国主义色彩。他自诩为建筑大师，将自己的梦想寄托在不朽的纪念碑式建筑上，修建规模之大，甚至超

321

出了繁盛的德国所能支撑的财力范围。打着重振人民自尊心的名义，他将自己欣赏的艺术堆砌到这些建筑上。为了增加民众的信心——以及他自身的崇高感——希特勒及其手下认真发动了一场文化革命，强行推动"新生"。为此，他们毫无顾忌地使用高压手段，封锁基本的人权与自由。

他们将建立所谓的新型和谐共同体作为终极目标，仅仅是为了满足忠实信徒的需要，同时拉拢更多信众吗？或者，这一动作其实是采取强硬外交政策——消除战争失利的恶果，向东欧攫取生存空间——的先决条件？实际上，希特勒在上任后不久，就私下向军方领导人坦承过，后者正是他想要的。军方大多数人都很高兴，尤其是当政府开始为重整军备投入巨额资金以后。

恢复民族光荣，重回国力巅峰，这种民族主义愿景极大推动了民众转向民族社会主义，甚至还吸引了对民族社会主义的其他诉求无动于衷的人。当新政权实行征兵制，并成功挽回《凡尔赛和约》所造成的领土损失时，人人莫不欢呼喝彩。与此同时，随着德国在20世纪30年代末取得几场兵不血刃的胜利，希特勒的第六感仿佛也得到了验证——冥冥之中，他知道自己可以侥幸做成什么。在战争胜利的那几年，大多数爱国者都热情高涨。不过，尽管民族社会主义和军事价值观似乎已得到广泛普及，但真的有那么多人支持希特勒所说的进军苏联农村、获取广袤的生存空间这一众所周知的承诺吗？[11] 胜利来得如此轻易，人群的兴奋突破天际，这一切都给扩张化的意识形态带来了更大的声望和更盛的权威，以至于他们开始幻想，也许德国能达到的成就远不止消除第一次世界大战的失利，实际上，他们可以走得更远！1940年中期，他们完成了这项壮举，尽管英国仍未放弃战斗。希特勒在

1941 年选择进攻苏联，说要将其一举击溃，之后像他常年暗示的那样，由他或希姆莱将符合种族条件的德国人迁移到这片资源丰富的东部地区。

　　纳粹党魁、党卫队领导人以及众多军方人物，早已为"伟大理念"所折服，向外征服的野心不断膨胀。他们用带有意识形态色彩的目光看待东欧，观点都是扭曲后的。事实上，他们的偏见思想与古老的反斯拉夫情绪无缝融合，希特勒和大多数军官都相信，一旦对苏联发动"实战"，胜利将轻而易举。为了恫吓东部的数百万人，在战斗开始之前，政府鼓励国防军、党卫队及其协助者不要顾忌战争规则，只管消灭犹太人和传统的社会精英，并使乌拉尔山脉以西——也就是莫斯科的远东——不再出现任何军事强国。1941 年 7 月的一个晚上，距离战争开始还不到一个月，希特勒在用餐时缓缓说道，教育斯拉夫人是错的，他们只需要学会识别道路上的标志就够了。他神化了英国人控制百万印度人的方式，那种假想的模式一直在他脑海中挥之不去，尽管英国人的所作所为根本不能与德国人在东欧实施的大屠杀相提并论。[12] 种族主义教育助长了无法无天的暴行，结果适得其反，加剧了苏军的抵抗。

　　1941 年的秋冬之季，德国国防军出现失利，希特勒和一向急于求成的希姆莱开始将"意识形态之战"转变为反犹战争。这一转变并不令人意外，因为自 20 世纪 20 年代，希特勒及圈子里的其他人用传染病隐喻犹太人以来，激进的反犹主义就一直是民族社会主义理念的组成部分。后来当德国对"种族敌人"犯下残酷暴行时，这种仇恨性的言论还成了他们的辩护词，1939 年在波兰是这样，1941 年 6 月军队越过边境向东进发之后，还是这样。

322

同年秋天，德国开始驱逐犹太人，全国各地的反应大相径庭，少数人公开鼓掌，宣泄仇恨，对眼前发生的不幸大加嘲弄。而在希特勒和戈培尔的领导下，民众的谩骂声万口一词，清晰尖锐。但人们是把这些言辞当真了，还是觉得，这只是以前司空见惯的那种威胁论？

只要德国民众去询问从东部地区休假回来的人，无论是军队、党卫队还是其他组织，都能获悉犹太人的境况。谋杀的整个过程逐渐在欧洲真相大白，参与者太多，纸总包不住火。[13] 德国公民对此的反应较为割裂。一方面，他们的行为可以被归类为一致赞成、自愿参与和牟取暴利；另一方面，却是漠不关心、置若罔闻、拒绝接受。从独裁政权的角度看，关键在于这是他们可以实现的主要的意识形态目标之一，而不必担心普通民众会动员起来，阻止政策的推行。这个问题对希特勒及其他当权者十分重要。到了1941 年秋天，不要说反对意见了，甚至就连最轻微的异议都无人提出。

对犹太男女老幼——几乎所有人都是平民——的屠杀如疾风暴雨一般，不断升级，以至于到了 1941 年底，有一点已经昭然若揭：侵略者迟早会杀光他们能抓到的所有欧洲犹太人。同年深秋，谋杀进程如常进行，不再只是某人的秘密愿望清单。犹太人的下场成了一个"公开的秘密"，当德国武运渐衰、胜势逆转之时，德国人才真正开始质疑这秘密的存在。[14]

1942 年初，参加万湖会议的众位官员谈到要"重新安置"欧洲 1 100 万犹太人。希特勒阴沉沉地表示，要将他们全部"送往俄罗斯"，他的这番威胁背后潜藏着一个逻辑，即他永远不会容忍犹太人在任何地方存在。[15] 但这并不意味着随着他的话音落下，就有一辆庞大的杀人机器为他自动运转，现实中，众多机构和个人之间涌动着无数失误与冲突。[16] 就算是用黄星标记犹太人，并将他们驱逐出境，也需要经历一个尴尬的"学习过程"。[17]

"二战"期间，希特勒最喜欢向军队讲述的故事之一是：德国由于地处欧洲中心，数百年来一直被迫陷入达尔文式的"生存斗争"之中，"永远无法摆脱优胜劣汰、物竞天择的宿命"。正如他所说，如果他在掌权之时没有立刻重建国防军，那么来自东方的"巨人"，一个得到犹太人支持的新成吉思汗，将吞噬德国。在希特勒看来，除了战争以外，别无他法，而历史已经表明，只有强者方能生存。[18] 1943 年初斯大林格勒战役落败后，他继续向党魁们灌输信心，要他们相信未来的"大日耳曼帝国"，一定能挣脱所有犹太人的束缚。到那时，征服者将按照自己的信条，对一切施以残酷的统治。"支配世界指日可待。"[19] 他如此说道。

仅仅一年多以后，在贝格霍夫向众位将领与军官发表讲话时，他对民族社会主义如何从 1919 年寒微无比的存在成长为主流意识形态做了一番剖白。他简单地说，他的世界观就是"看待一切存在之谬误的方式"，据说这是基于最新的科学。事实证明它很正确，他说，政权已经用这种世界观组建了一个新的国族。他强调，摧毁竞争对手漏洞百出的世界观也是他的职责所在——难怪他可以坦率地承认，自己曾无情地"迫使犹太人离开他们的原定位置"，从德国消失。"我这样做完全符合自然规律，合情合理，谈不上什么残忍，就是为了保护更好的人种"。他还夸耀道，经过这样一番大刀阔斧的动作，德国不可能再兴起任何革命，因为他已将所有潜在的领导权都剥夺了。因此，对犹太人的任何人道主义行为都是白费力气。除此之外，他还指责犹太人是苏联布尔什维

324

克"兽行"的组织者,他们要杀害德国数百万知识分子,抢夺他们的孩子。而当他再次提醒众将,那个"预言"——一旦发生世界大战,犹太人将不会有什么好下场——已经成真了时,在场众人就像之前的每场演讲一样,无不报以热烈的掌声。[20]

他究竟在想什么?话题重新回到 1918 年德国革命的开创性历程,他将其与目前的境况进行对比,论调依然铿锵不变:民族社会主义世界观的引入改变了德国的一切,就像布尔什维主义改变俄国一样。在座各位大可想象,俄国古老的沙皇制能在 1941 年抵挡住德国人的进攻吗?这么多年来,他一直说苏联才是他们最危险的敌人,就是因为他们拥有一套意识形态。当然,现在的德国已经有了前几代人缺乏的东西,即国家领导层、国家宣传理念和国家代表之间达成的共识。从今以后,儿童将接受民族社会主义的社会化教育。"这样一个经过锻造与重塑的国族,将固若金汤",1918 年革命永远不会重演。他想让听众相信,在当前这场战争中,"民族社会主义思想"将在国防军内部得到进一步深化,而在战争胜利后,他们的目标是继续努力,将德国人民改造成一个"坚不可摧的整体",完成进军欧洲的使命。[21]

这些幻想迎来破灭,是在 1944 年 6 月 22 日,红军发起了一场重大反攻,此时距离德国无端攻打苏联已有整整三年。尽管不久前,西方盟军刚在诺曼底成功登陆,但希特勒还是平静地向上萨尔茨山的众多访客保证,他们一定能"为了德国的自由,再次战斗"。[22]

怀疑的气氛开始四处蔓延。下午,他向数百名将领与军官发表讲话,坚定地宣称,德国仍然处于优势,而且必会成为"欧洲的主导力量"。如果到了最后,国家无法在战争中维护自己的存在，那么"物竞天择"的规律自会决出取胜的强者。这样的言论他在 20 世纪 20 年代初就曾发表过，因此不应将其理解为，他在预演一场已经估测到的失败。[23] 他情绪激动，但还不算太过悲观地说，那些唱衰他们的人，根本不了解在他的领导下，国家发生了一场多么彻底的变革。"我们将成为战争的胜利者，带领德国人民重建良风美俗。"他对自己意识形态背后的"科学"和知识深信不疑，向手下众将激昂放话，"我们的反犹主义将传遍世界各地，就像过去法国大革命的思想领先于法国军队，促成了拿破仑的胜利一样"。[24] 令人惊骇的是，他竟将民族社会主义中的反犹理念与 1789 年呼吁"自由、平等、博爱"的自由人道主义思想相提并论。

德国国防军是如何消化民族社会主义意识形态的？考虑到大约有 1 700 万人在军中服役，至少从社会层面上来说，军队足以照映出整个德国。然而，追寻军队如何内化这些意识形态诉求，在战争结束之前，就一直是个争议不断的话题。盟军曾派出心理战小组，审问在非洲、意大利及西欧抓获的第一批战俘。心理战小组的专家有意纠正德国社会及军队已经彻底转向纳粹化这种简单粗暴的宣传形象，事实上，这群外部专家开始对国防军进行"去意识形态化"分析。这个一时涌起的冲动，一直持续到今天。[25]

然而，历史学家对这种夸大其词的结论提出了严重质疑，其中就包括年轻的德国学者费利克斯·勒默尔（Felix Römer），他对美国俘虏的大批囚犯做了差异性分析。盟军先是审讯这些俘虏，而后窃听了他们的"私人"谈话。尽管是在西部被俘，但有些人也曾在东线参与过作战。他们的忠诚矢志不渝，超越了旧有的宗教、阶级和政治界限，甚至可以说，那些后来与希特勒及纳粹主

326

义宣布决裂的人，往往都属于纳粹最初的敌对群体。勒默尔总结说，加入国防军确实巩固了希特勒大肆吹嘘的"人民共同体"，但他指出，士兵很少会完全服膺纳粹主义，他们大都有着不同的底色，处于不同的阶段，有时还会前后矛盾。尽管大多数战俘不怎么对民族社会主义做哲学性反思，但意识形态信仰始终是他们的世界里不可或缺的一部分，也是心照不宣的共识。[26] 在 1933 年之前甚至之后，像工人阶级这样的社会群体，面对民族社会主义的呼吁往往不为所动，但参军后，他们就会改变心意，忠诚服役。类似 1918 年 11 月革命那样的士兵哗变从未发生过。[27]

　　并非所有的德国军人都相信那个故事——国际犹太人酝酿着一个阴谋，必须赶紧阻止——但也有人对公众演讲中的仇恨洪流置之不理，却仍然相信民族社会主义。教师奥古斯特·托佩尔维恩是一名非纳粹军官，虔诚信仰基督教，他认为斯大林格勒战役的失败并不意味着德国大势已去，反而是"对民族必胜信念的第一次真正考验"。尽管 1943 年初德军从苏联经历了一场灾难性的撤退，但在斯大林格勒战役发生前不久，他就指出："其他大国比我们兵力更多，生产的武器也比我们更多（美国！）。但我们可以将信心建立在对民族社会主义理念的信仰上。"在翌年年底及随后到来的第二年，他欣喜地记录了国家对年老者和年轻男孩的征召，他的儿子也有幸在列。前所未有的时代到来了，他在东部地区写道，"整个民族都拿起了武器：男人和女人，男孩和女孩！到处是前线，国外和国内！一定要收起怜悯！"1945 年 5 月 2 日，在听到元首去世的消息时，他说，希特勒的错误在于，"真正的敌人明明是布尔什维主义"，他却向英美开战。[28] 托佩尔维恩可能只是一个特例，但他绝对不是唯一一个在民族社会主义中看到"深

327

层意蕴"的人。德国普通民众在日记和信件中也记录了类似的情绪——希望与期望，怀疑与绝望，焦虑与不安，五味杂陈，最终全都化为一股砥砺前行的决心。[29]

　　1944 年末，纳粹政权在德国后方收紧了意识形态的约束，同时开始采取恐怖主义手段，因为无论宣传做得多么紧密，还是有不计其数的人，甚至包括地方上的纳粹领导，开始厌倦战争。但他们的柏林上峰多半不会觉得——发动战争是错误的，意识形态存在缺陷，或者他们对外国领土的侵占过于残忍，相反，他们开始在内部队伍中寻找过失，企图将结果归到个人懦弱或个人失误等理由上。领导层愤恨地表示，这些"失败主义者"必须被连根拔起，并且施以极刑——好像只要残酷处置了内部敌人，就能找到战争的出路一样。[30]

　　正当由上而下的恐怖肆虐全国之时，进攻者的脚步逐渐逼近柏林地堡。希特勒、戈培尔以及大多数军方领导人都深陷绝望，却又渴望奇迹降临。2 月 24 日，希特勒在慕尼黑发表了最后一次公开演讲，请老战友赫尔曼·埃塞尔代表他宣读公告。其中值得注意的是，希特勒声称，自己早在数年以前就预见到了"充满剥削的资本主义和令人不屑的布尔什维主义之间存在着反常勾结"。尽管他们对欧洲的犹太人进行了大屠杀，但他仍然认为，犹太人是德国最终命运的罪魁祸首。他为创建了一个"新的德国社会主义国家、民族"及人民共同体深感自豪，若是没有这些，德国不可能抵抗这么久。资本主义列强和苏联之间的"反常勾结"注定瓦解，他恳求德国人继续战斗。他最后的预言是，胜利属于德意志帝国。[31]

328

　　一位负责收集民意信息的国防军宣传官在报告中说，希特勒的演讲在柏林人民心中"留下了深刻印象",他"面对今年这种历史性的大转折,仍然坚持德国必胜的信念和言论,成为人们热烈讨论的话题"。或许是吧。然而,这份报告也提到了戈培尔2月28日的演讲,虽然同样毫无悔意,但当戈培尔回忆起腓特烈大帝在七年战争中如何排除万难、咬牙坚持时,柏林人不禁大感不快。"腓特烈的时代对我们来说有什么意义?"一位当地人反问道,"那是人对人肉身作战的时代,不是人对坦克,更不是人对炸弹。"尽管如此,柏林人仍然没有想过要不计一切代价恢复和平,他们的主流观点是,德国无论如何都不应该停下战斗。[32]

1945年3月12日,希特勒向他的宣传部部长透露说,也许可以考虑单独与苏联媾和,但这意味着必须击退红军,迫使斯大林接受谈判,而且他们还要得到波兰的一部分。[33]戈培尔和阿尔伯特·施佩尔私底下坚持说,战争的使命绝不是带领人民走向一场英勇的失败。而戈培尔在3月14日的日记中回忆道,希特勒本人曾在《我的奋斗》中就第一次世界大战的外交政策说过这样的话[34],他强调,为了民族的生存,必须试尽一切办法,否则就是"推卸责任"。[35]而从1941年末以来,希特勒便将希望寄托于某位将军能给敌人沉重一击,以便使他们获得谈判实力。本着同样的心情,也许是为了保住希特勒的好感,施佩尔在3月18日的一份备忘录中,建议德国将所有有生力量集中在西部的莱茵河和东部的奥得河上,震慑敌人,从而"为战争寻求一个有利的结局"。[36]

希特勒的回应是在第二天颁布了所谓的"尼禄法令"(Nero order),即大范围摧毁德国的基础设施,阻止敌人前进。但最终造成最大破坏的,并不是来自高层的命令,而是地方誓死保卫市镇的决心。盟军随后停止行进,转而用坦克、大炮与空军来歼灭

329

抵抗。4 月 12 日，罗斯福总统去世，希特勒的信心稍稍燃起：战争或许会迎来一个"奇迹般的结局"！柏林地堡一时希望腾升，人们热切期盼盟军之间固有的政治分歧会就此爆发。[37]分歧确实爆发了，不过是在 1945 年以后。4 月 15 日，希特勒向东线军队发出最后一次呼吁："犹太布尔什维克"蓄势待发，敌人正准备发动进攻，将士们，"不要再去管祖国［Fatherland］的空洞概念，想想你们的家园［Heimat］，你们的女人、孩子，他们和我们的未来。团结起来，誓死向前吧！"[38]戈培尔直到最后一刻还在坚信救世主的存在，他认为希特勒也许可以通过一次广播演讲扭转绝境。而那位垂头丧气的领导人对局势看得更清，他已经对麦克风产生了某种过敏。

对于德国平民来说，如何结束第三帝国，成了一个因人而异的地方性问题。一些城镇哀求国防军部队离开，不要保卫他们，而另一些城镇的人则继续战斗，或者绝望自杀。从 1945 年初开始，自杀成为一种浪潮，逐渐波及全国。[39]毫无疑问，一些平民和士兵是出于对惩罚的恐惧、对红军承诺要报复的担忧、对盟军轰炸的憎恨，或是因纳粹政权在战争最后几个月里公然实行的恐怖统治，而选择继续战斗。[40]还有一些人，如汉堡的商业协会和部分实业家，还在关心眼前的切身利益，想方设法地遣散奴隶劳工，将囚犯送回集中营，这既是为了防止他们叛乱，也是避免在英军到达后以压迫者的形象示人。[41]

然而，仍有一些年轻的爱国者在积极报名加入国防军。十七岁的克里斯托夫·托佩尔维恩在 1945 年 3 月 17 日应征入伍，4 月 18 日，他写信给父亲抱怨说，和他一起参军的同龄人有一些不良嗜好——比如喜欢美国爵士乐——但他们看起来都很爱国。[42]沃尔菲尔德·冯·柯尼希（Wolfhilde von König）也是一个狂热分子，她于 1943 年 4 月斯大林格勒战役惨败后加入纳粹党。战争期间，她一直在慕尼黑的学校里尽职尽责地学习，后来转到了青年女性组织——民族社会主义少女联盟——的卫生服务署。1945 年 2 月，正值纳粹党成立二十五周年纪念日，她在日记中写道，党正面临一场真正的考验——这种说法或许验证了当时的宣传。不过，她显然对一些成员的摇摆不定感到担忧，她认为，"真正的同志应该团结起来，激励其他的种族同志"。在美军到达之前，她一直坚持这种态度。[43]

另一方面，1945 年 3 月，柏林的国防军宣传小队在调查民意时，非常敏锐地指出，"当此之时，区分态度［*Haltung*］和情绪［*Stimmung*］非常重要。柏林人的态度是好的，也会一直好下去。但这并不意味着他们的情绪不低沉，一些坚定支持领袖的人，嘴里的抱怨说个没完，就好像战争不可能有什么好结果了"。[44] 来自首都的这份记录还援引了一位不知名的平民的话："如果有人能把炸弹从我们背上移走，那我们宁愿挨饿，睡更少觉、干更多活！饥饿加炸弹，两个一起来，我们活不下去了。"[45]

就连德国国内敌视纳粹的人也承认，在纳粹党的各个分支中，仍有数百万人还在相信"民族社会主义的伟大理念和希特勒的使命"。[46] 另有一些人则开始反对民族社会主义，甚至同情共产主义，比如年轻的彼得·布吕克纳（Peter Brückner），他后来成了一名社会心理学家。他记得自己想知道犹太人究竟发生了什么，尤其是因为他早年移居国外的母亲就是犹太人。如果有人在 1941 年至 1942 年问他，犹太人是否遭到了屠杀，他说，他会回答"是"。即便如此，他所能想象的死亡方式不外乎饥饿与疾病，而不是使

330

用设备，更不是"毁灭性的技术"。[47] 在官方最后几份有关迫害犹太人的报告中，只言片语的"民意"显露出一个至少从 1943 年便反复回旋的主题：正因德国人对犹太人犯下累累暴行，犹太人才会用战争，特别是轰炸，来施加报复。[48] 战争快要结束时，两名柏林工人的谈话被人无意中听到了，他们似乎认为是犹太人想要报复才发动了战争，"因为我们对［他们］太坏了"。[49]

无论是为了"伟大理念"，为了民族、家乡，还是为了"做正确的事"，人们都怀着不屈不挠的牺牲精神，在首都坚持到了最后一刻。夜间，他们屏息静气，等待炸弹或者手榴弹在某处响起，一旦黎明降临，他们的神经再也无力应对入侵部队的到来。这是作家玛格丽特·博韦里（Margret Boveri）说的话，事实证明，"比起轰然爆炸的金属，还是哄然现身的人群更叫人揪心"。后者指的，大概就是她在柏林遭遇的目无法纪或是醉醺醺的红军士兵。[50]

在柏林，没有一位领导人再做徒劳的挣扎，希特勒在最后的日子里，除了咒骂以前的战友，或是陷入冷漠以外，便在计划自杀。他的一位秘书特劳德·容格（Traudl Junge）得知此事后，问了他一个显而易见的问题："你不认为德国人民更期待你在战斗中倒下吗？"他的回答相当卑劣："我的身体太虚弱，战不动了。我的手抖得几乎握不住枪。"但他要他们保证，无论是死是活，他的尸体都不会落入俄罗斯人手中。她在心里想着："'帝国第一战士'就要自杀了，而孩子们还在保卫首都。"[51]

希特勒要她记下自己的政治遗嘱，其中，他重申了对犹太人发动战争的荒唐指控，以及他的"预言"——如果不是"真正的罪魁祸首（用更人道的话说）"，他的数百万人民原不会死于战

331

争。[52]他始终拒绝明确说出大屠杀确实发生过，尽管他曾要求下属必须随时向他报告，一直对情况了然于胸。随后，他开除了"叛徒"海因里希·希姆莱及赫尔曼·戈林予的党籍，两人早些时候离开了柏林，最终也以自戕收尾。戈培尔留在地堡中，但也计划好了自己的死期，他先杀死自己的六个孩子，然后同妻子一起自杀。[53]这些首领并没有带领德国走向"英雄的结局"，他们的末日与死亡，对子孙后代而言，也不具备任何激励作用。政权内部铁板一块，丝毫没有受到崩溃或背叛的威胁，若要瓦解，只能从外部入手。为此，盟军调集了一切可以调配的资源，并付出了财富和鲜血的巨大代价。为了终结第三帝国，焚毁他们的理念，成千上万的盟军和无数平民在进攻柏林的联合行动中，或死或伤。

332

注 释

缩略词全称

Dok.　　Document 文件

DRZW　　*Das Deutsche Reich und der Zweite Weltkrieg* (Stuttgart, 1979–2008), leading German scholarly account of the war in 10 vols., some in several parts《德国与第二次世界大战》（斯图加特：1979—2008），德国学术界对第二次世界大战的论述，10卷本，每卷细分为几个模块

IfZ　　Institute for Contemporary History, Munich 德国慕尼黑现代史研究所

IMT　　*Trials of the Major War Criminals Before the International Military Tribunal* (German ed.) 国际军事法庭对主要战犯的审判（德语版）

RGBL　　*Reichsgesetzblatt*; official German gazette《帝国法律公报》

VEJ　　*Die Verfolgung und Ermordung der europäischen Juden durch das nationalsozialistische Deutschland 1933–1945* (Munich: De Gruyter Oldenbourg, 2008ff.), in 16 vols.《1933—1945 年德国民族社会主义者对欧洲犹太人的迫害和谋杀》（慕尼黑：德古意特奥登伯格，2008 年及以后），共 16 卷。

VfZ　　*Vierteljahrshefte für Zeitgeschichte; (Quarterly Journal of the Institute for Contemporary History)*《当代历史研究所季刊》

导言

［1］Entry (Nov. 30, 1941), Adolf Hitler, *Monologe im Führerhauptquartier 1941–1944*, Werner Jochmann, ed. (Munich, 1980), 146.

［2］Entry (July 27–28, 1941), ibid., 72–73.

［3］参 Wolfgang Treue, ed., *Deutsche Parteiprogramme 1861–1961* (Göttingen, 1961), 101–149。

［4］Brigitte Hamann, *Hitlers Edeljude: Das Leben der Armenarztes Eduard Bloch* (Munich, 2010), 259–283.

［5］"Adolf Hitlers Rede auf der Kulturtagung der N.S.D.A.P." *Reden des Führers am Parteitag des Sieges 1933* (Munich, 1934), 22–27.

［6］Wolfram Pyta, *Hindenburg: Herrschaft zwischen Hohenzollern und Hitler*, 2nd ed. (Munich, 2009), 808, 818.

［7］*Dok.* 52, Volkszählung（June 16, 1933), reprinted in *VEJ*, vol. 1, 177–179.

［8］*RGBL* I (Apr. 7, 1933, and Apr. 11, 1933), 175–177; 195. Hans Mommsen, *Beamtentum im Dritten Reich: Mit ausgewählten Quellen zur nationalsozialistischen Beamtenpolitik* (Stuttgart, 1966), 47–53.

［9］参 Jane Caplan, *Government without Administration: State and Civil Service in Weimar and Nazi Germany* (Oxford, 1988), 142–148。

［10］参 Erich Ehrenreich, *The Nazi Ancestral Proof: Genealogy, Racial Science, and the Final Solution* (Bloomington, IN, 2007), 58–77, 150。

［11］Robert Gellately, *The Gestapo and German Society: Enforcing Racial Policy 1933–1945* (Oxford, 1990), 129–158. 最新研究参见 Janosch Steuwer, *"Ein Dritten Reich wie ich es auffasse": Politik, Gesellschaft, und privates Leben in Tagebüchern, 1933–1939* (Göttingen, 2017); Moritz Föllmer, *Individuality and Modernity in Berlin: Self and Society from Weimar to the Wall* (Cambridge, 2013); Mary Fulbrook, *Dissonant Lives: Generations and Violence through the German Dictatorships* (Oxford, 2011)。

［12］Martin Broszat, *German National Socialism 1919–1945* (Santa Barbara, CA, 1966), 32.

［13］对此文献类似的观点和评论参见 Claus-Christian W. Szejnmann, "Nazi Economic Thought and Rhetoric during the Weimar Republic: Capitalism and Its Discontents," *Politics, Religion & Ideology* (2013): 355–576。

［14］参 Thomas Klepsch, *Nationalsozialistische Ideologie: Eine Beschreibung ihrer Struktur vor 1933* (Münster, 1990), 9–17。

［15］Armin Nolzen, "The NSDAP after 1933: Members, Positions, Technologies, Interactions," in Shelly Baranowski, Armin Nolzen, and Claus-Christian W. Szejnmann, eds., *A Companion to Nazi Germany* (Hoboken, NJ, 2018), 99, 103.

［16］Oliver Werner, ed., *Mobilisierung im Nationalsozialismus: Institutionen und Regionen in der Kriegswirtschaft und der Verwaltung des "Dritten Reiches" 1936 bis 1945* (Paderborn, 2013), 9–26. 最近一项对民意支持率的调查，参见 Thomas Rohkrämer, *Die fatale Attraktion des Nationalsozialismus: Zur Popularität eines Unrechtsregimes* (Paderborn, 2013), 94–142。

［17］Ernst Nolte, *Der Faschismus in seiner Epoche: Die Action Française, der Italienische Faschismus, der Nationalsozialismus*, 2nd ed. (Munich, 1965), 391.

［18］Boaz Neumann 的研究非常有用，"The Phenomenology of the German People's Body (Volkskörper) and the Extermination of the Jewish Body," *New German Critique* (2009): 149-181; 还有他的 *Die Weltanschauung des Nazismus: Raum, Körper, Sprache* (Göttingen, 2010)。这一现象学研究揭示了邪恶行为背后的"合理性"，对于那些接受民族社会主义意识形态的人来说，随后发生的所有恐怖都是合乎逻辑且必要的。

［19］Eberhard Jäckel, *Hilters Weltanschauung: Entwurf einer Herrschaft* (Tübingen, 1969) 绕开了社会主义问题；还有 Kurt Sontheimer, "Der nationale Sozialismus," *Die Zeit* (March 14, 1997). 对于"假的社会主义"一说，可参 Ernst Piper, *Alfred Rosenberg: Hitlers Chefideologe* (Munich, 2007), 47。

［20］F. A. Hayek, *The Road to Serfdom: Text and Documents*, org. ed., 1944 (Chicago, 2007).

［21］例如，见 Jäckel, Hilters Weltanschauung。不同意这一研究的人，见 Klaus Holz, *Nationaler Antisemitismus: Wissenssoziologie einer Weltanschauung* (Hamburg, 2010), 359-430。关于背景的经典研究有 George L. Mosse, *The Crisis of German Ideology: Intellectual Origins of the Third Reich* (New York, 1964); and Fritz Stern, *The Politics of Cultural Despair: A Study of the Rise of the Germanic Ideology* (Berkeley, 1961)。

［22］参 Claus-Christian W. Szejnmann, "National Socialist Ideology," in Baranowski, Nolzen, and Szejnmann, eds., *A Companion to Nazi Germany*, 85; also Christian Geulen, "Ideology's Logic: The Evolution of Racial Thought in Germany from the völkisch Movement to the Third Reich," in Devin O. Pendas, Mark Roseman, and Richard F. Wetzell, eds., *Beyond the Racial State: Rethinking Nazi Germany* (Cambridge, 2017), 197-212。

［23］Johann Chapoutot, *The Law of Blood: Thinking and Acting as a Nazi* (Cambridge, MA, 2018), 408. 另见 Christian Ingrao, *Believe and Destroy: Intellectuals in the SS War Machine* (Medford, MA, 2013)。

［24］此类研究有 Ulrich Herbert, *Best. Biographische Studien über Radikalismus, Weltanschauung, und Vernunft 1903-1989* (Bonn, 1996); Michael Wildt, *Generation des Unbedingten. Das Führungskorps des Reichssicherheitshauptamtes* (Hamburg, 2002)。

［25］对文献的分析与评论，见 David B. Dennis, *Inhumanities: Nazi Interpretation of Western Culture* (Cambridge, 2012); Jost Hermand, *Culture in Dark Times: Nazi Fascism, Inner Emigration, and Exile* (New York, 2014); Wolfgang Bialas and Anson Rabinbach, eds., *Nazi Germany and the Humanities* (Oxford, 2007); 最有用的是 Anson Rabinbach and Sander L. Gilman, eds., *The Third Reich Sourcebook* (Berkeley, CA, 2013)。

［26］对文献的分析与评论，见 Lars Lüdicke, *Hitlers Weltanschauung: Von "Mein Kampf" bis zum "Nero-Befehl"* (Paderborn, 2016), 15-42。该论述主要侧重于外交政策，并未涉及民族社会主义如何转化为社会现实。

［27］参见 Brendan Simms, "Against a 'World of Enemies': The Impact of the First World

War on the Development of Hitler's Ideology," *International Affairs* (2014): 317–336。另见他的 *Hitler: A Global Biography* (New York, 2019), xv–xxiii。对意向论的经典回应是 Tim Mason, "Intentions and Explanation: A Current Controversy about the Interpretation of National Socialism," in Gerhard Hirschfeld and Lothar Kettenacher, eds., *Der "Führerstaat": Mythos und Realität* (Stuttgart, 1981), 23–42。

[28] Dok. 61, Eberhard Jäckel and Axel Kuhn, eds., *Hitler Sämtliche Aufzeichnungen 1905–1924* (Stuttgart, 1980), 88–90.

[29] Michael Wildt, "Veralltäglichung und Radikalisierung: Probleme des Charisma-Konzepts für die Analyse des NS-Regimes," in *Zeit Räume: Potsdamer Almanach des Zentrums für Zeithistorische Forschung* (2006), 214–222。另见 Ludolf Herbst, *Hitlers Charisma: Die Erfindung eines deutschen Messias* (Frankfurt, 2010)。

[30] 关于法官的多种信仰，见 Stephen J. Sfekas, "The Enabler, the True Believer, the Fanatic: German Justice in the Third Reich," *The Journal of Jurisprudence* (2015): 189–229, here 195。

[31] Dok. 408, *Hitler Sämtliche Aufzeichnungen*, 698.

[32] Adolf Hitler, *Mein Kampf: Eine kritische Edition*, Christian Hartmann, Thomas Vordermayer, Othmar Plöckinger, and Roman Töppel, eds. (Munich, 2016), vol. 1, 383–439.

[33] Hermann Graml, *Hitler und England: Ein Essay zur nationalsozialistischen Aussenpolitik 1920 bis 1940* (Munich, 2010), 21.

[34] Volker Ullrich, *Adolf Hitler: Biographie Vol. 1, Die Jahre des Aufstiegs* (Frankfurt, 2013), 大体来说，比较典型的是 Ian Kershaw, *Hitler 1889–1936: Hubris* (London, 1998); 还有他的 *Hitler 1936–1945: Nemesis* (London, 2000)。而 Peter Longerich, *Hitler: Biographie* (Berlin, 2015) 的论述则更谨慎一些，该书回避了大部分意识形态问题，并将德国社会置于大背景之下。Simms, *Hitler: A Global Biography* 断言希特勒在 1933 年之前一直用"魅力操控"着纳粹运动，掌权后，他将这种操控"扩大到了普通民众身上"。另见 Michel Dobry, "Hitler, Charisma, and Structure: Reflections on Historical Methodology," *Totalitarian Movements and Political Religions*（June 2006): 157–171。

第 1 章

[1] Alfred Rosenberg, *Letzte Aufzeichnungen: Nürnberg 1945/46*, 2nd ed. (Uelzen, 1996), 320; Joachim von Ribbentrop, *Zwischen London und Moskau: Erinnerungen und letzte Aufzeichnungen* (Leoni am Starnberger See, 1953), 46; Ernst Hanfstaengl, *Hitler: The Missing Years*, org. ed., 1957 (New York, 1994), 38–74. 其他来源见 Eric Michaud, *The Cult of Art in Nazi Germany* (Stanford, 2004), 1–73。

［2］Hitler, *Mein Kampf, kritische Edition*, vol. 1, 131.

［3］同上, vol. 1, 129–63; 189–199。

［4］Brigitta Hamann, *Hitlers Wien: Lehrjahre eines Diktators*, 12th ed. (Munich, 2012), 93–102.

［5］Dok. 197 (Jan. 7, 1922), *Hitler Sämtliche Aufzeichnungen*, 541–543. 纳粹反犹主义的起源, 见 Shulamit Volkov, "Kontinuität und Diskontinuität im Deutschen Antisemitismus 1878–1945," *VfZ* (1985): 221–243。

［6］Hans-Günter Zmarzlik, "Der Sozialdarwinismus in Deutschland als geschichtliches Problem," *VfZ* (1963): 246–273, here 247.

［7］Richard J. Evans, *The Coming of the Third Reich* (London, 2003), 22–41; Peter Weingart, Jürgen Kroll, and Kurt Bayertz, *Rasse, Blut, und Gene: Geschichte der Eugenik und Rassenhygiene in Deutschland* (Frankfurt, 1988), 15–138; Alfred Kelly, *The Descent of Darwin: The Popularization of Darwinism in Germany 1860–1914* (Chapel Hill, NC, 1981), 100–122.

［8］Alfred Ploetz, *Die Tüchtigkeit unsrer Rasse und der Schutz der Schwachen: Ein Versuch über Rassenhygiene und ihr Verhältnisse zu den humanen Idealen, besonders zum Socialismus* (Berlin, 1895), 140–145; Robert N. Proctor, *Racial Hygiene: Medicine under the Nazis* (Cambridge, MA, 1988), 15.

［9］Houston Stewart Chamberlain, *Die Grundlagen des neunzehnten Jahrhunderts* (Vienna, 1899), vol. 1, 546, 574. Brigitta Hamann, *Winifred Wagner oder Hitlers Bayreuth* (Munich, 2002), 41–44.

［10］IfZ Archiv, F19/3: Ansprache Hitler vor Generälen und Offizieren am 22. June 1944 im Platterhof, 9.

［11］Timothy W. Ryback, *Hitler's Private Library: The Books That Shaped His Life* (New York, 2008), xv.

［12］Chamberlain, *Die Grundlagen des neunzehnten Jahrhunderts*, vol. 1, 309–314.

［13］同上, 326–339. Geoffrey G. Field, *Evangelist of Race: The Germanic Vision of Houston Stewart Chamberlain* (New York, 1981), 220–221。

［14］Otto Weininger, *Geschlecht und Charakter* (Vienna, 1903), 137.

［15］Dok. 416, speech (Nov. 2, 1922), *Hitler Sämtliche Aufzeichnungen*, 717, 720.

［16］他的秘书 Christa Schroeder 发表的信件（Mar. 12, 1944）, *Er war mein Chef: Aus dem Nachlass der Sekretärin von Adolf Hitler* (Munich, 1985), 133–134; Birgit Schwarz, *Geniewahn: Hitler und die Kunst*, 2nd ed. (Vienna, 2011), 58–61。

［17］Schwarz, *Geniewahn: Hitler und die Kunst*, 76–82.

［18］同上, 86, 88。

［19］见 Richard J. Evans, *Pursuit of Power: Europe 1815–1914* (New York, 2016), 698–716。

［20］Dok. 30, Hitler letter (Jan. 22, 1915), *Hitler Sämtliche Aufzeichnungen*, 64–69.

［21］Wolfram Pyta, *Hitler: Der Künstler als Politiker und Feldheer: Eine Herrschaftsanalyse*

(Munich, 2015), 129.

[22] Allan Mitchell, *Revolution in Bavaria: The Eisner Regime and the Soviet Republic* (Princeton, 1965), 133, 137.

[23] 同上, 255。

[24] 同上, 319。

[25] Heinrich August Winkler, *Weimar 1918–1933: Die Geschichte der ersten deutschen Demokratie* (Munich, 1998), 81.

[26] Rudolf von Sebottendorf, *Bevor Hitler kam: Urkundliches aus der Frühzeit der nationalsozialistischen Bewegung* (Munich, 1933), 9, 142–143; 另见转载的 *Beobachter* (Sept. 17, 1919), 161–162。

[27] Entry (May 2, 1919), Victor Klemperer, *Man möchte immer weinen und lachen in einem: Revolutionstagebuch 1919* (Berlin, 2015), 168.

[28] Thomas Weber, *Becoming Hitler: The Making of a Nazi* (New York, 2017), 20–39.

[29] Othmar Plöckinger, *Unter Soldaten und Agitatoren: Hitlers prägende Jahre im Deutschen Militär 1918–1919* (Paderborn, 2013), 46–54; Albert Krebs, *Tendenzen und Gestalten der NSDAP Erinnerungen an die Frühzeit der Partei* (Stuttgart, 1959), 47.

[30] Hitler, *Mein Kampf, kritische Edition*, vol. 1, 561. Thomas Weber, *Wie Adolf Hitler zum Nazi wurde: Vom unpolitischen Soldaten zum Autor von 'Mein Kampf'* (Berlin, 2016), 137–139. 反面观点见 Plöckinger, *Unter Soldaten und Agitatoren*, 65, 89; idem, "So viel Dolchstoss war noch nie," *Süddeutsche Zeitung* (Aug. 28, 2016)。

[31] Hitler, *Mein Kampf, kritische Edition*, vol. 1, 563.

[32] 此类理论在德国种族主义运动中颇为流行。见 Gottfried Feder, *Das Manifest zur Brechung der Zinsknechtschaft des Geldes* (Munich, 1919), 6; 55–57。

[33] Esser 引自 Weber, *Wie Adolf Hitler zum Nazi wurde*, 157; Plöckinger, *Unter Soldaten und Agitatoren*, 111–112; 271。

[34] Gottfried Feder, *Der Deutsche Staat auf nationaler und sozialer Grundlage* (Munich, 1923). Hitler, *Mein Kampf, kritische Edition*, vol. 1, 573–575. 他还提到了 Alfred Rosenberg's *Die Spur des Juden im Wandel der Zeiten* (1920)。

[35] Weber, *Becoming Hitler*, 80–81.

[36] Ulrich Herbert, "Wer waren die Nationalsozialisten? Typologien des politischen Verhaltens im NS-Staat," in Gerhard Hirschfeld and Tobias Jersak, eds., *Karrieren im Nationalsozialismus: Funktionseliten zwischen Mitwirkung und Distanz* (Frankfurt, 2004), 17–42, here 29.

[37] Weber, *Becoming Hitler*, 103.

[38] 同上, 117。

［39］见 Steven F. Sage, *Ibsen and Hitler: The Playwright, the Plagiarist, and the Plot for the Third Reich* (New York, 2006), 39–48。

［40］Von Sebottendorf, *Bevor Hitler kam*, 73, 171. 另见 Georg Franz-Willing, *Ursprung der Hitlerbewegung 1919-1922*, 2nd ed. (Preussisch Oldendorf, 1974), 129–133。

［41］Plöckinger, *Unter Soldaten und Agitatoren*, 147.

［42］Hitler, *Mein Kampf, kritische Edition*, vol. 1, 589.

［43］Anton Drexler, *Mein politisches Erwachen: Aus dem Tagebuch eines Deutschen sozialistischen Arbeiters*, org. ed., 1923, 4th ed. (Munich, 1937), 56.

［44］Theodor Fritsch, *Antisemiten-Katechismus: Eine Zusammenstellung des wichtigsten Materials zum Verständnis der Judenfrage* (Leipzig, 1887).

［45］Theodor Fritsch, *Die Stadt der Zukunft* (Leipzig, 1896). 另见 Dirk Schubert, "Theodor Fritsch and the German (*völkische*) Version of the Garden City: The Garden City Invented Two Years before Ebenezer Howard," *Planning Perspectives* (2004): 3–35。

［46］见 Dok. 62 (Aug. 3, 1929), *Hitler Reden, Schriften, Anordnungen*, vol. 3, part 2, 336–343, 此处是 341–342。

［47］见 Dok. 31 (Nov. 28, 1930), ibid., vol. 4, part 1, 133–234。

［48］Dok. 3, in Werner Jochmann, ed., *Nationalsozialismus und Revolution: Ursprung und Geschichte der NSDAP in Hamburg 1922-1933. Dokumente* (Frankfurt, 1963), 25–28.

［49］Jahrbuch (1922), 引自 Walter Jung, *Ideologische Voraussetzungen, Inhalte, und Ziele außenpolitischer Programmatik und Propaganda in der deutschvölkischen Bewegung der Anfangsjahre der Weimarer Republik: Das Beispiel Deutschvölkischer Schutz- und Trutzbund* (PhD diss., Göttingen, 2000), 11–18。

［50］Dok. 7 and 8 (Aug. 21 and 25, 1919), in Ernst Deuerlein, ed., "Dokumentation: Hitlers Eintritt in die Politik und die Reichswehr," *VfZ* (1959): 198–200.

［51］Pyta, *Hitler: Der Künstler als Politiker und Feldheer*, 144–149.

［52］Dok. 61, *Hitler Sämtliche Aufzeichnungen*, 88–90.

［53］Simms, *Hitler. A Global Biography*, 21–22; 和他的 "Against a 'World of Enemies,'" 329–330, 认为英美恐惧症大于反犹主义。

［54］Weber, *Becoming Hitler*, 123.

［55］Dok. 83, *Hitler Sämtliche Aufzeichnungen*, 109–111. Weber, *Becoming Hitler*, 156.

［56］IfZ Archiv, F19/3: Ansprache Hitler vor Generälen und Offizieren am 22. June 1944 im Platterhof, 13–14; 58.

［57］Michael Wildt, "Volksgemeinschaft: A Controversy," in Pendas, Roseman, and Wetzell, eds., *Beyond the Racial State*, 317–334.

［58］Ullrich, *Hitler Biographie*, Bd. 1, 108.

[59] Treue, ed., *Parteiprogramme*, 146–149.

[60] Hitler, *Mein Kampf, kritische Edition*, vol. 2, 1159–1160.

[61] Dok. 91 (Apr. 6, 1920), *Hitler Sämtliche Aufzeichnungen*, 119–120.

[62] Heinrich Heim (Aug. 12, 1920), 引自 Ullrich, *Hitler Biographie*, Bd. 1, 123。

[63] Dok. 123 (Aug. 7, 1920), *Hitler Sämtliche Aufzeichnungen*, 173–180, here 176.

[64] 例如，可以参见 Paul de Lagarde, *Juden und Indogermanen: Eine Studie nach dem Leben* (Göttingen, 1887), 339, 他将犹太人视作蠕虫和细菌："他们应该被全面、迅速地清除。" 极端种族主义组织泛日耳曼联盟主席 Heinrich Class 以笔名 Daniel Frymann 写了这样一本书，*"Wenn ich der Kaiser wäre": Politische Wahrheiten und Notwendigkeiten* (Leipzig, 1913), 74, 将犹太人称为"毒药"。

[65] Entry (Feb. 20, 1942), Hitler, *Monologe im Führerhauptquartier*, Jochmann, ed., 293.

[66] Albrecht Tyrell, *Vom "Trommler" zum "Führer"* (Munich, 1975), 47; Dok. 93, *Hitler Sämtliche Aufzeichnungen*, 122–25.

[67] Dok. 136 (Aug. 13, 1920), *Hitler Sämtliche Aufzeichnungen*, 184–204, here 190. 另见 Holz, *Nationaler Antisemitismus*, 399–412。

[68] Dok. 136, *Hitler Sämtliche Aufzeichnungen*, 195.

[69] 同上, 200–202。

[70] Dok. 416 (Nov. 2, 1922), ibid., 717.

[71] 例如，参见 Class, *"Wenn ich der Kaiser wäre,"* 30–38.

[72] Dok. 481 (Jan. 29, 1923), *Hitler Sämtliche Aufzeichnungen*, 822.

[73] Dok. 178 (Jan. 1, 1921), ibid., 279–282.

[74] 引用自 Longerich, *Hitler Biographie*, 91.

[75] 参见 Otto Wagener 回忆录中关于 Spengler 的评论，Henry Ashby Turner Jr., ed., *Hitler aus nächster Nähe: Aufzeichnungen eines Vertrauten 1929–1932* (Frankfurt, 1978), 387。

[76] Otto Dickel, *Die Auferstehung des Abendlandes* (Augsburg, 1921), 80–133.

[77] Hellmuth Auerbach, "Regionale Wurzeln und Differenzen der NSDAP 1919–1923," in Horst Möller, ed., *Nationalsozialismus in der Region: Beiträge zur regionalen und lokalen Forschung und zum internationalen Vergleich* (Munich, 1996), 65–86.

[78] Dok. 262 (July 14, 1921), *Hitler Sämtliche Aufzeichnungen*, 436–438.

[79] Tyrell, *Vom "Trommler" zum "Führer,"* 120–131; *Hitler Sämtliche Aufzeichnungen 1905–1924*, Nr. 269 and 270, 447–450.

[80] Dok. 377 (Apr. 12, 1922), *Hitler Sämtliche Aufzeichnungen*, 607–625.

[81] 同上, 618–620。

[82] Dok. 393 (July 28, 1922), in ibid., here 657.

[83] 同上, 659, 663。

［84］Dok. 411 (Oct. 22, 1922), 同上，702–708。

［85］Longerich, *Hitler Biographie*, 126.

［86］Dok. 525 (May 4, 1923), *Hitler Sämtliche Aufzeichnungen*, here 924.

［87］Dok. 576 (Sept. 30, 1923), 同上，1021。

［88］Dok. 566 (Sept. 5, 1923), 同上，998–1004, here 1004。

［89］例如，参见 speeches (Jan. 27, 29, 1923), 同上，813, 815, 818, 822, 824。

［90］Dok. 405 (Sept. 18, 1922), 同上，690–693; Dok. 416 (Nov. 2, 1922), 717–721。

［91］Dirk Walter, *Antisemitische Kriminalität und Gewalt: Judenfeindschaft in der Weimarer Republik* (Bonn, 1999), 97–110; Michael Wildt, *Volksgemeinschaft als Selbstermächtigung: Gewalt gegen Juden in der Deutschen Provinz 1919 bis 1939* (Hamburg, 2007), 72–78.

［92］Dok. 597 and 598, *Hitler Sämtliche Aufzeichnungen*, 1056–1057.

［93］Entry book (Nov. 11, 1924), reprinted in *Hitler als Häftling in Landsberg am Lech 1923–1924: Die Gefangenen-Personalakte Hitler nebst weiteren Quellen aus der Schutzhaft-, Untersuchungshaft-, und Festungshaftanstalt Landsberg am Lech*, Peter Fleischmann, ed. (Neustadt an der Aisch, 2015), 416–417.

［94］Dok. 605 (Feb.26, 1924), Testimony at People's Court Trial, in *Hitler Sämtliche Aufzeichnungen*, 1064–1065.

［95］Bernd Steger, "Der Hitlerprozess und Bayerns Verhältnis zum Reich 1923–1924," *VfZ* (1977): 441–466.

［96］Dok. 58 (Sept. 18, 1924), Otto Leybold to Staatsministerium der Justiz, in *Hitler als Häftling in Landsberg*, 146–150.

［97］这份广告可参 Othmar Plöckinger 的转载，*Geschichte eines Buches: Adolf Hitlers "Mein Kampf," 1922–1945* (Munich, 2011), 39。

［98］同上，89。

［99］参见 Florian Beierl and Othmar Plöckinger, "Neue Dokumente zu Hitlers Buch Mein Kampf," *VfZ* (2009): 261–296; also Plöckinger, *Geschichte eines Buches*, 85; 121。

［100］Hitler, *Mein Kampf, kritische Edition*, vol. 1, 733, 853.

［101］同上，vol. 1, 355–359。Also Hamann, *Hitler's Wien*, 337–435.

［102］Hitler, *Mein Kampf, kritische Edition*, vol. 1, 361.

［103］同上，vol. 1, 315–316, 335。

［104］同上，vol. 1, 353。

［105］同上，vol. 1, 481。

［106］同上，vol. 1, 187。

［107］同上，vol. 1, 190–193; 881–885。

［108］同上，vol. 2, 1515–1530。

[109] Robert J. Richards, *Was Hitler a Darwinian? Disputed Questions in the History of Evolutionary Theory* (Chicago, 2013), 192–242. Cf. Frank-Lothar Kroll, *Utopie als Ideologie: Geschichtsdenken und politisches Handeln im Dritten Reich* (Paderborn, 1998), 309–313.

[110] Hitler, *Mein Kampf, kritische Edition*, vol. 1, 383–397.

[111] Hitler speech, Dok. 50 (June 12, 1925), *Hitler Reden, Schriften, Anordnungen*, vol. 1, 92.

[112] Hans F. K. Günther, *Rassenkunde des Deutschen Volkes* (Munich, 1922), 431–434.

[113] Roman Töppel, "'Volk und Rasse': Hitlers Quellen auf der Spur," *VfZ* (2016): 1–35, here 14–16; Ryback, *Hitler's Private Library*, 110.

[114] Erwin Baur, Eugen Fischer, and Fritz Lenz, *Grundriss der menschlichen Erblichkeitslehre und Rassenhygiene* (Munich, 1921); and vol. 2, Fritz Lenz, *Menschliche Auslese und Rassenhygiene* (Munich, 1921).

[115] 参见 Günter Neliba, *Wilhelm Frick. Der Legalist des Unrechtsstaates: Eine politische Biographie* (Paderborn, 1992), 178。

[116] Töppel, "'Volk und Rasse.' Hitlers Quellen," 19.

[117] Hitler, *Mein Kampf, kritische Edition*, vol. 1, 755.

[118] 同上, vol. 1, 669。

[119] 同上, vol. 1, 769。

[120] 同上, vol. 1, 753。

[121] 同上, vol. 2, 1009。

[122] Dok. 654, interview (July 29, 1924), in *Hitler Sämtliche Aufzeichnungen*, 1242.

[123] Wolfram Meyer zu Uptrup, *Kampf gegen die "jüdische Weltverschwörung": Propaganda und Antisemitismus der Nationalsozialisten 1919–1945* (Berlin, 2003), 110–111.

[124] Dok. 273 (Aug. 12, 1921); Dok. 517 (Apr. 20, 1923), *Hitler Sämtliche Aufzeichnungen*, 451–457; 906–909.

[125] Dok. 553, 同上 (Aug. 1, 1923), 955–959。

[126] Klepsch, *Nationalsozialistische Ideologie*, 138–139.

[127] Hitler, *Mein Kampf, kritische Edition*, vol. 1, 799–821.

[128] 同上, vol. 1, 881。

[129] 参见 Richard Wagner, *Das Judenthum in der Musik* (Leipzig, 1869), 17–22; Hitler, *Mein Kampf, kritische Edition*, vol. 1, 785。

[130] Hitler, *Mein Kampf, kritische Edition*, vol. 2, 1719.

[131] Georg Schott, *Das Volksbuch vom Hitler* (Munich, 1924), 217, Pyta 则有不同的侧重和分页, *Hitler: Der Künstler als Politiker und Feldheer*, 173。

[132] IfZ, Archiv, ZS 640: Major a.D. Josef Hell, Notizen (1922). 更多文件参见 Thomas Weber, "Hitler's Preferred 'Final Solution' of the Early 1920s and the Evolution of the

Holocaust: A Neo-Intentionalist Interpretation," Paper (German Studies Association, 2019)。

[133] Michael Kellogg, *The Russian Roots of Nazism: White Émigrés and the Making of National Socialism, 1917–1945* (Cambridge, 2005), 165, 185.

[134] Hitler, *Mein Kampf, kritische Edition*, vol. 2, 1653–1657; 1677.

[135] 同上, vol. 2, 1677–1678。

[136] 参见 Gerhard L. Weinberg, ed., *Hitlers Zweites Buch*, published as *Hitler Reden, Schriften, Anordnungen*, vol. 2a, xiv。

[137] 同上, vol. 2a, 104–119; 122–123; 135。

[138] Dok. 168, speech (Aug. 21, 1927), *Hitler Reden, Schriften, Anordnungen*, vol. 2, part 2, 490–498.

[139] Dok. 195, speech (Nov. 21, 1927), ibid., vol. 2, part 2, 550–557.

[140] Dok. 2, speech (July 13, 1928), ibid., vol. 3, part 1, 11–22.

[141] Ulrich Herbert, *Geschichte Deutschlands im 20. Jahrhundert* (Munich, 2014), 272–279.

第 2 章

[1] 计算依据的是 Anlage 1, Peter Hüttenberger, *Die Gauleiter: Studie zum Wandel des Machtgefüges in der NSDAP* (Stuttgart, 1969), 213–220。注：传记不完整。相关文献与分析参见 Jürgen John, Horst Möller, and Thomas Schaarschmidt, eds., *Die NS-Gaue: Regionale Mittelinstanzen im zentralistischen "Führerstaat"* (Munich, 2007)。

[2] Detlev J. K. Peukert, *Die Weimarer Republik: Krisenjahre der klassischen Moderne* (Frankfurt, 1987), 132–137.

[3] Martin Dröge, *Männlichkeit und "Volksgemeinschaft": Der westfälische Landeshauptmann Karl Friedrich Kolbow (1899–1945): Biographie eines NS Täters* (Paderborn, 2015), 173–176.

[4] 参见 Ernst von Salomon, *Die Geächteten* (Berlin, 1930)。

[5] Mark A. Fraschka, *Franz Pfeffer von Salomon: Hitlers vergessener Oberster SA-Führer* (Göttingen, 2016), 185–192.

[6] 参见 James M. Diehl, *Para-Military Politics in Weimar Germany* (Bloomington, IN, 1977), 29–39; Eleanor Hancock, *Ernst Röhm: Hitler's SA Chief of Staff* (New York, 2008), 39; Hans Fenske, *Konservatismus und Rechtsradikalismus in Bayern nach 1918* (Bad Homburg, 1969), 76–112。

[7] Jung, *Ideologische Voraussetzungen*, 11.

[8] Herbert, *Best*, 58–62.

[9] Richard Bessel, *Political Violence and the Rise of Nazism: The Storm Troopers in Eastern Germany, 1925–1934* (New Haven, 1984), 14.

[10] 参见 Alexandra Esche, *Hitlers "völkische Vorkämpfer": Die Entwicklung nationalsozialistischer Kultur- und Rassenpolitik in der Baum-Frick-Regierung 1930–1931* (Frankfurt, 2017), 27–52。

[11] 参见 Max Robert Gerstenbauer (born 1873) in Alexandra Esche, "'[D]amit es auch wirklich etwas gutes wird!' Max Robert Gerstenhauers Weg in der NSDAP," in Daniel Schmidt, Michael Sturm, and Livi Massimiliano, eds., *Wegbereiter des Nationalsozialismus: Personen, Organisationen, und Netzwerken der extremen Rechten zwischen 1918 und 1933* (Essen, 2015), 37–53。

[12] Uwe Lohalm, *Völkischer Radikalismus: Die Geschichte des Deutschvölkischen Schutz- und Trutz-Bundes 1919–1923* (Hamburg, 1970), 90–93; 327.

[13] Stefan Breuer, *Die Völkischen in Deutschland: Kaiserreich und Weimarer Republik* (Darmstadt, 2008), 150–160.

[14] Hermann Beck, *The Fateful Alliance: German Conservatives and the Nazis in 1933. The Machtergreifung in a New Light* (New York, 2008), 15–22, 190–191; George L. Mosse, *Toward the Final Solution: A History of European Racism* (New York, 1978), 238–244.

[15] Barry A. Jackisch, "Continuity and Change in the German Right: The Pan-German League and Nazism, 1918–1939," in Larry Eugene Jones, ed., *The German Right in the Weimar Republic* (New York, 2014), 166–193.

[16] Derek Hastings, *Catholicism and the Roots of the Nazis: Religious Identity and National Socialism* (New York, 2010), 49–51; 71.

[17] Walter, *Antisemitische Kriminalität*, 27–37.

[18] Benjamin Ziemann, *War Experiences in Rural Germany, 1914–1923* (Oxford, 2007), 187.

[19] 同上, 186–190。

[20] Michael H. Kater, *The Nazi Party: A Social Profile of Members and Leaders, 1919–1945* (Cambridge, MA, 1983), 263.

[21] Klaus-Michael Mallmann, *Kommunisten in der Weimarer Republik: Sozialgeschichte einer revolutionären Bewegung* (Darmstadt, 1996), 87; Richard N. Hunt, *German Social Democracy, 1918–1933* (Chicago, 1964), 100.

[22] Hans-Ulrich Wehler, *Deutsche Gesellschaftsgeschichte 1914–1949* (Munich, 2003), vol. 4, 315.

[23] Benjamin Ziemann, *Contested Commemorations: Republican War Veterans and Weimar Political Culture* (Cambridge, 2013), 63–67.

[24] Mallmann, *Kommunisten*, 193–195.

[25] Ernst Röhm, *Die Geschichte eines Hochverräters*, 5th ed. (Munich, 1934), 15, 31, 123. 另见 Peter Longerich, *Die braune Bataillone: Geschichte der SA* (Munich, 1989), 18–22。

[26] Röhm, *Geschichte eines Hochverräters*, 110–112.

[27] Fenske, *Konservatismus und Rechtsradikalismus*, 76–112, here 83.

[28] Röhm, *Geschichte eines Hochverräters*, 249–252.

[29] Hancock, *Ernst Röhm*, 71–72.

[30] Kurt G. W. Lüdecke, *I Knew Hitler: The Lost Testimony of a Survivor from the Night of the Long Knives* (Barnsley, UK, 2011), 317.

[31] 参见 Röhm, *Geschichte eines Hochverräters*, 321–346; Albert Krebs, *Tendenzen und Gestalten der NSDAP: Erinnerungen an die Frühzeit der Partei* (Stuttgart, 1959), 146; Longerich, *Die braune Bataillone*, 45–50; Hancock, *Ernst Röhm*, 80–85。

[32] Hermann Göring, *Aufbau einer Nation*, 2nd ed. (Berlin, 1934), 28–43.

[33] 例如，参见 Joachim C. Fest, *The Face of the Third Reich: Portraits of the Nazi Leadership* (New York, 1970), 74。

[34] *International Military Tribunal* (henceforth *IMT*), German ed., vol. 9, 271–272.

[35] Göring interview (May 28, 1946) in Leon Goldensohn, *The Nuremberg Interviews*, ed. Robert Gellately (New York, 2004), 129.

[36] Röhm, *Geschichte eines Hochverräters*, 173.

[37] Alfred Rosenberg, *Letzte Aufzeichnungen, Nürnberg 1945–1946*, 2nd ed. (Uelzen, 1996), 274.

[38] Reinhard Bollmus, *Das Amt Rosenberg und seine Gegner: Studien zum Machtkampf im nationalsozialistischen Herrschaftssystem*, 2nd ed. (Munich, 2006), 22.

[39] 参见 Kai-Uwe Merz, *Das Schreckbild: Deutschland und der Bolshewismus 1917 bis 1921* (Berlin, 1995), 437–440。

[40] Alfred Rosenberg, *Die Spur des Juden im Wandel der Zeiten* (Munich, 1920), 132–134.

[41] Alfred Rosenberg, *Die Protokolle der Weisen von Zion und die jüdische Weltpolitik* (Munich, 1923), 147.

[42] 参见 Dok. 273, Hitler's notes (Aug. 12, 1921), *Hitler Sämtliche Aufzeichnungen*, 451–457; 他的演讲对此做了全面的阐述，speech (Aug. 11, 1922), 同前，Dok. 397, 675–678。

[43] Kellogg, *Russian Roots of Nazism*, 196–216.

[44] Johannes Baur, "Die Revolution und die 'Weisen von Zion': Zur Entwicklung des Russlandbildes in der frühen NSDAP," in Gerd Koenen and Lew Kopelew, eds., *Deutschland und die Russische Revolution 1917–1924* (Munich, 1998), 165–190, here 165–173.

[45] Alfred Rosenberg, "Antisemitismus" (Aug. 21, 1921), and idem, "Der jüdische Bolschewismus" (Nov. 26, 1921), *Kampf um die Macht: Aufsätze von 1921–1932*, 5th ed. (Munich, 1938), 75, 135–141.

[46] Rosenberg, "Der Pogrom am Deutschen und am russischen Volke" (Aug. 4, 1921), *Kampf um die Macht*, 82–88.

［47］Alfred Rosenberg, *Pest in Russland! Der Bolshewismus, seine Häupter, Handlanger, und Opfer* (Munich, 1922), 90–96.

［48］Alfred Rosenberg, *Wesen, Grundsätze, und Ziele der Nationalsozialistischen Deutschen Arbeiterpartei: Das Programm der Bewegung* (Munich, 1932), 8–9.

［49］Göring interview (May 28, 1946) in Goldensohn, *The Nuremberg Interviews*, 109.

［50］Entry (Apr. 11, 1942), in Henry Picker, ed., *Hitlers Tischgespräche im Führerhauptquartier*, 3rd ed. (Stuttgart, 1976), 213.

［51］Alfred Rosenberg, *Der Mythos des 20. Jahrhunderts: Eine Wertung der seelisch-geistigen Gestaltenkämpfe unsere Zeit*, org. ed., 1930 (Munich, 1939), 21–25, 553, 672–674.

［52］Alfred Rosenberg, *Novemberköpfe*, org. ed. 1927 (Munich 1939), 309–315.

［53］Entry (Aug. 23, 1936), in Jürgen Matthäus and Frank Bajohr, eds., *Alfred Rosenberg: Die Tagebücher von 1934 bis 1944* (Frankfurt, 2015), 198–200.

［54］Alfred Rosenberg, *Dietrich Eckart: Ein Vermächtnis* (Munich, 1928), 217–218.

［55］Lohalm, *Völkischer Radikalismus*, 74, 340.

［56］Rudolf Höss, *Kommandant in Auschwitz: Autobiographische Aufzeichnungen*, ed. Martin Broszat, 7th ed. (Munich, 1979), 37.

［57］Rosenberg, *Letzte Aufzeichnungen*, 206–208.

［58］Heinrich Himmler, Tagebuch (Nov. 23, 1919), in BArchiv Koblenz: NL 1126/5.

［59］同上，July 3, 1922。

［60］同上，June 11, 1922。

［61］Werner T. Angress and Bradley F. Smith, "Diaries of Heinrich Himmler's Early Years," *Journal of Modern History* (1959): 206–224, here 211.

［62］Artur Dinter, *Die Sünde wider das Blut* (Leipzig, 1918).

［63］Josef Ackermann, *Heinrich Himmler als Ideologe* (Göttingen, 1970), 26.

［64］Artur Dinter, *Das völkisch-soziale Programm* (Weimar, 1924), 5–45.

［65］同上，26–29。

［66］引用自 Peter Longerich, *Heinrich Himmler: Biographie* (Munich, 2008), 86。

［67］Angress and Smith, "Diaries," 211.

［68］希特勒在1923年5月22日的一封信中提到了与希姆莱的会面，称希姆莱是个沉默寡言的"簿记员式人物"，而希姆莱"关于建立一个新的种族主义德国的理念，和我们的很是相近"。但希特勒早期著作的编辑们对这封信的真实性存疑。Dok. 531, *Hitler Sämtliche Aufzeichnungen 1905–1924*, 930.

［69］引自 Katrin Himmler and Michael Wildt, eds., *Himmler private: Briefe eines Massenmörders*, 2nd ed. (Munich, 2014), 32–33。

［70］Dietrich Eckart, *Der Bolschewismus von Moses bis Lenin: Zweigespräch zwischen Adolf Hitler* und mir (Munich, 1924), 17. 更多信息参见 Norman Cohn, *Warrant for Genocide: The Myth of the Jewish World-Conspiracy and the Protocols of the Elders of Zion* (London, 1967), here 169–215, and Sage, *Ibsen*, 39–56。

[71] Eckart, *Der Bolschewismus von Moses bis Lenin*, 5, 13, 50.

[72] 根据施罗德的回忆，*Er war mein Chef*, 65。

[73] Dok. 6, in Ackermann, *Heinrich Himmler als Ideologe*, 241.

[74] Eckart, *Der Bolschewismus von Moses bis Lenin*, 36.

[75] Dok. 505, speech (Apr. 6, 1923), *Hitler Sämtliche Aufzeichnungen*, 864–868.

[76] Himmler Verfügung (June 28, 1937), 引自 Ackermann, *Heinrich Himmler*, 77。

[77] Himmler to Robert Kistler (Aug. 22, 1924), 引自 Longerich, *Himmler*, 88–89。

[78] Klaus Mües-Baron, *Heinrich Himmler: Aufstieg des Reichsführers SS (1900–1933)* (Göttingen, 2011), 210.

[79] Longerich, *Himmler*, 101.

[80] Hans F. K. Günther, *Ritter, Tod, und Teufel: Der heldische Gedanke* (Munich, 1920), 183–193.

[81] Longerich, *Himmler*, 87–88.

[82] Hans F. K. Günther, *Der Nordische Gedanke unter den Deutschen* (Munich, 1925), 129–131, 431–434; Hans-Jürgen Lutzhöft, *Der Nordische Gedanke in Deutschland 1920–1940* (Stuttgart, 1971), 111–132.

[83] 参 Shlomo Aronson, *Reinhard Heydrich und die Frühgeschichte von Gestapo und SD* (Stuttgart, 1971), 52–55; Mües-Baron, *Heinrich Himmler*, 469–473; Longerich, *Himmler*, 132–138。

[84] Bastian Hein, *Elite für Volk und Führer? Die Allgemeine SS und ihre Mitglieder 1925–1945* (Munich, 2012), 47, 66, 81.

[85] J. W. Baird, ed., "Das politische Testament Julius Streichers," *VfZ* (1978): 680.

[86] 引自 Rainer Hambrecht, *Der Aufstieg der NSDAP in Mittel- und Oberfranken 1925–1933* (Nuremberg, 1976), 34。

[87] 同上，43–54。

[88] Bayerischer Landtag, *Verhandlugen* (Jan. 25, 1925), 1019–1021.

[89] 引自 Randall L. Bytwerk, *Julius Streicher, Nazi Editor of the Notorious Anti-Semitic Newspaper, Der Stürmer* (New York, 1983), 27。

[90] Eric G. Reiche, *The Development of the SA in Nürnberg, 1922–1934* (Cambridge, 1986), 15–19.

[91] Rudolf Hess to Klara and Fritz Hess (May 18, 1919), Wolf Rüdiger Hess, ed., *Rudolf Hess: Briefe 1908–1933* (Munich, 1987), 240–242.

［92］Hess to Klara and Fritz Hess (Mar. 8, 1920), and his "Notiz" (Sept. 1921)，同上，248-249, 279-280。

［93］Hess to Klara Hess (Jan. 1, 1920), ibid., 245-246; Detlev Rose, *Die Thule Gesellschaft: Legende, Mythos, Wirklichkeit*, 3rd ed. (Tübingen, 2008), 141-145.

［94］Hess to Klara and Fritz Hess (Mar. 24, 1920), Hess, ed., *Rudolf Hess: Briefe*, 250-251.

［95］Dok. 101, meeting report (May 19, 1920), *Hitler Sämtliche Aufzeichnungen*, 134.

［96］Dok. 3 (Aug. 1921), Albrecht Tyrell, ed., *Führer befiehl ... Selbstzeugnisse aus der "Kampfzeit" der NSDAP* (Düsseldorf, 1991), 22.

［97］参见 Hess (Aug. 1920) in Hess, ed., *Rudolf Hess—Briefe*, 263。

［98］Peter Longerich, *Hitlers Stellvertreter: Führung der Partei und Kontrolle des Staatsapparates durch den Stab Hess und die Partei-Kanzlei Bormann* (Munich, 1992), 8-9.

［99］Dietrich Orlow, *The History of the Nazi Party: 1919-1933* (Pittsburgh, 1969), 150.

［100］例如，参见 Christoph H. Werth, *Sozialismus und Nation: Die deutsche Ideologiediskussion zwischen 1918 und 1945*, 2nd ed. (Weimar, 2001), 206-213。

第 3 章

［1］这一禁令一直持续到 1928 年 9 月底。Dok. 41, Tyrell, ed., *Führer befiehl*, 107-108.

［2］Dok. 6, speech (Feb. 27, 1925), *Hitler Reden, Schriften, Anordnungen*, vol. 1, 14-28.

［3］同上。

［4］Reinhard Kühnl, *Die nationalsozialistischen Linke 1925-1930* (Meisenheim am Glan, 1966), 1-4.

［5］Peter D. Stachura, *Gregor Strasser and the Rise of Nazism* (London, 1983), 11-25.

［6］Bayerischer Landtag, *Verhandlugen* (Aug. 1, 1924), 518-521. 另见他更加明确的反犹主义言论 (Aug. 21, 1927), Dok. 111, in Tyrell, ed., *Führer befiehl*, 281-283。

［7］Patrick Moreau, Nationalsozialismus von Links: Die "Kampfgemeinschaft *Revolutionärer Nationalsozialisten*" und die "Schwarze Front" Otto Strassers *1930-1935* (Stuttgart, 1964), 12-17.

［8］这次会面的时间很可能是在 1921 年初，根据 Udo Kissenkoetter, *Gregor Strasser und die NSDAP* (Stuttgart, 1978), 15, note 12。

［9］Otto Strasser, *Hitler and I* (Boston, 1940), 1-9.

［10］Joseph Goebbels, "Erinnerungsblätter" (March 1921–January 1923; January–August 1923), in Ralf Georg Reuth, ed., *Joseph Goebbels, Tagebücher 1924-1945* (Munich, 1999), vol. 1, 80, 85.

［11］Ralf Georg Reuth, *Goebbels* (New York, 1993), 53.

［12］按照先后顺序引自 *Die Tagebücher von Joseph Goebbels*, part 1, vol. i, 35 (October 22,

1923); 50–51 (November 14, 1923); (March 31, 1924), 116。

[13] Goebbels 后来将前一句话归于 Richard Wagner，后一句话归于 Theodor Mommsen。参见他的 "Rassenfrage und Weltpropaganda," *Reichstagung in Nürnberg 1933* (Berlin, 1933), 131–142。

[14] 引自 *Die Tagebücher von Joseph Goebbels*, part 1, vol. 1, i, 35 (October 22, 1923); 119–120 (Apr. 8, 1924); 120–121 (Apr. 10, 1924)。

[15] Entry (March 20, 1924)，同上，108–109。

[16] Entry (July 4, 1924)，同上，160–161。

[17] Entry (June 15, 1925)，同上，315。

[18] Entry (July 14, 1925)，同上，326–327。

[19] Entry (Oct. 14, 1925)，同上，365。

[20] Entry (Dec. 12; Dec. 30, 1926)，同上，part 1, vol. 1, ii, 159; 164。

[21] Dok. 50 and 55, speeches (June 12; July 8, 1925), *Hitler Reden, Schriften, Anordnungen*, vol. 1, 91–100; 106–117.

[22] Entry (Aug. 7, 1925), *Die Tagebücher von Joseph Goebbels*, part 1, vol. 1, i, 338.

[23] Entry (Nov. 6, 1925)，同上，375。

[24] Claus-Ekkehard Bärsch, *Der junge Goebbels: Erlösung und Vernichtung* (Munich, 2004), 75.

[25] Gregor Strasser to Joseph Goebbels (Nov. 11, 1925)，同前，115–116。

[26] Entry (Dec. 18, 1925), *Die Tagebücher von Joseph Goebbels*, part 1, vol. 1, ii, 35.

[27] Moreau, *Nationalsozialismus von Links*, 20–23.

[28] 参见 Dok. 49a, in Tyrell, ed., *Führer befiehl*, 119; Herbst, *Hitlers Charisma*, 228–232。

[29] Entry (Sept. 11, 1925), *Die Tagebücher von Joseph Goebbels*, part 1, vol. 1, i, 353.

[30] 另见 Gregor Strasser, "Nationaler Sozialismus: 'Was heisst das: Vaterland?'" (Sept. 4, 1925), in Gregor Strasser, *Kampf um Deutschland: Reden und Aufsätze eines Nationalsozialisten* (Munich, 1932), 72–77。

[31] Reinhard Kühnl, ed., "Zur Programmatik der nationalsozialistischen Linken: Das Strasser-Programm von 1925–1926," *VfZ* (1966): 317–333.

[32] *Verhandlungen des Deutschen Reichstages: Reichstagsprotokolle* (Nov. 24, 1925), Bd. 388, 4561. 另见 Kissenkoetter, *Gregor Strasser*, 26。

[33] Mark A. Fraschka, *Franz Pfeffer von Salomon: Hitlers vergessener Oberster SA-Führer* (Göttingen, 2016), 79–80.

[34] 同上，241–242。

[35] 同上，302。

[36] 同上，303。引自 the Book of Daniel 5:27, and the Gospel of Luke 3:9。此处原注有误，不是《路加福音》3：9，而是《马太福音》3：10。——译者注

［ 37 ］IfZ Archiv: Zs 0177, Bd. 1, Interview Albrecht Tyrell and Franz Pfeffer von Salomon (Feb. 20, 1968), 31.

［ 38 ］Fraschka, *Franz Pfeffer von Salomon*, 305.

［ 39 ］Goebbels, "Die Radikalisierung des Sozialismus," *Nationalsozialistische Briefe*, Feb. 1, 1926, 引自 Fraschka, *Franz Pfeffer von Salomon*, 312。

［ 40 ］同上，268-269。

［ 41 ］参见 Otto Wagener's memoirs, Henry Ashby Turner Jr., ed., *Hitler aus nächster Nähe: Aufzeichnungen eines Vertrauten 1929-1932* (Frankfurt, 1978), 15。

［ 42 ］参见 Wilfried Böhnke, *Die NSDAP im Ruhrgebiet 1920-1933* (Bonn-Bad Godesberg, 1974), 81, 108-109。

［ 43 ］Strasser, *Hitler and I*, 81.

［ 44 ］Stachura, *Gregor Strasser*, 48.

［ 45 ］参见 Gerhard L. Weinberg, ed., *Hitlers Zweites Buch*, in *Hitler Reden, Schriften, Anordnungen*, vol. 2a, also in translation as *Hitler's Second Book: The Unpublished Sequel to Mein Kampf* (New York, 2003)。

［ 46 ］参见 Dok. 101, speech (Feb. 14, 1926), *Hitler Reden, Schriften, Anordnungen*, vol. 1, 294-296。

［ 47 ］Kershaw, *Hitler Hubris*, 276-277.

［ 48 ］Apr. 13, 1926, *Die Tagebücher von Joseph Goebbels*, part 1, vol. 1, ii, 73.

［ 49 ］Dietrich Orlow, *History of the Nazi Party: 1919-1933* (Pittsburgh, 1969), 69-70 . 比如这本书就高估了希特勒的个人魅力在政治中的作用，但这些观点却广为流传。

［ 50 ］Dok. 57a, Goebbels (July 3, 1926), Tyrell, ed., *Führer befiehl*, 156-157.

［ 51 ］Dok. 62a, Strasser (Jan. 9, 1927), 同上，163-164。

［ 52 ］Alfred Rosenberg, "Nationaler Sozialismus?" *Völkischer Beobachter* (Feb. 1, 1927), and Gregor Strasser, "Nationaler Sozialismus!," *Nationalsozialistische Briefe* (Feb. 15, 1927), reprinted in Tyrell, ed., *Führer befiehl*, 278-281.

［ 53 ］参见 Bruce Campbell, *The SA Generals and the Rise of Nazism* (Lexington, KY, 1998), 33。

［ 54 ］Hitler, *Mein Kampf, kritische Edition*, vol. 2, 1377-1399, here 1399.

［ 55 ］Hitler to Pfeffer (Nov. 1, 1926), in Jochmann, ed., *Nationalsozialismus und Revolution*, 241-242.

［ 56 ］IfZ Archiv: Zs 0177, Bd. 1, Interview Albrecht Tyrell and Franz Pfeffer von Salomon (Feb. 20, 1968), 30.

［ 57 ］Dok. 44, *Hitler Reden, Schriften, Anordnungen*, vol. 1, 83-84. Longerich, *Die braune Bataillone*, 53-55.

［ 58 ］Siemens, *Stormtroopers*, 33-34.

［ 59 ］关于他的戏剧性叙述，参见 Joseph Goebbels, *Kampf um Berlin: Der Anfang* (Munich,

1932）。

［60］Peter Longerich, *Joseph Goebbels: Biographie* (Munich, 2010), 85.

［61］Joseph Goebbels, *Der Nazi-Sozi* (Elberfeld, 1926), 4, 6–7, 9, 21.

［62］Goebbels, "Warum sind wir Judengegner?" (July 30, 1928), in Joseph Goebbels, *Der Angriff: Aufsätze aus der Kampfzeit* (Munich, 1934), 329–331. 另见 Bernhard Sauer, "Goebbels' 'Rabauken': Zur Geschichte der SA in Berlin-Brandenburg," in *Berlin in Geschichte und Gegenwart: Jahrbuch des Landesarchivs* (Berlin, 2006), 107–164, here 117。

［63］参见 Joseph Goebbels, *Der Nazi-Sozi* (Elberfeld, 1927); and Goebbels, "Warum sind wir Judengegner?" in Goebbels, *Der Angriff: Aufsätze aus der Kampfzeit*, 329–331。

［64］Joseph Goebbels, "Der Jude" (Jan. 21, 1929), in Goebbels, *Der Angriff: Aufsätze aus der Kampfzeit*, 322–324.

［65］Joseph Goebbels, "Warum sind wir Sozialisten?" (July 16, 1928), 同上, 222–224。

［66］Joseph Goebbels, "An den Deutschen Arbeiter!" (Aug. 24, 1930), 同上, 245–247。

［67］Joseph Goebbels, "Warum Arbeiterpartei?" (July 23, 1928), 同上, 224–226。

［68］Joseph Goebbels, "Sozialismus und Eigentum" (Nov. 14, 1929), 同上, 227–229。

［69］Moreau, *Nationalsozialismus von Links*, 25–26.

［70］Dok. 160, "Was ist Nationalsozialismus?" (Aug. 6, 1927), *Hitler Reden, Schriften, Anordnungen*, vol. 2, ii, 439–465.

［71］参见 Dok. 208, "Die 'gespaltene' NSDAP" (Dec. 19, 1927), 同上, 584–586; *Die Tagebücher von Joseph Goebbels* (Munich), part 1, vol. 1, ii, 305。

［72］Kershaw, *Hitler Hubris*, 300.

［73］参见 Jeremy Noakes, *The Nazi Party in Lower Saxony 1921–1933* (Oxford, 1971), 101。

［74］Dok. 254 (Apr. 13, 1928), *Hitler Reden, Schriften, Anordnungen*, vol. 2, ii, 771.

［75］Henry Ashby Turner Jr., "Hitler's Secret Pamphlet for Industrialists, 1927," *Journal of Modern History* (1968), 348–374.

［76］Dok. 112 (Apr. 27, 1927), *Hitler Reden, Schriften, Anordnungen*, vol. 2, ii, 285–286.

［77］Letter (Apr. 27, 1927), Hess and Müller, eds., *Hess. Briefe*, 380.

［78］Henry Ashby Turner Jr., *German Big Business and the Rise of Hitler* (New York, 1985), 94–96.

［79］Dok. 22, "Nationalsozialismus und Landwirtschaft" (Mar. 7, 1930), Hitler *Reden, Schriften, Anordnungen*, vol. 3, iii, 115–120.

［80］参见 Kissenkoetter, *Gregor Strasser*, 42。

［81］Alfred Rosenberg, "Idee und Führer," *Völkischer Beobachter* (May 3, 1930), 他的 *Blut und Ehre* 有转载。*Ein Kampf für deutsche Wiedergeburt: Reden und Aufsätze von 1919–1933* (Munich, 1938), 161–163.

［82］Strasser, *Hitler and I*, 106–114.

［83］IfZ Archiv: Zs 0177, Bd. 1, Interview Albrecht Tyrell and Franz Pfeffer von Salomon (Feb. 20, 1968), 28–31.

［84］Dok. 67, Hitler to Goebbels（June 30, 1930）, *Hitler Reden, Schriften, Anordnungen*, vol. 3, iii, 249–250.

［85］参见 St. Archiv Marburg: Reg. Bezirk Kassel. Best. 165/3942, Bd. II, Reg. Pr. Kassel to Preuss. M.Inn (Feb. 27, 1931), 1–13。

［86］Dok. 136, Gregor Strasser to Rudolf Jung（July 22, 1930）, in Tyrell, ed., *Führer befiehl*, 332–333; Moreau, *Nationalsozialismus von Links*, 41–45.

［87］Dok. 1, Gregor Strasser to Herrn Erckmann (Aug. 7, 1930), in Kissenkoetter, *Gregor Strasser*, 196–199.

［88］参见 Gregor Strasser, "Der Weg der Gewerkschaften" (Sept. 15, 1929); "Der deutsche 1. Mai" (May 1, 1931), in Gregor Strasser, *Kampf um Deutschland: Reden und Aufsätze eines Nationalsozialisten* (Munich, 1932), 241–249; 288–292。

［89］Longerich, *Hitler Biographie*, 215–218; Siemens, *Stormtroopers*, 55–61; Timothy S. Brown, *Weimar Radicals: Nazis and Communists between Authenticity and Performance* (New York, 2016), 64–72.

［90］Turner, ed., *Hitler aus nächster Nähe*, 70–71, 267–268, 217, 259.

［91］同上, 443–445。

［92］Alfred Rosenberg, *Wesen, Grundsätze, und Ziele der Nationalsozialistischen Deutschen Arbeiterpartei: Das Programm der Bewegung* (Munich, 1932), 11.

［93］同上, 9。

［94］Kühnl, *Die nationalsozialistischen Linke*, 253.

［95］参见 Gerhard L. Weinberg, ed., *Hitlers Zweites Buch*, in *Hitler Reden, Schriften, Anordnungen*, vol. 2a, 34。

［96］Dok. 61 (June 19, 1930), *Hitler Reden, Schriften, Anordnungen*, vol. 3, iii, 235; Dok. 76 (July 18, 1930), 280.

［97］Turner, ed., *Hitler aus nächster Nähe*, 153–154.

第 4 章

［1］参见 Jürgen W. Falter, "Spezifische Erklärungsmodelle und Motive der NSDAP Mitgliederschaft," in Jürgen W. Falter, ed., *Junge Kämpfer, alte Opportunisten: Die Mitglieder der NSDAP 1919–1945* (Frankfurt, 2016), 65–79。

［2］Laurence Rees, *Hitler's Charisma: Leading Millions into the Abyss* (New York, 2012), 21, 68.

［ 3 ］Hitler, *Mein Kampf, kritische Edition*, vol. 1, 905–906.

［ 4 ］Dok. 6, speech (Feb. 27, 1925), *Hitler Reden, Schriften, Anordnungen*, vol. 1, 14–28.

［ 5 ］Longerich, *Die braune Bataillone*, 24–26; Daniel Siemens, *Stormtroopers: A New History of Hitler's Brownshirts* (London, 2017), 8–9.

［ 6 ］Dok. 314, speech (Nov. 9, 1921), *Hitler Sämtliche Aufzeichnungen*, 514.

［ 7 ］Peter Merkl, *The Making of a Stormtrooper* (Princeton, 1980), 254.

［ 8 ］参见 *Der unbekannte SA Mann: Ein guter Kamerad der Hitler-Soldaten* (Munich, 1930, 2nd ed., 1934)，佚名。

［ 9 ］Martin Schuster, *Die SA in der nationalsozialistischen "Machtergreifung" in Berlin und Brandenburg 1926–1934* (PhD diss., T. U. Berlin, 2004), 101–109. Siemens, *Stormtroopers*, 9–15.

［ 10 ］Longerich, *Die braune Bataillone*, 135.

［ 11 ］Walter, *Antisemitische Kriminalität*, 97–110.

［ 12 ］St. Archiv Würzburg: LRA Achaffenburg, 2256（July 3, 1922）; (Sept. 1, 1922).

［ 13 ］Michael Wildt, *Volksgemeinschaft als Selbstermächtigung: Gewalt gegen Juden in der Deutschen Provinz 1919 bis 1939* (Hamburg, 2007), 72–78.

［ 14 ］Dok. 583, speech (Oct. 14, 1923), *Hitler Sämtliche Aufzeichnungen*, 1031–1034, here 1031.

［ 15 ］同上 (Oct. 19, 1923), Nr. 586, 1039。

［ 16 ］参见 Merkl, *Stormtrooper*, 205。

［ 17 ］参见 Manfred Gailus and Daniel Siemens, eds., *"Hass und Begeisterung bilden Spalier": Die politische Autobiographie von Horst Wessel* (Berlin, 2011), 48。

［ 18 ］Joseph Goebbels, *Kampf um Berlin: Der Anfang* (Munich, 1932).

［ 19 ］Horst Wessel, "Politika," in Gailus and Siemens, eds., *"Hass und Begeisterung,"* 108–109. Original, Kraków, http://jbc.bj.uj.edu.pl/dlibra/collectiondescription?dirids=118.

［ 20 ］例如，参见 Fritz Daum, *SA-Sturmführer Horst Wessel: Ein Lebensbild von Opfertreue* (Reutlingen, 1933)。

［ 21 ］Situations-Bericht（June 1926）, Dok. 1, in Martin Broszat, ed., "Die Anfänge der Berliner NSDAP 1926–1927," *VfZ* (1960): 92–93.

［ 22 ］同上，85–118. Entry (Sept. 13, 1933), *Die Tagebücher von Joseph Goebbels*, vol. 2, iii/2, 267.

［ 23 ］参见 Sven Reichardt, *Faschistische Kampfbünde: Gewalt und Gemeinschaft im italienischen Squadrismus und in der Deutschen SA* (Cologne, 2002), 490–496。

［ 24 ］社区情况参见 Oliver Reschke, *Kampf um den Kiez: Der Aufstieg der NSDAP im Zentrum Berlins 1925–1933* (Berlin, 2014), 162ff.

［ 25 ］Eve Rosenhaft, *Beating the Fascists? The German Communists and Political Violence, 1929–1933* (Cambridge, 1983), 111–127; 209.

［ 26 ］Detlef Schmiechen-Ackermann, *Nationalsozialismus und Arbeitermilieus:*

Dernationalsozialistische Angriff auf die proletarischen Wohnquartiere und die Reaktionen in den sozialistischen Vereinen (Bonn, 1998), 209.

[27] Bernhard Sauer, "Goebbels' 'Rabauken': Zur Geschichte der SA in Berlin-Brandenburg," in *Berlin in Geschichte und Gegenwart: Jahrbuch des Landesarchivs* (Berlin, 2006), 107–164, here 130–131.

[28] Berlin Document Center 里收录的自传，由 Lawrence W. Stokes 转载，*Kleinstadt und National Sozialismus: Ausgewählte Dokumente zur Geschichte von Eutin 1918–1945* (Neumünster, 1984), 287–291。

[29] Siemens, *Stormtroopers*, 82–83.

[30] Longerich, *Die braune Bataillone*, 111, 159.

[31] Eric G. Reiche, *The Development of the SA in Nürnberg 1922–1934* (Cambridge, 1986), 105–107.

[32] 更多证词见 Conan Fischer, *Stormtroopers: A Social, Economic, and Ideological Analysis 1929–1935* (London, 1983), 143–169。

[33] Peter H. Merkl, *Political Violence under the Swastika: 581 Early Nazis* (Princeton, 1975), 32–33; 453; Reichardt, *Faschistische Kampfbünde*, 632.

[34] Theodore Abel, *Why Hitler Came to Power*, org. ed., 1938 (Cambridge, MA, 1986), 72–73.

[35] Merkl, *Stormtrooper*, 254.

[36] 同上，271。

[37] Merkl, *Political Violence*, 571.

[38] Abel, *Why Hitler*, 88–90.

[39] 自传出自 Merkl, *Political Violence*, 136, 127, 374, 454–455。

[40] 同上，123–124, 124, 127, 128–129。

[41] 同上，130, 131–132。

[42] Arno Klönne, *Jugend im Dritten Reich: Die Hitler-Jugend und ihre Gegner* (Düsseldorf, 1982), 88–89; Michael H. Kater, *Hitler Youth* (Cambridge, MA, 2004), 16.

[43] 引自 Peter D. Stachura, *Nazi Youth in the Weimar Republic* (Oxford, 1975), 48。

[44] Artur Axmann, *Hitlerjugend: "Das kann doch nicht das Ende sein"* (Koblenz, 1991), 26–46.

[45] Stachura, *Nazi Youth*, 245–246.

[46] Baldur von Schirach, *Hitler-Jugend: Idee und Gestalt* (Leipzig, 1934), 30.

[47] Lydia Gottschewski, *Männerbund und Frauenfrage: Die Frau im neuen Staat* (Munich, 1934) 48–54, 74, 86.

[48] 自传出自 Merkl, *Political Violence*, 130, 131–132, 133。

[49] 自传出自 Torsten Kupfer, *Generation und Radikalisierung: Die Mitglieder der NSDAP im*

Kreis Bernberg 1921-1945 (Berlin, 2006), 46-51。

[50] Claudia Koonz 访谈录（1981），刊载于她的 *Mothers in the Fatherland: Women, the Family and Nazi Politics* (New York, 1987), xxi-xxxv, 168-169。另见 Christiane Berger, *Zur Wirkung einer nationalsozialistischen Karriere in Verlauf, Retrospektive, und Gegenwart* (PhD diss., Hamburg, 2005), 21-24。

[51] 参见 Gertrude Scholtz-Klink, "Aufgabe: Wille und Ziel der Deutschen Frauen," *N.S. Frauen-Warte* (July 1933), 33-34; Ute Frevert, *Women in German History: From Bourgeois Emancipation to Sexual Liberation* (New York, 1999), 216-230。

[52] Michael H. Kater, *The Nazi Party: A Social Profile of Members and Leaders, 1919-1945* (Cambridge, MA, 1983), 150-151.

[53] Kupfer, *Generation und Radikalisierung*, 74-76.

[54] Alfred F. 的案例，同上，108-109。

[55] Wildt, *Generation des Unbedingten*, 72-99.

[56] Wolfgang Stelbrink, *Die Kreisleiter der NSDAP in Westfalen und Lippe* (Münster, 2003), 10-26.

[57] Claus-Christian W. Szejnmann, *Nazism in Central Germany: The Brownshirts in "Red" Saxony* (New York, 1999), 209，table 5.1. 关于德累斯顿，参见 Annekatrin Jahn, "Cuno Meyer und Hellmut Walter," in Christine Pieper et al., eds., *Braune Karrieren: Dresdner Täter und Akteure im Nationalsozialismus* (Dresden, 2012), 51-57。

[58] Stelbrink, *Kreisleiter der NSDAP*, 26-44.

[59] Susanne Schlösser, "Die Heilbronner NSDAP und ihre 'Führer': Eine Bestandsaufnahme zur nationalsozialistischen Personalpolitik auf lokaler Ebene und ihren Auswirkungen 'vor Ort'," in *Heilbronnica 2- Beiträge zur Stadtgeschichte*, Christhard Schrank and Peter Wanner, eds., *Quellen und Forschungen zur Geschichte der Stadt Heilbronn* 15, 2003, 281-317, here 285.

[60] Rudy Koshar, *Social Life, Local Politics, and Nazism: Marburg, 1880-1935* (Chapel Hill, NC, 1986), 188.

[61] Carl-Wilhelm Reibel, *Das Fundament der Diktatur: Die NSDAP-Ortsgruppen 1932-1945* (Paderborn, 2002), 29-32.

[62] 参见 Hartmut Berghoff and Cornelia Rauh, *The Respectable Career of Fritz K. : The Making and Remaking of a Provincial Nazi Leader* (New York, 2015), 12-42, 引自 32。

[63] 引自 Kupfer, *Generation und Radikalisierung*, 55; 104-105。另见 Kurt Klenau 日记中的相似情绪（born 1899），同前，104-107。

[64] Martin Dröge, *Männlichkeit und "Volksgemeinschaft": Der westfälische Landeshauptmann Karl Friedrich Kolbow (1899-1945): Biographie eines NS Täters* (Paderborn, 2015), 124-193.

[65] Jeremy Noakes, "Viceroys of the Reich? Gauleiters 1925-1945," in Anthony McElligott

and Tim Kirk, eds., *Working towards the Führer: Essays in Honour of Sir Ian Kershaw* (Manchester, 2003), 118–152.

〔66〕Hitler speech (May 22, 1926), in *Hitler Reden, Schriften, Anordnungen*, vol. 1, 445.

〔67〕http://www.bunte-fraktion-wustrow.de/dokumente/Telschow%20%20Hitlers%20 Gauleiter%20in%20Osthannover.pdf, 可检索 Mar. 17, 2019。

〔68〕Bernhard Gotto, "Dem Gauleiter entgegen arbeiten? Überlegungen zur Reichsweite eines Deutungsmusters," in John, Möller, and Schaarschmidt, eds., *Die NS-Gaue*, 80–99, here 88.

〔69〕Karl Wahl, *"... es ist das deutsche Herz:" Erlebnisse und Erkenntnisse eines ehemaligen Gauleiters* (Augsburg, 1954), 39–53; Noakes, "Viceroys of the Reich," 124.

〔70〕Wahl, *Erlebnisse,* 59; Martina Steber, "Regions and National Socialist Ideology: Reflections on Contained Plurality," in Claus-Christian W. Szejnmann and Maiken Umbach, eds., *Heimat, Region, and Empire: Spatial Identities under National Socialism* (New York, 2012), 25–42, here 31–32.

〔71〕Gerhard Hetzer, "Die Industriestadt Augsburg. Eine Sozialgeschichte der Arbeiteropposition," in Martin Broszat et al., eds., *Bayern in der NS-Zeit* (Munich, 1981), vol. 3, 1–233, here 68–72.

〔72〕Walter Ziegler, "Die Selbstverständnis der bayerischen Gauleiter," in Hermann Rumschöttel and Walter Ziegler, eds., *Staat und Gaue in der NS-Zeit Bayern 1933–1945* (Munich, 2004), 77–125, here 91–94.

〔73〕Franz Kühnel, *Hans Schemm. Gauleiter und Kultusminister (1891–1935)* (Nuremberg, 1985), 27–36.

〔74〕Hambrecht, *Aufstieg der NSDAP,* 137–143.

〔75〕Brigitte Hamann, *Winifred Wagner oder Hitlers Bayreuth* (Munich, 2002), 118.

〔76〕Geoffrey Pridham, *The Nazi Movement in Bavaria 1923–1933* (London, 1973), 128–129.

〔77〕Ziegler, "Die Selbstverständnis der bayerischen Gauleiter," 94–98.

〔78〕引自 Konrad H. Jarausch, *The Unfree Professions: German Lawyers, Teachers, and Engineers, 1900–1950* (New York, 1990), 99。

〔79〕参见 Bruce Campbell, *The SA Generals and the Rise of Nazism* (Lexington, KY, 1998), 38–39; 147。

〔80〕Albert Speer, *Inside the Third Reich, Memoirs* (New York, 1970), 16.

〔81〕Hitler speech to NSDStB (Dec. 4, 1930), in *Hitler Reden, Schriften, Anordnungen*, vol. 4, i, 145–147.

〔82〕Magnus Brechtken, *Albert Speer: Eine deutsche Karriere* (Munich, 2017), 31–37; Sebastian Tisch, *Albert Speer 1905–1981* (Vienna, 2016), 31–42.

[83] Himmler in BArchiv Berlin, NS 19/1934 (June 13–14, 1931), Bl. 94–105; 109–113.

[84] Himmler speech, "Das Blut und die Einheit des Reiches" (Mar. 7, 1938), in Heinrich Himmler, *Geheimreden 1933 bis 1945 und andere Ansprachen*, Bradley F. Smith and Agnes F. Peterson, eds. (Frankfurt, 1979), 54.

[85] Isabel Heinemann, *"Rasse, Siedlung, deutsches Blut": Das Rasse- und Siedlungshauptamt der SS und die rassenpolitische Neuordnung Europas* (Göttingen, 2003), 50–51.

[86] Jens Banach, *Heydrichs Elite: Das Führerkorps der Sicherheitspolizei und des SD 1936–1945* (Paderborn, 1998), 87–94.

[87] Lina Heydrich, *Leben mit einem Kriegsverbrecher* (Pfaffenhofen, 1976), 42–43.

[88] Shlomo Aronson, *Reinhard Heydrich und die Frühgeschichte von Gestapo und SD* (Stuttgart, 1971), 34; Günther Deschner, *Reinhard Heydrich: Statthalter der totalen Macht*, 4th ed. (Esslingen, 1977), 36–38.

[89] Robert Gerwarth, *Hitler's Hangman: The Life of Heydrich* (London, 2011), 37, 54. Lohalm, *Völkischer Radikalismus*, 327.

[90] Herbert F. Ziegler, *Nazi Germany's New Aristocracy: The SS Leadership, 1925–1939* (Princeton, 1989), 147.

[91] Michael H. Kater, "Zum gegenseitigen Verhältnis von SA und SS in der Sozialgeschichte des Nationalsozialismus von 1925 bis 1939," in *Vierteljahresschrift für Sozial- und Wirtschaftsgeschichte* (1975), 339–379, here 375.

[92] Hans F. K. Günther, *Ritter, Tod, und Teufel: Der heldische Gedanke* (Munich, 1920), 183–193.

[93] Hans F. K. Günther, *Mein Eindruck von Adolf Hitler* (Pähl, 1986).

[94] Herbert, *Best*, 43–47.

[95] Lohalm, *Völkischer Radikalismus*, 327.

[96] BArchiv Koblenz: NL Best, 23/10.

[97] BArchiv Koblenz: NL Best, 23/7.

[98] 他的背景与影响，参见 Uwe Mai, *Rasse und Raum: Agrarpolitik, Sozial-, und Raumplanung im NS-Staat* (Paderborn, 2002), 35–46; Anna Bramwell, *Blood and Soil: Richard Walter Darre and Hitler's Green Party* (Abbotsbrook, 1985), 13–90; Gustavo Corni and Horst Gies, eds., *Blut und Boden: Rassenideologie und Agrarpolitik im Staat Hitlers* (Idstein, 1994), 17–24; Lutzhöft, *Der Nordische Gedanke*, 52–55。

[99] R. Walther Darré, *Das Bauernthum als Lebensquelle der Nordischen Rasse* (Munich, 1928), 277–308.

[100] 同上，426–447。

[101] 同上，435。

［ 102 ］ R. Walther Darré, "Das Ziel" (July 1932), in *Um Blut und Boden: Reden und Aufsätze,* 3rd ed. (Munich, 1941), 338–339.

［ 103 ］ Darré, "Blut und Boden als Lebensgrundlagen der nordischen Rasse" (June 22, 1930), 同上, 27。

［ 104 ］ R. Walther Darré, ed., *Nordische Bluterbe im süddeutsche Bauerntum* (Munich, 1938), 14–15.

［ 105 ］ R. Walther Darré, *Neuadel aus Blut und Boden* (Munich, 1930), 168–169.

［ 106 ］同上, 142–143。

［ 107 ］ *Hitler Reden, Schriften, Anordnungen*, vol. 5, ii, 317, 注释 3。Oswald Spengler 在他的经典作品中, 提到了 "血与土的斗争"。August Winnig 在 20 世纪 20 年代就使用了这一概念。

［ 108 ］ Dok. 22 (Mar. 6, 1930), Hitler, "Nationalsozialismus und Landwirtschaft," *Hitler Reden, Schriften, Anordnungen*, vol. 3, iii, 115–120.

［ 109 ］类似的例子, 参见 Esche, *Hitlers "völkische Vorkämpfer"*。

［ 110 ］ Heinemann, *"Rasse, Siedlung, deutsches Blut,"* 52–53; Peter Longerich, *Heinrich Himmler: Biographie* (Berlin, 2008), 137–138.

［ 111 ］ Dok. 11 (Oct. 6, 1933), in Corni and Gies, eds., *Blut und Boden*, 74–75.

［ 112 ］ Dok. 112, speech (Jan. 3, 1933), *Hitler Reden, Schriften, Anordnungen*, vol. 5, ii, 317–319.

［ 113 ］ Hans-Christian Harten, *Himmlers Lehrer: Die Weltanschauliche Schulung in der SS 1933–1945* (Paderborn, 2014), 60–61.

［ 114 ］同上, 66。

［ 115 ］ Hein, *Elite für Volk und Führer*, 225–240.

［ 116 ］ Abel, *Why Hitler*, 244.

［ 117 ］ Werner Best, *Die deutsche Polizei* (1940), 85; BArchiv Koblenz: NL Best, 23/10.

第 5 章

［ 1 ］参见 St. Archiv Marburg: Reg. Bezirk Kassel. Best. 165/3840. Preuss. M. Inn: Referentendenkschrift an Reg. Pr. Kassel (May 1930)。关于价格, 参见 Münkel, *Nationalsozialistische Agrarpolitik*, 54。

［ 2 ］ Dok. 254 (Apr. 13, 1928), *Hitler Reden, Schriften, Anordnungen*, vol. 2, ii, 771.

［ 3 ］ Dok. 22 (Mar. 7, 1930), *Hitler Reden, Schriften, Anordnungen*, vol. 3, iii, 115–120.

［ 4 ］参见 Horst Gies, "NSDAP und Landwirtschaftliche Organisationen in der Endphase der Weimarer Republik," *VfZ* (1967): 341–376, here 348。

［ 5 ］ Bertold Alleweldt, *Herbert Backe: Eine politische Biographie* (Berlin, 2011), 17–36.

［6］Figures in Harten, *Himmlers Lehrer*, 20.

［7］例如，参见 BArchiv Berlin Sammlung Schumacher 207, 52–55, 84–87, 98, 166。

［8］Jeremy Noakes, *The Nazi Party in Lower Saxony, 1921–1933* (Oxford, 1971), 125.

［9］BArchiv Berlin: Sammlung Schumacher: 203, Gau Hessen-Nassau Nord, Prop. Rundschreiben, Brief (Dec. 1930), 1–10.

［10］参见 St. Archiv Marburg: Reg. Bezirk Kassel. Best. 165/3840. Preuss. M.Inn: Referentendenkschrift to Reg. Pr. Kassel (May 1930); William Sheridan Allen, *The Nazi Seizure of Power: The Experience of a Single German Town, 1922–1945*, rev. ed. (New York, 1984), 138–144。

［11］Pridham, *Nazi Movement in Bavaria*, 100–101.

［12］Turlach O Broin, "Mail-Order Demagogues: The NSDAP School for Speakers,1928–1934," *Journal of Contemporary History* (Oct. 2016): 715–737.

［13］Gerhard Paul, *Aufstand der Bilder: Die NS-Propaganda vor 1933* (Bonn, 1992), chapter 4, illustration 58.

［14］Randall Bytwerk, "Fritz Reinhardt and the Rederschule der NSDAP," *Quarterly Journal of Speech* (1981): 298–309, here 307–308. 据 O Broin, "Mail-Order Demagogues," 共有 5.4 万场。

［15］Oded Heilbronner, *Catholicism, Political Culture, and the Countryside: A Social History of the Nazi Party in South Germany* (Ann Arbor, MI, 1998), 162–163, 236.

［16］参见 Stefanie Fischer, *Ökonomisches Vertrauen und antisemitische Gewalt: Jüdische Viehhändler in Mittelfranken 1919–1939* (Göttingen, 2014), 184–185。

［17］St. Archiv Nürnberg, LRA Weissenburg: 28, Halbmonatsbericht (Mar. 15, 1932; Apr. 16, 1932).

［18］参见 Hambrecht, *Aufstieg der NSDAP*, 248–254。

［19］St. Archiv Marburg: Reg. Bezirk Kassel. Best. 165/3942, Bd. 1 Landrat an Regierungspräs. Kassel (Dec. 14, 1929).

［20］St. Archiv Marburg: Reg. Bezirk Kassel. Best. 180 LA Frankenberg 180/3432, report (Dec. 20, 1930).

［21］St. Archiv Wiesbaden: 408/127, 1930–1931 的记录，这里的情况出现在 Freidendiez, Katzenelnbogen, Holzappel, Diez a/Lahn。

［22］St. Archiv Marburg: Reg. Bezirk Kassel. LA Frankenberg 180/1955, 报告出自 Bottendorf, Gemünden, Ernsthausen, Vöhl, Haina, Frankenau, Ederbringhausen, Frankenberg, and Löhlbach。

［23］参见 Eberhart Schön, *Die Entstehung des Nationalsozialismus in Hessen* (Meisenheim am Glan, 1972), 200–201; 人口数据来自 http://www.geschichte-on-demand.de/frankenberg.html。

［24］St. Archiv Marburg: Reg. Bezirk Kassel. 165/3942, Bd. II, Landrat Ziegenhain report (Sept. 13, 1931).

［25］Schön, *Nationalsozialismus*, 201.

［26］Koshar, *Social Life, Local Politics, and Nazism: Marburg*, 204.

［27］Diary entry (May 31, 1933), in Herbert Obenaus and Sibylle Obenaus, eds., *"Schreiben wie es wirklich war": Aufzeichnungen Karl Dürkefäldens aus den Jahren 1933–1945* (Hanover, 1985), 54.

［28］Dok. 48 (Oct. 18, 1931), *Hitler Reden, Schriften, Anordnungen*, vol. 4, ii, 159–160.

［29］Letters Elisabeth Gebensleben-von Alten to her daughter (Oct. 18, 1931; Apr. 22, 1932; [July 14, 1932]), in Hedda Kalshoven, ed., *Ich denk so viel an Euch: Ein deutsch-holländischer Briefwechsel 1920–1949* (Munich, 1995), 123, 143, 150.

［30］BArchiv Berlin: Sammlung Schumacher: 207, Gau Propaganda reports, (1931–1932), 52–55; 84–87; 96.

［31］*Statistisches Jahrbuch für das Deutsche Reich* (1934), 540.

［32］Doc. 13, Szejnmann, *Nazism in Central Germany*, 268.

［33］同上, 33。

［34］同上, 208。

［35］http://www.gonschior.de/weimar/Sachsen/Uebersicht_RTW.html.

［36］Mike Schmeitzner, "Martin Mutschmann und Manfred von Killinger: Die 'Führer der Provinz," in Christine Pieper et al., eds., *Braune Karrieren*, 22–26.

［37］Szejnmann, *Nazism in Central Germany*, 70–71.

［38］同上, 248。

［39］参见 Carola Stern, *In den Netzen der Erinnerung: Lebensgeschichten zweier Menschen* (Reinbek bei Hamburg, 1986), 61。

［40］参见 http://www.verwaltungsgeschichte.de/rhp_koblenz.html#Grosskoblenz。

［41］参见当地档案 (July 1928–Apr. 1932), in Franz Josef Heyen, *Nationalsozialismus im Alltag: Quellen zur Geschichte des Nationalsozialismus vornehmlich im Raum Mainz-Koblenz-Trier* (Boppard am Rhine, 1967), 2–81。

［42］Dok. 54, 55, 56 (Apr. 21, 1932), *Hitler Reden, Schriften, Anordnungen*, vol. 5, i, 83–88.

［43］Petra Weiss, "Die Stadtverwaltung Koblenz im Nationalsozialismus," http://www.rheinische-geschichte.lvr.de/themen/Das%20Rheinland%20im%2020.%20Jahrhundert/Seiten/DieStadtverwaltungKoblenzimNationalsozialismus.aspx.

［44］BayHStArchiv Munich: Minn 73818: Polizeidirektion Würzburg (Aug. 6, 1930).

［45］引自 Jürgen W. Falter, *Hitlers Wähler* (Munich, 1991), 188。

［46］Günter Plum, *Gesellschaftsstruktur und politisches Bewusstsein in einer katholischen Region 1928–1933: Untersuchung am Beispiel des Regierungsbezirks Aachen* (Stuttgart, 1972), 164, 195.

［47］Peter Fritzsche, *The Turbulent World of Franz Göll: An Ordinary Berliner Writes the Twentieth Century* (Cambridge, MA, 2011), 138–160.

［48］Gunther Mai 引用希特勒的话，"Nationalsozialistische Betriebszellen Organisation: Zum Verhältnis von Arbeiterschaft und Nationalsozialismus," *VfZ* (1983): 573–613, here 577–578。

［49］例如，参见各地档案：Reg. Präs. Koblenz (Feb. 1931–May 1932), in Heyen, *Nationalsozialismus im Alltag*, 50–51。

［50］Heinrich August Winkler, *Der Weg in die Katastrophe: Arbeiter und Arbeiterbewegung in der Weimarer Republik 1930 bis 1933* (Bonn, 1987), 604–608; Jürgen W. Falter and Dirk Hänisch, "Die Anfälligkeit von Arbeitern gegenüber der NSDAP bei den Reichstagswahlen 1928–1933," *Historical Social Research*, Supplement 25 (2013): 145–193.

［51］*Statistisches Jahrbuch für das Deutsche Reich* (1932), 541.

［52］Benjamin Lieberman, "The Meanings and Function of Anti-System Ideology in the Weimar Republic," *Journal of the History of Ideas* (1998): 374.

［53］同上，429–435。

［54］Ursula Büttner, "Der Aufstieg der NSDAP," in *Hamburg im "Dritten Reich"* (Göttingen, 2005), 27–65, here 53; Anthony McElligott, *Contested City: Municipal Politics and the Rise of Nazism in Altona, 1917–1937* (Ann Arbor, MI, 1998), 191–196; Andrew Wackerfuss, *Stormtrooper Families: Homosexuality and Community in the Early Nazi Movement* (New York, 2015), 229–236; diary entry (July 18, 1932), Joseph Goebbels, *Vom Kaiserhof zur Reichskanzlei: Eine historische Darstellung in Tagebuchblättern*, 4th ed. (Munich, 1934), 130.

［55］Longerich, *Die braune Bataillone*, 122.

［56］Camiel Oomen, *"Wir sind die Soldaten der Republik!" Das Berliner Reichsbanner und die Politische Gewalt 1930–1933* (PhD diss., Utrecht, 2007), 21.

［57］Longerich, *Die braune Bataillone*, 136.

［58］Entries (June 25; June 27, 1932), Harry Graf Kessler, *Tagebücher 1918–1937* (Frankfurt, 1962), 672–673.

［59］参见 Wilfried Böhnke, *Die NSDAP im Ruhrgebiet 1920–1933* (Bonn-Bad Godesberg, 1974), 192, 199, 214–215; Volker Franke, *Der Aufstieg der NSDAP in Düsseldorf: Die nationalsozialistischen Basis in einer katholischen Grosstadt* (Essen, 1987), 81。

［60］*Deutsche Allgemeine Zeitung* (Dec. 15, 1903), 引自 Henry Ashby Turner, *German Big Business and the Rise of Hitler* (New York, 1985), 134。

［61］参见 St. Archiv Marburg: Reg. Bezirk Kassel. Best. 165/3840. Preuss. M. Inn: Referentendenkschrift an Reg. Pr. Kassel (Sept. 5, 1930)。

［62］Hitler, *Mein Kampf, kritische Edition*, vol. 2, 1619, note 186.

［63］Dok. 13 (Feb. 4, 1930), *Hitler Reden, Schriften, Anordnungen*, vol. 3, iii, 74. 此前他也否定了福特的资助；Dok. 497, interview (Mar. 17, 1923), *Hitler Sämtliche Aufzeichnungen*, 845。

［64］纳粹党报转载了他的这次发言，但误将时间标为了 1 月 27 日。*Vortrag Adolf Hitlers vor westdeutschen Wirtschaftlern im Industrie-Klub zu Düsseldorf am 27. Januar 1932* (Munich, n.d.).

［65］Wagener 的回忆录，Henry Ashby Turner Jr., ed., *Hitler aus nächster Nähe*, 479。

［66］Dok. 15 (Jan. 26, 1932), *Hitler Reden, Schriften, Anordnungen*, vol. 4, iii, 74–110, 另见文后内容。

［67］Henry Ashby Turner, *German Big Business and the Rise of Hitler* (New York, 1985), 210–219. 另见 Ullrich, *Hitler Biographie*, Bd. 1, 326–329。

［68］Turner, *German Big Business and the Rise of Hitler*, 157.

［69］Entry (Feb. 22, 1932), Goebbels, *Vom Kaiserhof*, 49–50.

［70］Dok. 29 (Feb. 27, 1932), *Hitler Reden, Schriften, Anordnungen*, vol. 4, iii, 138–144.

［71］Dok. 1, "Mein Programm" (Apr. 2, 1932), 同上, vol. 5, i, 3–14。

［72］Dok. 7 (Apr. 4, 1932), ibid., vol. 5, i, 20–21.

［73］Kersten Heinsohn, "Kampf um die Wählerinnen: Die Idee von der 'Volksgemeinschaft' am Ende der Weimarer Republik," in Sybille Steinbacher, ed., *Volksgenossen: Frauen in der NS-Volksgemeinschaft* (Göttingen, 2002), 29–47, here 44–45.

［74］Longerich, *Hitler Biographie*, 252.

［75］St. Archiv Wiesbaden: LA 483/885. Gau Hessen-Nassau-Süd to all Kreisleiter (Mar. 7, 1932).

［76］Anna von der Goltz, *Hindenburg: Power, Myth, and the Rise of the Nazis* (New York, 2009), 157–159.

［77］Dok. 4 (Jan. 8, 1932), Dok. 15 (Jan. 26, 1932), *Hitler Reden, Schriften, Anordnungen*, vol. 4, iii, 20, 90.

［78］Dok. 89 (June 12, 1932); Dok. 111 (July 15, 1932); Dok. 118 (July 17, 1932); Dok. 123 (July 20, 1932), 同上, vol. 5, i, 164; 222; 234; 243。

［79］Dok. 15 (Oct. 16, 1932), 同上, vol. 5, ii, 30–31。

［80］Dok. 51 (Apr. 20, 1932); Dok. 70 (May 22, 1932); Dok. 109 (July 15, 1932); Dok. 92 (June 14, 1932); Dok. 1 (Apr. 2, 1932), 同上, 80, 117, 218, 175, 9。

［81］Dok. 17 (Oct. 16, 1932), 同上, vol. 5, ii, 65。

［82］Dok. 25 (Oct. 19, 1932), 同上, 88。

［83］Dok. 35 (Oct. 24, 1932), 同上, 108。

［84］Dok. 47 (Oct. 30, 1932), 同上, 132。

［85］Dok. 56 (Nov. 3, 1932), 同上, 170。

［86］Otto Dietrich, *12 Jahre mit Hitler* (Munich, 1955), 33–37.

［87］参见 Wolfram Pyta, *Dorfgemeinschaft und Parteipolitik 1918–1933: Die Verschränkung von Milieu und Parteien in den protestantischen Landgebieten Deutschlands in der Weimarer Republik* (Düsseldorf, 1996), 342, 395, 422, 463; Zdenek Zofka, *Die Ausbreitung des Nationalsozialismus auf dem Lande: Eine regionale Fallstudie zur politischen Einstellung der Landbevölkerung in der Zeit des Aufstiegs und der Machtergreifung der NSDAP 1928–1936* (Munich, 1979), 98–100。关于意见领袖在使城镇转向民族社会主义上发挥的关键作用，参见 Richard F. Hamilton, *Who Voted for Hitler?* (Princeton, 1982), 437–453。

［88］Entry (Jan. 3, 1933), Goebbels, *Vom Kaiserhof*, 233–234.

［89］Longerich, *Hitler Biographie*, 279–281.

［90］参见 *Hitler Reden, Schriften, Anordnungen*, vol. 5, ii, note 13, 256。

［91］Letter Strasser to Hitler (Dec. 8, 1932), in Kissenkoetter, *Gregor Strasser*, 202–203; 另见 Peter D. Stachura, *Gregor Strasser and the Rise of Nazism* (London, 1983), 108–114。

［92］Dok. 99, "Denkschrift" (Dec. 12, 1932), in *Hitler Reden, Schriften, Anordnungen*, vol. 5, ii, 273–278.

［93］Dok. 107 (Dec. 31, 1932), 同上, vol. 5, ii, 297–311。

［94］Entry (Dec. 30, 1932), Goebbels, *Vom Kaiserhof*, 231.

［95］Caroline Wagner, *Die NSDAP auf dem Dorf: Eine Sozialgeschichte der NS-Machtergreifung in Lippe* (Münster, 1998), 258.

［96］选举结果参见 *Hitler Reden, Schriften, Anordnungen*, vol. 5, ii, note 3, 364。

［97］Dok. 138 (Jan. 15, 1933), *Hitler Reden, Schriften, Anordnungen*, vol. 5, ii, 366–368.

［98］Dok. 143 (Jan. 20, 1933), 同上, 378–379。

［99］Dok. 143 (Jan. 20, 1933), 同上, 385。

［100］同上。

［101］参见 Falter, *Hitlers Wähler*, 364–374.

［102］关于新教徒、农村地区，参见 Pyta, *Dorfgemeinschaft*, 324–478; 两者重合的例子，参见 Christian Peters, *Nationalsozialistische Machtdurchsetzung in Kleinstädten: Eine vergleichende Studie zu Quakenbrück und Heide/Holstein* (Bielefeld, 2015), 442。

［103］Paul W. Thurner, André Klima, and Helmut Küchenhoff, "Agricultural Structure and the Rise of the Nazi Party Reconsidered," *Political Geography* (2015): 50–63.

［104］Harten, *Himmlers Lehrer*, 20.

第 6 章

［1］Hitler, *Mein Kampf, kritische Edition*, vol. 2, 1307–1309.

［2］同上, vol. 2, 991–1109。

［ 3 ］同上, vol. 1, 685。

［ 4 ］Beck, *Fateful Alliance*, 83–88.

［ 5 ］Neliba, *Wilhelm Frick*, 78–79.

［ 6 ］参见 Dok. 1 (Jan. 30, 1933); Dok. 2 (Jan. 31, 1933), *Akten der Reichskanzlei. Regierung Hitler*, vol. 1, 1–8, here 6。

［ 7 ］Entry (Jan. 30, 1933), Goebbels, *Vom Kaiserhof*, 251–254.

［ 8 ］Wolfram Pyta, *Hindenburg: Herrschaft zwischen Hohenzollern und Hitler*, 2nd ed. (Munich, 2009), 808, 818.

［ 9 ］Hitler speech (Feb. 1, 1933), Domarus, ed., *Hitler: Reden und Proklamationen*, vol. 1, 191–194.

［ 10 ］Entry (Feb. 1, 1933), Goebbels, *Vom Kaiserhof*, 255.

［ 11 ］Dok. 3, *Akten der Reichskanzlei. Regierung Hitler*, vol. 1, 9, 11; *RGBL* I, Feb. 8, 1933, 35–40.

［ 12 ］参见 *Sozialdemokratischer Pressedienst*, Berlin (Feb. 4, 1933)。

［ 13 ］参见 *Völkischer Beobachter* (Feb. 19–20, 1933), 1。

［ 14 ］*Berliner Morgenpost* (Feb. 23, 1933), 2.

［ 15 ］Winkler, *Der Weg in die Katastrophe*, 877.

［ 16 ］Manfred Gailus, "1933 als protestantisches Erlebnis: emphatische Selbsttransformation und Spaltung," *Geschichte und Gesellschaft* (2003): 485.

［ 17 ］Entry (Feb. 5, 1933), Goebbels, *Vom Kaiserhof*, 258.

［ 18 ］参见 Reichardt, *Faschistische Kampfbünde*, 494–496。

［ 19 ］参见 *Sozialdemokratischer Pressedienst*, Berlin (Feb. 4, 1933)。

［ 20 ］*RGBL* I, Feb. 6, 1933, 35–41.

［ 21 ］参见 Beck, *Fateful Alliance*, 102–103。

［ 22 ］Diary entry (Feb. 14, 1933), Luise Solmitz, Dok. 119, Jochmann, ed., *Nationalsozialismus und Revolution*, 400–433, here 425.

［ 23 ］Hermann Göring, "Die nationalsozialistische Polizei," in his *Reden und Aufsätze*, Erich Gritzbach, ed., 8th ed. (Munich, 1943), 18.

［ 24 ］"Rücksichtsloser Waffengebrauch gegen den roten Terror," *Völkischer Beobachter* (Feb. 22, 1933), 1.

［ 25 ］Lothar Gruchmann, *Justiz im Dritten Reich 1933–1940: Anpassung und Unterwerfung in der Ära Gürtner* (Munich, 1988), 320.

［ 26 ］Pyta, *Hindenburg*, 809.

［ 27 ］参见 Hans Magnus Enzensberger, *Hammerstein oder Der Eigensinn: Eine Deutsche Geschichte* (Frankfurt, 2009), 113–115。

［28］Hans-Erich Volkmann, "Von Blomberg zu Keitel: Die Wehrmachtführung und die Demontage des Rechtsstaates," in Rolf-Dieter Müller and Hans-Erich Volkmann, eds., *Die Wehrmacht: Mythos und Realität*, (Munich, 1999), 47–65, here 51; Kirstin A. Schäfer, *Werner von Blomberg: Hitlers erster Feldmarschall. Eine Biographie* (Paderborn, 2006), 104.

［29］这份文件在 1933 年 2 月 14 日抵达莫斯科，转载于 Andreas Wirsching, Dokumentation: "'Man kann nur Boden germanisieren': Eine neue Quelle zu Hitlers Rede vor den Spitzen der Reichswehr am 3. Februar 1933," *VfZ* (2001): 517–550, here 545。

［30］Abschrift des kommunistischen Nachrichtendienstes (Feb. 6, 1933), 同上, 545–48, 下同。

［31］同上。

［32］参见 Thilo Vogelsang, Dokumentation: "Neue Dokumente zur Geschichte der Reichswehr 1930–1933," *VfZ* (1954): 398–435, here 434–435。另见 Gerhard L. Weinberg, *The Foreign Policy of Hitler's Germany: Diplomatic Revolution in Europe, 1933–1936* (Chicago, 1970), 25–27。

［33］Voglesang, Dokumentation, here 433–437.

［34］参见 Klaus-Jürgen Müller, *Generaloberst Ludwig Beck: Eine Biographie* (Paderborn, 2008), 102–103; Schäfer, *Werner von Blomberg*, 101–106。

［35］Klaus-Jürgen Müller, *Das Heer und Hitler: Armee und nationalsozialistisches Regime 1933–1940* (Stuttgart, 1969), 64.

［36］引自 Johannes Hürter, *Hitlers Heerführer: Die Deutschen Oberbefehlshaber im Krieg gegen die Sowjetunion 1941–1942* (Munich, 2007), 130–131。

［37］Schmiechen-Ackermann, *Nationalsozialismus und Arbeitermilieus*, 390–402.

［38］参见 *Sozialdemokratischer Pressedienst*, Berlin (Jan. 30–Feb. 3, 1933); Detlev Peukert, *Die KPD im Widerstand: Verfolgung und Untergrundarbeit an Rhein und Ruhr 1933 bis 1945* (Wuppertal, 1980), 79–89。

［39］参见 *Völkischer Beobachter* (Feb. 25 1933); also Rudolf Diels, *Lucifer Ante Portas: … es spricht der erste Chef der Gestapo* (Stuttgart, 1950), 188–189。

［40］Dok. 28, Wilhelm Simpfendörfer to Reichskanzler (Feb. 22, 1933), in *Akten der Reichskanzlei: Regierung Hitler*, vol. 1; answer from Lammers (Feb. 23, 1933), 111.

［41］Diels, *Lucifer Ante Portas*, 192.

［42］Entry (Feb. 27, 1933), Goebbels, *Vom Kaiserhof*, 269–271.

［43］Heinrich Hoffmann, *Hitler wie ich ihn sah: Aufzeichnungen seine Leifotografen* (Munich, 1974), 52.

［44］Diels, *Lucifer Ante Portas*, 193–194.

［45］Dok. 33, Diels to Daluege (Feb. 28, 1933), *Akten der Reichskanzlei: Regierung Hitler*, vol. 1, 131–132.

［46］参见 *Völkischer Beobachter* (Feb. 28; Mar. 3, 1933)。

［47］参见 Dok. 32, Dok. 34, *Akten der Reichskanzlei: Regierung Hitler*, vol. 1, 128–133。

［48］有关对纳粹放火论的驳斥，参见 Richard J. Evans, "The Conspiracists," *London Review of Books* (May 2014), 3–9; Klaus Wallbaum, *Der Überläufer. Rodolf Diels (1900–1957): Der erste Gestapo-Chef des Hitler-Regimes* (Frankfurt, 2010), 98–104。

［49］Diary entry (Feb. 27, 1933), in *Hitlerjunge Schall: Die Tagebücher eines jungen Nationalsozialisten*, André Postert, ed. (Munich, 2016), 244.

［50］Pyta, *Hindenburg*, 814.

［51］*RGBL* I (Feb. 28, 1933), 83.

［52］Falter, *Hitlers Wähler*, 38–41.

［53］Pyta, *Hindenburg*, 819.

［54］Dok. 46, Denkschrift (Mar. 7, 1933), in *Akten der Reichskanzlei: Regierung Hitler*, vol. 1, 168–171. Also Dok. 56 (Mar. 11, 1933), 同上, 193. Entry (Mar. 6, 1933), Goebbels, *Vom Kaiserhof*, 275–276。完整叙述见 Alan E. Steinweis, *Art, Ideology, and Economics: The Reich Chambers of Music, Theater, and the Visual Arts* (Chapel Hill, NC, 1993)。

［55］Dok. 44 (Mar. 7, 1933), in *Akten der Reichskanzlei: Regierung Hitler*, vol. 1, 159–166, here 161.

［56］Dok. 51, press reports (Mar. 9), 同上, note 4, 184–185。

［57］Johnpeter Horst Grill, *The Nazi Movement in Baden 1920–1945* (Chapel Hill, NC, 1983), 248–249.

［58］Josef Werner, *Hakenkreuz und Judenstern: Das Schicksal der Karlsruher Juden im Dritten Reich*, 2nd ed. (Karlsruhe, 1990), 39–47; Monika Pohl, "Ludwig Marum: Das Verfolgungsschicksal eines Sozialdemokraten" (Nov. 28–29, 2013), 共有两部分 http://archiv.bruchsal.org/story/ludwig-marum-verfolgungsschicksal-eines-sozialdemokraten。

［59］Entries (Mar. 8–9, 1933), Goebbels, *Vom Kaiserhof*, 278–279.

［60］Law of Mar. 31, 1933, *RGBL* I (Apr. 2, 1933), 153–154; Law (Apr. 7, 1933), 173. Paul Sauer, *Württemberg in der Zeit des Nationalsozialismus* (Ulm, 1975), 38.

［61］Andreas Wagner, *Mutschmann gegen von Killinger: Konfliklinien zwischen Gauleiter und SA-Führer während des Aufstiegs der NSDAP und der "Machtergreifung" im Freistaat Sachsen* (Beucha, 2001), 95.

［62］Detlev Peukert, *Volksgenossen und Gemeinschaftsfremde: Anpassung, Ausmerze, und Aufbegehren unter dem Nationalsozialismus* (Cologne, 1982), 82–83.

［63］参见 "Die Rückwirkungen auf die Länder," *Berliner Morgenpost* (Mar. 7, 1933), 2。

［64］Hermann Göring, *Aufbau einer Nation*, 8th ed. (Berlin, 1943), 60–61; Christoph Graf, *Politische Polizei zwischen Demokratie und Diktatur: Die Entwicklung der Preussischen Politischen*

Polizei vom Staatsschutzorgan der Weimarer Republik zum Geheimen Staatspolizeiamt des Dritten Reiches (Berlin, 1983), 128–139.

[65] *Völkischer Beobachter* (Apr. 28, 1933), dateline Apr. 27.

[66] Henning Timpke, ed., *Dokumente zur Gleichschaltung des Landes Hamburg* (Frankfurt, 1964), 174; 有关更大范围的审查，参见 Robert Gellately, *The Gestapo and German Society: Enforcing Racial Policy, 1933–1945* (Oxford, 1990), 50–61。

[67] *RGBL* I (Feb. 28, 1933), 83.

[68] Johannes Tuchel, *Konzentrationslager: Organisationsgeschichte und Funktion der "Inspektion der Konzentrationslager" 1934–1938* (Boppard am Rhein, 1991), 100.

[69] Andreas Wagner, *"Machtergreifung" in Sachsen: NSDAP und Staatliche Verwaltung 1930–1935* (Cologne, 2004), 128–133.

[70] Jochen Klenner, *Verhältnis von Partei und Staat 1933–1945: Dargestellt am Beispiel Bayerns* (Munich, 1974), 37–49.

[71] "Reichsregierung greift in Bayern ein," *Berliner Morgenpost* (Mar. 10, 1933), 1; Falk Wiesemann, *Die Vorgeschichte der nationalsozialistischen Machtübernahme in Bayern 1932–1933* (Berlin, 1975), 272–283; Ortwin Domröse, *Der NS-Staat in Bayern von der Machtergreifung bis zum Röhm-Putsch* (Munich, 1974), 66–75.

[72] "Reichsbannerführer in Schutzhaft," *Berliner Morgenpost* (Mar. 11, 1933); Klenner, *Verhältnis von Partei und Staat*, 52–55.

[73] BayHSt. Archiv Munich: MA 106670 Halbmonatsbericht Reg. Präs Oberbayern for Mar. 1–15, 1933.

[74] St. Archiv Munich: Oberbayern LRA 134028. Epp to Reg. Pres. (Mar. 10, 1933).

[75] Dok. 54, from Regensburg (Mar. 10, 1933), *Akten der Reichskanzlei: Regierung Hitler*, vol. 1, 190–191.

[76] Himmler interview, *Völkischer Beobachter* (Mar. 15, 1933), dateline Mar. 14.

[77] 相关背景与新闻报道，参见 Robert Gellately, *Backing Hitler: Consent and Coercion in Nazi Germany* (Oxford, 2001), 34–40; 还有 Andreas Seeger, *"Gestapo-Müller": Die Karriere eines Schreibtischtäters* (Berlin, 1996), 37–38。

[78] Dok. 68 (Mar. 20, 1933), *Akten der Reichskanzlei: Regierung Hitler 1933–1938*, vol. 1, 239; Hans Schneider, "Das Ermächtigungsgesetz vom 24. März 1933: Bericht über das Zustandekommen und die Anwendung des Gesetzes," *VfZ* (1958): 197–221.

[79] Pyta, *Hindenburg*, 820–825; Jesko von Hoegen, *Der Held von Tannenberg: Genese und Funktion des Hindenburg-Mythos* (Weimar, 2007), 383–395.

[80] Ralf Forster, "Der 'Tag von Potsdam' und die Medien," in Manfred Gailus, ed., *Täter und Komplizen in Theologie und Kirchen 1933–1945* (Göttingen, 2015), 51–61.

[81] Entry (Mar. 22, 1933), Goebbels, *Vom Kaiserhof*, 285–286.

[82] Hoimar von Ditfurth, *Innenansichten eines Artgenossen: Meine Bilanz*, 2nd ed. (Düsseldorf, 1989), 87, 93.

[83] 同上，104。

[84] Gailus, "1933 als protestantisches Erlebnis," 495.

[85] 同上，486。另见 Doris L. Bergen, *Twisted Cross: The German Christian Movement in the Third Reich* (Chapel Hill, NC, 1996), 21–43。

[86] Manfred Gailus, "Keine gute Performance: Die Deutschen Protestanten im 'Dritten Reich,'" in Manfred Gailus and Armin Nolzen, eds., *Zerstrittene "Volksgemeinschaft": Glaube, Konfession, und Religion im Nationalsozialismus* (Göttingen, 2011), 96–121.

[87] *Verhandlungen des Reichstags: Reichstagsprotokolle* (Mar. 23, 1933), Bd. 457, 25–32, 下同。

[88] 同上。

[89] 同上，33–45.

[90] Entry (Apr. 22, 1933), Goebbels, *Vom Kaiserhof*, 302; *RGBL* I (Mar. 13, 1933), 104.

[91] *RGBL* (Mar. 21, 1933), I, 135.

[92] 同上。(Dec. 29, 1934), I, 1269–1271.

[93] 同上。(Mar. 21, 1933), I, 136; Gruchmann, *Justiz im Dritten Reich*, 946–949.

[94] Ralph Angermund, *Deutsche Richterschaft 1919–1945* (Frankfurt, 1990), 140–146.

[95] Föllmer, *Individuality and Modernity*, 105–131.

[96] 参见 Bernward Dörner, *"Heimtücke": Das Gesetz als Waffe: Kontrolle, Abschreckung, und Verfolgung in Deutschland 1933–1945* (Paderborn, 1998)。

[97] Dok. 146, speech (Sept. 20, 1920); Dok. 208, article (Mar. 13, 1921), *Hitler Sämtliche Aufzeichnungen*, 233, 348.

[98] 参见 Weinberg, ed., *Hitlers Zweites Buch*, 163。

[99] Göring, *Aufbau einer Nation*, 89; Diels, *Lucifer Ante Portas*, 227–229.

[100] *Sauerländische Volksblatt* (Mar. 11–12, 1933).

[101] *Völkischer Beobachter* (Mar. 21, 1933).

[102] Markus Kienle, *Das Konzentrationslager Heuberg bei Stetten am kalten Markt* (Ulm, 1998), 126–128.

[103] 参见 Brandenburgisches Landeshauptarchiv, Potsdam: SA Standarte 208 to Government President Potsdam (Apr. 11, 1933); also *Berliner Morgenpost* (Apr. 7, 1933), 6。

[104] *Berliner Morgenpost* (Apr. 24, 1933).

[105] *Deutsche Allgemeine Zeitung* (Apr. 30, 1933).

[106] Daniel Siemens, "Prügelpropaganda," in Michael Wildt and Christoph Kreutzmüller, eds., *Berlin 1933–1945* (Munich, 2013), 33–48, here 43–44.

[107] Kurt Schilde and Johannes Tuchel, *Columbia-Haus: Berliner Konzentrationslager 1933–1936* (Berlin, 1990), 14–33.

[108] Longerich, *Die braune Bataillone*, 174.

[109] 相关证据，参见 Gellately, *Backing Hitler*, 59–63; Graf, *Politische Polizei*, 271; Nikolaus Wachsmann, *KL: A History of the Nazi Concentration Camps* (New York, 2015), 31; Evans, *Coming of the Third Reich*, 348。

[110] Peukert, *Volksgenossen*, 120–130.

[111] Kim Wünschmann, *Before Auschwitz: Jewish Prisoners in the Prewar Concentration Camps* (Cambridge, MA, 2015), 43–49.

[112] Tuchel, *Konzentrationslager*, 62–65.

[113] Jane Caplan, "Introduction" to Gabriele Herz, *The Women's Camp at Moringen: A Memoir of Imprisonment in Germany, 1936–1937*, Jane Caplan, ed. (New York, 2006), 22–23.

[114] Dok. 2, Ludwig Grauert to Government President Osnabrück (June 22, 1933), in Erich Kosthorst and Bernd Walter, *Konzentrations- und Strafgefangenlager im Emsland 1933–1945: Zum Verhältnis von NS-Regime und Justiz. Darstellung und Dokumentation* (Düsseldorf, 1985), 59–61.

[115] Paul Moore, "'And What Concentration Camps Those Were!': Foreign Concentration Camps in Nazi Propaganda, 1933–1939," *Journal of Contemporary History* (2010): 649–674.

[116] *Berliner Morgenpost* (Mar. 21, 1933), 3.

[117] 同上。

[118] Dok. 15 (Apr. 2, 1933), Shlomo Aronson, *Reinhard Heydrich und die Frühgeschichte von Gestapo und SA* (Stuttgart, 1971), 99, 323.

[119] BHSt. Archiv Munich: Abt. I, MF 19/67403: Kabinettssitzung (Apr. 7, 1933).

[120] *Völkischer Beobachter* (Apr. 21, 1934), 1. 另见 Graf, *Politische Polizei*, 208–209; Aronson, *Reinhard*, 187。

[121] Karl Buchheim, "Die SS: das Herrschaftsinstrument," in Martin Broszat et al., *Anatomie des SS-Staates*, 5th ed. (Munich, 1989), 36–43.

[122] "Einheitliche Neuregelung der Schutzhaft im Reich," *Völkischer Beobachter* (Apr. 14, 1934), 1.

[123] 参见 Robert Gellately, "The Prerogatives of Confinement in Germany, 1933–1945: 'Protective Custody' and Other Police Strategies," in Norbert Finzsch and Robert Jütte, eds., *Institutions of Confinement: Hospitals, Asylums, and Prisons in Western Europe and North America, 1500–1950* (Cambridge, 1996), 191–211; Martin Broszat, "Nationalsozialistische Konzentrationslager 1933–1945," in Broszat et al., *Anatomie des SS-Staates*, vol. 2, 11–133。

[124] 引自 Longerich, *Himmler Biographie*, 213。

[125] Werner Best, "Die Geheime Staatspolizei" (1936), in Martin Hirsch, Diemut Majer, and Jürgen Meinck, eds., *Recht, Verwaltung, und Justiz im Nationalsozialismus* (Cologne, 1984), 328–329.

[126] Stanislav Zámecnik, "Das frühe Konzentrationslager Dachau," in Wolfgang Benz and Barbara Distel, eds. *Terror ohne System: Die ersten Konzentrationslager im Nationalsozialismus 1933–1945* (Berlin, 2001), 13–39, 37–39.

[127] 参见 Tuchel, *Konzentrationslager*, 307–309; Charles W. Sydnor Jr., *Soldiers of Destruction: The SS Death's Head Division, 1933–1945* (Princeton, 1977), 24–26。

[128] 参见 Rohkrämer, *Die fatale Attraktion des Nationalsozialismus*, 94–142。

[129] 参见 Dok. 1 (Jan. 30, 1933); Dok. 2 (Jan. 31, 1933), *Akten der Reichskanzlei. Regierung Hitler*, vol. 1, 2。

第 7 章

[1] Melita Maschmann, *Fazit: Mein Weg in der Hitler Jugend* (Munich, 1979), 8–18.

[2] 同上, 19–20。

[3] Hitler speech (Feb. 10, 1933), Domarus, ed., *Hitler: Reden und Proklamationen*, vol. 1, 204–207.

[4] Diary entry (Feb. 10, 1933), in *Hitlerjunge Schall: Die Tagebücher*, 237–238.

[5] Diary entry (Feb. 11, 1933), in Willy Cohn, *Kein Recht, Nirgends: Tagebuch vom Untergang des Breslauer Judentums 1933–1941*, Joseph Walk, ed. (Cologne, 2006), vol. 1, 9.

[6] Entry (Feb. 10, 1933), Goebbels, *Vom Kaiserhof*, 260–261.

[7] Diary entry (Feb. 27, 1933), in *Hitlerjunge Schall. Die Tagebücher*, 244.

[8] 参见 *Völkischer Beobachter* (Mar. 3, 1933), 3。

[9] "Wieder ein Hitlerjunge erstocken," in *Völkischer Beobachter* (Feb. 28, 1933), 1.

[10] Dok. 56, ministerial discussion (Mar. 11, 1933), *Akten der Reichskanzlei: Regierung Hitler*, vol. 1, 195–197.

[11] Elisabeth Gebensleben–von Alten (Mar. 10 and 14, 1933) to her daughter, in Kalshoven, ed., *Ich denk so viel an Euch*, 169–179.

[12] Wolf-Arno Kropat, "Die nationalsozialistische Machtergreifung in Wiesbaden und Nassau," in Eike Hennig et al., eds., *Hessen unterm Hakenkreuz: Studien zur Durchsetzung der NSDAP in Hessen*, 2nd ed. (Nördlingen, 1984), 260–278.

[13] Rainer Hambrecht, *Der Aufstieg der NSDAP in Mittel- und Oberfranken 1925–1933* (Nuremberg, 1976), 399.

[14] Elisabeth Gebensleben–von Alten (Mar. 22, 1933) to her daughter, in Kalshoven, ed.,

Ich denk so viel an Euch, 182-185.

[15] Winkler, *Der Weg in die Katastrophe*, 893-894.

[16] 同上, 890-892。

[17] Michael Schneider, *Unterm Hakenkreuz: Arbeiter und Arbeiterbewegung 1933 bis 1939* (Bonn, 1999), 68.

[18] 参见 Entry (Mar. 24, 1933), Goebbels, *Vom Kaiserhof*, 287-288; Dok. 72, ministerial discussion (Mar. 24, 1933), *Akten der Reichskanzlei: Regierung Hitler*, vol. 1, 252。

[19] Dok. 93 (Apr. 7, 1933); Dok. 72, ministerial discussion (Mar. 24, 1933), *Akten der Reichskanzlei: Regierung Hitler*, vol. 1, 311-312.

[20] Entries (Apr. 17; May 1, 1933), Goebbels, *Vom Kaiserhof*, 299-300, 305-307.

[21] Winkler, *Der Weg in die Katastrophe*, 921-922.

[22] 参见 Albert Speer, "Die Aufbauten auf dem Tempelhofer Feld in Berlin zum 1. Mai 1933" (June 1933), in Anna Teut, ed. *Architektur im Dritten Reich 1933-1945* (Frankfurt, 1967), 187-188。

[23] André François-Poncet, *Botschafter in Berlin 1931-1938* (Berlin, 1962), 128-129.

[24] Domarus, ed., *Hitler: Reden und Proklamationen*, vol. 1, 259-264.

[25] Diary entry (May 2, 1933), in *Aufzeichnungen Karl Dürkefäldens*, Obenaus and Obenaus, eds., 10, 46-48.

[26] *Vossische Zeitung*, May 2, 1933.

[27] Diary entry (May 1, 1933), in *Hitlerjunge Schall: Die Tagebücher*, 264.

[28] 参见 http://www.ns-spurensuche.de/index.php?id=4topic=15key=1。

[29] Gisela Hirschberg-Köhler, "Das Festjahr in Minden," in Werner Freitag, ed., *Das Dritte Reich im Fest: Führermythos, Feierlaune, und Verweigerung in Westfalen 1933-1945* (Bielefeld, 1997), 93-97.

[30] Schneider, *Unterm Hakenkreuz*, 96.

[31] Johannes Volker Wagner, *Hakenkreuz über Bochum: Machtergreifung und Nationalsozialistischer Alltag in einer Revierstadt* (Bochum, 1983), 254-257.

[32] Winkler, *Der Weg in die Katastrophe*, 928.

[33] Cordula Tollmien, *Nationalsozialismus in Göttingen 1933-1945* (PhD diss., Göttingen, 1998), 99-103.

[34] Günter Plum, *Gesellschaftsstruktur und politisches Bewusstsein in einer katholischen Region 1928-1933: Untersuchung am Beispiel des Regierungsbezirks Aachen* (Stuttgart, 1972), 209.

[35] Entry (Aug. 19, 1935), *Die Tagebücher von Joseph Goebbels*, part 1, vol. 3, 278. 以及 Nathan Stoltzfus, *Hitler's Compromises: Coercion and Consensus in Nazi Germany* (New Haven, 2016), 80-108。

［36］Hans Günter Hockerts, *Die Sittlichkeitsprozesse gegen Katholische Ordensangehörige und Priester 1936–1937: Eine Studie zur nationalsozialistischen Herrschaftstechnik und zum Kirchenkampf* (Mainz, 1971), 12–57.

［37］Table 9, Ulrich von Hehl, *Priester unter Hitlers Terror: Eine biographische und statistische Erhebung* (Mainz, 1983), lxxxiv.

［38］Anselm Faust, Bernd-A. Rusinek, and Burkhard Dietz, eds., "Historische Einführung," in *Lageberichte Rheinischer Gestapostellen* (Düsseldorf, 2012ff.), vol. 2, part 1, 22–24.

［39］Richard J. Evans, *The Third Reich in Power* (New York, 2005), 248.

［40］参见 Kiran Klaus Patel, "Education, Schooling, and Camps," in Baranowski, Nolzen, and Szejnmann, eds., *A Companion to Nazi Germany*, 181–197; Elizabeth Harvey, *Women and the Nazi East: Agents and Witnesses of Germanization* (London, 2003), 191–231。

［41］参见 Sebastian Haffner, *Defying Hitler: A Memoir* (New York, 2000), 258–268; 以及 Thomas Kühne, *Belonging and Genocide: Hitler's Community, 1918–1945* (London, 2010), 32–54。

［42］Entry (Oct. 14, 1941), Hitler, *Monologe im Führerhauptquartier*, 82–85.

［43］Entry (Oct. 25, 1941), 同上, 108。

［44］Richard Steigmann-Gall, *The Holy Reich: Nazi Conceptions of Christianity, 1919–1945* (Cambridge, 2003), 216.

［45］Hartmut Mehringer, *Widerstand und Emigration: Das NS-Regime und seine Gegner* (Munich, 1997), 84.

［46］Jens-Uwe Geuttel, "Work(ers) under the Swastika," in Baranowski, Nolzen, and Szejnmann, eds., *A Companion to Nazi Germany*, 115–128.

［47］Hamann, *Hitlers Wien*, 515.

［48］Günter Grau, ed., *Homosexualität in der NS-Zeit: Dokumente einer Diskriminierung und Verfolgung* (Frankfurt am Main, 1993), 197.

［49］参见 Gestapo Würzburg 16015, in Gellately, *The Gestapo and German Society*, 180–184。对这个案例的一个精彩的微观研究是 Laurie Marhoefer, "Lesbianism, Transvestitism, and the Nazi State: A Microhistory of a Gestapo Investigation," *American Historical Review* (Oct. 2016): 1167–1195. Claudia Schoppmann, "National Socialist Policies toward Female Homosexuality," in Lynn Abrams and Elizabeth Harvey, eds., *Gender Relations in German History: Power, Agency, and Experience from the Sixteenth to the Twentieth Century* (Durham, NC, 1997), 177–187。

［50］参见 Laurie Marhoefer, *Sex and the Weimar Republic: German Homosexual Emancipation and the Rise of the Nazis* (Toronto, 2015), 4, 174–175, 193–194。

［51］Beck, *Fateful Alliance*, 283–293.

［52］Friedrich Grundmann, *Agrarpolitik im "Dritten Reich": Anspruch und Wirklichkeit des*

Reichserbhofgesetzes (Hamburg, 1979), 39; Domarus, ed., *Hitler: Reden und Proklamationen*, vol. 1, 284–285.

[53] Dok. 193 (July 14, 1933), *Akten der Reichskanzlei: Regierung Hitler*, vol. 1, 660–661.

[54] Heinz A. Heinz, *Germany's Hitler* (London. 1934), 265. 作者分别在 1934 年和 1937 年加入了党卫队和纳粹党。

[55] "[Robert] Ley über die Zukunft der Gewerkschaften," in *Berliner Morgenpost* (May 3, 1933), 1–2.

[56] Rüdiger Hachtmann, *Das Wirtschaftsimperium der Deutschen Arbeitsfront 1933–1945* (Göttingen, 2012), 9–14.

[57] 引自 Schneider, *Unterm Hakenkreuz*, 248.

[58] 同上, 248–249。

[59] 同上, 228–229。

[60] 同上。

[61] Entry (Sept. 27–28, 1941), Hitler, *Monologe im Führerhauptquartier*, 72–73.

[62] Julia Timpe, *Nazi-Organized Recreation and Entertainment in the Third Reich* (London, 2017), 79.

[63] Hans-Ulrich Wehler, *Deutsche Gesellschaftsgeschichte 1914–1949* (Munich, 2013), 621.

[64] Heinz, *Germany's Hitler*, 266.

[65] *Deutschland-Berichte der Sopade* (Dec. 1935), 1456.

[66] 同上, 1457。

[67] 同上, (May 1939), 462–480。

[68] 同上, 478。

[69] Bericht (July 1935), *Die Meldungen der Gruppe Neu Beginnen aus dem Dritten Reich 1933–1936*, Bernd Stöver, ed. (Bonn, 1996), 529.

[70] Hitler speech (Mar. 7, 1934), Domarus, ed., *Hitler: Reden und Proklamationen*, vol. 1, 369–370. 参见 Wolfgang König, *Volkswagen, Volksempfänger, Volksgemeinschaft: "Volksprodukte" im Dritten Reich: Vom Scheitern einer nationalsozialistischen Konsumgesellschaft* (Paderborn, 2004), 83–84。

[71] Hitler speech (Feb. 14, 1935), Domarus, ed., *Hitler: Reden und Proklamationen*, vol. 2, 481.

[72] Hans Mommsen and Manfred Grieger, *Das Volkswagenwerk und seine Arbeiter im Dritten Reich* (Düsseldorf, 1996), 126, 128.

[73] Hitler speech (May 26, 1938), Domarus, ed., *Hitler: Reden und Proklamationen*, vol. 2, 867–868.

[74] Hachtmann, *Wirtschaftsimperium*, 501–503.

[75] *Deutschland-Berichte der Sopade* (Dec. 1935), 488–489.

[76] Diary entry (Sept. 25, 1933), Erich Ebermayer, *Denn heute gehört uns Deutschland* (Hamburg, 1959), 174.

[77] Thomas Zeller, *Driving Germany: The Landscape of the German Autobahn, 1930–1970* (New York, 2006), 51–65.

[78] König, *Volkswagen, Volksempfänger, Volksgemeinschaft*, 180; Mommsen and Gieger, *Das Volkswagenwerk*, 197.

[79] 参见 Hartmut Berghoff, "Enticement and Deprivation: The Regulation of Consumption in Pre-War Germany," in Martin Daunton and Matthew Hilton, eds., *The Politics of Consumption: Material Culture and Citizenship in Europe and America* (Oxford, 2001), 165–184。

[80] Karl Kretschmer (July 1934), "Über die Aufgaben des Amtes für 'Schönheit der Arbeit," in Teut, ed., *Architektur im Dritten Reich*, 282–285.

[81] Timpe, *Nazi-Organized Recreation*, 180–192.

[82] Shelley Baranowski, *Strength through Joy: Consumerism and Mass Tourism in the Third Reich* (Cambridge, 2004), 176–177.

[83] Timpe, *Nazi-Organized Recreation*, 10, 83.

[84] Hitler, *Mein Kampf, kritische Edition*, vol. 1, 153.

[85] Dok. 12 (May 3, 1933), in Herwart Vorländer, *Die NSV. Darstellung und Dokumentation einer nationalsozialistischen Organisation* (Boppard am Rhein, 1988), 197.

[86] Dok. 16, "Richtlinien" (July 1933), 同上, 198–200.

[87] Dok. 169, "Tatgewordener deutscher Sozialismus" (no date), 同上, 373.

[88] Mark B. Cole, *Feeding the Volk: Food, Culture, and the Politics of Nazi Consumption, 1933–1945* (PhD thesis, University of Florida, 2011), 94–95.

[89] Dok. 90, Statistik Erholungshilfswerk, Vorländer, *Die NSV*, 78, 283.

[90] Dok. 103 (1937), 同上, 295–296.

[91] 引自 Birgit Breiding, *Die Braunen Schwestern: Ideologie—Struktur—Funktion einer nationalsozialistischen Elite* (Stuttgart, 1998), 85; 另见 76, 176。

[92] Dok. 76, "Statistik Mutter und Kind," Vorländer, *Die NSV*, 266.

[93] Dok. 190, Propaganda Ministry to Reich Chancellor (July 12, 1933), *Akten der Reichskanzlei: Regierung Hitler*, vol. 1, 654–656; Florian Tennstedt, "Wohltat und Interesse: Das Winterhilfswerk des Deutschen Volkes: Die Weimarer Vorgeschichte und ihre Instrumentalisierung durch das NS-Regime," *Geschichte und Gesellschaft* (1987): 157–180, 177–178.

[94] Axel Schildt, "Jenseits der Politik? Aspekte des Alltags," in *Hamburg im "Dritten Reich"* (Göttingen, 2005), 249–304, here 264–268.

[95] Uwe Lohalm, "Für eine leistungsbereite und 'erbgesunde' Volksgemeinschaft. Selektive

Erwerbslosen- und Familienpolitik," 同上，379–431, here 390。

[96] Dok. 58, Vorländer, *Die NSV,* 241–243.

[97] Entry (Dec. 8, 1937), *Die Tagebücher von Joseph Goebbels,* part 1, vol. 5, 41.

[98] Armin Nolzen, "The NSDAP's Operational Codes after 1933," in Martina Steber and Bernhard Gotto, eds., *Visions of Community in Nazi Germany: Social Engineering and Private Lives* (Oxford, 2014), 94.

[99] BArchiv Berlin: R/19/389, WHW to Berlin Polizei (Nov. 4, 1933).

[100] "Polizei als Freund und Helfer," *Völkischer Beobachter* (Dec. 18, 1934).

[101] "Der Tag der Deutschen Polizei," *Völkischer Beobachter* (Dec. 9, 1936).

[102] BArchiv Berlin: R/19/389, WHW to Himmler and Heydrich (Feb. 6, 1939).

[103] "Die Abwehr der Staatsfeinde," *Völkischer Beobachter* (Jan. 26, 1938).

[104] "Kripo und Gestapo: Die Aufgaben und die Arbeit der deutschen Sicherheitspolizei," *Düsseldorfer Nachrichten* (Jan. 29, 1939).

[105] 未署名，无日期，Denkschrift, Dok. 303, *Akten der Reichskanzlei: Regierung Hitler,* vol. 1, part 2, 1130–1135。

[106] Bernd Hartwig, *Die Dinge lagen damals anders: Ein Bericht über die Hitler-Zeit 1933–1945* (Aachen, 2002), 38–41.

[107] Joachim Fest, *Ich nicht: Erinnerungen an eine Kindheit und Jugend,* 6th ed. (Reinbek bei Hamburg, 2006), 78.

[108] Diary entry (Jan. 29, 1939), Cohn, *Kein Recht, Nirgends: Tagebuch,* vol. 2, 595–596.

[109] 参见 Frank Bajohr, *Parvenüs und Profiteure: Korruption in der NS-Zeit* (Frankfurt, 1991), 49–74。

[110] Volker Ullrich, *Adolf Hitler: Biographie: Die Jahre des Untergangs 1939–1945* (Frankfurt, 2018), 411–413.

第 8 章

[1] 引自 Steuwer, *"Ein Drittes Reich, wie ich es auffasse,"* 95–96; 406–407。

[2] 参见 Dan P. Silverman, *Hitler's Economy: Nazi Work Creation Programs, 1933–1936* (Cambridge, MA, 1998), appendix, 251; *Statistisches Jahrbuch für das Deutsche Reich* (1933), 291; (1941–1942), 426; Falter, *Hitlers Wähler,* 292; Table 1 in Walter Galenson and Arnold Zellner, eds., *The Measurement and Behavior of Unemployment* (Cambridge, MA, 1957), 455, 534。

[3] Dok. 17, ministerial conversations (Feb. 8, 1933), *Akten der Reichskanzlei. Regierung Hitler,* vol. 1, 50–51.

[4] Andreas Wirsching, Dokumentation: " 'Man kann nur Boden germanisieren': Eine neue

Quelle zu Hitlers Rede vor den Spitzen der Reichswehr am 3. Februar 1933," *VfZ* (2001): 517–550, here 546.

[5] Dok. 114, Minister of Labor to Lammers (Apr. 27, 1933), *Akten der Reichskanzlei: Regierung Hitler*, vol. 1, 400–415.

[6] Dok. 147, conversation with industrialists (May 29, 1933), 同上, vol. 1, 506–527。

[7] Dok. 151, Hitler Erlass (May 31, 1933), 同上, vol. 1, 540–541。

[8] Dok. 149, Chefbesprechung (May 31, 1933), 同上, vol. 1, 530–533。

[9] Dok. 211, Vermerk (Sept. 18, 1933), 同上, vol. 1, part 2, 740–743。

[10] Christoph Buchheim, "Das NS-Regime und die Überwindung der Weltwirtschaftskrise in Deutschland," *VfZ* (2008): 381–414, here 391.

[11] Dok. 180 (July 6, 1933), *Akten der Reichskanzlei: Regierung Hitler*, vol. 1, 629–36; Domarus, ed., *Hitler: Reden und Proklamationen*, vol. 1, 286–287.

[12] "Hitler in Dortmund," *Berliner Morgenpost* (July 11, 1933), 2.

[13] Dok. 212, cabinet meeting (Sept. 19, 1933), *Akten der Reichskanzlei: Regierung Hitler*, vol. 1, part 2, 745.

[14] 参见 Silverman, *Hitler's Economy* 的附录, 251。

[15] Dok. 156, cabinet sitting (June 8, 1933), *Akten der Reichskanzlei: Regierung Hitler*, vol. 1, 547–550; Christopher Kopper, *Hjalmar Schacht: Aufstieg und Fall von Hitlers mächtigstem Bankier* (Munich, 2006), 241–242; Cordell Hull, *Memoirs* (New York, 1948), vol. 1, 237–339.

[16] Mefo 即 Metallurgische Forschungsgesellschaft, 一家控股公司, 负责处理重整军备的秘密资金。参见 Richard J. Overy, *War and Economy in the Third Reich* (Oxford, 1994), 181。

[17] Michael Geyer, "Das Zweite Rüstungsprogramm (1930–1934)," *Militärgeschichtliche Mitteilungen* (1975), 125–172, here 134. 另见 Dok. 87 (Apr. 4, 1933), *Akten der Reichskanzlei: Regierung Hitler*, vol. 1, 291–292。

[18] Adam Tooze, *The Wages of Destruction: The Making and Breaking of the Nazi Economy* (New York, 2006), 54, 57.

[19] Detlev Humann: *Arbeitsschlacht: Arbeitsbeschaffung und Propaganda in der NS-Zeit 1933–1939* (Göttingen, 2011), 734; Christopher Kopper, *Hjalmar Schacht: Aufstieg und Fall von Hitlers mächtigstem Bankier* (Munich, 2006), 201–250.

[20] Norbert Frei, *1945 und Wir: Das Dritte Reich im Bewusstsein der Deutschen* (Munich, 2005), 113–114.

[21] 参见 Table 18 in Dietmar Petzina et al., eds. *Sozialgeschichtliches Arbeitsbuch III: Materialien zur Statistik des Deutschen Reiches, 1914–1945* (Munich, 1978), 98.

[22] Diary entry (Nov. 24, 1936), Victor Klemperer, *Ich will Zeugnis ablegen bis zum letzten: Tagebücher 1933–1941* (Berlin, 1995), 323.

[23] Maxim Leo, *Haltet euer Herz bereit: Eine ostdeutsche Familiengeschichte*, 6th ed. (Munich, 2011), 144–148.

[24] Ute Frevert, *Women in German History: From Bourgeois Emancipation to Sexual Liberation* (New York, 1989), 217–220.

[25] *RGBL* I (Nov. 3, 1937), 1158–1159.

[26] *RGBL* I, Law (June 1, 1933), 323–329; and implementation order (June 20, 1933), 377–339.

[27] Humann, *Arbeitsschlacht*, 119.

[28] 同上。

[29] R. Walther Darré, "Das Ziel" (July 1932), in *Um Blut und Boden: Reden und Aufsätze*, 3rd ed. (Munich, 1941), 338–339.

[30] R. Walther Darré, *Das Bauernthum als Lebensquelle der nordischen Rasse* (Munich, 1928), 435.

[31] R. Walther Darré, "Blut und Boden als Lebensgrundlagen der nordischen Rasse" (June 22, 1930), in his *Um Blut und Boden*, 27.

[32] Interview (May 5, 1933), 引自 Gustavo Corni and Horst Gies, *Brot—Butter—Kanonen: Die Ernährungswirtschaft in Deutschland unter der Diktatur Hitlers* (Berlin, 1997), 26–27。

[33] Grundmann, *Agrarpolitik*, 39.

[34] Dok. 217, cabinet sitting (Sept. 26, 1933), *Akten der Reichskanzlei: Regierung Hitler*, vol. 1, part 2, 829–833.

[35] *RGBL* I (Sept. 30, 1933), 685–692.

[36] Gustavo Corni, *Hitler and the Peasants: Agrarian Policy of the Third Reich, 1933–1939* (New York, 1990), 146–151.

[37] Daniela Münkel, *Nationalsozialistische Agrarpolitik und Bauernalltag* (Frankfurt, 1996), 112–120; 270–280.

[38] Grundmann, *Agrarpolitik*, 151.

[39] Detlev Schmiechen-Ackermann, "Inszenierte 'Volksgemeinschaft': Das Beispiel der Reichserntedankfest am Bückeberg 1933–1937," in Stefan Winghart, ed., *Die Reichserntedankfest auf dem Bückeberg bei Hameln* (Hamel, 2010), 10–19, here 14.

[40] Diary entry (Oct. 15, 1933–Jan. 5, 1934), in Obenaus and Obenaus, eds., *Aufzeichnungen Karl Dürkefäldens*, 73.

[41] Bernd Sösemann, "Appell unter der Erntekrone: Das Reichserntedankfest in der nationalsozialistischen Diktatur," *Jahrbuch für Kommunikationsgeschichte* (2000), 113–156.

[42] Magnus Brechtken, *Albert Speer: Eine deutsche Karriere* (Munich, 2017), 50.

[43] Sösemann, "Appell," 113–117.

［44］引自 Bernhard Gelderblom, *Die Reichserntedankfest auf dem Bückeberg 1933–1937*, 3rd ed. (Hameln, 2012), 55; 另见他的 "Das Reichserntedankfest als emotionale hoch aufgeladenes Fest," in Winghart, ed., *Die Reichserntedankfest*, 21–29。

［45］WTB-Pressedienst (Oct. 2, 1933), reprinted in Corni and Gies, eds., *Blut und Boden*, 75–76.

［46］Tobias Kügler, "Zustimmung zur 'christlichen Volksgemeinschaft' Erntedankfest im Kreis Warendorf 1933," in Werner Freitag, ed., *Das Dritte Reich im Fest: Führermythos, Feierlaune, und Verweigerung in Westfalen 1933–1945* (Bielefeld, 1997), 87–92.

［47］Thorsten Schrumpf-Heidemann, "Erst 'begeistertes Bekenntnis zum Führer,' dann 'Erstarrung in würdiger Form': Die Erntedankfeste in Hagen 1933–1935," in Freitag, ed., *Das Dritte Reich im Fest*, 127–134.

［48］*RGBL* I (July 14, 1933), 479.

［49］Otmar Jung, *Plebiszit und Diktatur: die Volksabstimmung der Nationalsozialisten* (Tübingen, 1995), 31–34. 更多介绍，见 Ralph Jessen and Hedwig Richter, eds., *Voting for Hitler and Stalin: Elections under 20th-Century Dictatorships* (Frankfurt, 2011)。

［50］Dok. 214 (Sept. 20, 1933), *Akten der Reichskanzlei: Regierung Hitler*, vol. 1, part 2, 805–821.

［51］参见 Klaus Hildebrand, *Das vergangene Reich: Deutsche Aussenpolitik von Bismarck bis Hitler* (Berlin, 1999), 677–680。

［52］Dok. 230 (Oct. 13, 1933), *Akten der Reichskanzlei: Regierung Hitler*, vol. 1, part 2, 903–907.

［53］"Aufruf der Reichsregierung an das deutsche Volk" (Oct. 14, 1933), in *RGBL* I, 730–731.

［54］Speech (Oct. 14, 1933), in Domarus, ed., *Hitler: Reden und Proklamationen*, vol. 1, 308–314.

［55］Dok. 242 (Nov. 8, 1933), *Akten der Reichskanzlei: Regierung Hitler*, vol. 1, part 2, 938–939.

［56］Hitler speech (Nov. 10, 1933), Domarus, ed., *Hitler: Reden und Proklamationen*, vol. 1, 330.

［57］Diary entry (Nov. 11, 1933), Kurt F. Rosenberg, in Beate Meyer and Björn Siegel, eds. *"Einer, der nicht mehr dazugehört": Tagebücher 1933–1937* (Göttingen, 2012), 154.

［58］Rolf Düsterberg, *Hanns Johst: "Der Barde der SS": Karrieren eines Deutschen Dichters* (Paderborn, 2004), 176–227; http://pressechronik1933.dpmu.de/2013/10/26/pressechronik-26–10-1933/vossische_zeitung_1933-10-26_2-2/ downloaded Jan. 9, 2019. 另见 Benjamin G. Martin, *The Nazi-Fascist New Order for European Culture* (Cambridge, MA, 2016), 12–17。

［59］*Bekenntnis der Professoren an den deutschen Universitäten und Hochschulen zu Adolf Hitler und dem nationalsozialistischen Staat* (Dresden, 1933), 9–10, 13–14.

［60］Figures vary slightly, here from *Statistisches Jahrbuch für das Deutsche Reich* (1935), 550;

and Jung, *Plebiszit und Diktatur*, 50–55.

[61] Steuwer, *"Ein Drittes Reich, wie ich es auffasse,"* 492, 对这一问题做了极其详尽的分析。

[62] Evans, *The Third Reich in Power*, 109–110.

[63] Hans-Ulrich Wehler, *Der Nationalsozialismus, Bewegung, Führerherrschaft, Verbrechen* (Munich, 2009), 72; Bericht (Dec. 1933), *Die Meldungen der Gruppe Neu Beginnen,* Stöver, ed., 2.

[64] Diary entries (Nov. 12, 13, 1933), Cohn, *Kein Recht, Nirgends: Tagebuch,* vol. 1, 101.

[65] Entry (Nov. 14, 1933), Klemperer, *Ich will Zeugnis ablegen,* vol. 1, 68.

[66] Entry (Oct. 27, 1938), Ruth Andreas-Friedrich, *Der Schattenmann: Tagebuchaufzeichnungen 1938–1945* (Berlin, 1947), 21.

[67] Diary entries (Jan.–Feb. 7, 1934), in Obenaus and Obenaus,eds., *Aufzeichnungen Karl Dürkefäldens,* 75–77.

[68] Bericht (Dec. 1933), *Die Meldungen der Gruppe Neu Beginnen,* Stöver, ed., 2.

[69] Markus Urban, "The Self-Staging of a Plebiscitary Dictatorship: The NS-Regime between 'Uniformed Reichstag,' Referendum, and *Reichsparteitag*," in Jessen and Richter, eds., *Voting for Hitler and Stalin,* 39–58, here 43.

[70] *RGBL* I (1934), 20.

[71] *Verhandlungen des Reichstags: Reichstagsprotokolle* (Jan. 30, 1934), Bd. 458, 7–20.

[72] Domarus, ed., *Hitler: Reden und Proklamationen,* vol. 1, 366–367.

[73] Siemens, *Stormtroopers*, 159.

[74] Diels, *Lucifer Ante Portas*, 207–208.

[75] 参见 Thilo Vogelsang, Dokumentation: "Neue Dokumente zur Geschichte der Reichswehr 1930–1933," *VfZ* (1954): 398–435.

[76] "Gegen Miesmacher und Kritikaster," *Völkischer Beobachter* (May 13–14, 1934), 7.

[77] 有关帝国副总理演讲的原件，参见 https://www.bundesarchiv.de/oeffentlichkeitsarbeit/ bilder_dokumente/00634/index.html.de。

[78] Entries (June 18–July 1934), *Die Tagebücher von Joseph Goebbels,* part 1, vol. 3, i, 64–73.

[79] Diary (June 28, 1934), *Alfred Rosenberg: Die Tagebücher,* 137–140.

[80] Kershaw, *Hitler Hubris*, 511.

[81] Longerich, *Hitler Biographie,* 395–402; Heinz Höhne, *"Gebt mir vier Jahre Zeit": Hitler und die Anfänge des Dritten Reiches* (Frankfurt, 1996), 264–278.

[82] 档案出自 Domarus, ed., *Hitler: Reden und Proklamationen,* vol. 1, 397–400。

[83] Dok. 375 (July 3, 1934), *Akten der Reichskanzlei: Regierung Hitler,* vol. 1, part 2, 1354–1358.

[84] *Völkischer Beobachter* (July 3, 1934).

[85] 引自 Siemens, *Stormtroopers*, 177。

[86] Lagebericht der Gestapostellen Aachen, Cologne, Koblenz, Trier (for July 1934), in Faust et al., eds., *Lageberichte Rheinischer Gestapostellen*, vol. 1, 209–213; 236–237; 265–266; 277–278.

[87] Lagebericht Stapo Hannover (July 4; Aug. 9, 1934), in *Gestapo Hannover meldet: Polizei- und Regierungsberichte für das mittlere und südliche Niedersachen zwischen 1933 und 1937*, Klaus Mlynek, ed. (Hildesheim, 1986), 167–168, 190.

[88] Lagebericht (Aug. 4, 1934), *Die Geheimen Staatspolizei in den Preussischen Ostprovinzen 1934–1936: Pommern 1934–1936 Quellen*, Robert Thévoz et al., eds. (Cologne, 1974), 31–32.

[89] Diary entry (July 1–12, 1934), Cohn, *Kein Recht, Nirgends. Tagebuch*, vol. 1, 131–137.

[90] *Deutschland-Berichte der Sopade* (July 21, 1934), 200–202.

[91] Dok. 382 (Aug. 1, 1934), *Akten der Reichskanzlei: Regierung Hitler*, vol. 1, part 2, 1384–1386; Kershaw, *Hitler Hubris*, 524–525.

[92] Domarus, ed., *Hitler: Reden und Proklamationen*, vol. 1, 439. 另见 Pyta, *Hindenburg*, 860–871。

[93] *Völkischer Beobachter* (Aug. 19–20, 1934).

[94] *Statistisches Jahrbuch für das Deutsche Reich* (1935), 551; Jung, *Plebiszit und Diktatur*, 68–70.

[95] Entry (Aug. 20, 1934), *Die Tagebücher von Joseph Goebbels*, part 1, vol. 3, i, 95.

[96] BayHSt. Archiv: Reichsstatthalter 276/2: Monatsbericht Reg.Prä. Lower Franconia and Aschaffenburg (for Aug. 1934).

[97] Frank Omland, *Nationalsozialistische Volksabstimmung und Reichstagswahlen in Kiel 1933–1938*, 47–48, http://www.akens.org/akens/texte/diverses/konferenz/FO_SH_33–38_dt.pdf.

[98] Longerich, *Hitler Biographie*, 420.

[99] Entry (Aug. 21, 1934), Klemperer, *Ich will Zeugnis ablegen*, vol. 1, 13–38.

[100] GSt. Archiv, Berlin-Dahlem. Rep. 77, Nr. 32, 82–85.

[101] "Bericht über die Lage in Deutschland" (Aug.–Sept. 1934), in *Die Meldungen der Gruppe Neu Beginnen*, Stöver, ed., 232–238.

[102] *Deutschland-Berichte der Sopade* (1934), 287.

第 9 章

[1] Hitler, *Mein Kampf, kritische Edition*, vol. 1, 693–699.

[2] "Adolf Hitlers Rede auf der Kulturtagung der N.S.D.A.P," *Reden des Führers am Parteitag des Sieges 1933* (Munich, 1934), 22–26.

[3] Dok. 224 (Jan. 26, 1928), Hitler, "Nationalsozialismus und Kunstpolitik," *Hitler Reden, Schriften, Anordnungen*, vol. 2, ii, 651–656.

[4] Adolf Hitler, "Kunst verpflichtet zur Wahrhaftigkeit," in *Völkischer Beobachter* (Sept. 7,

1934).

[5] *Verhandlungen des Reichstags: Reichstagsprotokolle* (Mar. 23, 1933), Bd. 457, 25–32.

[6] Adolf Hitler, *Die deutsche Kunst als stoltzeste Verteidigung des Deutschen Volkes* (Munich, 1934), 3. 更系统的说明，参见 Paul Schultze-Naumburg, *Kunst und Rasse* (Munich, 1928)。

[7] Hitler, *Die deutsche Kunst als stoltzeste Verteidigung des Deutschen Volkes*, 5–6.

[8] 同上，13–16。更系统性的解释，参见 Schultze-Naumburg, *Kunst und Rasse*.

[9] Guenter Lewy, *Harmful and Undesirable: Book Censorship in Nazi Germany* (New York, 2016), 7–13.

[10] Burkhard Jellonnek, *Homosexuelle unter dem Hakenkreuz* (Paderborn, 1990), 81.

[11] 参见 Marhoefer, *Sex and the Weimar Republic*, 193; Robert Beachy, *Gay Berlin: Birthplace of a Modern Identity* (New York, 2014), 241–247。

[12] Goebbels speech (May 10, 1933), in Helmut Heiber, ed., *Goebbels Reden 1932–1939* (Munich, 1971), vol. 1, 108–112.

[13] Diary entry (May 10, 1933), Cohn, *Kein Recht, Nirgends: Tagebuch*, vol. 1, 42.

[14] Diary entry (Apr. 25, 1933), Klemperer, *Ich will Zeugnis ablegen*, vol. 1, 24–25.

[15] Diary entry (May 10, 14, 1933), Ebermayer, *Denn heute*, 77–84.

[16] Dok. 215 (Sept. 22, 1933), *Akten der Reichskanzlei: Regierung Hitler*, vol. 1, part 2, 822–823.

[17] Entry (Sept. 23, 1933), *Die Tagebücher von Joseph Goebbels*, part 1, vol. 2, 274.

[18] *RGBL* I (Sept. 22, 1933), 661–662.

[19] Entry (Nov. 16, 1933), Ebermayer, *Denn heute*, 203–206.

[20] Lewy, *Harmful and Undesirable*, 193–197.

[21] Goebbels speech (Nov. 5, 1934), in Heiber, ed., *Goebbels Reden*, vol. 1, 168–173.

[22] Hamann, *Winifred Wagner*, 249–257.

[23] 参见 Maik Hattenhorst, "Vereinheitlichter und fröhlicher Mummenschanz: Karneval in Stadtlohn 1934–1939," in Freitag, ed., *Das Dritte Reich im Fest*, 157–163。

[24] 参见 Carl Dietmar and Marcus Leifeld, *Alaaf und Heil Hitler: Karneval im Dritten Reich* (Munich, 2010), 123–127。

[25] Gestapo Cologne for Feb. 1935 (Mar. 4, 1935), in Faust et al., eds., *Lageberichte Rheinischer Gestapostellen*, vol. 2, part 1, 211–212.

[26] Hitler speech (Oct. 15, 1933), Domarus, ed., *Hitler: Reden und Proklamationen*, vol. 1, 315–316.

[27] Speer, *Inside the Third Reich*, 49.

[28] Stefan Schweitzer, *"Unserer Weltanschauung sichtbaren Ausdruck geben": Nationalsozialistische Geschichtsbilder in historischen Festzügen* (Göttingen, 2007), 61–109.

[29] 证人和访谈中的大部分负面言论，出处同上，236–352; Juergen Meyer, "De Nazis

nit op d'r Schlips getrodde," *t.a.z.* (Feb. 7, 2005)http://www.taz.de/!645888/, retrieved July 2, 2019。

[30] Hitler, *Mein Kampf, kritische Edition*, vol. 2, 1147–1171.

[31] Adolf Hitler, "Kunst verpflichtet zur Wahrhaftigkeit," in *Völkischer Beobachter* (Sept. 7, 1934); Hildegard Brenner, "Die Kunst im politischen Machtkampf der Jahre 1933–1934," *VfZ* (1962): 17–42.

[32] *Die Reden Hitlers am Parteitag der Freiheit 1935* (Munich, 1935), 28–43. 另见 Peter Paret, "German and Un-German Art," in his *An Artist against the Third Reich: Ernst Barlach, 1933–1938* (Cambridge, 2003), 109–137。

[33] Karl-Heinz Meissner, " 'München ist ein heisser Boden: Aber wir gewinnen ihn allmählich doch,' " in Peter-Klaus Schuster, ed., *Die "Kunststadt München" 1937: Nationalsozialismus und "Entartete Kunst,"* 3rd ed. (Munich, 1988), 37–55.

[34] Entry (June 7, 1937), *Die Tagebücher von Joseph Goebbels*, part 1, vol. 4, 171.

[35] Hoffmann, *Hitler wie ich ihn sah*, 143–144.

[36] Entry (July 12, 1937), *Die Tagebücher von Joseph Goebbels*, part 1, vol. 4, 216.

[37] "Hitlers Rede zur Eröffnung des Hauses der Deutschen Kunst, München" (July 18, 1937), 转载于 *Kunst für Alle* (Heft 12, Sept. 1937), 273–290。

[38] Jonathan Petropoulos, *The Faustian Bargain: The Art World in Nazi Germany* (New York, 2000), 215–226.

[39] 参见 *Grosse Deutsche Kunstausstellung 1937 im Haus der Deutschen Kunst zu München: Offizieller Ausstellungskatalog* (Munich, 1937)。

[40] Entry (July 28, 1942), Picker, *Hitlers Tischgespräche*, 475–480.

[41] Schwarz, *Geniewahn: Hitler und die Kunst*, 203–213.

[42] Nicolaus von Below, *Als Hitlers Adjutant 1937–1945* (Mainz, 1980), 82.

[43] Entry (June 13, 1943), Hitler, *Monologe im Führerhauptquartier*, 398.

[44] Adolf Ziegler speech in Schuster, ed., *Die "Kunststadt" München*, 217–218.

[45] Entry (Feb. 20–21, 1942), Hitler, *Monologe im Führerhauptquartier*, 288.

[46] Hans Severus Ziegler, *Entartete Musik: Eine Abrechnung* (Düsseldorf, 1938), 3–32; Pamela M. Potter, *Most German of the Arts: Musicology and Society from the Weimar Republic to the End of Hitler's Reich* (New Haven, 1998), 16–22.

[47] 参见 Ines Schlenker, *Der Neue Salon: The Grosse Deutsche Kunstausstellung at the Haus der Deutschen Kunst in Munich, 1937–1944* (PhD thesis, London, 2000), 152–153。

[48] *Entartete Kunst: Ausstellungsführer* (Berlin, 1937), reprinted in Schuster, ed., *Die "Kunststadt" München*.

[49] Entry (Dec. 23–24, 1941), Hitler, *Monologe im Führerhauptquartier*, 156–157.

［50］ Schwarz, *Geniewahn: Hitler und die Kunst*, 237–265.

［51］ Jonathan Petropoulos, *Art as Politics in the Third Reich* (Chapel Hill, NC, 1996), 179–240.

［52］ Jost Hermand, *Culture in Dark Times: Nazi Fascism, Inner Emigration, and Exile* (New York, 2014), 126–127. 参见 Michael H. Kater, *The Twisted Muse: Musicians and Their Music in the Third Reich* (New York, 1997)。

［53］ Moritz Föllmer, *"Ein Leben wie im Traum": Kultur im Dritten Reich* (Munich, 2016), 58.

［54］ Speer, *Inside the Third Reich*, 56; Karl Arndt, "Architektur und Politik," in Karl Arndt et al., *Albert Speer Architektur: Arbeiten 1933–1942* (Frankfurt, 1978), 113–135, here 113–115.

［55］ Hermann Giesler, *Ein anderer Hitler: Bericht seines Architekten: Erlebnisse, Gespräche, Reflexionen* (Leoni am Starnberger See, 1978), 205.

［56］ Raphael Rosenberg, "Architekturen des 'Dritten Reiches': 'Völkische' Heimatideologie versus international Monumentalität," in Ariane Hellinger et al., eds., *Die Politik in der Kunst und die Kunst in der Politik* (Wiesbaden, 2013), 57–86.

［57］ Schultze-Naumburg, *Kunst und Rasse* (Munich, 1928).

［58］ Speer, *Inside the Third Reich*, 64.

［59］ Dieter Bartetzko, "Obsessionen aus Stein: Die Architekten des 'Dritten Reiches'," in Hans Sarkowicz, ed., *Hitlers Künstler: Die Kultur im Dienst des Nationalsozialismus* (Frankfurt, 2004), 110–134, here 115.

［60］ *Die Reden Hitlers am Parteitag der Freiheit 1935* (Munich, 1935), 38–43.

［61］ Hitler, *Mein Kampf, kritische Edition*, vol. 1, 897–898.

［62］ Frederic Spotts 的素描本，*Hitler and the Power of Aesthetics* (New York, 2003), 314, 317, 358。

［63］ Gropius 引自 Marco De Michelis, "Das Bauhaus und die moderne Architektur-Geschichtsschreibung," *Wissenschaftliche Zeitschrift für Architektur und Bauwesen Weimar* (1979): 335–337。另见 Kurt Junghanns, "Die Idee des 'Grossen Baues,'" 出处同上，304–308。

［64］ Bartetzko, "Obsessionen aus Stein," 111–112.

［65］ 参见 Joan Campbell, *The German Werkbund: The Politics of Reform in the Applied Arts* (Princeton, 1978), 3, 285。

［66］ Hans J. Reichhardt and Wolfgang Schäche, *Von Berlin nach Germania: Über der Zerstörungen der "Reichshauptstadt" durch Albert Speers Neugestaltungsplanungen*, 2nd ed. (Berlin 2001), 109–117.

［67］ *RGBL* I (1937), 1054–1055.

［68］ Entry (June 6, 1942), Picker, *Hitlers Tischgespräche*, 366; Brechtken, *Albert Speer*, 611, note 50.

［69］ Steffen Krämer, "Achsen für den Aufmarsch: Zur politischen Inszenierung des urbanen Raumes im Dritten Reich," *Schriftenreihe der Winckelmann Akademie für Kunstgeschichte*

München, Testbeitrag Nr. 18 (Feb. 2014), 1–18.

[70] Yasmin Doosry, "*Wohlauf, lasst uns eine Stadt und einen Turm bauen …*": *Studien zum Reichsparteitagsgelände in Nürnberg* (Tübingen, 2002), 108, 125, 211ff. 另见 Michael Ellenbogen, *Gigantische Visionen: Architektur und Hochtechnologie im Nationalsozialismus*, 3rd ed. (Graz, 2012), 69–87。

[71] Hitler (Dec. 10, 1938), Domarus, ed., *Hitler: Reden und Proklamationen*, vol. 1, 984.

[72] Speer 引用希特勒的话, *Inside the Third Reich*, 69。

[73] 参见 Jost Dülffer, Jochen Thies, and Josef Henke, eds., *Hitlers Städte: Baupolitik im Dritten Reich. Eine Dokumentation* (Cologne, 1978), 17–25。

[74] "施米特" 要么真的是一个采访对象，要么就是作者 Heinz 自我投射的对象，*Germany's Hitler*, 143–144。

[75] Paul Schmitthenner, *Baukunst im neuen Reich* (Munich, 1934), 38.

[76] Guido Harbers, "Wohnkultur und 'Wirkungsgrad,'" in *Beilage zum Baumeister: Monatshefte für Baukultur und Baupraxis* (Mar. 1934), b33–b34.

[77] Hans Stephan, *Die Baukunst im Dritten Reich, insbesondere die Umgestaltung der Reichshauptstadt* (Berlin, 1939), 7–8. 另见 Gerdy Troost, *Das Bauen im neuen Reich* (Bayreuth, 1938)。

[78] Markus Mittmann, *Bauen im Nationalsozialismus, Braunschweig, die "Deutsche Siedlungsstadt," und die "Mustersiedlung der Deutschen Arbeitsfront" Braunschweig-Mascherode* (Hameln, 2003), 32–33.

[79] Wilhelm Hesse, 引自 Helmut Weihsmann, ed., *Bauen unterm Hakenkreuz: Architektur des Untergangs* (Vienna, 1998), 313–314; Mittmann, *Bauen im Nationalsozialismus*, 187。

[80] 应用实例见 http://www.vernetztes-gedaechtnis.de/ideologieplaene.htm, retrieved March 25, 2016.

[81] Mittmann, *Bauen im Nationalsozialismus*, 184–187.

[82] Corni and Gies, *Brot—Butter—Kanonen*, 24–28.

[83] Matthias Donath, *Architektur in Berlin 1933–1945: Ein Stadtführer* (Berlin, 2007), 154–156.

[84] Mittmann, *Bauen im Nationalsozialismus,* 262–263.

[85] Weihsmann, ed., *Bauen unterm Hakenkreuz*, 314–315.

[86] Karl Christian Führer, "Meister der Ankündigung: Nationalsozialistische Wohnungsbaupolitik," in *Hamburg in "Dritten Reich,"* 432–444, here 440.

[87] Föllmer, *Individuality and Modernity*, 117–118.

[88] Weihsmann, ed., *Bauen unterm Hakenkreuz*, 65–73.

[89] Dok. 13, Feder to Reichskanzlei (Sept. 24, 1934), *Akten der Reichskanzlei: Regierung Hitler,*

vol. 2, part 2, 61–66; also (Oct. 24, 1934), 120–122.

[90] Gottfried Feder, *Die neue Stadt: Versuch der Begründung einer neuen Stadtplannungskunst aus der sozialen Struktur der Bevölkerung* (Berlin, 1939), 18–26, 207.

[91] Ingeburg Weinberger, *NS-Siedlungen in Wien: Projekte—Realisierungen—Ideologietransfer* (Vienna, 2015), 116–127.

[92] Karl Christian Führer, "Anspruch und Realität: Das Scheitern der nationalsozialistischen Wohnungsbaupolitik 1933–1945," *VfZ* (1997): 225–256, here 242.

[93] SD Jahresbericht 1938, in *Meldungen aus dem Reich 1938–1945: Die geheimen Lageberichte des Sicherheitsdienstes der SS*, Heinz Boberach, ed. (Herrsching, 1984), vol. 2, 210–214.

[94] 参见 Nov. 15, 1940, *RGBL* I, 1495–1498。

[95] Marie-Luise Recker, *Nationalsozialistische Sozialpolitik im Zweiten Weltkrieg* (Munich, 1985), 82–154, here 98.

[96] Hachtmann, *Wirtschaftsimperium*, 444–450.

[97] Dieter Rebentisch, *Führerstaat und Verwaltung im Zweiten Weltkrieg: Verfassungsentwicklung und Verwaltungspolitik 1939–1945* (Stuttgart, 1989), 336–345.

[98] 参见 Ulrike Haerendel, "Wohnungspolitik im Nationalsozialismus," *Zeitschrift für Sozialreform* (1999), 843–879。

[99] 参见 Otto Dietrich, *12 Jahre mit Hitler* (Munich, 1955), 212–213; Volker Dahm et al., *Die tödliche Utopie: Bilder, Texte, Dokumente, Daten zum Dritten Reich,* 6th ed. (Munich, 2011)。

[100] Giesler, *Ein anderer Hitler*, 258–263.

[101] Entry (Nov. 16, 1933), Ebermayer, *Denn heute*, 206.

[102] Speech (Sept. 6, 1938), *Reden des Führers*, 37.

第 10 章

[1] Dok. 52, Volkszählung (June 16, 1933), 重印于 *VEJ*, vol. 1, 177–179; 1933 年 1 月大约有 52.5 万人，参见 Saul Friedländer, *Nazi Germany and the Jews: vol. 1: The Years of Persecution, 1933–1939* (New York, 1997), 15。

[2] Hermann Beck, "Violence against 'Ostjuden' in the Spring of 1933 and the Reaction of the Authorities," in Hermann Beck and Larry Eugene Jones, eds., *From Weimar to Hitler: Studies in the Dissolution of the Weimar Republic and the Establishment of the Third Reich, 1932–1934* (New York, 2019), 163–193, here 164.

[3] Dok. 6, diary entry (Mar. 10, 1933), 转载于 *VEJ*, vol. 1, 76–78.

[4] Diary entries (Mar. 23, 26, 1933), Kurt F. Rosenberg, *"Einer, der nicht mehr dazugehört": Tagebücher 1933–1937*, Beate Meyer and Björn Siegel, eds. (Göttingen, 2012), 61–62.

[5] Prussian Political Police report (Mar. 11, 1933), Otto Dov Kulka and Eberhard Jäckel, eds., *Die Juden in den geheimen NS-Stimmungsberichte 1933–1945* (Düsseldorf, 2004), 45.

[6] Günter Plum, "Wirtschaft und Erwerbsleben," in Wolfgang Benz, ed., *Die Juden in Deutschland 1933–1945: Leben unter nationalsozialistischer Herrschaft* (Munich, 1989), 268–313, here 274–275.

[7] Roland Flade, *Die Würzburger Juden: Ihre Geschichte vom Mittelalter bis zur Gegenwart* (Würzburg, 1987), 257–266.

[8] Herbert A. Strauss, *In the Eye of the Storm: Growing Up Jewish in Germany, 1918–1943. A Memoir* (New York, 1999), 30–47.

[9] Michael Meisner, *Bekenntnisse eines Aussenseiters* (Würzburg, 1985), 160.

[10] Wolfgang Prinz, "Die Judenverfolgung in Kassel," in Wilhelm Frenz et al., eds., *Volksgemeinschaft und Volksfeinde Kassel 1933–1945:* vol. 2: *Studien* (Fuldabrück, 1987), 144–222, here 169–171.

[11] Dietfrid Krause-Vilmar, "Zur Vertreibung und Vernichtung der deutsch-jüdischen Bevölkerung Nordhessens in der Zeit der NS-Diktatur," *Mitteilungen '98 des Geschichtsvereins Naumburg e.V.* (1999), 19–28.

[12] Jarausch, *Unfree Professions*, 100–107.

[13] Mar. 18, 1933, Chronik der Stadt Heilbronn, http://www.stadtgeschichte-heilbronn.de/fileadmin/bilder/2-nord/23-ns-zeit/2301-machtergreifung/2301-12-machtergreifung-pultbuch.pdf, retrieved Aug. 20, 2018.

[14] 参见 Stephan Schurr, "Die 'Judenaktion' in Creglingen am 25. März 1933. Eine Quellendokumentation," in Gerhard Naser, ed., *Lebenswege Creglinger Juden: Das Pogrom von 1933*, 3rd ed. (Bergatreute, 2002), 59–82。

[15] 同上。

[16] Protocol (Mar. 1933), 转载于 Hartwig Behr and Horst F. Rupp, *Vom Leben und Sterben: Juden in Creglingen*, 2nd ed. (Würzburg, 2001), 213–252。

[17] 一部根据真实历史写作的小说，见 Lion Feuchtwanger, *Die Geschwister Oppermann* (Frankfurt, 1981), 254–259。

[18] 参见 St. Archiv Nuremberg: LRA Schwabach, Abg. 1956, Nr. 8444, Bezirksamt files (1933) for Weissenburg i./Bay。

[19] Beck, *The Fateful Alliance*, 131.

[20] Cordula Tollmien, *Nationalsozialismus in Göttingen 1933–1945* (PhD diss., Göttingen, 1998), 80–82; Wildt, *Volksgemeinschaft als Selbstermächtigung*, 101–123.

[21] 参见 Rebecca Boehling and Uta Larsky, *Life and Loss in the Shadow of the Holocaust: A Jewish Family's Untold Story* (Cambridge, 2011), 41–43。

[22] Beck, "Violence against 'Ostjuden' in the Spring of 1933," 166–167.

[23] Ernst Hofmann, report (1933), in *VEJ*, vol. 1, 278–729. 地点不明，应该是某个小镇。

[24] Diary entries (Mar. 29, 31, 1933), in *Hitlerjunge Schall: Die Tagebücher*, 254–255.

[25] *Hakenkreuzbanner* (July 6, 1933), reprinted in Hans-Joachim Fliedner, ed., *Die Judenverfolgung in Mannheim 1933–1945:* vol. 2: *Dokumente* (Stuttgart, 1971), 338–339.

[26] Diary entry (Aug. 20, 1933), Rosenberg, *"Einer, der nicht mehr dazugehört": Tagebücher*, 129. Photo available at https://juden-in-cuxhaven.jimdo.com.

[27] St. Archiv Würzburg: Polizeidirektion Nr. 274.

[28] Quentin James Reynolds, *By Quentin Reynolds* (New York, 1963), 118–121.

[29] Alexandra Przyrembel, *"Rassenschande": Reinheitsmythos und Vernichtungslegitimation im Nationalsozialismus* (Göttingen, 2003), 83–84.

[30] Dok. 78, Ministerbesprechung (Mar. 32, 1933), *Akten der Reichskanzlei: Regierung Hitler*, vol. 1, 270–271.

[31] Dok. 80, Ministerbesprechung (Mar. 31, 1933), 同上, 278–279。

[32] Dok. 80 (Mar. 31, 1933), 同上, 276–277。

[33] *Völkischer Beobachter* (Mar. 30, 1933), 1–2.

[34] Johannes Ludwig, *Boykott, Enteignung, Mord: Die "Entjudung" der Deutschen Wirtschaft* (Hamburg, 1989), 113–114.

[35] Kurt Schatzky, in Monika Richarz, ed., *Jüdisches Leben in Deutschland: Selbstzeugnisse zur Sozialgeschichte 1918–1945* (Stuttgart, 1982), 292–300, here 293.

[36] Tollmien, *Nationalsozialismus in Göttingen*, 86.

[37] Entries (Mar. 29–Apr. 29, 1933), Walter Tausk, *Breslauer Tagebuch 1933–1940* (Berlin, 1988), 45–68.

[38] Entries (Mar. 29–Apr. 22, 1933), Cohn, *Kein Recht, Nirgends: Tagebuch*, vol. 1, 23–33.

[39] Steuwer, *"Ein Drittes Reich, wie ich es auffasse,"* 164–171.

[40] Lothar Gruchmann, *Justiz im Dritten Reich 1933–1940: Anpassung und Unterwerfung in der Ära Gürtner* (Munich, 1988), 166.

[41] Inge Deutschkron, *Ich trug den gelben Stern*, 4th ed. (Cologne, 1983), 10–18.

[42] Herbert, *Geschichte Deutschlands*, 364–367.

[43] 例如，参见 Steven P. Remy, *The Heidelberg Myth: The Nazification of a German University* (Cambridge, MA, 2002), 12–49。

[44] Klemperer, *Ich will Zeugnis ablegen*, vol. 1 (May 2, 1933), 195.

[45] *RGBL* I (Apr. 7; Apr. 11, 1933), 175–177, 195.

[46] Diary entry (May 20, 1933), *Tagebuch Luise Solmitz*, in Frank Bajohr, Beate Meyer, and Joachim Szodrzynski, eds., *Bedrohung, Hoffnung, Skepsis: Vier Tagebücher des Jahres 1933*

(Göttingen, 2013), 205-207.

［47］Daniela Münkel, *Nationalsozialistische Agrarpolitik und Bauernalltag* (Frankfurt, 1996), 351-352.

［48］Falk Wiesemann, "Juden auf dem Lande: die wirtschaftliche Ausgrenzung der jüdischen Viehhändler in Bayern," in Detlev Peukert and Jürgen Reulecke, eds., *Die Reihen fast geschlossen: Beiträge zur Geschichte des Alltags unterm Nationalsozialismus* (Wuppertal, 1981), 381-396, here 381-384.

［49］参见 Stefanie Fischer, *Ökonomisches Vertrauen und antisemitische Gewalt: Jüdische Viehhändler in Mittelfranken 1919-1939* (Göttingen, 2014), 204-216。

［50］相关数字见 Beck, "Violence against '*Ostjuden*' in the Spring of 1933," 184。

［51］Stapo Kassel (Aug. 29, 1933), in Kulka and Jäckel, eds., *Die Juden in den geheimen NS-Stimmungsberichte*, 54.

［52］参见 Geoffrey J. Giles, *Students and National Socialism in Germany* (Princeton, 1985), 14-72。

［53］"Entfernung von Marxisten und Juden aus Lehrämtern und Anstalten," in *Völkischer Beobachter* (Apr. 14-15, 1933), 5.

［54］Kater, *The Nazi Party*, 237.

［55］参见 Gabriele Czarnowski, "The Value of Marriage for the 'Volksgemeinschaft': Policies towards Women and Marriage under National Socialism," in Richard Bessel, ed., *Fascist Italy and Nazi Germany: Comparisons and Contrasts* (Cambridge, 1996), 94-112, here 98。

［56］Michael H. Kater, *Doctors under Hitler* (Chapel Hill, NC, 1989), 183-186.

［57］同上，56-57。

［58］参见 Table A.15, Jarausch, *Unfree Professions*, 253。

［59］"Der Reichskanzler umreißt die rasse-hygenischen Aufgaben der Ärzte," in *Völkischer Beobachter* (Apr. 7, 1933), 1.

［60］Diary entries (Jan. 30; Feb. 27; Apr. 14; Apr. 25, 1933), *Das Tagebuch der Hertha Nathorff: Berlin-New York, Aufzeichnungen 1933 bis 1945*, Wolfgang Benz, ed. (Frankfurt, 1988), 35-36, 39, 41.

［61］Diary entries (Apr. 14; May 15; July 6; 1933; Sept. 18, 1938), 同上，39; 43; 46-47; 114。

［62］Diary entry (Sept. 18, 1938), 同上，114。

［63］Hitler, *Mein Kampf, kritische Edition*, vol. 1, 671.

［64］同上，657。

［65］Dok. 355 (Feb. 2, 1922), *Hitler Sämtliche Aufzeichnungen*, 565-566.

［66］Kim Wünschmann, *Before Auschwitz: Jewish Prisoners in the Prewar Concentration Camps* (Cambridge, MA, 2015), 52.

［67］Stapo Minden for Aug. 1935 (Sept. 4, 1935), Kulka and Jäckel, eds., *Die Juden in den geheimen NS-Stimmungsberichte*, 154.

［68］第一起事件发生在 1935 年 5 月 8 日，见 BArchiv Berlin: R58/661, 129–30; 随后的几起，见 GSt. Archiv, Berlin-Dahlem. I HA Rep. 90.P Rheinprovinz, reports (Sept. 5, Dec. 9, 1935)。

［69］GSt. Archiv, Berlin-Dahlem. I HA Rep. 90.P, report (June 6, 1935), Recklinghausen.

［70］同上，report (July 1935), Berlin。

［71］同上，reports (May 4; July 4; Aug. 1935), Hanover。

［72］同上，report (Aug. 3; 1935), Breslau。

［73］同上，report (Aug. 1935), Schneidemühl。

［74］同上，report (Sept. 4, 1935), Osnabrück。

［75］参见 Aug. Report, *Deutschland-Berichte der Sopade* (1935), 920–937。

［76］Wildt, *Volksgemeinschaft als Selbstermächtigung*, 215.

［77］Dok. 212, Chefbesprechung (Aug. 20, 1935), *Akten der Reichskanzlei: Regierung Hitler*, vol. 2, t. 1, 742–746.

［78］Ullrich, *Hitler Biographie*, Bd. 1, 612–614.

［79］参见 Dok. 3, Heydrich an die Teilnehmer der Chefbesprechung (Sept. 9, 1935), in Michael Wildt, ed., *Die Judenpolitik des SD 1935 bis 1938: Eine Dokumentation* (Munich, 1995), 70–73。

［80］*RGBL* I, 1146.

［81］更多细节，见 Gellately, *The Gestapo and German Society*, 129–158。

［82］GSt. Archiv, Berlin-Dahlem. I HA Rep. 90.P, reports (May 5; July 6; Sept. 6; Dec. 7, 1935).

［83］同上，report (Nov. 6, 1935) Trier。

［84］参见 Sept. Report, *Deutschland-Berichte der Sopade* (1935), 1026–1045, here 1029。

［85］Letter (Sept. 22, 1935), in *Notizen aus dem Vernichtungskrieg: Die Ostfront 1941–1942 in den Aufzeichnungen des Generals Heinrici*, Johannes Hürter, ed. (Darmstadt, 2016), 178–179.

［86］Gestapo Bielefeld Report (Oct. 5, 1935), in BArchiv Berlin: R58/ 513, for Paderborn 82–83; for Bielefeld, 161–164.

［87］Gestapo Berlin Report (Jan. 1936), in BArchiv Berlin: R58/567, 122–126; Mar. 1936, BArchiv Berlin, R58/578, 122–124.

［88］Gestapo Kassel Report (Oct. 1935), in BArchiv Berlin: R58/559, 30–31.

［89］Gestapo Dortmund Report (Sept. 1935), in BArchiv Berlin: R58/514, 17–19.

［90］Diary (Sept. 15 and 20, 1935), in Steuwer, *"Ein Drittes Reich, wie ich es auffasse,"* 177–178.

［91］参见 Apr. Report, *Deutschland-Berichte der Sopade* (1937), 481。

［92］Gellately, *Backing Hitler*, 128.

［93］Entry (Nov. 11, 1938), Cohn, *Kein Recht, Nirgends: Tagebuch*, vol. 2, 539.

［94］Diary entries (Dec. 16; Apr. 28, 1939), *Das Tagebuch der Hertha Nathorff*, 139; 162–163.

［95］Kulka and Jäckel, eds., *NS-Stimmungsberichte*, 304–309.

［96］SD Gotha (Oct.–Dec. 1938), 同上，339。

［97］Mayor Bielefeld, 同上，315–316。

［98］SD-Elbe, 同上，361。

［99］SD-Berlin (for 1938), 同上，375–376。

［100］参见 Feb. Report, *Deutschland-Berichte der Sopade* (1939), 201–202; and for Apr. (1940), 256–268。

［101］Dec. Report, *Deutschland-Berichte der Sopade* (1938), 1352–1353.

［102］Entries (Nov. 9–11, 1938), Andreas-Friedrich, *Der Schattenmann*, 25–35; diary entries (Jan. 22–Apr. 2, 1939), in Obenaus, eds., *Aufzeichnungen Karl Dürkefäldens*, 85–102; entries (Nov. 10–14, 1938), Gottfried Abrath, *Subjekt und Milieu im NS-Staat: Die Tagebücher des Pfarrers Hermann Klugkist Hesse, 1936–1939* (Göttingen, 1994), 343–344.

［103］"Die Sühneleistung der Juden," in *VB* (Nov. 24, 1938).

［104］Alexander Korb, *Reaktionen der Deutschen Bevölkerung auf die Novemberpogrome im Spiegel amtlicher Berichte* (Berlin, 2007), 91–97.

［105］参见 *IMT*, vol. 28, 499–540, 1816-PS, "Stenographische Niederschrift der Besprechung über die Judenfrage bei Göring am 12. Nov. 1938," here 534。

［106］Dok. 34 (Oct. 10, 1928), *Hitler Reden, Schriften, Anordnungen*, vol. 3, i, 145.

［107］Wilhelm Frick, "Wir müssen wieder den Mut haben, unseren Volkskörper nach seinem Erbwert zu gliedern," *Völkischer Beobachter* (June 29, 1933), 13.

［108］*RGBL* I (July 25, 1933), 529–531.

［109］Annette F. Timm, *The Politics of Fertility in Twentieth-Century Berlin* (Cambridge, 2010), 133.

［110］Henry Friedlander, *The Origins of Nazi Genocide: From Euthanasia to the Final Solution* (Chapel Hill, NC, 1995), 27.

［111］"Sterilisierung von 400,000 Menschen," *Berliner Morgenpost* (Dec. 21, 1933), 2.

［112］Gisela Bock, *Zwangssterilisation im Nationalsozialismus: Studien zur Rassenpolitik und Frauenpolitik* (Opladen, 1986), 237–238.

［113］参见 Dok. 49, "Die Auscheidung der Asozialen," in *Hamburger Fremdenblatt* (Oct. 13, 1937), reprinted in Wolfgang Ayass, ed., *"Gemeinschaftsfremde": Quellen zur Verfolgung von "Asozialen" 1933–1945* (Coblenz, 1998), 93–94。

［114］Dok. 231, Besprechung (Sept. 25, 1935), *Akten der Reichskanzlei: Regierung Hitler*, vol. 2, t. 1, 231.

［115］Asmus Nitschke, *Die Erbpolizei im Nationalsozialismus: Zur Alltagsgeschichte der*

Gesundheitsämter im Dritten Reich (Wiesbaden, 1999), 121–123.

[116] *RGBL* I, 1246.

[117] Arthur Gütt, *Dienst an der Rasse als Aufgabe der Staatspolitik* (Berlin, 1934).

[118] 参见 Doks. 21–25, in Ernst Klee, ed., *Dokumente zur "Euthanasie"* (Frankfurt, 1985), 85–91。

[119] 例如, 参见 Chapoutot, *The Law of the Blood*, 2。

[120] 参见 Dok. 23, postwar testimony of Hans Heinrich Lammers, in Klee, ed., *Dokumente zur "Euthanasie,"* 86–87。

[121] Dok. 80, 同上, 219–220。

[122] Correspondence reprinted in *IMT*, vol. 35, here 689.

[123] 参见 Michael Burleigh, *Death and Deliverance: "Euthanasia" in Germany 1900–1945* (Cambridge, 1994), 162–180; Beth A. Griech-Polelle, *Bishop von Galen: German Catholicism and National Socialism* (New Haven, 2002), 92–93。

[124] Longerich, *Hitler Biographie*, 620–622; Ullrich, *Hitler Biographie*, Bd. 1, 740.

第 11 章

[1] Dok. 273, Chef Heeresleitung (Beck) Denkschrift (Dec. 14, 1933), *Akten der Reichskanzlei: Regierung Hitler*, vol. 1, ii, 1032–1036.

[2] Robert Gerwarth, *The Vanquished: Why the First World War Failed to End* (New York, 2016), 199.

[3] Faust et al., eds., "Historische Einführung," in *Lageberichte Rheinischer Gestapostellen*, here vol. 2, part 1, 7.

[4] Diary entry (Jan. 8, 1935), Ebermayer, *Denn heute*, 462.

[5] Anthony Eden, *Facing the Dictators: The Memoirs of Anthony Eden* (Cambridge, MA, 1962), 110–118.

[6] Richard J. Evans, *The Third Reich in Power* (New York, 2005), 626.

[7] Hitler speech (Mar. 1, 1935), Domarus, ed., *Hitler: Reden und Proklamationen*, vol. 2, 484–488.

[8] *RGBL* I (Mar. 16, 1935), 375. 补充法律 (May 21, 1935), 同上, 609–614, 正式将征兵制列为国防法的一部分。

[9] Stapo Hannover (Apr. 3, 1935), in *Gestapo Hannover meldet*, 331–332; Gendarmerie Muggendorf and Unterweilersbach (Mar. 31, 1935), in Martin Broszat et al., eds., *Bayern in der NS-Zeit: Soziale Lage und politisches Verhalten der Bevölkerung im Spiegel vertraulicher Berichte* (Munich, 1977), vol. 1, 80.

[10] Hitler Proclamation (Mar. 16, 1935), Domarus, ed., *Hitler: Reden und Proklamationen*,

vol. 2, 491–495.

[11] François-Poncet, *Botschafter in Berlin*, 263.

[12] Lagebericht Stapo Aachen (for March 1935), in Faust et al., eds., *Lageberichte Rheinischer Gestapostellen*, vol. 2, i, 319.

[13] Lagebericht Cologne, Düsseldorf, Aachen, Koblenz (for March 1935), 同 上, in order 341, 258–259, 319, 357。For Munich see *Deutschland-Berichte der Sopade* (Mar.–Apr. 1935), 279.

[14] *Verhandlungen des Reichstags: Reichstagsprotokolle* (May 21, 1935), Bd. 458, 39–56, here 55.

[15] Entries (May 25, 26, 1935), Harry Graf Kessler, *Tagebücher*, 734–735.

[16] 参见 Mar. Report, *Deutschland-Berichte der Sopade* (1935), 279。

[17] Christian Hartmann, *Halder: Generalstabschef Hitlers 1938–1942* (Paderborn, 1991), 47–48.

[18] Lagebericht Stapo Münster (for Mar. 1935), in *Meldungen aus Münster 1924–1944*, Joachim Kuropka, ed. (Münster, 1992), 151.

[19] Dok. 555, Hitler-Simon conversations (Mar. 25, 26, 1935), in *Akten zur Deutschen auswärtigen Politik*, Series C, vol. 3, ii, 1022–1057, here 1044.

[20] Von Ribbentrop, *Zwischen London und Moskau*, 63–67. Diary entry (Mar. 18, 1935), *Alfred Rosenberg: Die Tagebücher*, 179.

[21] Diary entry (June 21, 1935), *Die Tagebücher von Joseph Goebbels*, part 1, vol. 3, i, 250.

[22] Klaus Hildebrand, *Das vergangene Reich: Deutsche Aussenpolitik von Bismarck bis Hitler* (Berlin, 1999), 701–710.

[23] Klaus-Jürgen Müller, *Generaloberst Ludwig Beck eine Biographie* (Paderborn, 2008), 219–222.

[24] Dok. 39, Ministerbesprechung at 21.15 hours (Mar 6, 1936), *Akten der Reichskanzlei. Regierung Hitler*, vol. 3, 164–165.

[25] Alexander Wolz, *Die Rheinlandkrise 1936: Das Auswärtige Amt und der Locarnopakt 1933–1936* (Munich, 2014), 409–433.

[26] Paul Schmidt, *Statist auf diplomatischer Bühne 1923–1945* (Frankfurt, 1964), 320.

[27] *Verhandlungen des Reichstags: Reichstagsprotokolle* (Mar. 7, 1936), Bd. 458, 63–75.

[28] 同上, 70–75。

[29] Frank Omland, *Nationalsozialistische Volksabstimmung und Reichstagswahlen in Kiel 1933–1938*, 51–59, http://www.akens.org/akens/texte/diverses/konferenz/FO_SH_33-38_dt.pdf.

[30] Entry (Mar. 23, 1936), Klemperer, *Ich will Zeugnis ablegen*, vol. 1, 251.

[31] Entry (Mar. 28, 1936), Cohn, *Kein Recht, Nirgends. Tagebuch*, vol. 1, 316.

[32] Entry (May 22, 1937), Klemperer, *Ich will Zeugnis ablegen*, vol. 1, 350.

[33] *Statistisches Jahrbuch für das Deutsche Reich* (1937), 565.

［34］Bericht, Jan.–Feb. 1936 (Mar. 20, 1936), *Meldungen der Gruppe Neu Beginnen*, 654–656.

［35］同上。

［36］Stimmungsbericht Kreispropagandaleitung Eichstätt (Jan.–Mar 1936), in Broszat et al., eds., *Bayern in der NS-Zeit*, 504.

［37］OLGP Jena (May 2, 1936), in BArchiv Berlin: R22/5087, 23–24.

［38］OLGP Braunschweig (May 6, 1936), in BArchiv Berlin: R22/3357, 11–13.

［39］Monatsbericht des Bezirksamts Aichach (Apr. 3, 1936), 同上，358。

［40］Bay. HStArchiv: MA 106677, Monatsbericht (Apr. 7, 1936).

［41］DAF Reports (Mar. 1936), 重印于 Broszat et al., eds., *Bayern in der NS-Zeit*, 249–250。

［42］相关批评意见，见 Steuwer, *"Ein Drittes Reich, wie ich es auffasse,"* 491–492。

［43］相关背景见 Dieter Petzina, *Autarkiepolitik im Dritten Reich: Der nationalsozialistische Vierjahresplan* (Stuttgart, 1968). 45–46。

［44］也有观点强调这份文件的第二部分，参见经常被引用的 Wilhelm Treue, "Hitlers Denkschrift zum Vierjahresplan 1936," *VfZ* (1955): 184–210。

［45］Dok. 490, Hitler Aufzeichnung (Aug. 1936), *Akten zur Deutschen Auswärtigen Politik*, Series C, Band V, 2, 793–801, here 795.

［46］同上，801。

［47］Dok. 138, Ministerratssitzung bei Göring (Sept. 4, 1936), *Akten der Reichskanzlei. Regierung Hitler*, vol. 3, 500–504.

［48］*RGBL* I, 887.

［49］Dok. 158, Erlass Göring (Oct. 22, 1936), 以及 Docs. 159 and 160, in *Akten der Reichskanzlei: Regierung Hitler*, vol. 3, 559–575; 另见 Alfred Kube, *Pour le mérite und Hakenkreuz: Hermann Göring im Dritten Reich* (Munich, 1986), 156–163。

［50］Müller, *Generaloberst Ludwig Beck*, 253.

［51］Walter Bussmann, "Zur Entstehung und Überlieferung der 'Hossbach-Niederschrift,'" *VfZ* (1968): 573–584.

［52］Bernd-Jürgen Wendt, *Grossdeutschland: Aussenpolitik und Kriegsvorbereitung des Hitler-Regimes*, 2nd ed. (Munich, 1993), 134–136.

［53］Dok. 19, Besprechung (Nov. 5), Niederschrift (Nov. 10, 1937), *Akten zur Deutschen Auswärtigen Politik*, Series D, Bd. I, 25–32.

［54］同上，29–32。

［55］Dok. 104, Aufzeichnung eines Offiziers (Jan. 22, 1938), in Klaus-Jürgen Müller, *Armee und Drittes Reich 1933–1939: Darstellung und Dokumentation* (Paderborn, 1987), 243–247.

［56］Dok. 107 (Feb. 4, 1938), decree, 同上，252。

［57］Dok. 294, Besprechung (Feb. 12, 1938), *Akten zur Deutschen Auswärtigen Politik*, Series D,

Bd. I, 421-422.

[58] Entries (Mar. 11, 1938—for the day before; Mar. 12—for the day before), *Die Tagebücher von Joseph Goebbels*, part 1, vol. 5, 199-203.

[59] Bruce F. Pauley, *Hitler and the Forgotten Nazis: A History of Austrian National Socialism* (Chapel Hill, NC, 1981), 208-214.

[60] *RGBL* I, 287-288.

[61] Evan Burr Bukey, *Hitler's Austria: Popular Sentiment in the Nazi Era, 1938-1945* (Chapel Hill, NC 2000), 33-39.

[62] Hitler speech (Mar. 15, 1938), Domarus, ed., *Hitler: Reden und Proklamationen*, vol. 2, 823-824.

[63] Otmar Jung, *Plebiszit und Diktatur: die Volksabstimmungen der Nationalsozialisten* (Tübingen, 1995), 114.

[64] Stimmung und Lagebericht NSDAP Gauleitung (June 1938), in *Meldungen aus Münster*, Kuropka, ed., 504-505.

[65] US Holocaust Research Institute Archives: RG 11. Osobyi Achive: Fond 500-1, Opis 1, folder 161a. Bormann (Mar. 30, 1938).

[66] *Statistisches Jahrbuch für das Deutsche Reich* (1940), 634.

[67] Entry (Sept. 1938), Friedrich Percyval Reck-Malleczewen, *Tagebuch eines Verzweifelten* (Stuttgart, 1966), 66.

[68] Von Below, *Als Hitlers Adjutant*, 93-96.

[69] *Deutschland-Berichte der Sopade* (April/May 1938), 426-428.

[70] Evans, *The Third Reich in Power*, 626.

[71] Wehler, *Deutsche Gesellschaftsgeschichte*, 621-623.

[72] Steuwer, *"Ein Drittes Reich, wie ich es auffasse,"* 491.

[73] Hedwig Richter and Ralph Jessen, "Elections, Plebiscites, and Festivals," in *The Oxford Illustrated History of the Third Reich*, ed. Robert Gellately, 96-98 (Oxford, 2018).

[74] Entry (Apr. 5, 1938), Klemperer, *Ich will Zeugnis ablegen*, vol. 1, 401.

[75] Dok. 133, Aufzeichnung Schmundt, Führer Besprechung, Studie "Grün," on Apr. 21, 1938 (Apr. 22, 1938), *Akten zur Deutschen Auswärtigen Politik*, Series D, Bd. II, 190-191.

[76] Von Below, *Als Hitlers Adjutant*, 100-103.

[77] Dok. 175, Entwurf Weisung (May 20, 1938), *Akten zur Deutschen Auswärtigen Politik*, Series D, Bd. II, 236-240.

[78] Von Below, *Als Hitlers Adjutant*, 103.

[79] Dok. 221, Oberste Befehlshaber Wehrmacht an Heer, Marine, Luftwaffe (May30, 1938), *Akten zur Deutschen Auswärtigen Politik*, Series D, Bd. II, 281-285.

［80］正如当时他对"新来者"所解释的那样：Walter Warlimont, *Im Hauptquartier der deutschen Wehrmacht 1939-1945: Grundlagen, Formen, Gestalten* (Frankfurt, 1962), 33。

［81］Domarus, ed., *Hitler: Reden und Proklamationen*, vol. 2, 924-933.

［82］例如，见 Dok. 149, 155, 158, Beck's "Betrachtungen" (May 5, 1938); "Denkschrift" (June 3; July 16, 1938), in Müller, *Armee und Drittes Reich*, 326-349。

［83］[Alfred] Jodl, *Dienstliches Tagebuch* (Sept. 28; Sept. 29, 1938), Dok. 1780-PS, in *IMT*, 388-389.

［84］*Deutschland-Berichte der Sopade* (Oct. 10, for Sept. 1938), 939-940.

［85］同上。

［86］Diary entries (Oct. 1, for Sept. 30, 1938; Oct. 2, for Oct. 1, 1938; Oct. 3, for Oct. 2, 1938), *Die Tagebücher von Joseph Goebbels*, part 1, vol. 6, 122; 124, 127-128.

［87］Entry (Sept. 30, 1938), Andreas-Friedrich, *Der Schattenmann*, 17.

［88］Entry Berlin (Oct. 3, 1938), William L. Shirer, *Berlin Diary: The Journal of a Foreign Correspondent, 1934-1941* (New York, 1941), 115.

［89］Entry (Oct. 1, 1938), Gerhard Engel, *Heeresadjutant bei Hitler 1938-1943*, Hildegard von Kotze, ed. (Stuttgart, 1974), 40.

［90］Dok. 136-C, *IMT*, vol. 34, 477-481.

［91］Dok. 213 (Mar. 14, 1939), Aufzeichnung Weizäcker, *Akten zur Deutschen Auswärtigen Politik*, Series D, Bd. IV, 221.

［92］引自 Von Below, *Als Hitlers Adjutant*, 154。

［93］"Hitlers Rede vor der deutschen Presse," in Hildegard von Kotze et al., eds., *"Es spricht der Führer": 7 exemplarische Hitler-Reden* (Gütersloh, 1966), 268-286, here 268-281.

［94］同上，285-286。

［95］Von Below, *Als Hitlers Adjutant*, 144; Domarus, ed., *Hitler: Reden und Proklamationen*, vol. 2, 1039.

［96］Dok. 166, Hitler speech vor Befehlshabern (Jan. 25, 1939), in Müller, *Armee und Drittes Reich*, 360-365, here 360-362.

［97］同上，362-365。

［98］Hitler speech (Jan. 30, 1939), in *Verhandlungen des Reichstags: Reichstagsprotokolle* (Jan. 30, 1939), Bd. 460, 2-21, 5-6.

［99］同上，16-17。

［100］Dok. 167, Hitler speech to Truppenkommandeuren in Berlin (Feb. 10, 1939), in Müller, *Armee und Drittes Reich*, 365-375.

［101］Dok. 136, telegram (Mar. 31, 1939), *Akten zur Deutschen Auswärtigen Politik*, Series D, Bd. VI, 141-142.

［102］Dok. 149, Keitel Weisung and Anlage (Apr. 3, 1939), 同上，154。另见 Dok.120-C, *IMT*, vol. 34, 380–422, here 388。

［103］Von Below, *Als Hitlers Adjutant*, 159.

［104］Warlimont, *Im Hauptquartier der deutschen Wehrmacht*, 34–35.

［105］Brechtken, *Albert Speer: Eine Deutsche Karriere*, 112–113.

［106］Tooze, *Wages of Destruction*, 315.

［107］Dok. 433, Besprechung (May 23, 1939), *Akten zur Deutschen Auswärtigen Politik*, Series D, Bd. VI, 477–483.

［108］Klaus-Jürgen Müller, *Das Heer und Hitler: Armee und nationalsozialistisches Regime 1933–1940* (Stuttgart, 1969), 392. 另见 Entry (Apr. 18, 1939), Helmuth Groscurth, in Helmut Krausnick and Harold C. Deutsch, eds., *Tagebücher eines Abwehroffiziers 1938–1940: Mit weiteren Dokumenten zur Militäropposition gegen Hitler*, (Stuttgart, 1970), 173。

［109］*Deutschland-Berichte der Sopade* (May 10, 1939), 425–435.

［110］BA Militär-Archiv: RW 19/14: Wehrwirtschaftsinspektion VII: Bericht, Munich (Sept. 9, 1938), 56–57.

第 12 章

［1］Carl J. Burckhardt, *Meine Danziger Mission* (Munich, 1960), 339–346.

［2］Dok. 192 and Dok. 193, Aufzeichnung ohne Unterschrift (Aug. 22, 1939), *Akten zur Deutschen Auswärtigen Politik*, Series D, Bd. VII, 167–172. 相关评论见 Winfried Baumgart, "Zur Ansprache Hitlers vor den Führern der Wehrmacht am 22. August 1939: Eine quellenkritische Untersuchung," *VfZ* (1968): 120–149。

［3］关于斯大林的算计和资料，参见 Robert Gellately, *Stalin's Curse: Battling for Communism in War and Cold War* (New York, 2013), 46–53。

［4］Dok. 192 and Dok. 193 (Aug. 22, 1939), *Akten zur Deutschen Auswärtigen Politik*, Series D, Bd. VII, 167–172.

［5］Dieter Pohl, *Die Herrschaft der Wehrmacht: Deutsche Militärbesatzung und einheimische Bevölkerung in der Sowjetunion 1941–1944* (Munich, 2008), 52–53.

［6］参见 Wildt, *Generation des Unbedingten*, 422。

［7］Dok. 1 (n.d.), "Vorschlag für den Einsatz der Geheimen Staatspolizei und des SD RFSS im Falle Polen," in Stephan Lehnstaedt and Jochen Böhler, eds., *Die Berichte der Einsatzgruppen aus Polen 1939, Vollständige Edition* (Berlin, 2013), 23–44.

［8］Entries (Sept. 5 and 16, 1939), in Hubert Orlowski and Thomas F. Schneider, eds., *"Erschiessen will ich nicht!" Als Offizier und Christ im Totalen Krieg* (Düsseldorf, 2006), 38–39;

43–44.

[9] Helmut Krausnick and Hans-Heinrich Wilhelm, *Die Truppe des Weltanschauungskrieges: Die Einsatzgruppen der Sicherheitspolizei und des SD 1938–1942* (Stuttgart, 1981), 44–49.

[10] BArchiv Berlin R58/285, 1ff.

[11] Krausnick and Wilhelm, *Truppe des Weltanschauungskrieges*, 63–64.

[12] BArchiv Berlin, R58/825. 另见 Entry (September 30, 1939), *Goebbels Tagebücher*, part 1, vol. 7, 130。

[13] BArchiv Berlin R58/276, 232–235.

[14] Richard J. Evans, *The Third Reich at War* (New York, 2008), 9–15.

[15] Diary Entry (Sept. 29, 1929), *Alfred Rosenberg: Die Tagebücher*, 290–292.

[16] *Verhandlungen des Reichstags: Reichstagsprotokolle* (Oct. 6, 1939), Bd. 460, 51–63.

[17] Christian Ingrao, *The Promise of the East: Nazi Hopes and Genocide, 1939–1943* (Medford, MA, 2019), 40.

[18] Martin Broszat, "Nationalsozialistische Konzentrationslager," in Broszat et al., *Anatomie des SS-Staates*, vol. 2, 86–93.

[19] BArchiv Berlin: R 58/243, 202–204: Chef der Sipo Runderl.: Grundsätze der inneren Staatssicherung während des Krieges (Sept. 3, 1939).

[20] *RGBL* I (Sept. 6, 1939), 1679.

[21] Doc. 864-PS, *IMT*, vol. 26, 378–383.

[22] Doc. 65 (Sept. 29, 1939), in Jürgen Matthäus et al., eds., *War, Pacification, and Mass Murder, 1939: The Einsatzgruppen in Poland* (Lanham, MD, 2014), 123–124.

[23] Entry (Sept. 28, 1939), Engel, *Heeresadjutant*, 63.

[24] BArch Berlin R75/3b, 7–8.

[25] Ingo Loose, "Wartheland," in Wolf Gruner and Jörg Osterloh, eds., *The Greater German Reich and the Jews: Nazi Persecution Policies in the Annexed Territories, 1935–1945* (New York, 2017), 189–218, here 190.

[26] Volker Riess, *Die Anfänge der Vernichtung "lebensunwerten Lebens" in den Reichsgauen Danzig-Westpreussen und Warteland 1939–1940* (Frankfurt am Main, 1995), 24–25.

[27] 同上, 171。

[28] Christopher R. Browning, *The Origins of the Final Solution: The Evolution of Nazi Jewish Policy, September 1939–March 1942* (Lincoln, NE, 2004), 188–189. 参见 Doks. 18–20, Klee, ed., *Dokumente zur "Euthanasie,"* 70–81; 以及 Ernst Klee, *"Euthanasie" im NS-Staat: Die Vernichtung "lebensunwerten Lebens"* (Frankfurt, 1983), 95–100。

[29] *DRZW*, vol. 2, 282.

[30] Von Below, *Als Hitlers Adjutant*, 232–235.

[31] *Verhandlungen des Reichstags: Reichstagsprotokolle* (July 19, 1940), Bd. 460, 65–79.

[32] Reports (June 24; July 25–29, 1940), Heinz Boberach, ed., *Meldungen aus dem Reich: Die geheimen Lageberichte des Sicherheitsdienstes der SS 1938–1945* (Herrsching, 1984), vol. 4, 1305; vol. 5, 1412–1438.

[33] Entry (July 24, 1940), Friedrich Kellner, "*Vernebelt, verdunkelt sind alle Hirne*": *Tagebücher 1931–1945* (Göttingen, 2013), vol. 1, 80.

[34] Eric Kurlander, *Living with Hitler: Liberal Democrats in the Third Reich* (London, 2009), 139–141.

[35] Wolfram Wette, *Die Wehrmacht: Feindbilder, Vernichtungskrieg, Legenden* (Frankfurt, 2002), 153–154.

[36] Entry (July 31, 1940), Halder, *War Diary*, 241–246.

[37] 参见 Weinberg, ed., *Hitlers Zweites Buch*, 122–123。

[38] Andreas Hillgruber, *Hitlers Strategie: Politik und Kriegsführung 1940–1941*, 3rd ed. (Bonn, 1993), 65–278.

[39] Steven Kotkin, *Stalin: Waiting for Hitler, 1929–1941* (New York, 2017), 817.

[40] Entry (Jan. 16, 1941), Halder, *War Diary*, 310–311.

[41] Domarus, *Hitler Reden und Proklamationen*, vol. 4, 1663.

[42] Hartwig, *Die Dinge lagen damals anders*, 103–104.

[43] Hitler (Mar. 3, 1941), in *Kriegstagebuch des Oberkommandos der Wehrmacht*, vol. 1, 341.

[44] Entry (Mar. 30, 1941), Halder, *War Diary*, 345–347.

[45] Hürter, *Hitlers Heerführer*, 12.

[46] Alex J. Kay, *Exploitation, Resettlement, Mass Murder: Political and Economic Planning for German Occupation Policy in the Soviet Union, 1940–1941* (New York, 2011), 121.

[47] Dok. 2718-PS, *IMT*, vol. 31, 84.

[48] Doc. 126-EC, *IMT*, vol. 36, 135–157, here 145. 参见 Christian Gerlach, *Kalkulierte Morde: Die deutsche Wirtschafts- und Vernichtungspolitik in Weissrussland 1941 bis 1944* (Hamburg, 1999), 44–58。

[49] Dok. 11 and 12, in Hans-Adolf Jacobsen, "Kommissarbefehl und Massenexekutionen sowjetischer Kriegsgefangener," in Broszat et al., *Anatomie des SS-Staates*, vol. 2, 187, 189.

[50] Felix Römer, *Der Kommissarbefehl: Wehrmacht und NS-Verbrechen an der Ostfront 1941–1942* (Paderborn, 2008), 367, 535–537.

[51] Hürter, *Hitlers Heerführer*, 172–173.

[52] *DRZW*, vol. 4, 183–189.

[53] Krausnick and Wilhelm, *Truppe des Weltanschauungskrieges*, 128–129, 145.

[54] 同上, 150–151。

［55］Hürter, *Hitlers Heerführer*, 520–521.

［56］Domarus, *Hitler Reden und Proklamationen*, vol. 4, 1726–1732.

［57］Jeffrey Herf, *The Jewish Enemy: Nazi Propaganda during World War II and the Holocaust* (Cambridge, MA, 2006), 99–105.

［58］*VB* (June 29, 1941), 1.

［59］Reports (June 26; July 7, 1941), *Meldungen aus dem Reich*, vol. 7, 2443, 2470.

［60］Von Ditfurth, *Innenansichten eines Artgenossen*, 170–173.

［61］Dok. 221-L, *IMT*, vol. 38, 86–94.

［62］参见 Jochen Böhler and Robert Gerwarth, eds., *The Waffen-SS: A European History* (Oxford, 2017)。

［63］更多细节，见 Gellately, *Backing Hitler*, 151–182。

［64］Pohl, *Die Herrschaft der Wehrmacht*, 244–247.

［65］Heydrich to ESG (June 26, 1941), in Peter Klein, ed., *Die Einsatzgruppen in der besetzten Sowjetunion 1941–1942: Die Tätigkeits- und Lageberichte des Chefs der Sicherheitspolizei und des SD* (Berlin, 1997), 318–319.

［66］Andrej Andrick, *Besatzungspolitik und Massenmord: Die Einsatzgruppe D in der südlichen Sowjetunion 1941–1942* (Hamburg, 2003), 131–132.

［67］Krausnick and Wilhelm, *Truppe des Weltanschauungskrieges*, 205–207.

［68］Wolfram Wette, *Karl Jäger: Mörder der litauischen Juden*, 3rd ed. (Frankfurt, 2012), 87–129; Jäger Bericht (Dec. 1, 1941), 附录中有转载。

［69］Dok. 180-L, *IMT*, vol. 37, 670–717.

［70］Andrej Angrick and Peter Klein, *The "Final Solution" in Riga: Exploitation and Annihilation, 1941–1944* (New York, 2012), 130–163.

［71］同上，203。Also Strauss, *In the Eye of the Storm*, 183–86; H. G. Adler, *Der verwaltete Mensch: Studien zur Deportation der Juden aus Deutschland* (Tübingen, 1974), 323–465.

［72］Dok. 70, Jeckeln to Himmler (Aug.30, 1941), in *VEJ*, 7, 270–271; Krausnick and Wilhelm, *Truppe des Weltanschauungskrieges*, 249–50; Ingrao, *Believe and Destroy*, 152–154.

［73］Wette, *Die Wehrmacht*, 118–119.

［74］比较经典的叙述是 Anatoli Kuznetsov, *Babi Yar: A Document in the Form of a Novel* (London, 1970)。

［75］Wette, *Die Wehrmacht*, 101–102.

［76］Hürter, *Hitlers Heerführer*, 181–182.

［77］Entry (Oct. 28, 1941), Kellner, *Tagebücher*, vol. 1, 191–192.

［78］引自 Thomas Sandkühler, *"Endlösung" in Galizien: Der Judenmord in Ostpolen und der Rettungsinitiativen von Berthold Beitz 1941–1944* (Bonn, 1996), 117–118。

［79］同上，120。

［80］参见 Omer Bartov, *Anatomy of a Genocide: The Life and Death of a Town Called Buczacz* (New York, 2018); Shimon Redlich, *Together and Apart in Brzezany: Poles, Jews, and Ukrainians, 1919–1945* (Bloomington, IN, 2002), 106–107。

［81］Dok. 51 (Aug. 1, 1941), in *VEJ*, 7, 227–228.

［82］RSHA Order (Aug. 1, 1941), in Klein, ed., *Die Einsatzgruppen*, 342.

［83］Krausnick and Wilhelm, *Truppe des Weltanschauungskrieges*, 540–541.

［84］Entry (July 24, 1942), Picker, *Hitlers Tischgespräche*, 189–190.

［85］参见 Isabel Heinemann and Patrick Wagner, eds., *Wissenschaft, Planung, Vertreibung: Neuordnungskonzepte und Umsiedlungspolitik im 20. Jahrhundert* (Stuttgart, 2006)。

［86］Speech (June 4, 1942), Himmler, *Geheimreden*, 159.

［87］参见 Dok. 72, Czeslaw Madajczyk, ed., *Vom Generalplan Ost zum Generalsiedlungsplan* (Munich, 1994), 256。更多资料在 Robert Gellately, "The Third Reich, the Holocaust, and Visions of Serial Genocide," in Robert Gellately and Ben Kiernan, eds., *The Specter of Genocide: Mass Murder in Historical Perspective* (Cambridge, 2003), 241–263。

［88］Loose, "Wartheland," 204.

［89］Himmler to Greiser in Adler, *Der verwaltete Mensch*, 173.

［90］Entry (Sept. 17, 1941), in Peter Witte et al., eds., *Der Dienstkalender Heinrich Himmlers 1941–1942* (Hamburg, 1999), 213, n. 57.

［91］Dok. 710-PS, *IMT*, vol. 26, 266–267.

［92］Herbert, *Geschichte Deutschlands*, 473–474.

［93］例如，见 Dok. 582 and 583 (Nov. 9 and 11, 1941), in Kulka and Jäckel, eds., *Die Juden in den geheimen NS-Stimmungsberichte*, 465。

［94］Diary entries (Sept. 19; Oct. 11; Nov. 15, 1941), Cohn, *Kein Recht, Nirgends: Tagebuch*, vol. 2, 982, 991, 1008.

［95］Inge Deutschkron, *Ich trug den gelben Stern* (Cologne, 1978), 87, 93–94.

［96］Diary entries (Sept. 21; Sept. 6, 1941), Else R. Behrend-Rosenfeld, *Ich stand nicht allein: Leben einer Jüdin in Deutschland 1933–1944* (Munich, 1988), 115–118.

［97］Entries (Mar. 3; Oct. 27, 1940; Nov. 16, 1941); 同上，79, 91, 121–129。

［98］Gendarmerie Forchheim (Nov. 11, 1941), in Kulka and Jäckel, eds., *Die Juden in den geheimen NS-Stimmungsberichte*, 474.

［99］SD Minden (Dec. 6 and 12, 1941), 同上，476–477。

［100］Browning, *Origins*, 355–356; 372.

［101］Yitzhak Arad, *Bełżec, Sobibór, Treblinka: The Operation Reinhard Death Camps* (Bloomington, IN, 1987), 11.

[102] Patrick Montague, *Chelmno and the Holocaust: The History of Hitler's First Death Camp* (Chapel Hill, NC, 2012), 34–54. Figures in Stephan Lehnstaedt, *Der Kern des Holocaust: Bełżec, Sobibór, Treblinka, und die Aktion Reinhardt* (Munich, 2017), 33.

[103] Entry in Witte et al., eds., *Der Dienstkalender Heinrich Himmlers*, 233–234.

[104] Johannes Sachslehner, *Zwei Millionen ham' ma erledigt: Odilo Globocnik Hitlers Manager des Todes* (Vienna, 2014), 20–97.

[105] Lehnstaedt, *Kern des Holocaust*, 34.

[106] Arad, *Bełżec, Sobibór, Treblinka*, 376.

[107] Sara Berger, *Experten der Vernichtung: Das T4-Reinhardt Netzwerk in den Lagern Belzec, Sobibor, und Treblinka* (Hamburg, 2013), 298–316.

[108] Arad, *Bełżec, Sobibór, Treblinka*, 377.

[109] 同上，333。

[110] 同上，298。

[111] Adalbert Rückerl, ed., *NS-Vernichtungslager im Spiegel deutscher Strafprozesse: Belzec, Sobibor, Treblinka, Chelmno* (Munich, 1977), 13, n. 13.

[112] Speech (June 4, 1942), Himmler, *Geheimreden*, 159.

[113] Dok. 96, Himmler to Friedrich-Wilhelm Krüger (July 19, 1942), *VEJ*, vol. 9, 337.

[114] Dok. PS-4024 (Jan. 5, 1944), *IMT*, vol. 34, 58–89.

[115] Arad, *Bełżec, Sobibór, Treblinka*, 161.

[116] Sybille Steinbacher, *Auschwitz: Geschichte und Nachgeschichte* (Munich, 2004), 71–72.

[117] Browning, *Origins*, 357–358.

[118] Steinbacher, *Auschwitz*, 105.

[119] Dok. 286, *VEJ*, 5, 735. Robert Gerwarth, *Hitler's Hangman: The Life of Heydrich* (London, 2011), 205.

[120] Adler, *Der verwaltete Mensch*, 29–32.

[121] Peter Longerich, *Wannsee-Konferenz: Der Weg zur "Endlösung"* (Munich, 2016), 57–62.

[122] Entry (Oct. 10, 1941), *Goebbels Tagebücher*, part 2, vol. 2, 86–87.

[123] Bernhard R. Kroener, *Generaloberst Friedrich Fromm: Eine Biographie* (Paderborn, 2005), 410–417.

[124] Entry (Nov. 24, 1941), Halder, *War Diary*, 564.

[125] Walter Rohland, *Bewegte Zeiten: Erinnerungen eines Eisenhüttenmannes* (Stuttgart, 1978), 77–78; Tooze, *Wages*, 507.

[126] *DRZW*, vol. 4, 772.

[127] Entry (Dec. 8, 1941), *Goebbels Tagebücher*, part 2, vol. 2, 453.

[128] Hitler speech in *Verhandlungen des Reichstags: Reichstagsprotokolle* (Dec. 11, 1941), Bd.

460, 93–106.

［129］Entry (Dec. 13, 1941), *Goebbels Tagebücher*, part 2, vol. 2, 498–499.

［130］Christian Gerlach, *The Extermination of the European Jews* (Cambridge, 2016), 82, 一直坚持 12 月 12 日这个日期。Ullrich, *Hitler Biographie. Bd.* 2, 314, 认为这个结论有些 "似是而非"。简练的回应参见 Longerich, *Wannsee*, 57–61。

［131］Domarus, *Hitler Reden und Proklamationen*, vol. 4, 1828–1829.

［132］Report (Feb. 2, 1942), *Meldungen aus dem Reich*, vol. 9, 3235.

［133］例如，参见 entry (July 22, 1942), Picker, *Hitlers Tischgespräche*, 453–454。

［134］Speech (Feb. 18, 1943), in Heiber, ed., *Goebbels Reden*, vol. 2, 172–208.

［135］Warlimont, *Im Hauptquartier der deutschen Wehrmacht*, 348.

［136］Report (Aug. 2, 1943), *Meldungen aus dem Reich*, vol. 14, 5562.

［137］Dietmar Süss, *Tod aus der Luft: Kriegsgesellschaft und Luftkrieg in Deutschland und England* (Munich, 2011), 88.

［138］Entry (Aug. 20, 1943), Reck-Malleczewen, *Tagebuch eines Verzweifelten*, 177.

［139］Hitler Weisung Nr. 51 (Nov. 3, 1943), Walther Hubatsch, ed., *Hitlers Weisungen für die Kriegsführung 1939–1945: Dokumente des Oberkommandos der Wehrmacht* (Frankfurt, 1962), 233–240.

［140］参见 Willy Peter Reese, *Mir selber seltsam fremd: Russland 1941–44* (Munich, 2003)。

［141］*DRZW*, vol. 9, part 1, 590–591.

［142］例如，见 Christoph Rass, *"Menschenmaterial": Deutsche Soldaten an der Ostfront. Innenansichten einer Infanteriedivision, 1939–1945* (Paderborn, 2003), 411–412。

［143］Himmler speeches (May 5 and 24, 1944), Himmler, *Geheimreden*, 202–203.

［144］Domarus, *Hitler Reden und Proklamationen*, vol. 4, 2179–2187.

［145］Entry (Mar. 12, 1944), *Goebbels Tagebücher*, part 2, vol. 15, 486.

［146］Robert Gellately, "Decline and Collapse," in Gellately, ed., *Oxford Illustrated History of the Third Reich*, 340.

结论

［1］Hitler, *Mein Kampf, kritische Edition*, vol. 2, 1307–1309.

［2］Ian Kershaw, *Popular Opinion and Political Dissent in the Third Reich: Bavaria, 1933–1945* (Oxford, 1983), 317.

［3］Elisabeth Noelle and Erich Peter Neumann, eds., *Jahrbuch der öffentlichen Meinung* (Allensbach, 1956), 134.

［4］Table 2 Allensbacher Archiv, IfD-Umfrage 4055 (Mar. 1985). 1% 未提供任何信息。

［5］Leo, *Haltet euer Herz bereit*, 144–418.

［6］Lothar Erdmann, "Nation, Gewerkschaften, und Sozialismus," in *Arbeit* (Mar.–Apr. 1933), 129–161, 引自 Winkler, *Der Weg in die Katastrophe*, 894–895。另见 Michael Schneider, *In der Kriegsgesellschaft. Arbeiter und Arbeiterbewegung 1939 bis 1945* (Bonn, 2014), 769。

［7］Peter Hayes, "The Economy," in Gellately, ed., *Oxford Illustrated History of the Third Reich*, 189–212, here 194.

［8］同上, 195。

［9］Konstantin Hierl (1933), 引自 Hermann Beck, "The Antibourgeois Character of National Socialism," *Journal of Modern History* (2016): 572–609, here 602。

［10］例如, 历史学家 Joachim Fest 的父亲是一位虔诚的天主教徒, 他既憎恨天主教领袖 Franz von Papen, 也憎恨共产党领袖 Ernst Thälmann, in Fest, *Ich nicht*, 88; 保守的 Reck-Malleczewen 也是如此, *Tagebuch eines Verzweifelten*。这里比较有趣的是 Ernst Thälmann 在德国监狱里所写的信, *An Stalin: Briefe aus dem Zuchthaus 1939 bis 1941*, Wolfram Adophi and Jörn Schütrumph, eds. (Berlin, 1996)。

［11］Nicholas Stargardt, *The German War: A Nation under Arms, 1939–1945* (London, 2015), 312–315; Thomas Rohkrämer, *Die fatale Attraktion des Nationalsozialismus*, 240–257.

［12］Entry (July 27, 1941), Hitler, *Monologe im Führerhauptquartier*, 47–48.

［13］Stargardt, *The German War*, 244, 257–258.

［14］Frank Bajohr and Dieter Pohl, *Der Holocaust als offenes Geheimnis: Die Deutschen, die NS-Führung, und die Alliierten* (Munich, 2006), 15–79, here 78.

［15］Entry (Jan. 27, 1941), Hitler, *Monologe im Führerhauptquartier*, 241.

［16］David Cesarani, *Becoming Eichmann: Rethinking the Life, Crimes, and Trial of a "Desk Murder"* (Cambridge MA, 2006), 125.

［17］参见 Adler, *Der verwaltete Mensch*, 47–54。

［18］Hitler secret speech (May 30, 1942), in Picker, *Hitlers Tischgespräche*, 491–502.

［19］Entry for prior days (May 8 and 10, 1943), *Goebbels Tagebücher*, part 2, vol. 2, 228–241, 259.

［20］Wilhelm, ed., "Hitlers Ansprache vor Generalen und Offizieren am 26. Mai 1944," 146, 155–56.

［21］同上, 160–161。

［22］Von Below, *Als Hitlers Adjutant*, 376.

［23］例如, 参见 Bernd Wegner, "Hitler, der Zweite Weltkrieg, und die Choreographie des Untergangs," *Geschichte und Gesellschaft* (2000): 493–518; Ullrich, *Hitler Biographie*. Bd. 2, 591–627。

［24］Archiv IfZ: F19/3: Ansprache Hitler vor Generälen und Offizieren am 22. June 1944 im Platterhof, 55, 66.

［25］参见笔者在 *Journal of Modern History* (2015): 479–485 对德国近期文献的评论。

［26］Felix Römer, *Kameraden: Die Wehrmacht von innen* (Munich, 2012), 70, 79, 283, 418. 另见 Klaus Latzel, *Deutsche Soldaten—nationalsozialistischer Krieg? Kriegserlebnis—Kriegserfahrung 1939–1945* (Paderborn, 1998)。

［27］批评性意见可参 Omer Bartov, "The Missing Years. German Workers, German Soldiers," in David F. Crew, ed., *Nazism and German Society* (New York, 1994), 41–66; 另见 Omer Bartov, *Hitler's Army: Soldiers, Nazis, and War in the Third Reich* (Oxford, 1992)。

［28］Orlowski and Schneider, eds., *"Erschiessen will ich nicht!" Als Offizier und Christ im Totalen Krieg*, 195, 196, 328, 351.

［29］Detlef Vogel, "Der Kriegsalltag im Spiegel von Feldpostbriefen (1939–1945)," in Wolfram Wette, ed., *Der Krieg des kleinen Mannes: Eine Militärgeschichte von unten* (Munich, 1992), 199–212; Ortwin Buchbender and Reinhold Sterz, eds., *Das andere Gesicht des Krieges: Deutsche Feldpostbriefe 1939–1945* (Munich, 1982).

［30］Sven Keller, *Volksgemeinschaft am Ende: Gesellschaft und Gewalt 1944–1945* (Munich, 2013), 419–429.

［31］Domarus, *Hitler Reden und Proklamationen*, vol. 4, 2203–2207.

［32］Dok. 80 (Mar. 9, 1945), in Wette et al., eds., *Das letzte halbe Jahr*, 295–296.

［33］Entry (Mar. 12, 1945), *Goebbels Tagebücher*, part 2, vol. 15, 486.

［34］Entry (Mar. 14, 1945), 同上, 500–501。

［35］参见 Hitler, *Mein Kampf, kritische Edition*, vol. 2, 1563。

［36］Brechtken, *Albert Speer. Eine deutsche Karriere*, 278–279.

［37］Longerich, *Hitler. Biographie*, 991; Longerich, *Joseph Goebbels: Biographie*, 670.

［38］Weisung Nr. 75 (Apr. 15, 1945), Hubatsch, ed., *Hitlers Weisungen für die Kriegsführung*, 310–311.

［39］Christian Goeschel, *Suicide in Nazi Germany* (Oxford, 2009), 164–165.

［40］Gellately, *Backing Hitler*, 224–255.

［41］Marc Buggeln, *Slave Labor in Nazi Concentration Camps* (Oxford, 2014), 263–264.

［42］Letter Orlowski and Schneider, eds., *"Erschiessen will ich nicht!" Als Offizier und Christ im Totalen Krieg*, 347–348. 进一步的探索, 见 Stargardt, *The German War*, 482–520。

［43］Entry (Feb. 24, 1945), Sven Keller, ed., *Kriegstagebuch einer jungen Nationalsozialistin: Die Aufzeichnungen Wolfhilde von Königs* (Berlin, 2015), 204.

［44］Dok. 75 (Feb. 1, 1945), in Wolfram Wette et al., eds., *Das letzte halbe Jahr: Stimmungsberichte der Wehrmachtpropaganda 1944–1945* (Essen, 2001), 227–228.

［45］Dok. 80 (Mar. 9, 1945), 出处同上, 293–295。

［46］Entry (Mar. 7, 1945), Kellner, *Tagebücher*, vol. 2, 914–915.

［47］Peter Brückner, *Das Abseits als sicherer Ort: Kindheit und Jugend zwischen 1933 und 1945* (Berlin, 1980), 148.

［48］例如，见 SD-Schweinfurt (Sept. 6, 1943); SD-Schwerin (Mar. 7, 1944); SD-Bad Brückenau (Mar. 1944), in Kulka and Jäckel, eds., *Die Juden in den geheimen NS-Stimmungsberichte*, 531, 537–538, 540。

［49］Dok. 81 (Mar. 31, 1945), Wette et al., eds., *Das letzte halbe Jahr*, 317.

［50］例如，见 Note (May 6, 1945), in Margret Boveri, *Tage des Überlebens Berlin 1945* (Berlin, 2004), 125。

［51］Diary entry (Apr. 26, 1945) written in 1947, Traudl Junge, assisted by Melissa Müller, *Bis zur letzten Stunde: Hitlers Sekretärin erzählt ihr Leben*, 5th ed. (Munich, 2002), 196–197.

［52］Nuremberg Doc. 3369-PS, reprinted in Domarus, *Hitler Reden und Proklamationen*, vol. 4, 2236–2239.

［53］Von Below, *Als Hitlers Adjutant*, 414–417.

参考文献

档案文献

本研究的基本文献出自柏林联邦档案馆、科布伦茨联邦档案馆以及弗莱堡联邦军事档案馆（BA-MA）。笔者还利用了莫斯科 Osoby 档案馆馆藏的被俘德军缩微胶片拷贝，这批档案现存于华盛顿的美国大屠杀研究所档案馆（USHMM）。此外，笔者在慕尼黑现代史研究所（IfZ）及其期刊 *Vierteljahrshefte für Zeitgeschichte*（简称 *VfZ*）中也找到了重要文件。

另外一些材料广泛分布于德国各地区的档案馆。笔者利用了班贝格、柏林、柏林-达勒姆、杜塞尔多夫、汉堡、科布伦茨、兰茨胡特、路德维希堡、马尔堡、慕尼黑、多瑙河畔诺伊堡、纽伦堡、波茨坦、施派尔、斯图加特、威斯巴登和维尔茨堡的档案。尾注中明确标出了引用文献。

主要出版文献

首先是希特勒及纳粹各领导人的著作和演讲稿。令人惊讶的是，希特勒的言论相当零散，尤其是在第三帝国时期。关于他在 1933 年之前的言论，我们有 Eberhard Jäckel 和 Axel Kuhn 编著的 *Hitler Sämtliche Aufzeichnungen 1905–1924* (Stuttgart: DVA, 1980)。希特勒在 1933 年之前的演讲和著作已结集出版：*Hitler Reden, Schriften, Anordnungen* (Munich: De Gruyter Saur, 1992–2003)，5 卷本，12 部分。而 1933 年至 1945 年间的著作和演讲，目前尚无出版物，IfZ 的 Magnus Brechtken 博士正领导编写中。该研究所还赞助出版了希特勒《我的奋斗》批注版：*Eine kritische Edition*, Christian Hartmann, Thomas Vordermayer, Othmar Plöckinger, Roman Töppel, eds. (Munich: Institut für Zeitgeschichte, 2016)，共有 2 大卷。笔者在本书中引用了其中几页。相关分析见 Othmar Plöckinger, *Geschichte eines Buches: Adolf Hitlers "Mein Kampf," 1922–1945* (Munich: Oldenbourg, 2011)；

Florian Beierl and Othmar Plöckinger, "Neue Dokumente zu Hitlers Buch Mein Kampf," *VfZ* (2009): 261–296；Roman Töppel, "'Volk und Rasse.' Hitlers Quellen auf der Spur,"*VfZ* (2016): 1–35. "希特勒的第二本书"由 Gerhard L. Weinberg 发现并出版：*Hitlers Zweites Buch*，收录在文集 *Hitler Reden, Schriften, Anordnungen, vol. 2a* 中，也被译为 *Hitler's Second Book: The Unpublished Sequel to Mein Kampf* (New York: Enigma, 2003)。

希特勒在第三帝国时期的著作和演讲有几部专题文集，其中最为著名的是 Max Domarus 编著的 *Hitler Reden und Proklamationen, 1932–1945* (Leonberg: Pamminger, 1988ff.)，4 卷本，也有英文译本。需要注意的是，这些演讲稿总是只被转载一部分，大段内容不是概括言之，就是被整个删除。这套书的收录还远远不够。希特勒的国会演讲全文见 *Verhandlungen des Reichstags: Reichstagsprotokolle*，现在网上也能查阅到。战时希特勒在餐桌上漫无边际的讲话，参见 Adolf Hitler, *Monologe im Führerhauptquartier 1941–1944*, Werner Jochmann, ed. (Munich: Wilhelm Heyne, 1980)，以及 Henry Picker 编著的 *Hitlers Tischgespräche im Führerhauptquartier*, 3rd ed. (Stuttgart: Seewald, 1976)。作为政府首脑，希特勒在幕后做出的干预可参见系列丛书 *Akten der Reichskanzlei. Regierung Hitler* (Boppard am Rhein: Boldt, 1983ff.)，11 卷本。关于外交政策，笔者使用了官方出版的 *Akten zur Deutschen Auswärtigen Politik*, C 和 D 系列。后者还包含不少有用的军事材料，可参 Klaus-Jürgen Müller, *Armee und Drittes Reich 1933–1939: Darstellung und Dokumentation* (Paderborn: Schöningh, 1987)。希特勒对战争的一些言论，参见 *Kriegstagebuch des Oberkommandos der Wehrmacht* (Frankfurt, 1965)，4 卷本。许多材料都是战后由检察官收集而来，其中一些已得到出版：*Der Prozess gegen die Hauptkriegsverbrecher vor dem Internationalen Militärgerichtshof (14. November 1945 bis 1. Oktober 1946): Amtlicher Text in deutscher Sprache*，42 卷，简称 *IMT*，标示有文件序号。这批材料只有部分内容可以在网上找到英文版。

另外一些有用资料，包括 Robert Eikmeyer 编著的 *Adolf Hitler. Reden zur Kunst- und Kunstpolitik* (Frankfurt: Keller, 2004)；以及 Hildegard von Kotze 等人编著的 *"Es spricht der Führer": 7 exemplarische Hitler-Reden* (Gütersloh: Siegbert Mohn, 1966)。希特勒的演讲大多发表在德国报刊上，笔者在书中引用了多种德国报纸，最重要的一份是《民族观察家报》(*Völkischer Beobachter*)。还有一些秘密演讲，已在尾注中标明引用。

围绕着希特勒的许多人，身后都留有日记或信件，这些成了重要的原始文献。《约瑟夫·戈培尔日记》发挥了重大作用：*Die Tagebücher von Joseph Goebbels*, Elke Fröhlich, ed. (Munich: Saur, 1993–2008)，共 32 卷。日记中记录的关键大事，都被戈培尔收入了 *Vom Kaiserhof zur Reichskanzlei: Eine historische Darstellung in Tagebuchblättern*, 4th ed. (Munich: Franz Eher, 1934)。另见 Helmut Heiber 编著的 *Goebbels Reden 1932–1939* (Munich: Heyne, 1971–1972)，2 卷本。

希特勒身边各色人等的叙述中，以下这些用处颇大：Anton Drexler, *Mein politisches Erwachen: Aus dem Tagebuch eines Deutschen sozialistischen Arbeiters*, 4th ed. (org. ed.

1923, Munich: Deutscher Volksverlag, 1937); Dietrich Eckart, *Der Bolschewismus von Moses bis Lenin: Zweigespräch zwischen Adolf Hitler und mir* (Munich: Hoheneichen Verlag, 1924) ; Ernst Röhm, *Die Geschichte eines Hochverräters*, 5th ed. (Munich: Eher, 1934); Wolf Rüdiger Hess, ed., *Rudolf Hess-Briefe 1908–1933* (Munich: Langen Müller, 1987); Heinrich Himmler, *Geheimreden 1933 bis 1945 und andere Ansprachen*, Bradley F. Smith and Agnes F. Peterson, eds. (Frankfurt: Propylaen, 1979); Werner T. Angress and Bradley F. Smith, "Diaries of Heinrich Himmler's Early Years," *Journal of Modern History* (1959): 206–224; Katrin Himmler and Michael Wildt, eds., *Himmler private: Briefe eines Massenmörders*, 2nd ed. (Munich: Piper, 2014); Alfred Rosenberg, *Letzte Aufzeichnungen: Nürnberg 1945/46*, 2nd ed. (Uelzen: Jomsburg, 1996); Jürgen Matthäus and Frank Bajohr, eds., *Alfred Rosenberg: Die Tagebücher von 1934 bis 1944* (Frankfurt: Fischer, 2015); Otto Dietrich, *12 Jahre mit Hitler* (Munich: Isar, 1955); Joachim von Ribbentrop, *Zwischen London und Moskau: Erinnerungen und letzte Aufzeichnungen* (Leoni am Starnberger See: Druffel, 1953); Lina Heydrich, *Leben mit einem Kriegsverbrecher* (Pfaffenhofen: Ludwig, 1976); Albert Speer, *Inside the Third Reich, Memoirs* (New York: Macmillan, 1970); Paul Schmidt, *Statist auf diplomatischer Bühne 1923–1945* (Frankfurt: AULA, 1964); Christa Schroeder, *Er war mein Chef: Aus dem Nachlass der Sekretärin von Adolf Hitler* (Munich: Langen Müller, 1985); Traudl Junge, assisted by Melissa Müller, *Bis zur letzten Stunde: Hitlers Sekretärin erzählt ihr Leben*, 5th ed. (Munich: Claassen, 2002); Rudolf Diels, *Lucifer Ante Portas … es spricht der erste Chef der Gestapo* (Stuttgart: DVA, 1950); Otto Wagener's memoirs, Henry Ashby Turner Jr., ed., *Hitler aus nächster Nähe. Aufzeichnungen eines Vertrauten 1929–1932* (Frankfurt: Ullstein, 1978); Albert Krebs, *Tendenzen und Gestalten der NSDAP: Erinnerungen an die Frühzeit der Partei* (Stuttgart: DVA, 1959); Heinrich Hoffmann, *Hitler wie ich ihn sah: Aufzeichnungen seines Leibfotografen* (Munich: Herbig, 1974); and Ernst Hanfstaengl, *Hitler: The Missing Years* (New York: Arcade, 1994)。

战争年代的论述可参见：Nicolaus von Below, *Als Hitlers Adjutant 1937–1945* (Mainz: Hase & Koehler, 1980); Gerhard Engel, *Heeresadjutant bei Hitler 1938–1943*, Hildegard von Kotze, ed. (Stuttgart: DVA, 1974); Helmuth Groscurth, *Tagebücher eines Abwehroffiziers 1938–1940: Mit weiteren Dokumenten zur Militäropposition gegen Hitler*, Helmut Krausnick and Harold C. Deutsch, eds. (Stuttgart: DVA, 1970); Walter Warlimont, *Im Hauptquartier der deutschen Wehrmacht 1939–1945: Grundlagen, Formen, Gestalten* (Frankfurt: Bernard & Graefe, 1962)。笔者在尾注中引用了一些。

德国联邦档案馆和IfZ赞助出版了一部关于迫害犹太人的新的文献合集（简称 *VEJ*）：*Die Verfolgung und Ermordung der europäischen Juden durch das nationalsozialistische Deutschland 1933-1945* (Munich: De Gruyter Oldenbourg, 2008ff.), 16 卷本。关于军事史，有一部重要的二手资料（简称 *DRZW*）：*Das Deutsche Reich und der Zweite Weltkrieg*

(Stuttgart: DVA, 1979ff.)，10 卷本。

有关接受或拒斥民族社会主义的"官方"原始文献，有几部重要资料：*Meldungen aus dem Reich 1938–1945: Die geheimen Lageberichte des Sicherheitsdienstes der SS*, Heinz Boberach, ed. (Herrsching: Pawlak, 1984)，17 卷本；以及 Otto Dov Kulka and Eberhard Jäckel, eds., *Die Juden in den geheimen NS-Stimmungsberichte 1933–1945* (Düsseldorf: Droste, 2004)。另见 Anselm Faust, Bernd-A. Rusinek, and Burkhard Dietz, eds., *Lageberichte Rheinischer Gestapostellen* (Düsseldorf: Droste, 2012ff.)，2 卷 本，3 部 分；*Gestapo Hannover meldet: Polizei- und Regierungsberichte für das mittlere und südliche Niedersachen zwischen 1933 und 1937*, Klaus Mlynek, ed. (Hildesheim: August Lax, 1986); *Die Geheimen Staatspolizei in den Preussischen Ostprovinzen 1934–1936: Pommern 1934–1936 Quellen,* Robert Thévoz et al., eds. (Cologne: Grote, 1974); *Meldungen aus Münster 1924–1944,* Joachim Kuropka, ed. (Münster: Regensberg, 1992)。

有关第三帝国时期平民的地下活动，参见 *Die Meldungen der Gruppe Neu Beginnen aus dem Dritten Reich 1933–1936*, Bernd Stöver, ed. (Bonn: Dietz, 1996); 以及 *Deutschland-Berichte der Sopade, 1934–1940* (Frankfurt: Zweitausendeins, 1980)，7 卷本。笔者使用了许多自传性材料，尤其是日记和信件。但对于回忆录只是偶尔提及，因为在论证本书的观点上，它们并不可靠。

主要人物、忠实信徒及支持者、批评者在当时发表的大量材料，都可在尾注中找到参考文献。

二手文献以及自传性材料

Abel, Theodore. *Why Hitler Came to Power*. Cambridge, MA: Harvard University Press, 1986, org. ed., 1938.

Abrath, Gottfried. *Subjekt und Milieu im NS-Staat: Die Tagebücher des Pfarrers Hermann Klugkist Hesse, 1936–1939*. Göttingen: Vandenhoeck & Ruprecht, 1994.

Ackermann, Josef. *Heinrich Himmler als Ideologe*. Göttingen: Musterschmidt, 1970.

Adler, H. G. *Der verwaltete Mensch: Studien zur Deportation der Juden aus Deutschland*. Tübingen: J. C. B. Mohr, 1974.

Allen, William Sheridan. *The Nazi Seizure of Power: The Experience of a Single German Town, 1922–1945*. rev. ed. New York: Watts, 1984.

Alleweldt, Bertold. *Herbert Backe: Eine politische Biographie*. Berlin: WvB, 2011.

Andreas-Friedrich, Ruth. *Der Schattenmann: Tagebuchaufzeichnungen 1938–1945*. Berlin: Suhrkamp, 1947.

Angermund, Ralph. *Deutsche Richterschaft 1919–1945*. Frankfurt: Fischer, 1990.

Andrick, Andrej. *Besatzungspolitik und Massenmord: Die Einsatzgruppe D in der südlichen*

Sowjetunion 1941–1942. Hamburg: Hamburger Edition, 2003.

Andrick, Andrej, and Peter Klein, *The "Final Solution" in Riga: Exploitation and Annihilation, 1941–1944.* New York: Berghahn, 2012.

Arad, Yitzhak. *Bełżec, Sobibór, Treblinka: The Operation Reinhard Death Camps.* Bloomington: Indiana University Press, 1987.

Arndt, Karl. "Architektur und Politik." In *Albert Speer Architektur: Arbeiten 1933–1942,* edited by Karl Arndt et al., 113–135. Frankfurt: Ullstein, 1978.

Aronson, Shlomo. *Reinhard Heydrich und die Frühgeschichte von Gestapo und SD.* Stuttgart: DVA, 1971.

Axmann, Artur. *Hitlerjugend: "Das kann doch nicht das Ende sein."* Koblenz: S. Bublies, 1991.

Ayass, Wolfgang, ed. *"Gemeinschaftsfremde": Quellen zur Verfolgung von "Asozialen" 1933–1945.* Koblenz: Bundesarchiv, 1998.

Baird, J. W., ed. "Das politische Testament Julius Streichers," *VfZ* 26, no. 4 (1978): 660–693.

Bajohr, Frank. *Parvenüs und Profiteure: Korruption in der NS-Zeit.* Frankfurt: Fischer, 1991.

Bajohr, Frank, Beate Meyer, and Joachim Szodrzynski, eds. *Bedrohung, Hoffnung, Skepsis: Vier Tagebücher des Jahres 1933.* Göttingen: Wallenstein, 2013.

Bajohr, Frank, and Dieter Pohl. *Der Holocaust als offenes Geheimnis: Die Deutschen, die NS-Führung, und die Alliierten.* Munich: Beck, 2006.

Banach, Jens. *Heydrichs Elite: Das Führerkorps der Sicherheitspolizei und des SD 1936–1945.* Paderborn: Schöningh, 1998.

Baranowski, Shelley. *Strength through Joy: Consumerism and Mass Tourism in the Third Reich.* Cambridge: Cambridge University Press, 2004.

Baranowski, Shelley, Armin Nolzen, and Claus-Christian W. Szejnmann, eds. *A Companion to Nazi Germany.* Hoboken, NJ: Wiley Blackwell, 2018.

Bärsch, Claus-Ekkehard. *Der junge Goebbels: Erlösung und Vernichtung.* Munich: Fink, 2004.

Bartov, Omer. *Anatomy of a Genocide: The Life and Death of a Town Called Buczacz.* New York: Simon & Schuster, 2018.

Bartov, Omer. *Hitler's Army: Soldiers, Nazis, and War in the Third Reich.* Oxford: Oxford University Press, 1992.

Bartov, Omer. "The Missing Years: German Workers, German Soldiers." In *Nazism and German Society,* edited by David F. Crew, 41–66. New York: Routledge, 1994.

Baumgart, Winfried. "Zur Ansprache Hitlers vor den Führern der Wehrmacht am 22. August 1939: Eine quellenkritische Untersuchung." *VfZ* 16, no. 2 (1968): 120–149.

Baur, Johannes. "Die Revolution und die 'Weisen von Zion': Zur Entwicklung des Russlandbildes in der frühen NSDAP." In *Deutschland und die Russische Revolution 1917–1924*, edited by Gerd Koenen and Lew Kopelew, 165–190. Munich: Fink, 1998.

Beachy, Robert. *Gay Berlin: Birthplace of a Modern Identity*. New York: Knopf, 2014.

Beck, Hermann. "The Antibourgeois Character of National Socialism." *Journal of Modern History* 88, no. 3 (2016): 572–609.

Beck, Hermann. *The Fateful Alliance: German Conservatives and the Nazis in 1933: The Machtergreifung in a New Light*. New York: Berghahn, 2008.

Beck, Hermann. "Violence against '*Ostjuden*' in the Spring of 1933 and the Reaction of the Authorities." In *From Weimar to Hitler: Studies in the Dissolution of the Weimar Republic and the Establishment of the Third Reich, 1932–1934*, edited by Hermann Beck and Larry Eugene Jones, 163–193. New York: Berghahn, 2019.

Behr, Hartwig, and Horst F. Rupp. *Vom Leben und Sterben: Juden in Creglingen*. 2nd ed. Würzburg: Königshausen & Neumann, 2001.

Behrend-Rosenfeld, Else R. *Ich stand nicht allein: Leben einer Jüdin in Deutschland 1933–1944*. Munich: Beck, 1988.

Bergen, Doris L. *Twisted Cross: The German Christian Movement in the Third Reich*. Chapel Hill: University of North Carolina Press, 1996.

Berger, Christiane. *Zur Wirkung einer nationalsozialistischen Karriere in Verlauf, Retrospektive, und Gegenwart*. Hamburg: PhD diss., 2005.

Berger, Sara. *Experten der Vernichtung: Das T4-Reinhardt Netzwerk in den Lagern Belzec, Sobibor, und Treblinka*. Hamburg: Hamburger Edition, 2013.

Berghoff, Hartmut. "Enticement and Deprivation: The Regulation of Consumption in Pre-War Germany." In *The Politics of Consumption: Material Culture and Citizenship in Europe and America*, edited by Martin Daunton and Matthew Hilton, 165–184. Oxford: Berg, 2001.

Berghoff, Hartmut, and Cornelia Rauh. *The Respectable Career of Fritz K.: The Making and Remaking of a Provincial Nazi Leader*. New York: Berghahn, 2015.

Bialas, Wolfgang, and Anson Rabinbach, eds. *Nazi Germany and the Humanities*. Oxford: One World Publications, 2007.

Bock, Gisela. *Zwangssterilisation im Nationalsozialismus: Studien zur Rassenpolitik und Frauenpolitik*. Opladen: Westdeutscher Verlag, 1986.

Boehling, Rebecca, and Uta Larsky. *Life and Loss in the Shadow of the Holocaust: A Jewish Family's Untold Story*. Cambridge: Cambridge University Press, 2011.

Boehnert, Gunnar C. "The Jurists in the SS-Führerkorps, 1925–1939." In *Der "Führerstaat": Mythos und Realität. Studien zur Struktur und Politik des Dritten Reiches*, edited by

Gerhard Hirschfeld and Lothar Kettenacher, 361–374. Stuttgart: Klett-Cotta, 1981.

Böhler, Jochen, and Robert Gerwarth, eds. *The Waffen-SS: A European History*. Oxford: Oxford University Press, 2017.

Bollmus, Reinhard. *Das Amt Rosenberg und seine Gegner: Studien zum Machtkampf im nationalsozialistischen Herrschaftssystem*. 2nd ed. Munich: Oldenbourg, 2006.

Boveri, Margret. *Tage des Überlebens Berlin 1945*. Berlin: WJS-Verlag, 2004.

Bramwell, Anna. *Blood and Soil: Richard Walter Darré and Hitler's Green Party*. Abbotsbrook: Bourne End, 1985.

Brechtken, Magnus. *Albert Speer: Eine deutsche Karriere*. 2nd ed. Munich: Siedler, 2017.

Breiding, Birgit. *Die Braunen Schwestern: Ideologie-Struktur-Funktion einer nationalsozialistischen Elite*. Stuttgart: Franz Steiner, 1998.

Brenner, Hildegard. "Die Kunst im politischen Machtkampf der Jahre 1933–1934." *VfZ* 10, no. 1 (1962): 17–42.

Breuer, Stefan. *Die Völkischen in Deutschland: Kaiserreich und Weimarer Republik*. Darmstadt: Wissenschaftliche Buchgesellschaft, 2008.

Broszat, Martin, ed. "Die Anfänge der Berliner NSDAP 1926–1927." *VfZ* 2, no. 1 (1960): 85–118.

Broszat, Martin, et al. *Anatomie des SS-States*. 2 vols. 5th ed. Munich: Deutscher Taschenbuch, 1989.

Broszat, Martin, et al., eds. *Bayern in der NS-Zeit: Soziale Lage und politisches Verhalten der Bevölkerung im Spiegel vertraulicher Berichte*. Munich: Oldenbourg, 1977–1983, 6 vols.

Brown, Timothy S. *Weimar Radicals: Nazis and Communists between Authenticity and Performance*. New York: Berghahn, 2016.

Browning, Christopher R. *The Origins of the Final Solution: The Evolution of Nazi Jewish Policy, September 1939–March 1942*. Lincoln: University of Nebraska Press, 2004.

Brückner, Peter. *Das Abseits als sicherer Ort: Kindheit und Jugend zwischen 1933 und 1945*. Berlin: Klaus Wagenbach, 1980.

Buchbender, Ortwin, and Reinhold Sterz, eds. *Das andere Gesicht des Krieges: Deutsche Feldpostbriefe 1939–1945*. Munich: Beck, 1982.

Buchheim, Christoph. "Das NS-Regime und die Überwindung der Weltwirtschaftskrise in Deutschland." *VfZ* 3, no. 3 (2008): 381–414.

Buggeln, Marc. *Slave Labor in Nazi Concentration Camps*. Oxford: Oxford University Press, 2014.

Bukey, Evan Burr. *Hitler's Austria: Popular Sentiment in the Nazi Era, 1938–1945*. Chapel Hill: University of North Carolina Press, 2000.

Burckhardt, Carl J. *Meine Danziger Mission*. Munich: D. W. Callwey, 1960.

Burleigh, Michael. *Death and Deliverance: "Euthanasia" in Germany, 1900–1945*. Cambridge: Cambridge University Press, 1994.

Bussmann, Walter. "Zur Entstehung und Überlieferung der 'Hossbach-Niederschrift.'" *VfZ* 16, no. 4 (1968): 573–584.

Büttner, Ursula. "Der Aufstieg der NSDAP." In *Hamburg im "Dritten Reich,"* 27–65. Göttingen: Wallstein, 2005.

Bytwerk, Randall L. "Fritz Reinhardt and the Rederschule der NSDAP." *Quarterly Journal of Speech* 67 (1981): 298–309.

Bytwerk, Randall L. *Julius Streicher, Nazi Editor of the Notorious Anti-Semitic Newspaper, Der Stürmer*. New York: Dorset, 1983.

Campbell, Bruce. *The SA Generals and the Rise of Nazism*. Lexington: University of Kentucky Press, 1998.

Campbell, Joan. *The German Werkbund: The Politics of Reform in the Applied Arts*. Princeton: Princeton University Press, 1978.

Caplan, Jane. *Government without Administration: State and Civil Service in Weimar and Nazi Germany*. Oxford: Oxford University Press, 1988.

Cesarani, David. *Becoming Eichmann: Rethinking the Life, Crimes, and Trial of a "Desk Murder."* Cambridge MA: Da Capo, 2006.

Chapoutot, Johann. *The Law of Blood: Thinking and Acting as a Nazi*. Cambridge, MA: Harvard University Press, 2018.

Cohn, Norman. *Warrant for Genocide: The Myth of the Jewish World-Conspiracy and the Protocols of the Elders of Zion*. London: Eyre & Spottiswoode, 1967.

Cohn, Willy. *Kein Recht, Nirgends: Tagebuch vom Untergang des Breslauer Judentums 1933–1941*. Edited by Joseph Walk. 2 vols. Cologne: Böhlau, 2006.

Cole, Mark B. *Feeding the Volk: Food, Culture, and the Politics of Nazi Consumption 1933–1945*. PhD thesis, University of Florida, 2011.

Corni, Gustavo. *Hitler and the Peasants: Agrarian Policy of the Third Reich, 1933–1939*. New York: Berg, 1990.

Corni, Gustavo, and Horst Gies, eds. *Blut und Boden: Rassenideologie und Agrarpolitik im Staat Hitlers*. Idstein: Schulz-Kirchner, 1994.

Corni, Gustavo, and Horst Gies. *Brot-Butter-Kanonen: Die Ernährungswirtschaft in Deutschland unter der Diktatur Hitlers*. Berlin: De Gruyter, 1997.

Czarnowski, Gabriele. "The Value of Marriage for the 'Volksgemeinschaft': Policies towards Women and Marriage under National Socialism." In *Fascist Italy and Nazi Germany:*

Comparisons and Contrasts, edited by Richard Bessel, 94–112. Cambridge: Cambridge University Press, 1996.

De Michelis, Marco. "Das Bauhaus und die moderne Architektur-Geschichtsschreibung." *Wissenschaftliche Zeitschrift für Architektur und Bauwesen Weimar* 26, no. 4–5 (1979): 335–337.

Dennis, David B. *Inhumanities: Nazi Interpretation of Western Culture*. Cambridge: Cambridge University Press, 2012.

Deuerlein, Ernst, ed. Dokumentation: "Hitlers Eintritt in die Politik und die Reichswehr." *VfZ* 7, no. 2 (1959): 198–200.

Deutschkron, Inge. *Ich trug den gelben Stern*. 4th ed. Cologne: Wissenschaft und Politik, 1983.

Dietmar, Carl, and Marcus Leifeld. *Alaaf und Heil Hitler: Karneval im Dritten Reich*. Munich: Herbig, 2010.

Ditfurth, Hoimar von. *Innenansichten eines Artgenossen: Meine Bilanz*. 2nd ed. Düsseldorf: Claassen, 1989.

Domröse, Ortwin. *Der NS-Staat in Bayern von der Machtergreifung bis zum Röhm-Putsch*. Munich: Wölfle in Komm, 1974.

Donath, Matthias. *Architektur in Berlin 1933–1945. Ein Stadtführer*. Berlin: Lukas, 2007.

Doosry, Yasmin. "*Wohlauf, lasst uns eine Stadt und einen Turm bauen …*": *Studien zum Reichsparteitagsgelände in Nürnberg*. Tübingen: E. Wasmuth, 2002.

Dörner, Bernward. *"Heimtücke": Das Gesetz als Waffe. Kontrolle, Abschreckung, und Verfolgung in Deutschland 1933–1945*. Paderborn: Schöningh, 1998.

Dröge, Martin. *Männlichkeit und "Volksgemeinschaft": Der westfälische Landeshauptmann Karl Friedrich Kolbow (1899–1945): Biographie eines NS Täters*. Paderborn: Schöningh, 2015.

Dülffer, Jost, et al., eds. *Hitlers Städte: Baupolitik im Dritten Reich, eine Dokumentation*. Cologne: Böhlau, 1978.

Düsterberg, Rolf. *Hanns Johst: "Der Barde der SS": Karrieren eines Deutschen Dichters*. Paderborn: Schöningh, 2004.

Ebermayer, Erich. *Denn heute gehört uns Deutschland*. Hamburg: Paul Zsolnay, 1959.

Eden, Anthony. *Facing the Dictators: The Memoirs of Anthony Eden*. Cambridge, MA: Houghton Mifflin, 1962.

Ehrenreich, Erich. *The Nazi Ancestral Proof: Genealogy, Racial Science, and the Final Solution*. Bloomington: Indiana University Press, 2007.

Ellenbogen, Michael. *Gigantische Visionen: Architektur und Hochtechnologie im Nationalsozialismus*. 3rd ed. Graz: ARES, 2012.

Enzensberger, Hans Magnus. *Hammerstein oder Der Eigensinn: Eine Deutsche Geschichte*.

Frankfurt: Suhrkampf, 2009.

"Erschiessen will ich nicht!" Als Offizier und Christ im Totalen Krieg. Edited by Hubert Orlowski and Thomas F. Schneider. Düsseldorf: Gaasterland Verlag, 2006.

Esche, Alexandra. "'[D]amit es auch wirklich etwas gutes wird!': Max Robert Gerstenhauers Weg in der NSDAP." In *Wegbereiter des Nationalsozialismus. Personen, Organisationen, und Netzwerken der extremen Rechten zwischen 1918 und 1933,* edited by Daniel Schmidt, Michael Sturm, and Livi Massimiliano, 37–53. Essen: Klartext, 2015.

Esche, Alexandra. *Hitlers "völkische Vorkämpfer": Die Entwicklung nationalsozialistischer Kultur- und Rassenpolitik in der Baum-Frick-Regierung 1930–1931.* Frankfurt: Peter Lang, 2017.

Evans, Richard J. *The Coming of the Third Reich.* London: Penguin, 2003.

Evans, Richard J. "The Conspiracists." *London Review of Books* (May 2014): 3–9.

Evans, Richard J. *Pursuit of Power: Europe 1815–1914.* New York: Penguin, 2016.

Evans, Richard J. *The Third Reich in Power.* New York: Penguin, 2005.

Evans, Richard J. *The Third Reich at War.* New York: Penguin, 2008.

Falter, Jürgen W. *Hitlers Wähler.* Munich: Beck, 1991.

Falter, Jürgen W., ed. *Junge Kämpfer, alte Opportunisten: Die Mitglieder der NSDAP 1919–1945.* Frankfurt: Campus, 2016.

Falter, Jürgen W., and Dirk Hänisch. "Die Anfälligkeit von Arbeitern gegenüber der NSDAP bei den Reichstagswahlen 1928–1933." *Historical Social Research* Supplement 25 (2013): 145–193.

Fest, Joachim. *Ich nicht: Erinnerungen an eine Kindheit und Jugend.* 6th ed. Reinbek bei Hamburg: Rowohlt, 2006.

Feuchtwanger, Lion. *Die Geschwister Oppermann.* Frankfurt: Fischer, 1981.

Field, Geoffrey G. *Evangelist of Race: The Germanic Vision of Houston Stewart Chamberlain.* New York: Columbia University Press, 1981.

Fischer, Conan. *Stormtroopers: A Social, Economic, and Ideological Analysis, 1929–1935.* London: George Allen & Unwin, 1983.

Fischer, Stefanie. *Ökonomisches Vertrauen und antisemitische Gewalt: Jüdische Viehhändler in Mittelfranken 1919–1939.* Göttingen: Wallstein, 2014.

Föllmer, Moritz. *Individuality and Modernity in Berlin: Self and Society from Weimar to the Wall.* Cambridge: Cambridge University Press, 2013.

Föllmer, Moritz. *"Ein Leben wie im Traum": Kultur im Dritten Reich.* Munich: Beck, 2016.

Forster, Ralf. "Der 'Tag von Potsdam' und die Medien." In *Täter und Komplizen in Theologie und Kirchen 1933–1945,* edited by Manfred Gailus, 51–61. Göttingen: Wallstein, 2015.

François-Poncet, André. *Botschafter in Berlin 1931-1938*. Berlin: Deutsche Buch-Gemeinschaft, 1962.

Fraschka, Mark A. *Franz Pfeffer von Salomon: Hitlers vergessener Oberster SA-Führer*. Göttingen: Wallstein, 2016.

Frei, Norbert. *1945 und Wir. Das Dritte Reich im Bewusstsein der Deutschen*. Munich: Beck, 2005.

Freitag, Werner, ed. *Das Dritte Reich im Fest: Führermythos, Feierlaune, und Verweigerung in Westfalen 1933-1945*. Bielefeld: Verlag für Regionalgeschichte, 1997.

Frevert, Ute. *Women in German History: From Bourgeois Emancipation to Sexual Liberation*. New York: Berg, 1999.

Friedlander, Henry. *The Origins of Nazi Genocide: From Euthanasia to the Final Solution*. Chapel Hill: University of North Carolina Press, 1995.

Friedländer, Saul. *Nazi Germany and the Jews: Vol. I, The Years of Persecution, 1933-1939*. New York: Harper Collins, 1997.

Fritzsche, Peter. *The Turbulent World of Franz Göll: An Ordinary Berliner Writes the Twentieth Century*. Cambridge, MA: Harvard University Press, 2011.

Führer, Karl Christian. "Anspruch und Realität: Das Scheitern der nationalsozialistischen Wohnungsbaupolitik 1933-1945." *VfZ* 45, no. 2 (1997): 225-256.

Führer, Karl Christian. "Meister der Ankündigung: Nationalsozialistische Wohnungsbaupolitik." In *Hamburg in "Dritten Reich,"* 432-444. Göttingen: Wallstein, 2005.

Fulbrook, Mary. *Dissonant Lives: Generations and Violence through the German Dictatorships*. Oxford: Oxford University Press, 2011.

Gailus, Manfred. "1933 als protestantisches Erlebnis: emphatische Selbsttransformation und Spaltung." *Geschichte und Gesellschaft* 29, no. 4 (2003): 481-511.

Gailus, Manfred. "Keine gute Performance: Die Deutschen Protestanten im 'Dritten Reich.'" In *Zerstrittene "Volksgemeinschaft": Glaube, Konfession, und Religion im Nationalsozialismus*, edited by Manfred Gailus and Armin Nolzen, 96-121. Göttingen:Vandenhoeck & Ruprecht, 2011.

Gailus, Manfred, and Daniel Siemens, eds. *"Hass und Begeisterung bilden Spalier": Die politische Autobiographie von Horst Wessel*. Berlin: Be.bra Verlag, 2011.

Gelderblom, Bernhard. *Die Reichserntedankfest auf dem Bückeberg 1933-1937*. 3rd ed. Hameln: Jörg Mitzkat, 2012.

Gellately, Robert. *Backing Hitler: Consent and Coercion in Nazi Germany*. Oxford: Oxford University Press, 2001.

Gellately, Robert. *The Gestapo and German Society. Enforcing Racial Policy 1933-1945*.

Oxford: Oxford University Press, 1990.

Gellately, Robert. *Stalin's Curse: Battling for Communism in War and Cold War.* New York: Knopf, 2013.

Gellately, Robert, ed. *The Oxford Illustrated History of the Third Reich.* Oxford: Oxford University Press, 2018.

Gerlach, Christian. *The Extermination of the European Jews.* Cambridge: Cambridge University Press, 2016.

Gerlach, Christian. *Kalkulierte Morde: Die deutsche Wirtschafts- und Vernichtungspolitik in Weissrussland 1941 bis 1944.* Hamburg: Hamburger Edition, 1999.

Gerwarth, Robert. *Hitler's Hangman: The Life of Heydrich.* London: Yale University Press, 2011.

Gerwarth, Robert. *The Vanquished: Why the First World War Failed to End.* New York: Farrar, Straus and Giroux, 2016.

Geulen, Christian. "Ideology's Logic: The Evolution of Racial Thought in Germany from the *völkisch* Movement to the Third Reich." In *Beyond the Racial State: Rethinking Nazi Germany,* edited by Devin O. Pendas, Mark Roseman, and Richard F. Wetzell, 197–212. Cambridge: Cambridge University Press, 2017.

Geuttel, Jens-Uwe. "Work(ers) under the Swastika." In *A Companion to Nazi Germany,* edited by Shelley Baranowski, Shelley Armin Nolzen, and Claus-Christian W. Szejnmann, 115–128. Hoboken, NJ: Wiley Blackwell, 2018.

Geyer, Michael. "Das Zweite Rüstungsprogramm (1930–1934)." *Militärgeschichtliche Mitteilungen* 17 (1975): 125–172.

Gies, Horst. "NSDAP und Landwirtschaftliche Organisationen in der Endphase der Weimarer Republik." *VfZ* 15, no. 4 (1967): 341–376.

Gies, Horst, ed. "Zur Programmatik der nationalsozialistischen Linken: Das Strasser-Programm von 1925–1926." *VfZ* 16, no. 4 (1966): 317–333.

Giesler. Hermann. *Ein anderer Hitler: Bericht seines Architekten. Erlebnisse, Gespräche, Reflexionen.* Leoni am Starnberger See: Druffel, 1978.

Giles, Geoffrey J. *Students and National Socialism in Germany.* Princeton: Princeton University Press, 1985.

Goeschel, Christian. *Suicide in Nazi Germany.* Oxford: Oxford University Press, 2009.

Goldensohn, Leon. *The Nuremberg Interviews.* Edited by Robert Gellately. New York:Knopf, 2004.

Goltz, Anna von der. *Hindenburg: Power, Myth, and the Rise of the Nazis.* New York: Oxford University Press, 2009.

Graf, Christoph. *Politische Polizei zwischen Demokratie und Diktatur: Die Entwicklung der Preussischen Politischen Polizei vom Staatsschutzorgan der Weimarer Republik zum Geheimen Staatspolizeiamt des Dritten Reiches.* Berlin: Colloquium, 1983.

Graml, Hermann. *Hitler und England: Ein Essay zur nationalsozialistischen Aussenpolitik 1920 bis 1940.* Munich: Oldenbourg, 2010.

Grau, Günter, ed. *Homosexualität in der NS-Zeit: Dokumente einer Diskriminierung und Verfolgung.* Frankfurt: Fischer, 1993.

Griech-Polelle, Beth A. *Bishop von Galen: German Catholicism and National Socialism.* New Haven: Yale University Press, 2002.

Grill, Johnpeter Horst. *The Nazi Movement in Baden, 1920–1945.* Chapel Hill: University of North Carolina Press, 1983.

Gruchmann, Lothar. *Justiz im Dritten Reich 1933–1940: Anpassung und Unterwerfung in der Ära Gürtner.* Munich: Oldenbourg, 1988.

Grundmann, Friedrich. *Agrarpolitik im "Dritten Reich": Anspruch und Wirklichkeit des Reichserbhofgesetzes.* Hamburg: Hoffmann and Campe, 1979.

Hachtmann, Rüdiger. *Das Wirtschaftsimperium der Deutschen Arbeitsfront 1933–1945.* Göttingen: Wallstein, 2012.

Haerendel, Ulrike. "Wohnungspolitik im Nationalsozialismus." *Zeitschrift für Sozialreform* 45, no. 10 (1999): 843–879.

Haffner, Sebastian. *Defying Hitler: A Memoir.* New York: Picador, 2000.

Hamann, Brigitta. *Hitlers Edeljude: Das Leben der Armenarztes Eduard Bloch.* Munich: Piper, 2010.

Hamann, Brigitta. *Hitlers Wien: Lehrjahre eines Diktators.* 12th ed. Munich: Piper, 2012.

Hamann, Brigitta. *Winifred Wagner oder Hitlers Bayreuth.* Munich: Piper, 2002.

Hamilton, Richard F. *Who Voted for Hitler?* Princeton: Princeton University Press, 1982.

Hancock, Eleanor. *Ernst Röhm: Hitler's SA Chief of Staff.* New York: Palgrave Macmillan, 2008.

Harten, Hans-Christian. *Himmlers Lehrer: Die weltanschauliche Schulung in der SS 1933–1945.* Paderborn: Schöningh, 2014.

Hartmann, Christian. *Halder: Generalstabschef Hitlers 1938–1942.* Paderborn: Schöningh, 1991.

Hartwig, Bernd. *Die Dinge lagen damals anders: Ein Bericht über die Hitler-Zeit 1933–1945.* Aachen: Karen Fischer, 2002.

Harvey, Elizabeth. *Women and the Nazi East: Agents and Witnesses of Germanization.* London: Yale University Press, 2003.

Hastings, Derek. *Catholicism and the Roots of the Nazis: Religious Identity and National Socialism.* New York: Oxford University Press, 2010.

Hayes, Peter. "The Economy." In *The Oxford Illustrated History of the Third Reich,* edited by Robert Gellately, 189–212. Oxford: Oxford University Press, 2018.

Hehl, Ulrich von. *Priester unter Hitlers Terror: Eine biographische und statistische Erhebung.* Mainz: Matthias-Grünewald, 1983.

Heilbronner, Oded. *Catholicism, Political Culture, and the Countryside: A Social History of the Nazi Party in South Germany.* Ann Arbor: University of Michigan Press, 1998.

Hein, Bastian. *Elite für Volk und Führer?: Die Allgemeine SS und ihre Mitglieder 1925–1945.* Munich: Oldenbourg, 2012.

Heinemann, Isabel. *"Rasse, Siedlung, deutsches Blut": Das Rasse- und Siedlungshauptamt der SS und die rassenpolitische Neuordnung Europas.* Göttingen: Wallstein, 2003.

Heinemann, Isabel, and Patrick Wagner, eds. *Wissenschaft, Planung, Vertreibung: Neuordnungskonzepte und Umsiedlungspolitik im 20. Jahrhundert.* Stuttgart: Franz Steiner, 2006.

Heinsohn, Kersten. "Kampf um die Wählerinnen: Die Idee von der 'Volksgemeinschaft' am Ende der Weimarer Republik." In *Volksgenossen: Frauen in der NS-Volksgemeinschaft,* edited by Sybille Steinbacher, 29–47. Göttingen: Wallstein, 2002.

Heinz, Heinz A. *Germany's Hitler.* London: Hurst & Blackett, 1934.

Hennig, Eike, et al., eds. *Hessen unterm Hakenkreuz: Studien zur Durchsetzung der NSDAP in Hessen.* 2nd ed. Nördlingen: Insel, 1984.

Herbert, Ulrich. *Best. Biographische Studien über Radikalismus, Weltanschauung, und Vernunft 1903–1989.* Bonn: Dietz, 1996.

Herbert, Ulrich. *Geschichte Deutschlands im 20. Jahrhundert.* Munich: Beck, 2014.

Herf, Jeffrey. *The Jewish Enemy: Nazi Propaganda during World War II and the Holocaust.* Cambridge, MA: Harvard University Press, 2006.

Hermand, Jost. *Culture in Dark Times: Nazi Fascism, Inner Emigration, and Exile.* New York: Berghahn, 2014.

Herz, Gabriele. *The Women's Camp at Moringen: A Memoir of Imprisonment in Germany, 1936–1937.* Edited by Jane Caplan. New York: Berghahn, 2006.

Hildebrand, Klaus. *Das vergangene Reich: Deutsche Aussenpolitik von Bismarck bis Hitler.* Berlin: Ullstein, 1999.

Hillgruber, Andreas. *Hitlers Strategie: Politik und Kriegsführung 1940–1941.* 3rd ed. Bonn: Bernard & Graefe, 1993.

Hitler als Häftling in Landsberg am Lech 1923–1924: Die Gefangenen-Personalakte Hitler nebst weiteren Quellen aus der Schutzhaft-, Untersuchungshaft-, und Festungshaftanstalt Landsberg am Lech.

Edited by Peter Fleischmann. Neustadt an der Aisch: Schmidt, 2015.

Hockerts, Hans Günter. *Die Sittlichkeitsprozesse gegen Katholische Ordensangehörige und Priester 1936–1937: Eine Studie zur nationalsozialistischen Herrschaftstechnikund zum Kirchenkampf.* Mainz: Matthias-Grünewald, 1971.

Hoegen, Jesko von. *Der Held von Tannenberg: Genese und Funktion des Hindenburg-Mythos.* Weimar: Böhlau, 2007.

Höhne, Heinz. *"Gebt mir vier Jahre Zeit": Hitler und die Anfänge des Dritten Reiches.* Frankfurt: Ullstein, 1996.

Holz, Klaus. *Nationaler Antisemitismus: Wissenssoziologie einer Weltanschauung.* Hamburg: Hamburger Edition, 2010.

Hubatsch, Walther, ed. *Hitlers Weisungen für die Kriegsführung 1939–1945: Dokumente des Oberkommandos der Wehrmacht.* Frankfurt: Bernard & Graefe, 1962.

Humann, Detlev. *Arbeitsschlacht: Arbeitsbeschaffung und Propaganda in der NS-Zeit 1933–1939.* Göttingen: Wallstein, 2011.

Hunt, Richard N. *German Social Democracy, 1918–1933.* Chicago: Quadrangle, 1964.

Hürter, Johannes. *Hitlers Heerführer: Die Deutschen Oberbefehlshaber im Krieg gegen die Sowjetunion 1941–1942.* Munich: Oldenbourg, 2007.

Hüttenberger, Peter. *Die Gauleiter: Studie zum Wandel des Machtgefüges in der NSDAP.* Stuttgart: DVA, 1969.

Ingrao, Christian. *Believe and Destroy: Intellectuals in the SS War Machine.* Medford, MA: Polity, 2013.

Ingrao, Christian. *The Promise of the East: Nazi Hopes and Genocide 1939–1943.* Medford, MA: Polity, 2019.

Jäckel, Eberhard. *Hilters Weltanschauung: Entwurf einer Herrschaft.* Tübingen: R. Wunderlich, 1969.

Jackisch, Barry A. "Continuity and Change in the German Right: The Pan-German League and Nazism, 1918–1939." In *The German Right in the Weimar Republic,* edited by Larry Eugene Jones, 166–193. New York: Berghahn, 2014.

Jarausch, Konrad H. *The Unfree Professions: German Lawyers, Teachers, and Engineers, 1900–1950.* New York: Oxford University Press, 1990.

Jellonnek, Burkhard. *Homosexuelle unter dem Hakenkreuz.* Paderborn: Schöningh, 1990.

Jessen, Ralph, and Hedwig Richter, eds. *Voting for Hitler and Stalin: Elections under 20th-Century Dictatorships.* Frankfurt: Campus, 2011.

Jochmann, Werner, ed. *Nationalsozialismus und Revolution: Ursprung und Geschichte der NSDAP in Hamburg 1922–1933. Dokumente.* Frankfurt: Europäische Verlagsanstalt, 1963.

John, Jürgen, Horst Möller, and Thomas Schaarschmidt, eds. *Die NS-Gaue: Regionale Mittelinstanzen im zentralistischen "Führerstaat."* Munich: Oldenbourg, 2007.

Jung, Otmar. *Plebiszit und Diktatur: die Volksabstimmung der Nationalsozialisten.* Tübingen: Mohr Siebeck, 1995.

Jung, Walter. *Ideologische Voraussetzungen, Inhalte, und Ziele aussenpolitischer Programmatik und Propaganda in der deutschvölkischen Bewegung der Anfangsjahre der Weimarer Republik: Das Beispiel Deutschvölkischer Schutz- und Trutzbund.* Göttingen: PhD diss., 2000.

Kalshoven, Hedda, ed. *Ich denk so viel an Euch: Ein deutsch-holländischer Briefwechsel 1920–1949.* Munich: Luchterhand, 1995.

Kater, Michael H. *Doctors under Hitler.* Chapel Hill: University of North Carolina Press, 1989.

Kater, Michael H. *Hitler Youth.* Cambridge, MA: Harvard University Press, 2004.

Kater, Michael H. *The Nazi Party: A Social Profile of Members and Leaders, 1919–1945.* Cambridge, MA: Harvard University Press, 1983.

Kater, Michael H. *The Twisted Muse: Musicians and Their Music in the Third Reich.* New York: Oxford University Press, 1997.

Kater, Michael H. "Zum gegenseitigen Verhältnis von SA und SS in der Sozialgeschichte des Nationalsozialismus von 1925 bis 1939." *Vierteljahresschrift für Sozial- und Wirtschaftsgeschichte* 62 (1975): 339–379.

Kay, Alex J. *Exploitation, Resettlement, Mass Murder: Political and Economic Planning for German Occupation Policy in the Soviet Union, 1940–1941.* New York: Berghahn, 2011.

Keller, Sven. *Volksgemeinschaft am Ende: Gesellschaft und Gewalt 1944–1945.* Munich: Oldenbourg, 2013.

Keller, Sven, ed. *Kriegstagebuch einer jungen Nationalsozialistin. Die Aufzeichnungen Wolfhilde von Königs.* Berlin: De Gruyter Oldenbourg, 2015.

Kellner, Friedrich. *"Vernebelt, verdunkelt sind alle Hirne": Tagebücher 1931–1945.* Göttingen: Wallstein, 2013, 2 vols.

Kellogg, Michael. *The Russian Roots of Nazism: White Émigrés and the Making of National Socialism, 1917–1945.* Cambridge: Cambridge University Press, 2005.

Kelly, Alfred. *The Descent of Darwin: The Popularization of Darwinism in Germany, 1860–1914.* Chapel Hill: University of North Carolina Press, 1981.

Kershaw, Ian. *Hitler 1889–1936: Hubris.* London: Penguin, 1998.

Kershaw, Ian. *Hitler 1936–1945: Nemesis.* London: Penguin, 2000.

Kessler, Harry Graf. *Tagebücher 1918–1937.* Frankfurt: Insel, 1962.

Kienle, Markus. *Das Konzentrationslager Heuberg bei Stetten am kalten Markt.* Ulm: Klemm

& Oelschläger, 1998.

Kissenkoetter, Udo. *Gregor Strasser und die NSDAP*. Stuttgart: DVA, 1978.

Klee, Ernst. *"Euthanasie" im NS-Staat: Die Vernichtung "lebensunwerten Lebens."* Frankfurt: Fischer, 1983.

Klee, Ernst, ed. *Dokumente zur "Euthanasie."* Frankfurt: Fischer, 1985.

Klein, Peter, ed. *Die Einsatzgruppen in der besetzten Sowjetunion 1941–1942: Die Tätigkeits- und Lageberichte des Chefs der Sicherheitspolizei und des SD*. Berlin: Edition Hentrich, 1997.

Klemperer, Victor. *Ich will Zeugnis ablegen bis zum letzten: Tagebücher 1933–1941*. Berlin: Aufbau, 1995, 2 vols.

Klemperer, Victor. *Man möchte immer weinen und lachen in einem: Revolutionstagebuch 1919*. Berlin: Aufbau, 2015.

Klenner, Jochen. *Verhältnis von Partei und Staat 1933–1945: Dargestellt am Beispiel Bayerns*. Munich: Kommissionsbuchhandlung R. Wölfle, 1974.

Klönne, Arno. *Jugend im Dritten Reich: Die Hitler-Jugend und ihre Gegner*. Düsseldorf: Diederichs, 1982.

König, Wolfgang. *Volkswagen, Volksempfänger, Volksgemeinschaft: "Volksprodukte" im Dritten Reich: Vom Scheitern einer nationalsozialistischen Konsumgesellschaft*. Paderborn: Schöningh, 2004.

Koonz, Claudia. *Mothers in the Fatherland: Women, the Family and Nazi Politics*. New York: St. Martins, 1987.

Kopper, Christopher. *Hjalmar Schacht: Aufstieg und Fall von Hitlers mächtigstem Bankier*. Munich: Carl Hanser, 2006.

Korb, Alexander. *Reaktionen der Deutschen Bevölkerung auf die Novemberpogrome im Spiegel amtlicher Berichte*. Berlin: Verlag Dr. Müller, 2007.

Koshar, Rudy. *Social Life, Local Politics, and Nazism. Marburg, 1880–1935*. Chapel Hill: University of North Carolina Press, 1986.

Kosthorst, Erich, and Bernd Walter. *Konzentrations- und Strafgefangenlager im Emsland 1933–1945: Zum Verhältnis von NS-Regime und Justiz. Darstellung und Dokumentation*. Düsseldorf: Droste, 1985.

Kotkin, Steven. *Stalin: Waiting for Hitler, 1929–1941*. New York: Penguin, 2017.

Krämer, Steffen. "Achsen für den Aufmarsch: Zur politischen Inszenierung des urbanen Raumes im Dritten Reich." *Schriftenreihe der Winckelmann Akademie für Kunstgeschichte München* Testbeitrag Nr. 18 (Feb. 2014): 1–18.

Krausnick, Helmut, and Hans-Heinrich Wilhelm. *Die Truppe des Weltanschauungskrieges: Die Einsatzgruppen der Sicherheitspolizei und des SD 1938–1942*. Stuttgart: DVA, 1981.

Kroener, Bernhard R. *Generaloberst Friedrich Fromm: Eine Biographie*. Paderborn:

Schöningh, 2005.

Kroll, Frank-Lothar. *Utopie als Ideologie: Geschichtsdenken und politisches Handeln im Dritten Reich*. Paderborn: Schöningh, 1998.

Kube, Alfred. *Pour le mérite und Hakenkreuz: Hermann Göring im Dritten Reich*. Munich: Oldenbourg, 1986.

Kühne, Thomas. *Belonging and Genocide: Hitler's Community, 1918–1945*. London: Yale University Press, 2010.

Kühnel, Franz. *Hans Schemm: Gauleiter und Kultusminister (1891–1935)*. Nuremberg: Schriftenreihe des Stadtarchivs Nuremberg, 1985.

Kühnl, Reinhard. *Die nationalsozialistischen Linke 1925–1930*. Meisenheim am Glan: Anton Hain, 1966.

Kupfer, Torsten. *Generation und Radikalisierung: Die Mitglieder der NSDAP im Kreis Bernberg 1921–1945*. Berlin: Author, 2006.

Kurlander, Eric. *Living with Hitler: Liberal Democrats in the Third Reich*. London: Yale University Press, 2009.

Kuznetsov, Anatoli. *Babi Yar: A Document in the Form of a Novel*. London: Cape, 1970.

Latzel, Klaus. *Deutsche Soldaten–nationalsozialistischer Krieg? Kriegserlebnis–Kriegserfahrung 1939–1945*. Paderborn: Schöningh, 1998.

Lehnstaedt, Stephan. *Der Kern des Holocaust: Bełżec Sobibór, Treblinka, und die Aktion Reinhardt*. Munich: Beck, 2017.

Lehnstaedt, Stephan, and Jochen Böhler, eds. *Die Berichte der Einsatzgruppen aus Polen 1939*. Vollständige ed. Berlin: Metropol, 2013.

Leo, Maxim. *Haltet euer Herz bereit: Eine ostdeutsche Familiengeschichte*. 6th ed. Munich: Karl Blessing, 2011.

Lewy, Guenter. *Harmful and Undesirable: Book Censorship in Nazi Germany*. New York: Oxford University Press, 2016.

Lieberman, Benjamin. "The Meanings and Function of Anti-System Ideology in the Weimar Republic." *Journal of the History of Ideas* 59, no. 2 (1998): 355–375.

Lohalm, Uwe. "Für eine leistungsbereite und 'erbgesunde' Volksgemeinschaft: Selektive Erwerbslosen- und Familienpolitik." In *Hamburg im "Dritten Reich,"* 379–431. Göttingen: Wallstein, 2005.

Lohalm, Uwe. *Völkischer Radikalismus: Die Geschichte des Deutschvölkischen Schutz- und Trutz-Bundes 1919–1923*. Hamburg: Leipzig Verlag, 1970.

Longerich, Peter. *Die braune Bataillone: Geschichte der SA*. Munich: Beck, 1989.

Longerich, Peter. *Heinrich Himmler. Biographie*. Munich: Siedler, 2008.

Longerich, Peter. *Hitler: Biographie*. Berlin: Siedler, 2015.

Longerich, Peter. *Hitlers Stellvertreter: Führung der Partei und Kontrolle des Staatsapparates durch den Stab Hess und die Partei-Kanzlei Bormann*. Munich: De Gruyter Saur, 1992.

Longerich, Peter. *Joseph Goebbels: Biographie*. Munich: Siedler, 2010.

Longerich, Peter. *Wannsee-Konferenz. Der Weg zur "Endlösung."* Munich: Pantheon, 2016.

Loose, Ingo. "Wartheland." In *The Greater German Reich and the Jews: Nazi Persecution Policies in the Annexed Territories 1935–1945*, edited by Wolf Gruner and Jörg Osterloh, 189–218. New York: Berghahn, 2017.

Lüdicke, Lars. *Hitlers Weltanschauung: Von "Mein Kampf bis zum Nero-Befehl."* Paderborn: Schöningh, 2016.

Lutzhöft, Hans-Jürgen. *Der Nordische Gedanke in Deutschland 1920–1940*. Stuttgart: Ernst Klett, 1971.

Madajczyk, Czeslaw, ed. *Vom Generalplan Ost zum Generalsiedlungsplan*. Munich: Saur, 1994.

Martin, Benjamin G. *The Nazi-Fascist New Order for European Culture*. Cambridge, MA: Harvard University Press, 2016.

Mai, Gunther. "Nationalsozialistische Betriebszellen Organisation: Zum Verhältnis von Arbeiterschaft und Nationalsozialismus." *VfZ* 31, no. 4 (1983): 573–613.

Mai, Uwe. *Rasse und Raum: Agrarpolitik, Sozial- und Raumplanung im NS-Staat*. Paderborn: Schöningh, 2002.

Mallmann, Klaus-Michael. *Kommunisten in der Weimarer Republik: Sozialgeschichte einer revolutionären Bewegung*. Darmstadt: Wissenschaftliche Buchgesellschaft, 1996.

Marhoefer, Laurie. "Lesbianism, Transvestitism, and the Nazi State: A Microhistory of a Gestapo Investigation." *American Historical Review* 121, no. 4 (Oct. 2016): 1167–1195.

Marhoefer, Laurie. *Sex and the Weimar Republic: German Homosexual Emancipation and the Rise of the Nazis*. Toronto: University of Toronto Press, 2015.

Maschmann, Melita. *Fazit: Mein Weg in der Hitler Jugend*. Munich: Deutsche Verlags-Anstalt, 1979.

Matthäus, Jürgen, et al., eds. *War, Pacification, and Mass Murder, 1939: The Einsatzgruppen in Poland*. Lanham, MD: Rowman & Littlefield, 2014.

McElligott, Anthony. *Contested City: Municipal Politics and the Rise of Nazism in Altona, 1917–1937*. Ann Arbor: University of Michigan Press, 1998.

Mehringer, Hartmut. *Widerstand und Emigration: Das NS-Regime und seine Gegner*. Munich: DTV, 1997.

Merkl, Peter H. *The Making of a Stormtrooper*. Princeton: Princeton University Press,

1980.

Merkl, Peter H. *Political Violence under the Swastika: 581 Early Nazis*. Princeton: Princeton University Press, 1975.

Merz, Kai-Uwe. *Das Schreckbild. Deutschland und der Bolshewismus 1917 bis 1921*. Berlin: Propyläen, 1995.

Michaud, Eric. *The Cult of Art in Nazi Germany*. Stanford: Stanford University Press, 2004.

Mittmann, Markus. *Bauen im Nationalsozialismus, Braunschweig, die "Deutsche Siedlungsstadt," und die "Mustersiedlung der Deutschen Arbeitsfront" Braunschweig-Mascherode*. Hameln: Niemeyer, 2003.

Mommsen, Hans, and Manfred Grieger. *Das Volkswagenwerk und seine Arbeiter im Dritten Reich*. Düsseldorf: Econ, 1996.

Montague, Patrick. *Chełmno and the Holocaust: The History of Hitler's First Death Camp*. Chapel Hill: University of North Carolina Press, 2012.

Moore, Paul. "'And What Concentration Camps Those Were!': Foreign Concentration Camps in Nazi Propaganda, 1933–1939." *Journal of Contemporary History* 45, no. 3 (2010): 649–674.

Moreau, Patrick. *Nationalsozialismus von Links: Die "Kampfgemeinschaft Revolutionärer Nationalsozialisten" und die "Schwarze Front" Otto Strassers 1930–1935*. Stuttgart: DVA, 1964.

Mosse, George L. *The Crisis of German Ideology: Intellectual Origins of the Third Reich*. New York: Howard Fertig, 1964.

Mosse, George L. *Toward the Final Solution: A History of European Racism*. New York: Howard Fertig, 1978.

Mües-Baron, Klaus. *Heinrich Himmler: Aufstieg des Reichsführers SS (1900–1933)*. Göttingen: Vandenhoeck & Ruprecht, 2011.

Müller, Klaus-Jürgen. *Generaloberst Ludwig Beck: Eine Biographie*. Paderborn: Schöningh, 2008.

Müller, Klaus-Jürgen. *Das Heer und Hitler: Armee und nationalsozialistisches Regime 1933–1940*. Stuttgart: DVA, 1969.

Münkel, Daniela. *Nationalsozialistische Agrarpolitik und Bauernalltag*. Frankfurt: Campus, 1996.

Naser, Gerhard, ed. *Lebenswege Creglinger Juden: Das Pogrom von 1933*. 3rd ed. Bergatreute: Eppe, 2002.

Neliba, Günter. *Wilhelm Frick. Der Legalist des Unrechtstaates: Eine politische Biographie*. Paderborn: Schöningh, 1992.

Neumann, Boaz. *Die Weltanschauung des Nazismus: Raum, Körper, Sprache*. Göttingen: Wallstein, 2010.

Nitschke, Asmus. *Die Erbpolizei im Nationalsozialismus: Zur Alltagsgeschichte der Gesundheitsämter im Dritten Reich*. Wiesbaden: Westdeutscher Verlag, 1999.

Noakes, Jeremy. *The Nazi Party in Lower Saxony, 1921-1933*. Oxford: Oxford University Press, 1971.

Noakes, Jeremy. "Viceroys of the Reich? Gauleiters 1925-1945." In *Working towards the Führer: Essays in Honour of Sir Ian Kershaw*, edited by Anthony McElligott and Tim Kirk, 118-152. Manchester: Manchester University Press, 2003.

Nolte, Ernst. *Der Faschismus in seiner Epoche: Die Action Française, der Italienische Faschismus, der Nationalsozialismus*. 2nd ed. Munich: Piper, 1965.

Nolzen, Armin. "The NSDAP after 1933: Members, Positions, Technologies, Interactions." In *A Companion to Nazi Germany*, edited by Shelley Baranowski, Shelley Armin Nolzen, and Claus-Christian W. Szejnmann, 97-114. Hoboken, NJ: Wiley Blackwell, 2018.

Nolzen, Armin. "The NSDAP's Operational Codes after 1933." In *Visions of Community in Nazi Germany: Social Engineering and Private Lives*, edited by Martina Steber and Bernhard Gotto, 87-100. Oxford: Oxford University Press, 2014.

Notizen aus dem Vernichtungskrieg: Die Ostfront 1941-1942 in den Aufzeichnungen des Generals Heinrici. Edited by Johannes Hürter. Darmstadt: Wissenschaftliche Buchgesellschaft, 2016.

Obenaus, Herbert, and Sibylle Obenaus, eds. *"Schreiben wie es wirklich war": Aufzeichnungen Karl Dürkefäldens aus den Jahren 1933-1945*. Hanover: Fackelträger, 1985.

O Broin, Turlach. "Mail-Order Demagogues: The NSDAP School for Speakers, 1928-1934." *Journal of Contemporary History* 51, no. 4 (October 2016): 715-737.

Oomen, Camiel. *"Wir sind die Soldaten der Republik!": Das Berliner Reichsbanner und die Politische Gewalt 1930-1933*. Utrecht: PhD diss., 2007.

Orlow, Dietrich. *The History of the Nazi Party: 1919-1933*. Pittsburgh: University of Pittsburgh Press, 1969.

Overy, Richard. J. *War and Economy in the Third Reich*. Oxford: Oxford University Press, 1994.

Paret, Peter. *An Artist against the Third Reich: Ernst Barlach 1933-1938*. Cambridge: Cambridge University Press, 2003.

Patel, Kiran Klaus. "Education, Schooling, and Camps." In *A Companion to Nazi Germany*, edited by Shelley Baranowski, Shelley Armin Nolzen, and Claus-Christian W. Szejnmann, 181-197. Hoboken, NJ: Wiley Blackwell 2018.

Paul, Gerhard. *Aufstand der Bilder: Die NS-Propaganda vor 1933*. Bonn: Dietz, 1992.

Pauley, Bruce F. *Hitler and the Forgotten Nazis: A History of Austrian National Socialism.* Chapel Hill: University of North Carolina Press, 1981.

Peters, Christian. *Nationalsozialistische Machtdurchsetzung in Kleinstädten: Eine vergleichende Studie zu Quakenbrück und Heide/Holstein.* Bielefeld: Transcript, 2015.

Petropoulos, Jonathan. *Art as Politics in the Third Reich.* Chapel Hill: University of North Carolina Press, 1996.

Petropoulos, Jonathan. *The Faustian Bargain: The Art World in Nazi Germany.* New York: Oxford University Press, 2000.

Petzina, Dietmar. *Autarkiepolitik im Dritten Reich: Der nationalsozialistische Vierjahresplan.* Stuttgart: DVA, 1968.

Petzina, Dietmar, et al., eds. *Sozialgeschichtliches Arbeitsbuch III: Materialien zur Statistik des Deutschen Reiches, 1914–1945.* Munich: Beck, 1978.

Peukert, Detlev J. K. *Die KPD im Widerstand: Verfolgung und Untergrundarbeit an Rhein und Ruhr 1933 bis 1945.* Wuppertal: Peter Hammer, 1980.

Peukert, Detlev J. K. *Volksgenossen und Gemeinschaftsfremde: Anpassung, Ausmerze, und Aufbegehren unter dem Nationalsozialismus.* Cologne: Bund, 1982.

Peukert, Detlev J. K. *Die Weimarer Republik: Krisenjahre der klassischen Moderne.* Frankfurt: Suhrkamp, 1987.

Plöckinger, Othmar. *Unter Soldaten und Agitatoren: Hitlers prägende Jahre im Deutschen Militär 1918–1919.* Paderborn: Schöningh, 2013.

Plum, Günter. *Gesellschaftsstruktur und politisches Bewusstsein in einer katholischen Region 1928–1933: Untersuchung am Beispiel des Regierungsbezirks Aachen.* Stuttgart: DVA, 1972.

Pohl, Dieter. *Die Herrschaft der Wehrmacht: Deutsche Militärbesatzung und einheimische Bevölkerung in der Sowjetunion 1941–1944.* Munich: Oldenbourg, 2008.

Postert, André, ed. *Hitlerjunge Schall: Die Tagebücher eines jungen Nationalsozialisten.* Munich: DTV, 2016.

Potter, Pamela M. *Most German of the Arts: Musicology and Society from the Weimar Republic to the End of Hitler's Reich.* New Haven: Yale University Press, 1998.

Pridham, Geoffrey. *The Nazi Movement in Bavaria, 1923–1933.* London: Hart-Davis, 1973.

Proctor, Robert N. *Racial Hygiene: Medicine under the Nazis.* Cambridge, MA: Harvard University Press, 1988.

Przyrembel, Alexandra. *"Rassenschande": Reinheitsmythos und Vernichtungslegitimation im Nationalsozialismus.* Göttingen: Vandenhoeck & Ruprecht, 2003.

Pyta, Wolfram. *Dorfgemeinschaft und Parteipolitik 1918–1933: Die Verschränkung von Milieu und Parteien in den protestantischen Landgebieten Deutschlands in der Weimarer Republik.* Düsseldorf: Droste, 1996.

Pyta, Wolfram. *Hindenburg: Herrschaft zwischen Hohenzollern und Hitler.* 2nd ed. Munich: Siedler, 2009.

Pyta, Wolfram. *Hitler: Der Künstler als Politiker und Feldheer: Eine Herrschaftsanalyse.* Munich: Siedler, 2015.

Rabinbach, Anson, and Sander L. Gilman, eds. *The Third Reich Sourcebook.* Berkeley: University of California Press, 2013.

Rass, Christoph. *"Menschenmaterial": Deutsche Soldaten an der Ostfront. Innenansichten einer Infantriedivision, 1939–1945.* Paderborn: Schöningh, 2003.

Reck-Malleczewen, Friedrich Percyval. *Tagebuch eines Verzweifelten.* Stuttgart: Henry Goverts, 1966.

Redlich, Shimon. *Together and Apart in Brzezany: Poles, Jews, and Ukrainians 1919–1945.* Bloomington: University of Indiana Press, 2002.

Rees, Laurence. *Hitler's Charisma: Leading Millions into the Abyss.* New York: Pantheon, 2012.

Reese, Willy Peter. *Mir selber seltsam fremd: Russland 1941–1944.* Munich: Claassen, 2003.

Reibel, Carl-Wilhelm. *Das Fundament der Diktatur: Die NSDAP-Ortsgruppen 1932–1945.* Paderborn: Schöningh, 2002.

Reichardt, Sven. *Faschistische Kampfbünde: Gewalt und Gemeinschaft im italienischen Squadrismus und in der Deutschen SA.* Cologne: Böhlau, 2002.

Reiche, Eric G. *The Development of the SA in Nürnberg, 1922–1934.* Cambridge: Cambridge University Press, 1986.

Reichhardt, Hans J., and Wolfgang Schäche. *Von Berlin nach Germania: Über der Zerstörungen der "Reichshauptstadt" durch Albert Speers Neugestaltungsplanungen.* 2nd ed. Berlin: Transit, 2001.

Remy, Steven P. *The Heidelberg Myth: The Nazification of a German University.* Cambridge, MA: Harvard University Press, 2002.

Reschke, Oliver. *Kampf um den Kiez: Der Aufstieg der NSDAP im Zentrum Berlins 1925–1933.* Berlin: Trafo Wissenschaftsverlag, 2014.

Reynolds, Quintin James. *By Quinton Reynolds.* New York: McGraw-Hill, 1963.

Richards, Robert J. *Was Hitler a Darwinian? Disputed Questions in the History of Evolutionary Theory.* Chicago: University of Chicago Press, 2013.

Richarz, Monika, ed. *Jüdisches Leben in Deutschland: Selbstzeugnisse zur Sozialgeschichte 1918–1945.* Stuttgart: DVA, 1982.

Richter, Hedwig, and Ralph Jessen. "Elections, Plebiscites, and Festivals." In *The Oxford Illustrated History of the Third Reich*, edited by Robert Gellately, 85–117. Oxford: Oxford University Press, 2018.

Riess, Volker. *Die Anfänge der Vernichtung "lebensunwerten Lebens" in den Reichsgauen Danzig-Westpreussen und Warteland 1939–1940*. Frankfurt: Peter Lang, 1995.

Rohkrämer, Thomas. *Die fatale Attraktion des Nationalsozialismus: Zur Popularität eines Unrechtsregimes*. Paderborn: Schöningh, 2013.

Rohland, Walter. *Bewegte Zeiten: Erinnerungen eines Eisenhüttenmannes*. Stuttgart: Seewald, 1978.

Römer, Felix. *Der Kommissarbefehl. Wehrmacht und NS-Verbrechen an der Ostfront 1941–1942*. Paderborn: Schöningh, 2008.

Römer, Felix. *Kameraden: Die Wehrmacht von innen*. Munich: Piper, 2012.

Rose, Detlev. *Die Thule Gesellschaft: Legende, Mythos, Wirklichkeit*. 3rd ed. Tübingen: Grabert, 2008.

Rosenberg, Kurt F. *"Einer, der nicht mehr dazugehört": Tagebücher 1933–1937*. Edited by Beate Meyer and Björn Siegel. Göttingen: Wallstein, 2012.

Rosenberg, Raphael. "Architekturen des 'Dritten Reiches': *Völkische* Heimatideologie versus international Monumentalität." In *Die Politik in der Kunst und die Kunst in der Politik*, edited by Ariane Hellinger et al., 57–86. Wiesbaden: Springer, 2013.

Rosenhaft, Eve. *Beating the Fascists? The German Communists and Political Violence, 1929–1933*. Cambridge: Cambridge University Press, 1983.

Ryback, Timothy W. *Hitler's Private Library: The Books That Shaped His Life*. New York: Knopf, 2008.

Sage, Steven F. *Ibsen and Hitler: The Playwright, the Plagiarist, and the Plot for the Third Reich*. New York: Basic Books, 2006.

Sandkühler, Thomas. *"Endlösung" in Galizien: Der Judenmord in Ostpolen und der Rettungsinitiativen von Berthold Beitz 1941–1944*. Bonn: Dietz, 1996.

Sarkowicz, Hans, ed. *Hitlers Künstler: Die Kultur im Dienst des Nationalsozialismus*. Frankfurt: Insel, 2004.

Sauer, Bernhard. "'Goebbels'''Rabauken'': Zur Geschichte der SA in Berlin-Brandenburg. In *Berlin in Geschichte und Gegenwart: Jahrbuch des Landesarchivs*, 107–164. Berlin: Gebr. Mann Verlag, 2006.

Sauer, Paul. *Württemberg in der Zeit des Nationalsozialismus*. Ulm: Süddeutsche Verlagsgesellschaft, 1975.

Schäfer, Kirstin A. *Werner von Blomberg: Hitlers erster Feldmarschall. Eine Biographie*.

Paderborn: Schöningh, 2006.

Schilde, Kurt, and Johannes Tuchel. *Columbia-Haus: Berliner Konzentrationslager 1933–1936*. Berlin: Edition Hentrich, 1990.

Schildt, Axel. "Jenseits der Politik? Aspekte des Alltags." In *Hamburg im "Dritten Reich,"* 249–304. Göttingen: Wallstein, 2005.

Schlenker, Ines. *Der Neue Salon: The Grosse Deutsche Kunstausstellung at the Haus der Deutschen Kunst in Munich, 1937–1944*. London: PhD thesis, 2000.

Schmiechen-Ackermann, Detlef. "Inszenierte 'Volksgemeinschaft': Das Beispiel der Reichserntedankfest am Bückeberg 1933–1937." In *Die Reichserntedankfest auf dem Bückeberg bei Hameln,* edited by Stefan Winghart, 10–19. Hameln: Niemeyer, 2010.

Schmiechen-Ackermann, Detlef. *Nationalsozialismus und Arbeitermilieus: Der nationalsozialistische Angriff auf die proletarischen Wohnquartiere und die Reaktionen in den sozialistischen Vereinen*. Bonn: Dietz, 1998.

Schneider, Michael. *Unterm Hakenkreuz: Arbeiter und Arbeiterbewegung 1933 bis 1939*. Bonn: Dietz, 1999.

Schön, Eberhart. *Die Entstehung des Nationalsozialismus in Hessen*. Meisenheim am Glan: Anton Hain, 1972.

Schoppmann, Claudia. "National Socialist Policies towards Female Homosexuality." In *Gender Relations in German History: Power, Agency, and Experience from the Sixteenth to the Twentieth Century,* edited by Lynn Abrams and Elizabeth Harvey, 177–187. Durham, NC: Duke University Press, 1997.

Schubert, Dirk. "Theodor Fritsch and the German (*völkische*) Version of the Garden City: The Garden City Invented Two Years before Ebenezer Howard." *Planning Perspectives* 4 (2004): 3–35.

Schuster, Martin. *Die SA in der nationalsozialistischen "Machtergreifung" in Berlin und Brandenburg 1926–1934*. Berlin: PhD diss., T.U., 2004.

Schuster, Peter-Klaus, ed. *Die "Kunststadt" München 1937: Nationalsozialismus und "Entartete Kunst."* 3rd ed. Munich: Prestel, 1988.

Schwarz, Birgit. *Geniewahn: Hitler und die Kunst*. 2nd ed. Vienna: Böhlau, 2011.

Schweitzer, Stefan. *"Unserer Weltanschauung sichtbaren Ausdruck geben": Nationalsozialistische Geschichtsbilder in historischen Festzügen*. Göttingen: Wallstein, 2007.

Seeger, Andreas. *"Gestapo-Müller": Die Karriere eines Schreibtischtäters*. Berlin: Metropol, 1996.

Shirer, William L. *Berlin Diary: The Journal of a Foreign Correspondent, 1934–1941*. New York: Knopf, 1941.

Siemens, Daniel. "Prügelpropaganda." In *Berlin 1933–1945*, edited by Michael Wildt and Christoph Kreutzmüller, 33–48. Munich: Siedler, 2013.

Siemens, Daniel. *Stormtroopers: A New History of Hitler's Brownshirts*. London: Yale University Press, 2017.

Silverman, Dan P. *Hitler's Economy: Nazi Work Creation Programs, 1933–1936*. Cambridge, MA: Harvard University Press, 1998.

Simms, Brendon. "Against a 'World of Enemies': The Impact of the First World War on the Development of Hitler's Ideology." *International Affairs* 94, no. 2 (2014): 317–336.

Simms, Brendon. *Hitler: A Global Biography*. New York: Basic Books, 2019.

Sösemann, Bernd. "Appell unter der Erntekrone: Das Reichserntedankfest in der nationalsozialistischen Diktatur." *Jahrbuch für Kommunikationsgeschichte* 2 (2000): 113–156.

Spotts, Frederic. *Hitler and the Power of Aesthetics*. New York: Harry N. Abrams, 2003.

Stachura, Peter D. *Gregor Strasser and the Rise of Nazism*. London: Routledge, 1983.

Stachura, Peter D. *Nazi Youth in the Weimar Republic*. Oxford: Clio Books, 1975.

Stargardt, Nicholas. *The German War: A Nation under Arms, 1939–1945*. London: Bodley Head, 2015.

Steber, Martina. "Regions and National Socialist Ideology: Reflections on Contained Plurality." In *Heimat, Region, and Empire: Spatial Identities under National Socialism*, edited by Claus-Christian W. Szejnmann and Maiken Umbach, 25–42. New York: Palgrave Macmillan, 2012.

Steber, Martina, and Bernhard Gotto, eds. *Visions of Community in Nazi Germany: Social Engineering and Private Lives*. Oxford: Oxford University Press, 2014.

Steger, Bernd. "Der Hitlerprozess und Bayerns Verhältnis zum Reich 1923–1924." *VfZ* 25, no. 4 (1977): 441–466.

Steigmann-Gall, Richard. *The Holy Reich: Nazi Conceptions of Christianity, 1919–1945*. Cambridge: Cambridge University Press, 2003.

Steinbacher, Sybille. *Auschwitz: Geschichte und Nachgeschichte*. Munich: Beck, 2004.

Steinweis, Alan E. *Art, Ideology, and Economics: The Reich Chambers of Music, Theater, and the Visual Arts*. Chapel Hill: University of North Carolina Press, 1993.

Stelbrink, Wolfgang. *Die Kreisleiter der NSDAP in Westfalen und Lippe*. Münster: Nordrhein-Westfälisches Staatsarchiv, 2003.

Stern, Carola. *In den Netzen der Erinnerung: Lebensgeschichten zweier Menschen*. Reinbek bei Hamburg: Rowohlt, 1986.

Stern, Fritz. *The Politics of Cultural Despair: A Study of the Rise of the Germanic Ideology*. Berkeley: University of California Press, 1961.

Steuwer, Janosch. *"Ein Dritten Reich wie ich es auffasse": Politik, Gesellschaft und privates Leben in Tagebüchern 1933–1939.* Göttingen: Wallstein, 2017.

Stokes, Lawrence W. *Kleinstadt und National Sozialismus: Ausgewählte Dokumente zur Geschichte von Eutin 1918–1945.* Neumünster, Wachholtz, 1984.

Stoltzfus, Nathan. *Hitler's Compromises: Coercion and Consensus in Nazi Germany.* New Haven: Yale University Press, 2016.

Strauss, Herbert A. *In the Eye of the Storm: Growing Up Jewish in Germany, 1918–1943. A Memoir.* New York: Fordham University Press, 1999.

Süss, Dietmar. *Tod aus der Luft: Kriegsgesellschaft und Luftkrieg in Deutschland und England.* Munich: Siedler, 2011.

Sydnor, Charles W., Jr. *Soldiers of Destruction: The SS Death's Head Division, 1933–1945.* Princeton: Princeton University Press, 1977.

Szejnmann, Claus-Christian W. "National Socialist Ideology." In *A Companion to Nazi Germany,* edited by Shelley Baranowski, Armin Nolzen, and Claus-Christian W. Szejnmann, 77–94. Hoboken, NJ: Wiley Blackwell, 2018.

Szejnmann, Claus-Christian W. "Nazi Economic Thought and Rhetoric during the Weimar Republic: Capitalism and Its Discontents." *Politics, Religion & Ideology* 14, no. 3 (2013): 355–376.

Szejnmann, Claus-Christian W. *Nazism in Central Germany: The Brownshirts in "Red" Saxony.* New York: Berghahn, 1999.

Das Tagebuch der Hertha Nathorff: Berlin-New York, Aufzeichnungen 1933 bis 1945. Edited by Wolfgang Benz. Frankfurt: Fischer, 1988.

Tausk, Walter. *Breslauer Tagebuch 1933–1940.* Berlin: Siedler, 1988.

Tennstedt, Florian. "Wohltat und Interesse: Das Winterhilfswerk des Deutschen Volkes: Die Weimarer Vorgeschichte und ihre Instrumentalisierung durch das NS-Regime." *Geschichte und Gesellschaft* 13, no. 2 (1987): 157–180.

Teut, Anna, ed. *Architektur im Dritten Reich 1933–1945.* Frankfurt: Birkhäuser, 1967.

Timm, Annette F. *The Politics of Fertility in Twentieth-Century Berlin.* Cambridge: Cambridge University Press, 2010.

Timpe, Julia. *Nazi-Organized Recreation and Entertainment in the Third Reich.* London: Palgrave Macmillan, 2017.

Timpke, Henning, ed. *Dokumente zur Gleichschaltung des Landes Hamburg.* Frankfurt: Europäische Verlagsanstalt, 1964.

Tisch, Sebastian. *Albert Speer 1905–1981.* Vienna: Böhlau, 2016.

Tollmien, Cordula. *Nationalsozialismus in Göttingen 1933–1945.* Göttingen: PhD diss.,

1998.

Tooze, Adam. *The Wages of Destruction: The Making and Breaking of the Nazi Economy*. New York: Allen Lane, 2006.

Treue, Wilhelm. "Hitlers Denkschrift zum Vierjahresplan 1936." *VfZ* 3, no. 2 (1955): 184–210.

Tuchel, Johannes. *Konzentrationslager: Organisationsgeschichte und Funktion der "Inspektion der Konzentrationslager" 1934–1938*. Boppard am Rhein: Boldt, 1991.

Turner, Henry Ashby, Jr. *German Big Business and the Rise of Hitler*. New York: Oxford University Press, 1985.

Turner, Henry Ashby, Jr. "Hitler's Secret Pamphlet for Industrialists, 1927." *Journal of Modern History* 40, no. 3 (1968): 348–374.

Tyrell, Albrecht. *Vom "Trommler" zum "Führer."* Munich: Fink, 1975.

Tyrell, Albrecht, ed. *Führer befiehl … Selbstzeugnisse aus der "Kampfzeit" der NSDAP*. Düsseldorf: Gondrom, 1991.

Ullrich, Volker. *Adolf Hitler: Biographie Vol. 1, Die Jahre des Aufstiegs*. Frankfurt: Fischer, 2013.

Ullrich, Volker. *Adolf Hitler: Biographie, Jahre des Untergangs*. Frankfurt: Fischer, 2018.

Uptrup, Wolfram Meyer zu. *Kampf gegen die "jüdische Weltverschwörung": Propaganda und Antisemitismus der Nationalsozialisten 1919–1945*. Berlin: Metropol, 2003.

Urban, Markus. "The Self-Staging of a Plebiscitary Dictatorship: The NS-Regime between 'Uniformed Reichstag,' Referendum, and *Reichsparteitag*." In *Voting for Hitler and Stalin: Elections under 20th-Century Dictatorships*, edited by Ralph Jessen and Hedwig Richter, 39–58. Frankfurt: Campus, 2011.

Vogel, Detlef. "Der Kriegsalltag im Spiegel von Feldpostbriefen (1939–1945)." In *Der Krieg des kleinen Mannes: Eine Militärgeschichte von unten*, edited by Wolfram Wette, 199–212. Munich: Piper, 1992.

Vogelsang, Thilo. Dokumentation: "Neue Dokumente zur Geschichte der Reichswehr 1930–1933." *VfZ* 2, no. 4 (1954): 398–435.

Volkov, Shulamit. "Kontinuität und Diskontinuität im Deutschen Antisemitismus 1878–1945." *VfZ* 33, no. 2 (1985): 221–243.

Vorländer, Herwart. *Die NSV: Darstellung und Dokumentation einer nationalsozialistischen Organisation*. Boppard am Rhein: Boldt, 1988.

Wachsmann, Nikolaus. *KL: A History of the Nazi Concentration Camps*. New York: Farrar, Straus and Giroux, 2015.

Wackerfuss, Andrew. *Stormtrooper Families: Homosexuality and Community in the Early Nazi*

Movement. New York: Harrington Park Press, 2015.

Wagner, Andreas. *"Machtergreifung" in Sachsen: NSDAP und Staatliche Verwaltung 1930–1935*. Cologne: Böhlau, 2004.

Wagner, Caroline. *Die NSDAP auf dem Dorf: Eine Sozialgeschichte der NS-Machtergreifung in Lippe*. Münster: Aschendorff, 1998.

Wagner, Johannes Volker. *Hakenkreuz über Bochum: Machtergreifung und Nationalsozialistischer Alltag in einer Revierstadt*. Bochum: Brockmeyer, 1983.

Wahl, Karl. *". . . es ist das deutsche Herz": Erlebnisse und Erkenntnisse eines ehemaligen Gauleiters*. Augsburg: Selbstverlag, 1954.

Wallbaum, Klaus. *Der Überläufer: Rodolf Diels (1900–1957): Der erste Gestapo-Chef des Hitler-Regimes*. Frankfurt: Peter Lang, 2010.

Walter, Dirk. *Antisemitische Kriminalität und Gewalt: Judenfeindschaft in der Weimarer Republik*. Bonn: Dietz, 1999.

Weber, Thomas. *Becoming Hitler: The Making of a Nazi*. New York: Basic Books, 2017.

Weber, Thomas. *Hitler's First War: Adolf Hitler, the Men of the List Regiment, and the First World War*. Oxford: Oxford University Press, 2010.

Weber, Thomas. *Wie Adolf Hitler zum Nazi wurde: Vom unpolitischen Soldaten zum Autor von "Mein Kampf."* Berlin: Propyläen, 2016.

Wegner, Bernd. "Hitler, der Zweite Weltkrieg, und die Choreographie des Untergangs." *Geschichte und Gesellschaft* 26, no. 3 (2000): 493–518.

Wegner, Bernd. *Hitlers Politische Soldaten: Die Waffen-SS 1933–1945: Leitbild, Struktur, und Funktion einer nationalsozialistischen Elite*. 4th ed. Paderborn: Schöningh, 1990.

Wehler, Hans-Ulrich. *Der Nationalsozialismus, Bewegung, Führerherrschaft, Verbrechen*. Munich: Beck, 2009.

Wehler, Hans-Ulrich. *Deutsche Gesellschaftsgeschichte 1914–1949*. Munich: Beck, 2003, vol. 4.

Weihsmann, Helmut, ed. *Bauen unterm Hakenkreuz: Architektur des Untergangs*. Vienna: Promedia, 1998.

Weinberg, Gerhard L. *The Foreign Policy of Hitler's Germany: Diplomatic Revolution in Europe 1933–1936*. Chicago: University of Chicago Press, 1970.

Weingart, Peter, Jürgen Kroll, and Kurt Bayertz. *Rasse, Blut, und Gene: Geschichte der Eugenik und Rassenhygiene in Deutschland*. Frankfurt: Suhrkamp, 1988.

Wendt, Bernd-Jürgen. *Grossdeutschland: Aussenpolitik und Kriegsvorbereitung des Hitler-Regimes*. 2nd ed. Munich, 1993.

Werner, Josef. *Hakenkreuz und Judenstern: Das Schicksal der Karlsruher Juden im Dritten Reich*. 2nd ed. Karlsruhe: Badenia, 1990.

Werner, Oliver, ed. *Mobilisierung im Nationalsozialismus: Institutionen und Regionen in der Kriegswirtschaft und der Verwaltung des "Dritten Reiches" 1936 bis 1945.* Paderborn: Schöningh, 2013.

Werth, Christoph H. *Sozialismus und Nation: Die deutsche Ideologiediskussion zwischen 1918 und 1945.* 2nd ed. Weimar: Kromsdorf, 2001.

Wette, Wolfram. *Die Wehrmacht: Feindbilder, Vernichtungskrieg, Legenden.* Frankfurt: Fischer, 2002.

Wette, Wolfram. *Karl Jäger: Mörder der litauischen Juden.* 3rd ed. Frankfurt: Fischer, 2012.

Wette, Wolfram, et al., eds. *Das letzte halbe Jahr: Stimmungsberichte der Wehrmachtpropaganda 1944-1945.* Essen: Klartext, 2001.

Wiesemann, Falk. *Die Vorgeschichte der nationalsozialistischen Machtübernahme in Bayern 1932-1933.* Berlin: Duncker & Humblot, 1975.

Wildt, Michael. *Generation des Unbedingten: Das Führungskorps des Reichssicherheitshauptamtes.* Hamburg: Hamburger Edition, 2002.

Wildt, Michael. "Volksgemeinschaft: A Controversy." In *Beyond the Racial State: Rethinking Nazi Germany,* edited by Devin O. Pendas, Mark Roseman, and Richard F. Wetzell, 317-334. Cambridge: Cambridge University Press, 2017.

Wildt, Michael. *Volksgemeinschaft als Selbstermächtigung: Gewalt gegen Juden in der Deutschen Provinz 1919 bis 1939.* Hamburg, 2007.

Wildt, Michael, ed. *Die Judenpolitik des SD 1935 bis 1938: Eine Dokumentation.* Munich: Oldenbourg, 1995.

Winkler, Heinrich August. *Der Weg in die Katastrophe: Arbeiter und Arbeiterbewegung in der Weimarer Republik 1930 bis 1933.* Bonn: Dietz, 1987.

Winkler, Heinrich August. *Weimar 1918-1933: Die Geschichte der ersten deutschen Demokratie.* Munich: Beck, 1998.

Wirsching, Andreas. Dokumentation: "'Man kann nur Boden germanisieren': Eine neue Quelle zu Hitlers Rede vor den Spitzen der Reichswehr am 3. Februar 1933." *VfZ* 49, no. 3 (2001): 517-550.

Witte, Peter, et al., eds. *Der Dienstkalender Heinrich Himmlers 1941-1942.* Hamburg: Christians, 1999.

Wolz, Alexander. *Die Rheinlandkrise 1936: Das Auswärtige Amt und der Locarnopakt 1933-1936.* Munich: De Gruyter Oldenbourg, 2014.

Wünschmann, Kim. *Before Auschwitz: Jewish Prisoners in the Prewar Concentration Camps.* Cambridge, MA: Harvard University Press, 2015.

Zeller, Thomas. *Driving Germany: The Landscape of the German Autobahn, 1930-1970.* New

York: Berghahn, 2006.

Ziegler, Herbert F. *Nazi Germany's New Aristocracy: The SS Leadership, 1925–1939*. Princeton: Princeton University Press, 1989.

Ziegler, Walter. "Die Selbstverständnis der bayerischen Gauleiter." In *Staat und Gaue in der NS-Zeit Bayern 1933–1945*, edited by Hermann Rumschöttel and Walter Ziegler, 77–125. Munich: Beck, 2004.

Ziemann, Benjamin. *Contested Commemorations: Republican War Veterans and Weimar Political Culture*. Cambridge: Cambridge University Press, 2013.

Ziemann, Benjamin. *War Experiences in Rural Germany 1914–1923*. Oxford: Berg, 2007.

Zmarzlik, Hans-Günter. "Der Sozialdarwinismus in Deutschland als geschichtliches Problem." *VfZ* 11, no. 3 (1963): 246–273.

Zofka, Zdenek. *Die Ausbreitung des Nationalsozialismus auf dem Lande: Eine regionale Fallstudie zur politischen Einstellung der Landbevölkerung in der Zeit des Aufstiegs und der Machtergreifung der NSDAP 1928–1936*. Munich: Kommissionsbuchhandlung R. Wölfe, 1979.

① 页码为本书边码。

图书在版编目(CIP)数据

纳粹德国的形成 / (加)罗伯特·格拉特利
(Robert Gellately)著 ; 姜去芜译. -- 上海 : 上海人
民出版社, 2024. -- ISBN 978-7-208-18731-3

Ⅰ. K516.44

中国国家版本馆 CIP 数据核字第 2024MD6433 号

责任编辑 吴书勇
装帧设计 李婷婷

纳粹德国的形成

[加]罗伯特·格拉特利 著

姜去芜 译

出　　版　上海人民出版社
　　　　　(201101　上海市闵行区号景路 159 弄 C 座)
发　　行　上海人民出版社发行中心
印　　刷　江阴市机关印刷服务有限公司
开　　本　635×965　1/16
印　　张　32.75
插　　页　3
字　　数　363,000
版　　次　2024 年 9 月第 1 版
印　　次　2024 年 9 月第 1 次印刷
ISBN 978 - 7 - 208 - 18731 - 3/K · 3353
定　　价　158.00 元